中国政法大学案例研习系列教材

知识产权法案例研习

ZHISHICHANQUANFA ANLIYANXI

（第二版）

来小鹏 李玉香◎编著

中国政法大学出版社

2022·北京

图书在版编目（ＣＩＰ）数据

知识产权法案例研习/来小鹏，李玉香编著. —2版. —北京：中国政法大学出版社, 2022.1
ISBN 978-7-5764-0218-6

Ⅰ.①知…　Ⅱ.①来…②李…　Ⅲ.①知识产权法－案例－中国－教材　Ⅳ.①D923.405

中国版本图书馆CIP数据核字(2021)第262635号

出 版 者　中国政法大学出版社
地　　址　北京市海淀区西土城路 25 号
邮　　箱　fadapress@163.com
网　　址　http://www.cuplpress.com (网络实名：中国政法大学出版社)
电　　话　010－58908435(第一编辑部) 58908334(邮购部)
承　　印　固安华明印业有限公司
开　　本　720mm×960mm　1/16
印　　张　23
字　　数　425 千字
版　　次　2022 年 1 月第 2 版
印　　次　2022 年 1 月第 1 次印刷
印　　数　1～5000 册
定　　价　59.00 元

·❖·作者简介

来小鹏　法学博士，中国政法大学民商经济法学院教授，知识产权法学专业、数据法学专业博士生导师，中国政法大学知识产权法重点学科学术带头人，中国政法大学知识产权维权援助研究与服务中心主任，中国政法大学全国专利保护重点联系基地负责人。中国法学会会员、国家知识产权战略专家成员、中国科技法研究会常务理事、中国版权保护协会理事、国家知识产权局资产评估促进工程特邀专家、故宫博物院客座研究员、中国知识产权研究会理事、中国作协著作权纠纷调解委员会委员、北京仲裁委员会及西安仲裁委员会仲裁员等。长期从事民法学、知识产权法学教学与实践工作。主编、参编、独著教材、专著三十余部，主要有：《知识产权法学》（第四版）（独著，"十二五"国家重点图书出版规划项目，2009 年获司法部第三届全国法学教材与科研成果优秀奖，2013 年获北京市教委"北京高等教育精品教材"）、《版权交易制度研究》（独著）、《著作权法理论研究》（独著）、《专利合同理论与实务研究：前沿·实例·对策》（主编）与《企业对外贸易中的知识产权理论与实务研究：前沿·实例·对策》（主编，国家知识产权局研究课题负责人）、《民法学》（参编，高等政法院校规划教材）、《知识产权法教程》（主编，全国司法学校法学教材）、《民法》（参编，全国成人高等教育法学规划教材）、《民法》（参编，高等法学应用教材）、《知识产权法学理论与实务研究》（主编，211 工程三期重点学科建设项目）、《知识产权法学案例研究指导》（主编，中国特色

社会主义法治理论与实践系列研究生教材）、《专利法案例评析》
（主编，民商法系列丛书·以案说法）等。主持完成省部级以上课
题四十余项，发表学术论文八十余篇，先后获校、省、部级科研成
果奖十余项。1998 年 7 月被国家科技部和司法部授予"全国知识产
权工作先进个人"称号。

李玉香　法学博士，中国政法大学民商经济法学院教授（已退休），现任中
国政法大学科技法研究中心主任。中国科技法学会常务副会长、中
国科技法学会知识产权司法鉴定中心执行主任、中国知识产权法研
究会理事、中国商务部海外维权专家、中国法学会会员。曾主持并
参与国家社科基金、司法部、科技部、国家知识产权局以及其他企
事业单位委托的科研项目共十项。出版著作和教材主要有：《现代
企业知识产权类无形资产法律问题》（独著，法律出版社 2002 年
版）、《知识产权法学》（合著，中国政法大学出版社 2007 年版）、
《知识产权法》（副主编，中国政法大学出版社 2008 年版）、《知识
产权法学概论》（独著，知识产权出版社 2009 年版）、《防止知识产
权滥用法律机制研究》（合著，中国政法大学出版社 2009 年版）、
《品牌与企业发展》（主编，知识产权出版社 2010 年版）、《知识产
权法》（副主编，中国政法大学出版社 2010 年版）、《企业对外贸易
中的知识产权理论与实务研究：前沿·实例·对策》（参编，法律
出版社 2007 年版）。在专业杂志上发表学术论文四十余篇。

·❖·编写说明

中国政法大学是一所以法学为特色和优势的大学，培养应用型、复合型、创新型和国际化的法律职业人才是我校长期以来的人才培养目标。高度重视学生法律实务技能培养，提高学生运用法学与其他学科知识方法解决实际法律问题的能力，是我校长期以来人才培养的优良传统。

开展案例教学是实现应用型法律职业人才培养目标的重要措施之一。中国政法大学具有案例教学的优良传统，建校之初就非常重视案例教学，开设了一系列的案例课程，多次组织编写案例教材。2005 年，法学专业本科培养方案开始设置系统、独立的案例课组，明确要求学生必须选修一定数量的案例课程。2008 年，法学人才培养模式改革实验班开始招生，在必修课程中开设了 15 门案例课程。2012 年，实验班案例课程设置进一步优化，在必修课程中设置 11 门案例课程的同时，还开设了一定数量的案例课程供学生选修。经过长期的教学实践，案例课程已经成为我校课程体系的重要组成部分，成为推动教学方法改革的重要抓手，深受学生欢迎。

2012 年，国家实施"卓越法律人才教育培养计划"，我校同时获批应用型复合型、涉外型和西部基层型全部三个卓越法律人才教育培养基地。为了做好卓越法律人才教育培养基地建设工作，全面深化法学专业综合改革，培养卓越法律人才，学校决定启动"中国政法大学案例研习系列教材"的编写工作。本套案例研习教材的建设理念是：在宏观思路上，强调理论性与实践性相结合，在重视基础理论的同时，根据法律职业人才培养需要，突出实践性的要求，一方面案例内容来自于实践，另一方面理论与实践相结合，培养学生解决实际问题的能力。在架构设计上，强调体系性与专题性相结合，既要基本涵盖对应课程的全部教学内容，符合体系要求，又要突出个别重点专题。在教材体例上，强调规范性与灵活性相结合，在符合基本体例规范要求的同时，可以根据不同课程实际情况有所变通。

　　本套案例研习教材的作者们长期在教学一线工作，法学知识渊博，教学经验丰富，因此，本套教材格外强调教学适用性，能够充分满足课程教学需要，能够充分发挥教师和学生两个主体的积极性，满足应用型法律职业人才培养的需要。

中国政法大学
2013 年 8 月

··❖ 第二版前言

随着我国知识产权综合发展水平逐年提升和法学教育事业的迅速发展，知识产权法学案例教学和案例研究越来越受到关注。为体现我国创新驱动发展战略要求和知识产权立法、行政及司法领域的最新变化，在保持本书原有结构的基础上，对部分内容进行了修订和补充。通过案例教学和研究，能够培养学生发现与提出法律问题的能力，提升学生对立法和司法适用的深入理解，提高学生的综合分析和解决问题的能力，激发学生的思考、辩论、演讲、应变等能力，同时可以加强师生相互之间的交流与合作。研习案例的基本方法要求学生能够运用所学的基本知识和理论，分析研究具体案件的性质、涉及的相关法律关系及效力、现行相关立法的规定以及法律的正确适用，寻求案件得以客观、公正处理的途径和方法，并取得良好的社会效果。

本书作者多年来一直从事本科知识产权法学案例研习课和研讨课的教学工作，具有较为丰富的教学经验和实践能力。在案例教学中，立足于我国特色社会主义法治建设实践，注重理论与实际结合，并能够满足学生的教学需求。

本书所选案例力求真实、典型、具有时效性和可研讨性。通过个案分析，培养学生发现问题、分析问题和解决问题的途径和方法，并指导学生总结和归纳现行立法上的不足及法学理论需要研究的重点和难点。

本书各编作者如下：

来小鹏：第一编，第二编，第五编；

李玉香：第三编，第四编。

本书在写作和修订过程中，得到了中国政法大学教务处、民商经济法学院各位领导及知识产权法研究所同事的关心与帮助，得到了中国政法大学出版社领导及责任编辑的信任与支持，我指导的博士生高雅文、王怡坤对书稿文字进行了校对，对他们及其他所有支持与关注知识产权案例教学工作的人衷心致谢。本书不足之处在所难免，请读者批评指正。

编　者

2021 年 3 月 9 日

·:· 前 言

随着我国知识产权综合发展水平逐年提升和法学教育事业的迅速发展，知识产权法学案例教学和案例研究越来越受到关注。通过案例教学和研究，能够培养学生发现与提出法律问题的能力，提升学生对立法和司法适用的深入理解，提高学生的综合分析能力和解决问题的能力，激发学生的思考、辩论、演讲、应变等能力，同时可以加强学生相互之间的交流与合作。研习案例的基本方法要求学生能够运用所学的基本知识和理论，分析研究具体案件的性质、涉及的相关法律关系及效力、现行相关立法的规定以及法律的正确适用，寻求案件得以客观、公正处理的途径和方法，并取得良好的社会效果。

本书作者多年来一直从事本科知识产权法学案例研习课和研讨课的教学工作，具有较为丰富的教学经验和实践能力。在案例教学中，立足于我国特色社会主义法治建设实践，注重理论与实际结合，并能够满足学生的教学需求。

本书所选案例力求真实、典型、具有时效性和可研讨性。通过个案分析，培养学生发现问题、研究问题和解决问题的途径和方法，并且指导学生总结和归纳现行立法上的不足及法学理论需要研究的重点和难点。

本书各编作者如下：

来小鹏：第一编，第二编，第五编；

李玉香：第三编，第四编。

本书在写作过程中，得到了中国政法大学教务处、民商经济法学院各位领导及知识产权法研究所同事的关心与帮助，对他们及其他所有支持与关注知识产权案例教学工作的人衷心致谢。本书不足之处在所难免，请读者批评指正。

编 者

2013 年 6 月 9 日

❖目 录

第二编　著作权法

第四编　商标法

第五编 其他知识产权

第一编

导　论

第一章

知识产权概论

知识概要

　　知识产权是民事主体对其创造性的智慧劳动成果、商业标志及其他具有商业价值的信息依法所享有的专有权利。本章从法律角度掌握知识产权的基本内涵，理解知识产权的法律特征，熟悉知识产权的范围。本章的重点是知识产权的概念、范围和特征；本章的难点是对知识产权特征的理解；本章的疑点在于从理论与实务两个方面对知识产权范围进行界定。

经典案例

山东省食品进出口公司、山东山孚集团有限公司、山东山孚日水有限公司诉马某庆、青岛圣克达诚贸易有限公司不正当竞争纠纷案[1]

[基本案情]

　　原告分别为山东省食品进出口公司（以下简称山东食品公司）、山东山孚集团有限公司（以下简称山孚集团公司）、山东山孚日水有限公司（以下简称山孚日水公司）。山东食品公司成立于 1982 年 10 月 26 日，其前身为中国粮油食品进出口公司山东省食品分公司。2000 年 8 月 1 日，山东食品公司与山东山孚得贸易有限公司职工持股会等共同出资成立山东山孚得贸易有限公司，山东食品公司占该公司注册资本的 40%。2004 年 5 月 24 日该公司申请将企业名称变更为山孚集团公司。2004 年 6 月 16 日，山孚集团公司出资与日本水产株式会社共同成立山孚日水公司。山东食品公司自 20 世纪 70 年代起，开始向日本北海道渔业协同组合联合会的会下企业出口海带。至 20 世纪末，年出口数量稳定在 600 吨

---

　　〔1〕　参见最高人民法院（2009）民申字第 1065 号民事裁定书。

以上。后山东食品公司的对日海带业务逐渐委托给了山孚集团公司和山孚日水公司经营。三公司每年的对日出口业务可以为山东食品公司带来 600 万元到 800万元人民币的利润。

被告马某庆于 1986 年进入山东食品公司工作，1988 年开始从事海带加工和出口工作。2000 年 8 月 1 日开始，马某庆与山东山孚得贸易有限公司两次签订劳动合同，第一次期限自 2000 年 8 月 1 日至 2006 年 7 月 31 日。第二次期限自2005 年 1 月 4 日至 2006 年 12 月 31 日。合同期限届满前，山孚日水公司通知包括马某庆在内的员工于 2006 年 12 月 1 日前协商续签劳动合同，逾期不办理的视为不再与公司续签合同，双方劳动合同自行终止。期满后马某庆未与山孚日水公司续签劳动合同。

2006 年 9 月 22 日，被告青岛圣克达诚贸易有限公司（以下简称圣克达诚公司）成立，企业类别为自然人独资的一人有限责任公司，法定代表人为陈某荣，注册资本为 50 万元，注册经营范围为水产品等。陈某荣为该公司执行董事兼经理，认缴全部 50 万元出资额；颜某贞担任该公司的监事。其中，颜某贞为马某庆的配偶，陈某荣系马某庆的外甥。陈某荣时系某学院在校学生。马某庆现在圣克达诚公司任职。在 2006 年到 2007 年间，圣克达诚公司向具体负责分配海带出口份额的中粮公司提交了从事对日海带出口业务的申请。2007 年 1 月 10 日，根据圣克达诚公司的申请，中粮公司要求圣克达诚公司书面报送 2007 年度海带出口工作计划。2007 年 1 月 25 日，中粮公司书面通知圣克达诚公司和山东食品公司，将对两公司就 2007 年度海带经营计划的相关内容进行询问和调查。2007年 2 月 14 日，经考察，中粮公司致函圣克达诚公司，决定将 2007 年威海海带出口日本业务交由圣克达诚公司执行。2007 年 4 月 6 日，中粮公司下发文件将2007 年度各公司海带配额数量予以公示，其中圣克达诚公司在威海地区海带配额数量为 310 吨。至此，圣克达诚公司取得了 2007 年度出口日本海带配额。于是自2007 年 5 月起，马某庆及圣克达诚公司利用三原告的海带收购渠道，大量向海带养殖户收购"网晒海带"，准备对日出口。随即原告向山东省青岛市中级人民法院提起诉讼并请求：①确认马某庆、圣克达诚公司的行为构成不正当竞争；②马某庆向三原告返还与海带业务相关的所有文件、资料；③两被告停止利用山东食品公司、山孚集团公司的收购、出口渠道经营海带业务；④两被告连带赔偿三原告的经营利润损失共计人民币 600 万元；⑤两被告连带赔偿三原告为处理本案所花费的交通费、律师费和其他实际支出共计人民币 10 万元；⑥由两被告承担本案诉讼费。被告则认为自己的行为并不构成不正当竞争，要求法院驳回原告的诉讼请求。

一审法院经审理判决：①被告马某庆、圣克达诚公司于本案判决生效之日起立即停止采取与原告山东食品公司相同的方式经营对日出口海带贸易，其不得经营的时间为判决生效之日起3年；②被告圣克达诚公司于判决生效之日起10日内赔偿原告山东食品公司经济损失人民币2 111 669.27元；③被告马某庆对上列第2项的给付义务承担连带赔偿责任；④驳回原告山东食品公司其他诉讼请求；⑤驳回原告山东山孚公司诉讼请求；⑥驳回原告山孚日水公司诉讼请求。

被告不服一审判决遂向山东省高级人民法院提起上诉，请求撤销原审判决的第①、②、③项，依法改判。二审法院经审理判决：①撤销山东省青岛市中级人民法院（2007）青民三初字第136号民事判决。②驳回山东食品公司、山孚集团公司、山孚日水公司的诉讼请求。一审原告不服二审判决，依法向最高人民法院申请了再审。

最高人民法院经审理裁定：驳回山东省食品进出口公司、山东山孚集团有限公司、山东山孚日水有限公司的再审申请。

[法律问题]

1. 商业机会依法受保护吗？

2. 如何判定行为人是否违反商业道德？

3. 职工在企业工作过程中掌握和积累的与其所从事工作有关的知识、经验和技能属于自己的智慧成果吗？

[参考结论与法理精析]

（一）法院意见

最高人民法院对涉及本案的三个焦点问题经审理认为：自由竞争和公平竞争是市场经济的两个基本法则，二者各有侧重，互为平衡。自由竞争可有效地优化市场资源配置、降低价格、提高质量和促进物质进步，从而使全社会受益。但自由竞争并非没有限度，过度的自由竞争不仅会造成竞争秩序混乱，还会损害社会公共利益。因此，需要用公平竞争的规则来限制和校正自由竞争，引导经营者通过公平、适当、合法的竞争手段来争取商业机会，而不得采用不正当竞争或违法手段。因此，虽然人民法院可以适用反不正当竞争法的一般条款来维护市场公平竞争，但应当注意严格把握适用条件，避免不适当干预而阻碍市场自由竞争。同时，凡是法律已经通过特别规定作出穷尽性保护的行为方式，不宜再适用反不正当竞争法的一般规定予以管制。总体而言，适用《中华人民共和国反不正当竞争法》（以下简称《反不正当竞争法》）第2条第1款和第2款认定构成不正当竞争应当同时具备以下条件：①法律对该种竞争行为未作出特别规定；②其他经营者的合法权益确因该竞争行为而受到了实际损害；③该种竞争行为因确属违反诚实信用原则和公认的商业道德而具有不正当性或者说可责性，这也是问题的关键和判断的重点。本案一、二审法院关于《反不正当竞争法》第2条作为一般条款予以适用的基本条件的有关论述，虽不尽全面，但基本正确。

对于竞争行为尤其是不属于《反不正当竞争法》第二章列举规定的行为的正当性，应该以该行为是否违反了诚实信用原则和公认的商业道德为基本判断标准。诚实信用原则是民法的基本原则，是民事活动最基本的行为准则，它要求人们在从事民事活动时，讲究信用，恪守诺言，诚实不欺，用善意的方式取得权利和履行义务，在不损害他人利益和社会公共利益的前提下追求自身的利益。在规范市场竞争秩序的反不正当竞争法意义上，诚实信用原则更多是以公认的商业道德形式体现出来。商业道德要按照特定商业领域中市场交易参与者即经济人的伦理标准来加以评判，它既不同于个人品德，也不能等同于一般的社会公德，它所体现的是一种商业伦理。经济人追名逐利符合商业道德的基本要求，但不一定合于个人品德的高尚标准；企业勤于慈善和公益合于社会公德，但怠于公益事业也并不违反商业道德。特别应当注意的是，反不正当竞争法所要求的商业道德必须是公认的商业道德，是指特定商业领域普遍认知和接受的行为标准，具有公认性和一般性。即使在同一商业领域，由于是市场交易活动中的道德准则，公认的商业道德也应当是交易参与者共同和普遍认可的行为标准，不能仅从买方或者卖方、企业或者职工的单方立场来判断是否属于公认的商业道德。具体到个案中的公认的商业道德，应当结合案件具体情形来分析判定。

本案马某庆本人作为山东食品公司长期负责对日海带出口业务的部门经理，其在职期间即筹划设立了新公司，并在离职后利用该新公司与山东食品公司开展对日海带出口业务竞争，但并无证据表明马某庆负有法定或者约定的竞业限制义务。就本案而言，关键在于马某庆在职期间筹划设立圣克达诚公司和离职之后利用圣克达诚公司与山东食品公司开展竞争是否违反了诚实信用的原则和公认的商业道德。用一般的社会观念衡量，作为一个被企业长期培养和信任的职工，马某庆的所作所为可能并不合于个人品德的高尚标准，不应该得到鼓励和提倡，但这并不当然意味着他作为一个经济人同时违反了诚实信用原则和公认的商业道德。在不负有竞业限制义务的情况下，企业的一般劳动者在职期间筹划设立新公司为离职后的生涯做准备，属于市场常见现象，法律上对此行为本身也无禁止性规定。当然，如果劳动者在职期间即利用职务之便以新设公司的名义攫取本应由原企业获得的现实经济利益，则应另当别论。本案中马某庆在职期间筹划设立的新公司于 2006 年 9 月 22 日成立，其与原企业劳动合同于 2006 年 12 月 31 日届满，间隔仅 3 个多月，时间相对较短，申请再审人也无充分证据证明马某庆在职期间即利用职务之便为新设立的圣克达诚公司牟取利益。在市场经济环境下，任何人只要不违反法律都可以和其他人开展竞争，劳动力或者说人才的流动也是市场竞争的必然要求，人才流动或者说"职工跳槽"后与原企业争夺商业机会，可以有效地形成和促进竞争。因此，马某庆在职期间筹划设立新公司为离职后的生涯做准备的行为，并非不合常理，其在离职后以圣克达诚公司的名义与山东食品公司开展竞争，也无可厚非，不能因其与原公司争夺商业机会就推定其具有主观恶意，本案有证据证明马某庆和圣克达诚公司的有关行为并不违反诚实信用的原则和公认的商业道德。二审法院有关在没有法定和约定的竞业限制以及不侵害商业秘密等特定民事权益的情况下，职工有权自由与企业开展竞争的判理表述，表面上看文字表述似不尽周延，但这里所讲的职工有权自由竞争的本意当然是指开展合法竞争，并不包括采取违反诚实信用的原则和公认的商业道德的手段开展非法竞争。

作为具有学习能力的劳动者，职工在企业工作的过程中必然会掌握和积累与其所从事的工作有关的知识、经验和技能。除属于单位商业秘密的情形外，这些知识、经验和技能构成职工人格的组成部分，是其生存能力和劳动能力的基础。职工离职后有自主利用其自身的知识、经验和技能的自由，因利用其自身的知识、经验和技能而赢得客户信赖并形成竞争优势的，除侵犯原企业商业秘密的情况外，并不违背诚实信用的原则和公认的商业道德。本案一审法院认为，有关企业职工在履行单位交办工作过程中所形成的竞争优势，如同在履行单位工作中产生的发明创造一样，其权利享有者是公司而非职工，因此，马某庆将本属于山东食品公司的竞争优势为圣克达诚公司所有，属于将日本客户对自己基于履行职务行为所产生信赖的滥用，严重违背了诚实信用的原则，也违背了公认的商业道德的认定并不正确。从一审法院的逻辑推理来看，所谓的企业职工在履行单位交办工作过程中所形成的竞争优势，实质上是指马某庆所获得的知识、经验和技能等个人能力以及客户对其个人能力的信赖。首先，个人能力显然不能直接等同于职务发明创造，知识、经验和技能等个人能力的积累既与其工作岗位和业务经历有关，也与个人天赋和后天努力有关，如前所述，其中除涉及单位商业秘密的内容以外，均应属于个人人格内容，可以自由支配和使用，这与职务发明创造或者职务劳动成果可以成为独立的财产或者利益有明显不同。如果任何人在履行职务过程中积累的知识、经验和技能等竞争优势都应归属于任职单位，在将来离职变换工作时将不能使用，那么显然不利于鼓励职工在现单位学习新知识，积累新经验，提高自身业务能力，更不利于整个社会在知识上的积累和利用，不利于社会的创新和发展。一审法院要求圣克达诚公司、马某庆证明日本客户是基于对马某庆个人的信赖才选择与山东食品公司进行交易，实质上也是将马某庆的个人能力完全限于其进入山东食品公司之前的个人能力和业务水平，而将马某庆在山东食品公司工作期间积累的知识、经验和技能等个人能力均视为公司所有，这显然是错误的。其次，一审法院所谓马某庆滥用日本客户对其基于履行职务行为所产生的信赖的认定，并无事实依据。一方面，根据日本北海道渔联 2007 年 4 月 3 日回函，充分表明日本客户恰恰是基于对马某庆个人能力的信赖，只不过马某庆的这种个人能力在很大程度上确实是基于其在山东食品公司长期任职所形成的，但如前所述，这种能力并不属于申请再审人的财产或者利益。另一方面，本案也不存在被申请人利用申请再审人山东食品公司商誉的问题。申请再审人既没有明确主张马某庆和圣克达诚公司利用了山东食品公司的商誉，也没有证据证明马某庆在此过程中借用了山东食品公司的名义导致日本客户对交易对象选择的混淆、误认。日本北海道渔联 2007 年 4 月 3 日回函同样表明，日本客户明知其交易对象并非山东食品公司。所谓的商誉必须是某种能够归属于特定商业主体的权利和利益，不能仅以因交易对象及其交易代表表明了自己曾经的身份和经历，或者交易相对人知道或考虑了交易对象及其交易代表曾经的身份和经历，即认定交易对象利用了原所在单位的商誉。

（二）研讨本案的意义

尽管本案案由是不正当竞争纠纷，但案件涉及的事实是商业机会、竞争优势、商业道德在法律上的定位，特别是职工在企业工作过程中必然会掌握和积累的与其所从事工作有关的知识、经验和技能的性质及归属等也值得我们进一步从理论和实务方面进行研究和探讨。本案中，二审法院和最高人民法院充分运用法学基本理论，从静态和动态两个方面深刻分析了商业机会和商业道德的基本内涵，并从法律上揭示了如何正确判断其性质和地位的方法。就职工在企业工作过程中掌握和积累的与其所从事工作有关的知识、经验和技能问题，二审法院和最高人民法院同样作了深入分析，特别是本案涉及的有关知识、经验和技能与知识产权的关系以及运用法律如何判断其性质和归属的论述，对我们分析问题和解决问题，无论是从法理解析、法律的适用，还是解决问题的途径与方法都是值得参考和学习的。

拓展案例

案例一：北京北大方正电子有限公司与暴雪娱乐股份有限公司、九城互动信息技术（上海）有限公司、上海第九城市信息技术有限公司、北京情文图书有限公司侵害著作权纠纷案[1]

北京北大方正电子有限公司（以下简称北大方正公司）是方正兰亭字库

---

[1]　参见中华人民共和国最高人民法院（2010）民三终字第 6 号民事判决书。

V5.0 版中的方正北魏楷体 GBK 等 5 款方正字体的权利人。暴雪娱乐股份有限公司（以下简称暴雪公司）是网络游戏《魔兽世界》的版权所有人，其授权上海第九城市信息技术有限公司（以下简称第九城市公司）对网络游戏进行汉化，并由第九城市公司在我国大陆地区运营该网络游戏。九城互动信息技术（上海）有限公司（简称九城互动公司）从第九城市公司经营该游戏的收入中进行分成并作为 2005 年、2006 年该游戏的会计核算主体。北京情文图书有限公司（以下简称情文公司）是第九城市公司授权的网络游戏《魔兽世界》客户端软件光盘经销商之一。北大方正公司认为暴雪公司等在该游戏客户端中，未经许可复制、安装了北大方正公司享有著作权的上述 5 款字体；在该游戏运行过程中，各种游戏界面的中文文字分别使用了上述 5 款字体。前述行为侵犯了北大方正公司对上述 5 款字体的计算机软件著作权以及其中每个汉字的美术作品著作权，北大方正公司向北京市高级人民法院提起诉讼，请求判令被告停止侵权、赔礼道歉并赔偿经济损失 4.08 亿元。

一审法院经审理认为，字库不属于计算机软件保护条例所规定的程序，但字库中每个字体的制作体现出作者的独创性，涉案字库中每款字体的字型是由线条构成的具有一定审美意义的书法艺术，属于受著作权法及其实施条例保护的美术作品。第九城市公司在《魔兽世界》客户端软件和相关补丁程序中使用涉案 5 款字体并进行销售的行为，以及通过计算机网络向游戏玩家提供相关客户端软件等的行为，分别侵犯了北大方正公司对涉案方正兰亭字库中的字体的美术作品著作权中的复制权、发行权以及信息网络传播权，暴雪公司、九城互动公司与其承担连带责任。判决暴雪公司等立即停止侵权并赔偿北大方正公司经济损失 140 万元及诉讼合理支出 5 万元。

北大方正公司、暴雪公司、第九城市公司不服一审判决，向最高人民法院提出上诉，最高人民法院经审理认为，本案诉争字库中字体文件的功能是支持相关字体字型的显示和输出，其内容是字型轮廓构建指令及相关数据与字型轮廓动态调整数据指令代码的结合，其经特定软件调用后产生运行结果，属于我国《计算机软件保护条例》第 3 条第 1 项规定的计算机程序。字库中的字体并非由线条、色彩或其他方式构成的有审美意义的平面或者立体的造型艺术作品，故其不属于著作权法意义上的美术作品。暴雪公司侵犯了北大方正公司对诉争字库计算机软件的复制权、发行权以及信息网络传播权。另外，经相关计算机软件调用运行后产生的汉字只有具有著作权法意义上的独创性时方能认定其构成美术作品。本案中暴雪公司、第九城市公司在其游戏运行中使用上述汉字是对其表达思想、传递信息等功能的使用，无论前述汉字是否属于著作权法意义上的美术作品，这种使用均不侵犯北大方正公司的相关权利。综上，二审判决暴雪公司等停止侵权并赔偿北大方正公司经济损失 200 万元及诉讼合理支出 5 万元。

本案审理过程中主要涉及计算机中文字库的法律属性的认定。最高人民法院在本案中认为：方正兰亭字库应作为计算机软件而不是美术作品受到著作权法的保护。计算机中文字库运行后产生的单个汉字，只有具有著作权法意义上的独创性时方能认定其为美术作品。计算机中文字库运行后产生的单个汉字，无论其是否属于美术作品，均不能限制他人正当使用汉字来表达一定思想、传达一定信息的权利。

案例二：洪某远、邓某香诉贵州五福坊食品有限公司、贵州今彩民族文化研发有限公司著作权侵权纠纷案[1]

原告洪某远、邓某香诉称：原告洪某远创作完成的《和谐共生十二》作品，发表在 2009 年 8 月贵州人民出版社出版的《福远蜡染艺术》一书中。洪某远曾将该涉案作品的使用权（蜡染上使用除外）转让给原告邓某香，由邓某香维护著作财产权。被告贵州五福坊食品有限公司（以下简称五福坊公司）以促销为目的，擅自在其销售的商品上裁切性地使用了洪某远的上述画作。原告认为被告侵犯了洪某远的署名权和邓某香的著作财产权，请求法院判令：被告就侵犯著作财产权赔偿邓某香经济损失 20 万元；被告停止使用涉案图案，销毁涉案包装盒及产品册页；被告就侵犯洪某远著作人身权刊登声明赔礼道歉。

被告五福坊公司辩称：其一，原告起诉其拥有著作权的作品与贵州今彩民族文化研发有限公司（以下简称今彩公司）为五福坊公司设计的产品外包装上的部分图案，均借鉴了贵州黄平革家传统蜡染图案，被告使用今彩公司设计的产品外包装不构成侵权；其二，五福坊公司的产品外包装是委托本案第三人今彩公司设计的，五福坊公司在使用产品外包装时已尽到合理注意义务；其三，本案所涉作品在产品包装中位于右下角，整个作品面积只占产品外包装面积的 1/20 左右，对于产品销售的促进作用影响较小，原告起诉的赔偿数额 20 万元显然过高。

第三人今彩公司述称：其为五福坊公司进行广告设计、策划，2006 年 12 月创作完成"四季如意"的手绘原稿，直到 2011 年 10 月五福坊公司开发针对旅游市场的礼品，才重新截取该图案的一部分使用，图中的鸟纹、如意纹、铜鼓纹均源于贵州黄平革家蜡染的"原形"，原告作品中的鸟纹图案也源于贵州传统

---

〔1〕　参见贵州省贵阳市中级人民法院（2015）筑知民初字第 17 号民事判决书。

蜡染，原告方主张的作品不具有独创性，本案不存在侵权的事实基础，故原告的诉请不应支持。

法院经审理查明：原告洪某远从事蜡染艺术设计创作多年，先后被文化部授予"中国十大民间艺术家""非物质文化遗产保护工作先进个人"等荣誉称号。2009 年 8 月其创作完成的《和谐共生十二》作品发表在贵州人民出版社出版的《福远蜡染艺术》一书中，该作品借鉴了传统蜡染艺术的自然纹样和几何纹样的特征，色彩以靛蓝为主，描绘了一幅花、鸟共生的和谐图景。但该作品对鸟的外形进行了补充，对鸟的眼睛、嘴巴丰富了线条，使得鸟图形更加传神，对鸟的脖子、羽毛融入了作者个人的独创，使得鸟图形更为生动，对中间的铜鼓纹花也融合了作者自己的构思而有别于传统的蜡染艺术图案。2010 年 8 月 1 日，原告洪某远与原告邓某香签订《作品使用权转让合同》，合同约定洪某远将涉案作品的使用权（蜡染上使用除外）转让给邓某香，由邓某香维护受让权利范围内的著作财产权。

被告五福坊公司委托第三人今彩公司进行产品的品牌市场形象策划设计服务，包括进行产品包装及配套设计、产品手册以及促销宣传品的设计等。根据第三人今彩公司的设计服务，五福坊公司在其生产销售的产品外包装礼盒的左上角、右下角使用了蜡染花鸟图案和如意图案边框。洪某远认为五福坊公司使用了其创作的《和谐共生十二》作品，一方面侵犯了洪某远的署名权，割裂了作者与作品的联系，另一方面侵犯了邓某香的著作财产权。经比对查明，五福坊公司生产销售的产品外包装礼盒和产品手册上使用的蜡染花鸟图案与洪某远创作的《和谐共生十二》作品，在鸟与花图形的结构造型、线条的取舍与排列上一致，只是图案的底色和线条的颜色存在差别。判决：被告五福坊公司赔偿原告经济损失 10 万元，立即停止使用涉案《和谐共生十二》作品并销毁涉案产品包装盒及产品宣传册页，驳回原告其余诉讼请求。

[问题与思考]

1. 依法受知识产权法保护的智慧成果应当具备什么样的条件？
2. 知识产权的本质特征是什么？
3. 应当如何界定知识产权的保护范围？

[重点提示]

本章拓展案例均涉及著作权保护范围问题。知识产权法保护的智慧成果基于权利类型不同而条件有所区别：著作权法保护的对象主要判定其是否具有独创性和可复制性；专利法保护的对象主要判定其是否具有新颖性、创造性和实用性；商标法保护的对象则主要判定其是否具有显著性和识别功能。保护范围的界定也揭示了知识产权的本质特征在于平衡知识产权权利人与社会公众之间的利益。

第二章

知识产权法概述

知识概要

　　知识产权法是调整人们在创造、利用、管理和保护智慧成果过程中所产生的各种社会关系的法律规范的总称。通过本章的学习，了解知识产权法的含义及调整对象，并掌握知识产权法的渊源。通过分析知识产权法地位理解知识产权法的作用和功能。本章的重点是知识产权法的调整对象、范围以及与相关法律部门的区别，特别是著作权法、专利法、商标法及反不正当竞争法等相互之间的关系；难点是知识产权法的地位问题；疑点在于对知识产权法体系的理解。

经典案例

"王老吉"商标纠纷案[1]

[基本案情]

　　1828年清道光年间，广东鹤山人王泽邦（乳名"阿吉"）在广州开设首间"王老吉凉茶铺"，经营水碗凉茶，从此建立"王老吉"品牌根基，并在华南地区乃至海外产生深远影响。1949年，"王老吉"因政局变化一分为二。在香港的"王老吉"由王氏后人继续经营，而广州的"王老吉"被收归国有，与另外8间中药厂合并，称为王老吉联合制药厂。后又于1968年改名为广州中药九厂。广州中药九厂即为后来的广州羊城药业股份有限公司，隶属于广州医药集团有限公司（以下简称广药集团），是现在的广州王老吉药业股份有限公司的前身。

　　1995年广药集团将红罐王老吉的生产销售权租给加多宝集团有限公司（以下简称加多宝）。广药集团自己则生产绿色利乐包装的王老吉凉茶。1995年12

---

　　[1]　参见北京市第一中级人民法院（2012）一中民特字第7160号民事裁定书。

月 18 日，鸿道（集团）有限公司（加多宝母公司，以下简称鸿道集团）法定代表人陈鸿道向国家知识产权局申请名为"饮料盒标贴"的外观设计专利，并于 1997 年 1 月 4 日获得授权，后因未缴纳年费，1998 年 12 月 18 日专利权终止。1996 年 6 月 5 日，陈鸿道向专利局申请名为"罐帖"的外观设计专利，并于 1997 年 6 月 14 日获得授权，后因该专利与"饮料盒标贴"专利相同，丧失新颖性，于 2004 年 6 月 22 日被宣告无效。

1997 年广药集团与加多宝投资方鸿道集团签订了商标许可使用合同。2000 年双方第二次签署合同，鸿道集团对"王老吉"商标的租赁期限至 2010 年 5 月 2 日到期。据了解，2002 年及 2003 年，加多宝母公司鸿道集团董事长陈鸿道 3 次行贿共 300 万港元，在商标许可合同还有 8 年才到期的情况下，分别补签了《"王老吉"商标许可补充协议》和《关于"王老吉"商标使用许可合同的补充协议》。广药集团对此认为，该补充协议无效，商标租赁期限于 2010 年 5 月到期。且"王老吉"商标一直被"严重贱租"——2000 年~2010 年，红罐"王老吉"已从 2 亿元销售额增加到 160 亿元，而同期加多宝给广药集团的年商标使用费仅从 450 万元增加到 506 万元，即便到 2020 年也只有 537 万元。公开数据显示，加多宝 2002 年打出了"怕上火，喝王老吉"的广告词。在精确广告加成功营销手段的助推下，加多宝旗下红罐王老吉销售业绩迅速飙升，2002 年~2008 年销售额从 2 亿元上升到 140 亿元，创造了中国饮料的奇迹。同时品牌运作存在巨大差异：出租前广药集团下的王老吉年销售额约 1 亿元~2 亿元；出租后加多宝经营下的王老吉年销售额 140 亿元，成为中国饮料第一品牌，1080 亿元的品牌价值加多宝功不可没。

从 2008 年开始广药集团与鸿道集团交涉，但一直没有结果。2008 年 8 月，广药集团向鸿道集团发出律师函，称补充协议无效。2010 年 11 月广药集团启动"王老吉"商标评估程序，其品牌价值为 1080 亿元。2011 年 4 月广药集团向中国国际经济贸易仲裁委员会提出仲裁请求。2011 年 12 月 29 日此案进入仲裁程序。2012 年 5 月中国国际经济贸易仲裁委员会作出裁决书，要求加多宝集团停止使用"王老吉"商标。2012 年 7 月 16 日广州药业公告，广药集团已经收到北京市第一中级人民法院的民事裁定书，法院驳回加多宝母公司鸿道集团提出的撤销"王老吉"商标仲裁裁决的申请。

[**法律问题**]

1. 本案涉及哪些法律关系？
2. 如何确定"王老吉"商标权的归属？
3. 如何判定"红罐"王老吉包装装潢权属？
4. 涉案《商标许可协议》的法律效力如何？

5. "怕上火，喝王老吉"的广告语是否享有著作权？

6. 如何界定涉案"商誉"的法律地位？

[参考结论与法理精析]

（一）法院意见

本案中鸿道集团提出的撤销仲裁裁决的理由主要有三点：①仲裁庭的仲裁程序与仲裁规则不符，鸿道集团认为仲裁庭的仲裁程序有五个方面与仲裁规则不符；②仲裁裁决违背社会公共利益；③仲裁裁决的内容违反了《中华人民共和国合同法》（以下简称《合同法》，已失效）的基本原则。

1. 关于鸿道集团提出的仲裁庭的仲裁程序与仲裁规则不符的申请撤销仲裁裁决理由。法院经审理认为，涉案仲裁程序适用自 2005 年 5 月 1 日起施行的《中国国际经济贸易仲裁委员会仲裁规则》（以下简称《仲裁规则》，已修改），根据上述法律规定，法院对有关仲裁程序仅审查其与《仲裁规则》是否相符。

（1）关于鸿道集团提出的仲裁庭没有给鸿道集团陈述和辩论的合理机会的问题。《仲裁规则》第 29 条第 1 项规定："除非当事人另有约定，仲裁庭可以按照其认为适当的方式审理案件。在任何情形下，仲裁庭均应公平和公正地行事，给予各方当事人陈述与辩论的合理机会。"

第一，鸿道集团称其关于国有企业利益与国家利益之关系的意见，在仲裁裁决中未有任何体现，表明仲裁庭完全忽略了鸿道集团的相关陈述意见。经审查，仲裁裁决在"被申请人关于本案的代理意见概要"中，载明鸿道集团关于国有企业利益与国家利益之关系的主要意见，故鸿道集团的该项理由与事实不符，法院没有采信。

第二，鸿道集团称仲裁庭没有给鸿道集团机会对其所提供的证据充分发表说明意见。根据仲裁委员会庭审笔录记载，鉴于"双方都提交了比较好的证据归纳，有清楚编号，有证明目的的说明"，仲裁庭提出无需重念一遍证据目录，直接对对方的证据发表质证意见，如需补充，可在辩论环节进行。双方当事人对仲裁庭的上述安排均未提出异议，且鸿道集团向仲裁庭提供的证据目录已载明证据名称、证明目的，故鸿道集团的该项理由不能成立，法院也没有采信。

第三，鸿道集团称仲裁庭将鸿道集团的辩论、发表意见时间限定为 15 分钟，实际上剥夺了鸿道集团陈述案情的机会，既不合法也不合理。经审查，在仲裁程序的最后阶段，仲裁庭提出双方当事人可以提交书面代理意见，并征求了双方当事人的意见，双方当事人均未提出异议，鸿道集团也提交了庭后代理意见，且仲裁庭给双方当事人辩论及发表意见的时间是对等的，故鸿道集团的该项理由依据不足，法院同样没有采信。

第四，鸿道集团称其于 2012 年 2 月 13 日提交的意见是在提出书面异议后，仲裁庭才同意接收的。本院认为，仲裁庭已经接收了鸿道集团于 2012 年 2 月 13 日提交的意见，该项理由不能说明仲裁庭未给予鸿道集团发表意见的合理机会，故鸿道集团的该项理由，法院不予采信。

第五，鸿道集团称仲裁庭认定的证据存在瑕疵，仲裁庭应用证据规则、证据采信错误。本院认为，根据《仲裁规则》第 37 条的规定，仲裁庭在其权限范围内，有权自行决定是否准许鸿道集团调查取证的申请。另，仲裁庭对证据采信属于案件实体处理范畴，且根据《中华人民共和国民事诉讼法》（以下简称《民事诉讼法》，2007 年）第 258 条的规定，有关证据问题不属于对涉外仲裁裁决予以撤销的法定事由范畴，故鸿道集团的该项理由，法院不予采信。

（2）关于鸿道集团提出的其未对仲裁裁决第 14 ~ 15 页中的许可费情况表发表质证意见的问题。经审查，仲裁裁决第 14 ~ 15 页中的许可费情况表不是广药集团提交的证据，而是广药集团用于论证其观点的意见陈述，因此，对许可费情况表不存在发表质证意见的问题，故鸿道集团的该项理由不能成立，法院不予采信。

（3）关于鸿道集团提出的仲裁庭的审理方式违反了《仲裁规则》第 29 条第 3 项的规定的问题。经审查，《仲裁规则》第 29 条第 3 项规定："除非当事人另有约定，仲裁庭可以根据案件的具体情况采用询问式或辩论式审理案件。"鸿道集团与广药集团未对仲裁庭的审理方式作出约定，在仲裁庭审中，首席仲裁员对双方进行了询问，给予了双方发表辩论的机会，且《仲裁规则》并未规定仲裁庭在庭审中必须允许双方当事人进行相互提问，故鸿道集团的该项理由没有事实及法律依据，法院不予采信。

（4）关于鸿道集团提出的仲裁庭剥夺了鸿道集团的最后陈述权的问题。法院认为，《仲裁规则》并未规定最后陈述权，且仲裁庭允许鸿道集团提交庭后代理意见，并实际接收了鸿道集团提交的庭后代理意见，故鸿道集团的该项理由于法无据，法院不予采信。

（5）关于鸿道集团提出的仲裁员朱某夫违反了《中国国际经济贸易仲裁委员会、中国海事仲裁委员会仲裁守则》（以下简称《仲裁员守则》）第 7 条规定的问题。《仲裁员守则》第 7 条规定："仲裁员接受指定后，应当保证开庭审理和合议的时间，不得因其它情事影响案件的审理，遇有特殊情况应提前商秘书处。"在法院询问过程中，鸿道集团认可，仲裁开庭前其已收到仲裁委员会秘书局关于仲裁员朱某夫特殊情况的通知，仲裁委员会秘书局已就此向其征询了意见，鸿道集团对此并未提出异议。经审查，仲裁员朱某夫于仲裁开庭当天已到庭，并参加了整个庭审，鸿道集团未能证明仲裁员朱某夫存在违反《仲裁员守则》第 7 条及《仲裁规则》的情形，故鸿道集团的该项理由不能成立，法院不予采信。

2. 关于鸿道集团提出的仲裁裁决违背社会公共利益，依据《民事诉讼法》（2007 年）第 258 条第 2 款的规定，应当裁定撤销申请撤销仲裁裁决理由。经审理法院认为，《民事诉讼法》（2007 年）第 258 条第 2 款所指的社会公共利益应属于社会全体成员的利益，通常是指违背我国法律的基本制度与准则、违背社会和经济生活的基本原则等，进而侵害的是社会的公序良俗。本案仲裁裁决涉及的是鸿道集团与广药集团两个法人之间的合同纠纷，鸿道集团提出的仲裁裁决将国有企业利益混同为国家利益，并依据《合同法》（已失效）第 52 条第 4 项裁定合同无效违背了社会公共利益的理由，实际上是对仲裁案件认定事实和法律适用提出的质疑，鸿道集团依此项理由申请人民法院撤销涉外仲裁裁决，依据不足，法院对此不予采信。

3. 关于鸿道集团提出的仲裁裁决内容违反了《合同法》（已失效）的基本原则，存在严重错误的申请撤销仲裁裁决理由。法院经审理认为，鸿道集团提出的该项撤销仲裁裁决理由，实质上是对仲裁裁决的实体问题提出异议，超出了法院审查的范围。根据《最高人民法院关于适用〈中华人民共和国仲裁法〉若干问题的解释》（已修改）第 17 条的规定，当事人以不属于《民事诉讼法》第 260 条（即 2007 年修正后的第 258 条）规定的事由申请撤销仲裁裁决的，人民法院不予支持。据此，鸿道集团的该项申请理由不能成立，法院不予采信。

综上，鸿道集团申请撤销仲裁裁决的理由均不成立，对其申请撤销仲裁裁决的请求，法院不予支持。依据《中华人民共和国仲裁法》（以下简称《仲裁法》）第 60 条之规定，驳回鸿道集团提出的撤销中国国际经济贸易仲裁委员会作出的（2012）中国贸仲京裁字第 0240 号仲裁裁决的申请。

（二）"王老吉"纠纷一案的影响

本案对我们有以下启示：①商标所有权与使用权的分离。本案有关"王老吉"商标的所有权归属于广药集团；但该商标实际又由加多宝使用。从权利角度考虑，商标的使用许可是商标专用权的延伸，商标使用许可能够有效地实现商标的功能价值。随着市场经济的不断发展，商标使用许可制度在我国经济生活中发挥着重要作用，透过本案能够发现我国现有商标使用许可制度的不足。②从商标到品牌需要经营管理。"王老吉"商标争议，争议的背后在于商标和品牌的价值。在精确广告与成功营销手段的助推下，加多宝旗下红罐王老吉商标从默默无闻做到年销售收入 160 亿元，由区域饮品跃升为全国性品牌。③公众之所以对"加多宝"与"王老吉"相关案件关注，一方面反映了品牌价值和知识产权越来越成为竞争的手段，另一方面也反映出企业在知识产权的取得、运用、管理和保护等方面或多或少还存在一些问题，引发纠纷和诉讼。④应当全方位构建智慧成果创造、运用、管理和保护体系。特别是知识产权权利人应当从事前预防和事后救济等角度建立知识产权规划和预警机制，如本案，合同签订时应作更多的调查和审查，相应的权利义务约定应更全面，涉及商标许可使用应更有预见性和战略意识等，这样就有可能避免一些纠纷发生。

拓展案例

案例一： 北京趣拿信息技术有限公司与广州市去哪信息技术有限公司不正当竞争纠纷上诉案[1]

2005 年 5 月 9 日，庄某超注册了"qunar.com"域名并创建了"去哪儿"网。北京趣拿信息技术有限公司（以下简称趣拿公司）于 2006 年 3 月 17 日成立后，"qunar.com"域名由庄某超转让给该公司。经过多年使用，"去哪儿""去哪儿网""qunar.com"等服务标识成为知名服务的特有名称。广州市去哪信息技术有限公司（以下简称去哪公司）的前身成立于 2003 年 12 月 10 日，后于 2009 年 5 月 26 日变更为现名，经营范围与趣拿公司相近。2003 年 6 月 6 日，"quna.com"域名登记注册，后于 2009 年 5 月转让给去哪公司。去哪公司随后注册了"123quna.com""mquna.com"域名，并使用"去哪""去哪儿""去哪网""quna.com"名义对外宣传和经营。趣拿公司以去哪公司上述行为构成不正当竞争为由，请求判令去哪公司停止不正当竞争行为并赔偿损失 300 万元等。广州市中级人民法院一审认为，去哪公司使用"去哪""去哪儿""去哪网""quna.com"服务标记的行为构成对趣拿公司知名服务特有名称的侵害，去哪公司在其企业字号中使用"去哪"字样的行为构成不正当竞争，去哪公司使用"quna.com""123quna.com""mquna.com"域名的行为构成对趣拿公司域名权益的侵害。遂判决去哪公司停止使用上述企业字号、服务标记、域名，并限期将上述域名移转给趣拿公司；去哪公司赔偿趣拿公司经济损失 35 万元。去哪公司不服一审判决提出上诉。广东省高级人民法院二审认为，去哪公司使用"去哪"企业字号和"去哪"标识等构成不正当竞争行为。去哪公司对域名"quna.com"享有合法权益，使用该域名有正当理由，根据《最高人民法院关于审理涉及计算机网络域名民事纠纷案件适用法律若干问题的解释》第 4 条规定，不构成不正当竞争，去哪公司随后注册"123quna.com""mquna.com"域名也应当被允许注册和使用。双方均享有来源合法的域名权益，需要彼此容忍、互

---

〔1〕 参见广东省高级人民法院（2013）粤高法民三终字第 565 号民事判决书。

相尊重、长期共存，一方不能因为在经营过程中知名度提升，就剥夺另一方的生存空间；另一方也不能恶意攀附知名度较高一方的商誉，以谋取不正当的商业利益。据此，去哪公司虽然有权继续使用"quna.com"等域名，但是也有义务在与域名相关的搜索链接及网站上加注区别性标识，以使消费者将上述域名与趣拿公司"去哪儿""去哪儿网""qunar.com"等知名服务特有名称相区分。二审法院维持了一审判决关于去哪公司停止使用"去哪"企业字号及"去哪"等标识的判项；撤销了去哪公司停止使用"quna.com"等域名并限期将上述域名移转给趣拿公司的判项，并把赔偿数额相应调整为25万元。

本案区分了域名近似与商标近似判断标准的不同，以及权利冲突处理原则。去哪公司使用了在先注册的域名"quna.com"，趣拿公司经营的"去哪网"属于知名服务的特有名称，并注册了域名"qunar.com"。两个域名仅相差一个字母"r"，构成相近似的域名，但法院认为可以长期共存，依据在于：一是域名具有全球唯一性，由于域名有长度限制，全球域名注册的最大容量不超过43亿个，如果规定近似域名不得注册，从经济学角度是没有效益的。二是域名由计算机系统识别，计算机对非常相似的域名也可以精确地区分开来，绝不会出现混淆情况。电子技术手段和感觉感官在精确性上的巨大差异是造成域名近似与商标近似判断标准不同的主要原因。

案例二：　拉菲罗斯柴尔德酒庄与国家工商行政管理总局商标评审委员会、南京金色希望酒业有限公司商标争议行政纠纷再审案[1]

第4578349号"拉菲庄园"商标（即争议商标）的申请日为2005年4月1日，核定使用在第33类葡萄酒、酒（饮料）等商品上，注册人为南京金色希望酒业有限公司（以下简称金色希望公司）。"LAFITE"商标（即引证商标）申请日为1996年10月10日，核定使用在第33类的含酒精饮料（啤酒除外）商品上，注册人为拉菲罗斯柴尔德酒庄（以下简称拉菲酒庄）。拉菲酒庄针对争议商标向国家工商行政管理总局商标评审委员会（以下简称商标评审委员会）提出争议申请。商标评审委员会作出商评字〔2013〕第55856号《关于第4578349号"拉菲庄园"商标争议裁定书》（简称第55856号裁定），对争议商标的注册予以撤销。金色希望公司不服，提起行政诉讼。北京市第一中级人民法院认为，通过相关媒体的介绍，结合拉菲酒庄的"LAFITE"葡萄酒早在争议商标注册日

---

〔1〕　参见最高人民法院（2016）最高法行再34号行政判决书。

之前就进入中国市场的情况，国内的相关公众能够了解到"LAFITE"呼叫为"拉斐""拉菲特"或者"拉菲"，并具有较高的知名度。争议商标的注册违反了2001年《中华人民共和国商标法》（以下简称《商标法》）第28条的规定，判决维持第55856号裁定。金色希望公司不服，提起上诉。北京市高级人民法院二审认为，难以认定在争议商标申请日之前，引证商标已经在中国大陆地区具有市场知名度，相关公众已经能够将引证商标与"拉菲"进行对应性识别。争议商标的注册和使用长达10年之久，从维护已经形成和稳定的市场秩序考虑，本案争议商标的注册应予维持，判决撤销一审判决及第55856号裁定。拉菲酒庄不服，向最高人民法院申请再审。最高人民法院裁定提审本案，并于2016年12月23日作出再审判决，撤销二审判决，维持一审判决及第55856号裁定。

本案涉及中英文商标的近似性判断及是否形成稳定的市场秩序等问题。法院认为，本案中引证商标具有较高的知名度，拉菲酒庄通过多年的商业经营活动，客观上在"拉菲"与"LAFITE"之间建立了稳固的联系，故争议商标与引证商标构成使用在相同类似商品上的近似商标，违反了《商标法》第28条的规定。此外，对于已经注册使用一段时间的商标，该商标是否已经通过使用建立较高市场声誉和形成自身的相关公众群体，并非由使用时间长久单一因素来决定，而是在客观上有无通过其使用行为使得相关公众能够将其与相关商标区分开来，以是否容易导致混淆作为判断标准，本案中并不存在这一情形。再审判决对商标构成要素及其整体的近似程度、相关商标的显著性和知名度、稳定的对应关系的认定、相关公众群体等展开论述，在此基础上明确中英文商标的近似性判断的裁判标准，具有重要的指导意义。

[问题与思考]

1. 具有一定知名度的社交网站可否构成知名服务？
2. 网站名称可否作为知名服务的特有名称？
3. 如何协调知识产权行政保护与司法保护的关系？
4. 如何看待我国知识产权审判模式的改革？

[重点提示]

关于知名商品特有名称的法律保护我国已有明确规定，但关于知名服务的界定以及知名服务特有名称的法律保护问题仍有待完善。本案应当根据我国现有规定，并考虑具体案情进行综合分析。拓展案例一强调如何认定知名服务，而拓展案例二则重点思考我国知识产权审批模式改革的进程及所面临的问题。

第二编

著作权法

著作权法律关系客体

知识概要

著作权是指特定形式的文学、艺术和自然科学、社会科学、工程技术等作品的作者依法对其创作完成的作品所享有的专有人身权和财产权的总称。著作权基于作品而产生，著作权法律关系也正是有了特定的作品作为客体，主体的权利和义务才能针对具体的目标而得以体现，从而享受权利，履行义务。各国著作权法律制度普遍规定，只有满足了特定法律要件的作品才受著作权法的保护。本章的重点是作品的含义和要件，作品的不同类型及不受著作权法保护的对象；难点在于对作品构成要件的理解；疑点在于对作品独创性的判断。

经典案例

曹某丽诉湖北知音期刊出版实业集团有限责任公司、广东绿瘦健康信息咨询有限公司、袁某峰侵害其著作权财产纠纷案[1]

[基本案情]

原告曹某丽诉称：自己于 2008 年 8 月 27 日在新浪网上以夏季紫罗兰的网名开通博客（博客网址 http://blog.sina.com.cn/s23s）。2009 年 1 月原告的博文进入新浪草根名博，2 月博文入选新浪网博客首页，4 月份入选新浪网首页，至今博客总点击数 2500 万次，期间原告曾获得新浪博客回馈博主最具贡献奖、2009 年度女性情感十大草根写手、2009 年度草根名博情感十大新锐、女性频道及婚姻与家庭杂志 60 年钻石婚征文三等奖等荣誉，被新浪网认证为情感名博、河南名博。原告所发表的原创文章深受广大网友喜欢，被女性网友视为信赖的情感

---

〔1〕 参见河南省郑州市中级人民法院（2011）郑民三初字第 1108 号民事判决书。

倾诉对象。为防止博文被侵权，原告专门在博客中声明："网络转帖请注明作者及出处，纸媒刊载请与本人联系。请尊重博主的辛勤劳动。"并在博客上留有相应联系方式。原告于2010年1月6日4点6分在（网址：http//blog. sina. com. cn/s/blog_5a74778c0100g9x2. html）博客上发表原创博文《惊叹老公的小三竟然如此纯净魅惑》（以下简称《惊》）。2010年3月23日原告在郑州市二七区博雅文史书店购买了2010年第10期《知音》杂志一份，在阅读中原告发现《知音》杂志第39页全文剽窃《惊》文，在该篇文章中被告不但未署原告名字，且擅自将博文名称改为《幸福坍塌，如仙的钢琴老师叫我落荒而逃》（以下简称《塌》），将文章结尾恶意改为商品宣传广告。被告湖北知音期刊出版实业集团有限责任公司（以下简称湖北知音）、广东绿瘦健康信息咨询有限公司（以下简称广东绿瘦）恶意侵犯原告著作权并用于广告宣传谋利，被告袁某峰在其经营的二七区博雅文史书店中恶意销售含有侵权作品的书籍，三被告的行为已严重侵犯原告的合法权益。原告多次和三被告协商，三被告均置之不理，故诉至法院，请求依法判令：①三被告停止侵犯原告的著作权；②三被告在知音杂志上公开向原告书面赔礼道歉；③三被告在新浪网上公开道歉1个月；④三被告连带赔偿原告各项经济损失10万元；⑤三被告赔偿原告精神损失费1万元；⑥三被告承担本案诉讼费用。

被告湖北知音答辩称：我公司一直秉承全心全意为消费者出好刊物的原则，审慎审查刊物上刊登的每一篇文章，确保文章没有侵犯第三人的合法权益，我公司《知音》杂志上刊登的《塌》文系广东绿瘦委托我公司在《知音》杂志上予以刊登，广东绿瘦向我公司保证其对《塌》文章享有著作权，没有侵犯他人的合法权益，我公司经审核认为符合要求，便应其请求在《知音》第10期上予以发表。对于原告诉称我公司侵犯其著作权，没有任何事实根据和法律依据。被告广东绿瘦答辩称：《塌》文是我公司工作人员在其工作职责范围内完成的，属于单位作品，我公司对该作品享有著作权，且我公司完成这篇文章的时间早于曹某丽博文的完成时间，原告曹某丽诉称我公司侵犯其《惊》文著作权没有事实根据和法律依据。被告袁某峰未到庭参加诉讼，亦未提交答辩状。

法院经审理查明：原告曹某丽于2008年8月21日在新浪网上以夏季紫罗兰的用户名开通博客（博客网址 http://blog. sina. com. cn/s23s），2010年1月6日4点6分曹某丽在博客上发表约2000字的原创博文《惊》。2010年3月23日曹某丽在郑州市二七区博雅文史书店购买了2010年4月上半月版第10期《知音》杂志一份，该期杂志第39页刊登了《塌》一文，该文系广东绿瘦为销售绿瘦减肥药而在《知音》杂志上刊登的软文广告。曹某丽认为《塌》文侵犯了其对《惊》文享有的著作权并诉至法院。法院审理期间经对两文比对，《塌》文与

《惊》文的人物、故事情节基本相同，《塌》文约有 2200 字，其中约有 1600 字与《惊》文完全相同。另法院查明：曹某丽曾获得新浪博客回馈博主最具贡献奖、2009 年度女性情感十大草根写手、2009 年度草根名博情感十大新锐、女性频道及婚姻与家庭杂志 60 年钻石婚征文三等奖等荣誉，被新浪网认证为情感名博、河南名博。

[法律问题]

1. "博文"构成作品的条件？

2. 如何判定侵害"博文"？

3. 侵害"博文"应承担哪些法律后果？

[参考结论与法理精析]

（一）法院意见

法院经审理认为：网址为"http://blog.sina.com.cn/s23s"的博客上发表的《惊》文署名为夏季紫罗兰，与曹某丽提交的新浪博客注册信息证明、身份证复印件、夏季紫罗兰博客网页截图及公证文书相互印证，足以证明夏季紫罗兰是曹某丽的笔名，故曹某丽对《惊》文享有著作权。经比对，广东绿瘦在《知音》杂志上刊登的《塌》文与《惊》文的人物、故事情节基本相同，《塌》文约有 2200 字，其中约有 1600 字与《惊》文完全相同，《惊》文发表在互联网博客上且发表时间早于《塌》文，由此可以认定《塌》文作者有机会接触《惊》文，广东绿瘦虽称《塌》文系其工作人员在职责范围内完成的职务作品且《塌》文完成的时间早于《惊》文，但未提交相关证据予以证明，广东绿瘦亦未提供证据证明《塌》文引用《惊》文是源于原告曹某丽的合法授权或是合理使用等合法依据，因此可以认定广东绿瘦的《塌》文系剽窃、抄袭曹某丽的《惊》文，曹某丽要求广东绿瘦停止侵犯其著作权的诉讼请求应予支持。关于原告曹某丽要求公开赔礼道歉的诉讼请求。因涉案的《塌》文系发表在《知音》杂志上，根据责任承担与损害后果相一致的原则，被告广东绿瘦在《知音》杂志上发表致歉声明足以消除影响，故曹某丽要求广东绿瘦在《知音》杂志上公开赔礼道歉的诉讼请求予以支持，要求在新浪网上公开道歉 1 个月的诉讼请求，本院不予支持。关于曹某丽要求赔偿精神损失 1 万元的诉讼请求。本案中曹某丽提供的证据不足以证明被告广东绿瘦的侵权行为给其造成严重后果，因此该诉讼请求，本院不予支持。关于原告曹某丽要求被告广东绿瘦赔偿经济损失 10 万元的诉讼请求。人民法院在确定赔偿数额时，应当考虑作品类型、合理使用费、侵权行为性质、后果等情节综合确定。本案中曹某丽未提交因侵权行为受到损失的证据，也未提交广东绿瘦获利情况的证据，因此在曹某丽的实际损失和广东绿瘦违法所得不能确定的情况下，考虑本案曹某丽所涉作品的类型、作品字数、广东绿瘦剽窃该文章系用于广告等情节酌定赔偿经济损失 2 万元，对诉请超出 2 万元部分的赔偿请求，本院不予支持。关于曹某丽要求湖北知音承担责任的诉讼请求，本案中，湖北知音在刊登《塌》文时，审查了广东绿瘦的经营主体资格并要求广东绿瘦出具了保证所供文章系其独创的声明，由此应认定湖北知音已尽了合理审查义务，曹某丽也未提交证据证明湖北知音应当知道其刊登的《塌》文涉及侵权，故由湖北知音对曹某丽承担停止侵权的民事责任即可，曹某丽要求湖北知音承担其他责任的诉讼请求，本院不予支持。关于曹某丽要求袁某峰承担责任的诉讼请求，由于《知音》杂志系在全国公开发行的合法出版物，袁某峰作为《知音》杂志的销售者，袁某峰无义务审查杂志内容是否侵权，因此袁某峰主观无过错，只需立即停止销售涉案杂志即可，曹某丽对袁某峰的其他诉讼请求，本院不予支持。

法院据上判决：湖北知音于本判决生效之日起立即停止出版、发行含有涉案作品的 2010 年 4 月上半月版第 10 期《知音》杂志；袁某峰于本判决生效之日起立即停止销售含有涉案作品的 2010 年 4 月上半月版第 10 期《知音》杂志；广东绿瘦于本判决生效之日起 30 日内履行在《知音》杂志上刊登致歉函的义务，向曹某丽公开致歉，逾期不履行，本院将依法在相关媒体上公开判决书的主要内容，所需费用由广东绿瘦负担；广东绿瘦于本判决生效之日起 10 日内赔偿曹某丽经济损失 2 万元；驳回曹某丽的其他诉讼请求。

（二）本案涉及的法律问题及其影响

随着网络技术的发展，据统计，截至 2019 年 6 月，我国网络文学用户规模达 4.55 亿人，较 2018 年增长 2253 万人，占网民整体的 53.2%。[1] 而仅就博客文章来说，能否受著作权法保护取决于博客文章是否能够成为"作品"，即是否符合《中华人民共和国著作权法》（以下简称《著作权法》）第 3 条规定："本法所称的作品，是指文学、艺术和科学领域内具有独创性并能以一定形式表现的智力成果。"从法律角度判断博客是否具有作品属性，主要看其是否具备三个条件：①独创性，即由作者独立创作完成并体现作者的思想或个性；②客观性，即可以某种形式表现出来并被人感知；③可复制性，即可以以某种形式进行复制。如果博客文章构成了著作权法意义上的作品，便依法受到著作权法保护。目前，侵害博客作品的主要方式还是通过互联网，大体上有以下三种方式：①博客内容提供者的侵权行为，如未经作者同意将传统媒介上的作品数字化后以博客方式上传到网络上的行为；②博客内容使用者的侵权行为，即在博客平台之外利

---

〔1〕　参见中国互联网络信息中心（CNNIC）发布的第 44 次《中国互联网络发展状况统计报告》，http://www.cac.gov.cn/2019-08/30/c_1124938750.htm，最后访问日期：2020 年 3 月 18 日。

用博客作品进行的侵权行为，如未经许可并不注明出处及作者的情况下对博客进行复制或下载，将其传播到其他网络平台等使用行为，如本案；③博客网络服务提供商的侵权行为，即提供博客互联网服务的电信运营商的侵权行为等。

关于本案《知音》是否已经尽到合理的注意义务？学界和实务界普遍承认，合理注意义务通常是指法律基于一定目的而拟制的，具有一般人所具有的知识经验和逻辑推理能力，并能达到一般人所应达到的注意程度。出版者是否尽到合理注意义务通常由出版者承担举证责任，《最高人民法院关于审理著作权民事纠纷案件适用法律若干问题的解释》第 20 条第 2 款规定："出版者对其出版行为的授权、稿件来源和署名、所编辑出版物的内容等未尽到合理注意义务的，依据《著作权法》第 48 条的规定，承担赔偿责任。"就本案而言，《知音》证明了其在出版行为的各个环节上都履行了审查程序，可以说已经尽到了自己的合理注意义务。

关于涉案行为是否违反广告法的相关规定，主要取决于《知音》的主体资格问题。依据《中华人民共和国广告法》（以下简称《广告法》）第 29 条之规定，"广播电台、电视台、报刊出版单位从事广告发布业务的，应当设有专门从事广告业务的机构，配备必要的人员，具有与发布广告相适应的场所、设备"。此外，广告应当真实、合法，不得含有虚假的内容，不得欺骗和误导消费者；同时，各种广告活动应当遵守法律、行政法规，遵循公平、诚实信用的原则。[1]就本案而言，我们认为《知音》并未违反《广告法》相关规定。

关于本案法院依据什么标准判赔的问题。在确定被告构成侵权并依法承担赔偿责任时才涉及赔偿标准和计算问题。对此，我们认为原则上应依据我国修改前《著作权法》第 49 条之规定，"侵犯著作权或者与著作权有关的权利的，侵权人应当按照权利人的实际损失给予赔偿；实际损失难以计算的，可以按照侵权人的违法所得给予赔偿。赔偿数额还应当包括权利人为制止侵权行为所支付的合理开支。权利人的实际损失或者侵权人的违法所得不能确定的，由人民法院根据侵权行为的情节，判决给予五十万元以下的赔偿"。[2]对于难以计算的，应适用《最高人民法院关于审理著作权民事纠纷案件适用法律若干问题的解释》第 25 条第 2 款之规定，应当考虑作品类型、合理使用费、侵权行为性质、后果等情节综合确定赔偿数额。就本案而言，法院在考虑上述要素时，应注意到被告使用作品从事商业活动并以营利为目的，因此在确定具体数额时应当考虑被告在本案中使用行为的特殊性。

---

〔1〕　参见我国 2021 年《广告法》第 3 条、第 4 条、第 5 条。
〔2〕　参见 2020 年《著作权法》第 54 条。

拓展案例

案例一：中国体育报业总社与北京图书大厦有限责任公司、广东音像出版社有限公司、广东豪盛文化传播有限公司著作权权属、侵权纠纷案[1]

　　国家体育总局群众体育司具体负责中华人民共和国第九套广播体操的创编工作，2011 年 6 月 27 日，群众体育司代表国家体育总局与中国体育报业总社（以下简称体育报业总社）签订合同，将第九套广播体操系列产品复制、出版、发行和网络信息传播权独家授予体育报业总社。经国家体育总局审定批准，《第九套广播体操图解手册 DVDCD》由人民体育出版社于 2011 年 8 月出版。广东音像出版社有限公司（以下简称广东音像公司）出版了《第九套广播体操》DVD 产品、广东豪盛文化传播有限公司（以下简称豪盛公司）总经销。其中演示、讲解的动作与第九套广播体操的动作基本相同，并使用了第九套广播体操的伴奏音乐。北京图书大厦有限责任公司（以下简称图书大厦）销售了上述 DVD。体育报业总社认为上述行为侵犯了其对于第九套广播体操动作设计编排、伴奏音乐、口令以及相关音像制品享有的专有复制、发行权，并起诉至北京市西城区人民法院。一审法院经审理认为，第九套广播体操的动作不是文学、艺术、科学领域内的智力成果，本质上属于一种健身方法、步骤或程序，不具备作为作品的法定要件，故不属于著作权法意义上的作品，不受著作权法保护。故单纯示范、讲解或演示第九套广播体操的动作以及录制、发行相关录像制品的行为不构成侵犯著作权。但是第九套广播体操的伴奏音乐属于国家体育总局享有著作权的职务作品，体育报业总社获得相关音乐作品和录音制品的专有使用权，广东音像公司、豪盛公司使用该配乐制作录像制品构成对其著作权的侵犯。故一审判决广东音像公司、豪盛公司停止侵权，赔偿体育报业总社经济损失及合理支出共计 10 万元，图书大厦停止销售侵权产品。该案判决一审生效。

　　本案系我国法院对于体育动作是否享有著作权问题的首次认定，具有较强的理论和实践意义。一审法院判决认为广播体操本质上属于一种健身方法、步骤或程序，而方法、步骤和程序均属于著作权法不保护的思想观念范畴。因此，法院认定第九套广播体操的动作不属于著作权法意义上的作品。本案的审理对

---

　　[1]　参见北京市西城区人民法院（2012）西民初字第 14070 号民事判决书及 2012 年中国法院知识产权司法保护十大创新性案件简介。

体操、瑜伽、武术等功能性肢体动作是否应受著作权法保护的问题提供了有益探索。

案例二：深圳市腾讯计算机系统有限公司与上海盈讯科技股份有限公司侵害著作权纠纷、不正当竞争纠纷案[1]

原告深圳市腾讯计算机系统有限公司（以下简称腾讯公司）拥有 Dreamwriter 智能写作计算机软件的使用权。2018 年 8 月 20 日，原告在腾讯证券网首次发表标题为《午评：沪指小幅上涨 0.11% 报 2671.93 点通信运营、石油开采等板块领涨》的文章，涉案文章末尾注明：本文由腾讯机器人 Dreamwriter 自动撰写。后原告发现在被告上海盈讯科技股份有限公司（以下简称盈讯科技公司）在其经营的"网贷之家"网站上发布了原告上述文章。原告认为被告的涉案行为侵犯了原告的信息网络传播权，同时构成不正当竞争，于是诉至人民法院。

本案的争议焦点在于人工智能写作软件生成的文章是否构成文字作品以及法人作品。深圳市南山区法院于 2019 年 12 月 24 日发布一审判决。法院认为关于涉案文章是否构成文字作品，其一，应判断涉案文章是否具有独创性，应当从是否独立创作及外在表现上是否与已有作品存在一定程度的差异，或具备最低程度的创造性进行分析判断。涉案文章由原告主创团队人员运用 Dreamwriter 软件生成，其外在表现符合文字作品的形式要求，其表现的内容体现出对当日上午相关股市信息、数据的选择、分析、判断，文章结构合理、表达逻辑清晰，具有一定的独创性。其二，从涉案文章的生成过程来分析是否体现了创作者的个性化选择、判断及技巧等因素。涉案文章的生成过程主要经历数据服务触发和写作、智能校验和智能分发四个环节。在上述环节中，数据类型的输入与数据格式的处理、触发条件的设定、文章框架模板的选择和语料的设定、智能校验算法模型的训练等均由主创团队相关人员选择与安排。原告主创团队相关人员的上述选择与安排符合著作权法关于创作的要求，应当将其纳入涉案文章的创作过程。根据本案查明的事实，本案中原告主创团队在数据输入、触发条件设定、模板和语料风格的取舍上的安排与选择属于与涉案文章的特定表现形式之间具有直接联系的智力活动。Dreamwriter 软件的自动运行并非无缘无故或具有自我意识，其自动运行的方式体现了原告的选择，也是由 Dreamwriter 软件这一技术本身的特性所决定。因此，从涉案文章的生成过程来分析，该文章的表现形式是由原告主创团队相关人员个性化的安排与选择所决定的，其表现形式

---

[1] 参见深圳市南山区人民法院（2019）粤 0305 民初 14010 号民事判决书。

并非唯一，具有一定的独创性。综上，从涉案文章的外在表现形式与生成过程来分析，该文章的特定表现形式及其源于创作者个性化的选择与安排，并由Dreamwriter软件在技术上"生成"的创作过程均满足著作权法对文字作品的保护条件，本院认定涉案文章属于我国著作权法所保护的文字作品。

关于涉案文章是否构成法人作品，法院认为涉案文章是在原告的主持下，由包含编辑团队、产品团队、技术开发团队在内的主创团队运用Dreamwriter软件完成，并未提及涉案文章还有其他参与创作的主体。涉案文章是由原告主持的多团队、多人分工形成的整体智力创作完成了作品，整体体现原告对于发布股评综述类文章的需求和意图。涉案文章在由原告运营的腾讯网证券频道上发布，文章末尾注明"本文由腾讯机器人Dreamwriter自动撰写"，其中的"腾讯"署名的指向结合其发布平台应理解为原告，说明涉案文章由原告对外承担责任。故在无相反证据的情况下，本院认定涉案文章是原告主持创作的法人作品，原告是本案适格的主体，有权针对侵权行为提起民事诉讼。

被告未经许可，在其经营的网贷之家网站上向公众提供了被诉侵权文章内容，供公众在选定的时间、选定的地点获得，侵害了原告享有的信息网络传播权，应承担相应的民事责任。对于侵犯著作权的行为，本院已经依照《著作权法》的具体条款对原告予以救济，不再符合《反不正当竞争法》的适用条件。因此，对原告主张被告的行为构成不正当竞争行为的诉讼主张，本院不予支持。故一审判决上海盈讯科技有限公司赔偿深圳市腾讯计算机系统有限公司经济损失及合理维权费用人民币1500元；驳回原告深圳市腾讯计算机系统有限公司的其他诉讼请求。

[问题与思考]

1. 构成著作权法意义上的作品需要具备什么条件？
2. 如何判定作品的"独创性"？
3. 如何正确理解科技发展与作品保护范围的关系？

[重点提示]

无论是体育动作还是智能写作软件的生成物，能否构成著作权法意义上的作品首先必须属于著作权法保护的范围，即应当是文学、艺术和自然科学、社会科学、工程技术等领域内的智慧成果，并必须具有独创性和可复制性的特征，特别是在界定具体作品范围时，必须要结合著作权法相关规定并根据所涉领域进行综合判断。

第四章

著作权的主体

知识概要

　　确认著作权法律关系的主体，是明确作品著作权的归属、使用作品和实施著作权保护的前提和条件。本章旨在说明著作权主体的含义及不同作品著作权主体归属的确认特点。重点是理解不同性质作品著作权的归属及主体的确认；难点是对法律关系复杂、涉及主体较多的作品主体归属的判定；疑点在于作品作者与作品著作权人的关系以及特殊类型作品著作权主体的司法界定。

经典案例

申请再审人黄某华、许某霞、许某霆、许某露、许某雷（以下简称黄某华、许某霞等）与被申请人扬州扬子江音像有限公司（以下简称扬子江公司）、汝某山侵犯著作权纠纷案[1]

[基本案情]

　　1954 年～1963 年，《上海新民报晚刊》等报纸上刊登的《家》《王魁负桂英》《两代人》《红菱记》《茶花女》《为奴隶的母亲》的演出公告中，作曲署名为水辉，演出单位为勤艺沪剧团。该剧团印制的上述 6 部戏剧及《龙凤花烛》《白鹭》《妓女泪》《星火燎原》的演出节目单与宣传单上，作曲署名亦为水辉。上海音像出版社于 1990 年 1 月出版的沪剧录音带《为奴隶的母亲》上海音像出版社出版发行的 VCD《杨飞飞沪剧专辑》中《为奴隶的母亲》片断的作曲署名均为水辉。中国唱片上海公司出版发行的《杨飞飞赵春芳艺术集锦》VCD（其中有《卖红菱》《妓女泪》）封面上有两处作曲记载，一处为水辉，另一处为杨

---

　　〔1〕　参见中华人民共和国最高人民法院（2010）民申字第 556 号民事裁定书。

飞飞。黄某华、许某霞等提供的沪剧《为奴隶的母亲》的曲谱封面记载：水辉作曲、上海勤艺沪剧团印、1955.11.8。许某辉又名水辉，于1987年1月4日去世，黄某华、许某霞等系许某辉的妻子与儿女。2005年8月25日，许某霞公证购买了由扬子江公司发行的VCD《沪剧·杨飞飞沪剧流派演唱会》1辑~3辑，该VCD中包含上述10部戏剧的片断或整部戏，演唱会的节目单及该VCD作曲配器署名为：汝某山。上海沪剧院向法院出具证明，汝某山由该剧院安排参加"杨飞飞沪剧流派演唱会"的音乐创作，该演唱会由该院协助演出。对于该VCD中"归家"唱段的合唱部分，经组织各方当事人将该部分合唱音乐与录音带沪剧《为奴隶的母亲》（1962年勤艺沪剧团伴奏演出）中的合唱音乐作比对，其中有二句完全相同，其余部分的音乐因唱词改动均作改动与调整。上海文化出版社于1999年出版发行的《上海沪剧志》记载：勤艺沪剧团由杨飞飞等人创建于1949年8月，杨飞飞任团长，赵春芳、丁某斌任副团长，作曲水辉、王某顺。建团后共整理、改编、创作剧目一百余个，主要剧目有《家》《为奴隶的母亲》《茶花女》《妓女泪》《龙凤花烛》《卖红菱》等。一审中，黄某华、许某霞等主张许某辉是涉案10部沪剧的作曲者，请求判令扬子江公司、汝某山停止侵犯许某辉著作权的行为，扬子江公司收回并销毁侵权制品，扬子江公司、汝某山在《新民晚报》上公开致歉，赔偿黄某华、许某霞等损失20万元及维权费用10702.9元。上海市第一中级人民法院一审认为，涉案10部沪剧的唱腔音乐部分主要由杨飞飞等演员基于传统曲调改编、创作完成，场景音乐系由许某辉创作，伴奏音乐部分为黄某滨等主胡伴奏人员与杨飞飞等演员密切配合的创作成果。涉案VCD所涉经典唱段的音乐主要为唱腔音乐，其余为唱腔的伴奏音乐以及演唱会幕间曲、合唱等场景音乐，针对伴奏音乐部分，必须进行曲谱比对。由于黄某华、许某霞等除提供了《为奴隶的母亲》曲谱外，未能提供其他原始曲谱，故应承担举证不能的法律后果。通过对涉案VCD中《为奴隶的母亲》"归家"等唱段与黄某华、许某霞等提供的1955年曲谱进行比对，演唱会VCD中《为奴隶的母亲》"归家"唱段的合唱部分在1955年曲谱中并无记载，二者唱词音乐、场景音乐亦不相同，故黄某华、许某霞等主张汝某山抄袭了许某辉的原作曲内容，侵犯其著作权，缺乏事实依据，遂判决对其诉讼请求不予支持。黄某华、许某霞等不服一审判决，以本案系侵权之诉，一审法院认定案外人杨飞飞系涉案唱腔的设计者，违反"不告不理"诉讼程序等为由，提起上诉。上海市高级人民法院二审认为，20世纪五六十年代的沪剧音乐是由老一辈戏曲艺术家、作曲、琴师等在传统民间曲调的基础上共同创作完成的合作作品。共同参与作品创作并作出独创性贡献的人员均是合作者，共同享有与行使整个剧目音乐的著作权。黄某华、许某霞等主张涉案的沪剧音乐均由许某辉一人享有著作权，与事实不符，不予支持。许某辉作为勤艺沪剧团的专职作曲，主要是从事开幕曲、幕间曲等场景音乐、配器等部分的音乐创作，不代表对整个剧目中所有沪剧音乐元素的创作，唱段主要体现的是演员的唱腔音乐，就整个唱段部分音乐乃至唱腔音乐而言，局部的过门、旋律的修饰不足以构成著作权法意义上的"创作"，故许某辉不能因此而对唱腔音乐享有著作权。根据我国《民事诉讼法》和《最高人民法院关于民事诉讼证据的若干规定》规定的举证责任原则，黄某华、许某霞等应当首先举证证明其对被诉侵权 VCD 所涉唱段的音乐享有著作权，然后再证明扬子江公司、汝某山实施了侵犯其著作权的行为。一审法院根据当事人提供的证据对 VCD 专辑中黄某华、许某霞等提出被侵权的涉案沪剧唱段音乐的权属进行审查并确定其归属是正确的。遂判决驳回上诉，维持一审判决。黄某华、许某霞等不服二审判决，向最高人民法院申请再审。最高人民法院于 2010 年 11 月 26 日裁定驳回其再审申请。

[法律问题]

1. 如何判定戏曲作品著作权的主体？

2. 如何界定合作作品著作权主体？

3. 如何依法推定作品著作权的归属？

[参考结论与法理精析]

（一）法院意见

最高人民法院经审查认为：根据本案系侵权之诉的具体情况，对相关权属状况进行审查是查清案件事实的必要环节，原审法院对此进行必要的审查是正确的。作为不同的地方戏曲，都有其基本的曲牌、曲调，任何一个地方戏曲剧目，都是在民间传统曲牌、曲调的基础上创作完成，且都经历了演出的剧目从没有曲谱到定腔定谱的发展过程。许某辉在 20 世纪五六十年代曾任上海勤艺沪剧团的专职作曲，负责戏曲音乐的谱曲整合、总体设计、定腔定谱等工作，其参与了涉案沪剧音乐作品创作的事实应该肯定。原审法院根据沪剧音乐的产生、传承和发展规律，并根据 20 世纪五六十年代戏曲演出多以演员为主的特点，认定涉案沪剧音乐系由老一辈戏曲表演艺术家及曲作者、琴师等共同创作完成，符合客观事实。但原审法院在认定共同创作的同时，又将涉案沪剧音乐中的唱腔音乐与开幕曲、幕间曲及大合唱等场景音乐分开，否认了许某辉参与整体音乐创作的客观事实不妥。本案各方当事人对许某辉系涉案沪剧音乐中场景音乐的曲作者没有争议，争议的焦点在于许某辉是否参与了唱腔音乐的创作。对此，根据双方当事人提供的证据及相关证人证言，由于不同时期、不同出版社出版发行的音像制品或报刊，对涉案沪剧音乐作品曲作者的署名不尽一致，即涉案相关沪剧剧目曲作者除许某辉外，还包括王某顺、杨飞飞等人，在上述人员非本案当事人，且杨飞飞作为证人出庭作证，坚持自己系唱腔音乐的曲作者的情况下，黄某华、许某霞等主张涉案沪剧整体音乐（包括唱腔音乐）的著作权归许某辉一人享有，缺乏事实和法律依据。据此，最高人民法院认为，在侵权之诉中，人民法院对相关权属状况进行审查是查清案件事实的必要环节；涉案沪剧音乐中的唱腔音乐与开幕曲、幕间曲及大合唱等场景音乐应作为一个整体作品看待，在历史上对涉案戏曲音乐曲作者署名不尽一致，且署名的案外人未参与侵权诉讼，无法查清相关事实的情况下，其中一位署名作者主张著作权归己所有的，不应予以支持。

（二）作品作者与作品著作权人的判定

作品作者与作品著作权人是不同的概念。凡自然人有创作著作物的事实，即为作者；在其未死亡前，享有著作权中完整的权利。纵使作者将著作权中的某些财产权让与他人，仍不失为著作权法律关系的主体。通常情况下，作者、著作权人原则上为同一人，但作者常因让与、抛弃等事由而丧失其著作权主体地位。作者死亡后，其继承人仅继承著作权中的财产权，而不能继承作者的地位。如果著作权的取得采取的是登记注册制度，那么作者创作后，登记注册前将著作物之权让与他人，而由受让人申请著作权登记注册时，则只有该受让人为著作权人，作者并非著作权人，然其仍享有著作人身权。但在作品自动产生著作权的原则下，则不会发生这种情况。如我国《著作权法》第2条规定："中国公民、法人或者非法人组织的作品，不论是否发表，依照本法享有著作权。外国人、无国籍人的作品根据其作者所属国或者经常居住地国同中国签订的协议或者共同参加的国际条约享有的著作权，受本法保护。外国人、无国籍人的作品首先在中国境内出版的，依照本法享有著作权。未与中国签订协议或者共同参加国际条约的国家的作者以及无国籍人的作品首次在中国参加的国际条约的成员国出版的，或者在成员国和非成员国同时出版的，受本法保护。"可见，在我国，受保护的作品只要能以某种有形的物质形式复制，具有独创性，无须履行任何注册登记手续，便可取得著作权。因此，作者与著作权人有时表现为同一，而有时则表现为分离。一旦作者与著作权人分离，在法律上必然会引起一定的法律后果：①著作权人行使著作权时，不得侵害著作人身权。受让著作权人擅自将著作物的内容改变、割裂或作出其他改变时，即为著作人身权之侵害，应承担一定的法律责任。另一方面，著作人身权之主体（作者）行使著作人身权时，亦不得侵害著作权中的财产权。因此，如果作者将著作权让与他人后，擅自复制，则侵害了著作权人的著作权，亦应承担一定的法律责任。②第三人不法侵害著作权而未侵害著作人身权时，著作权人可以以侵害著作权为由，请求侵害人承担损害赔偿责任或者提出其他民事请求，第三人须负一定的法律责任，作者则不得为任何请求。相反，第三人不法侵害著作人身权而未侵害著作财产权时，仅作者可为一定的请求，而著作权人不得提请。③第三人不法侵害著作财产权，并同时侵害著作人身权时，作者基于著作人身权之侵害，著作权人基于著作财产权之侵害均可请求第三人承担赔偿责任或其他法律责任。各人之请求权可独立行使，也可共同行使。

拓展案例

案例一：黄某修诉南宁市艺术剧院侵犯著作权纠纷上诉案[1]

原广西民族出版社干部黄某修以笔名"布英"在《民间文学》1958 年 2 月号上发表了其收集整理的壮族民间传说《妈勒带子访太阳》一文。1999 年南宁市艺术剧院编排的大型壮族舞剧《妈勒访天边》在广西南宁首演，此后到多个省市进行了多场演出，并荣获第六届中国艺术节"优秀剧目奖"、第二届中国舞蹈荷花奖金奖、2004 年—2005 年度国家舞台艺术精品工程"十大精品剧目"等众多奖项。2005 年 12 月广西壮族自治区人民政府对剧组予以表彰，并奖励 100 万元。黄某修认为舞剧《妈勒访天边》系改编自其作品，侵犯了其著作权。一审法院经审理认为，黄某修的作品内容来源于民间传说，没有证据证明其作品中的人物、情节是黄某修所独创；《妈勒带子访太阳》与舞剧《妈勒访天边》是两部不同的作品，黄某修的诉讼主张证据和理由不充分，判决驳回黄某修的诉讼请求。二审法院经审理认为，黄某修的作品在民间传说的基础上，融合了其个人的理解和想象，用鲜明特色的语言文字表述风格进行整理、加工，是投入了个人创造性思维和劳动的再创作，黄某修对该作品享有著作权。利用民间文学艺术再创作作品，作者的著作权不能及于民间文学艺术领域中公有的部分。南宁市艺术剧院的舞剧作品没有利用黄某修作品中的独创性部分，虽然舞剧《妈勒访天边》的人物设置、故事情节与黄某修的作品有相同或相似之处，但黄某修并没有举出充分的证据证明这些内容是其独创，因此，舞剧《妈勒访天边》对这些人物设置以及故事情节的使用不构成侵权。但是黄某修较早地收集、整理了该民间故事并形成文字，对该民间文学故事的保存、流传具有重要的意义。两部作品客观上存在着承前启后的联系，舞剧《妈勒访天边》从黄某修的作品中间接受益。南宁市艺术剧院在本案审理中也本着实事求是、协商解决的态度

---

〔1〕 参见广西壮族自治区高级人民法院（2008）桂民三终字第 15 号民事判决书、南宁市中级人民法院（2007）南市民三初字第 62 号民事判决书。

处理本案的纠纷，在法院主持的调解中也同意给黄某修适当补偿。二审法院酌情判决南宁市艺术剧院补偿黄自修人民币3万元。

案例二：　　杭州大头儿子文化发展有限公司与央视动画有限公司侵害著作权纠纷上诉案[1]

1994年，动画片《大头儿子小头爸爸》（1995年版，以下简称95版动画片）导演崔世昱等人到刘泽岱家中，委托其为即将拍摄的95版动画片创作人物形象。刘泽岱当场用铅笔勾画了"大头儿子""小头爸爸""围裙妈妈"3个人物形象正面图，并将底稿交给了崔世昱。当时双方并未就该作品的著作权归属签署书面协议。崔世昱将底稿带回后，95版动画片美术创作团队在刘泽岱创作的人物概念设计图基础上，进行了进一步的设计和再创作，最终制作成了符合动画片标准造型的三个主要人物形象即"大头儿子""小头爸爸""围裙妈妈"的标准设计图以及之后的转面图、比例图等。刘泽岱未再参与之后的创作。刘泽岱创作的底稿由于年代久远和单位变迁，目前各方均无法提供。95版动画片由中央电视台和东方电视台联合摄制，于1995年播出，在其片尾播放的演职人员列表中载明："人物设计：刘泽岱"。2012年12月14日，刘泽岱将自己创作的"大头儿子""小头爸爸""围裙妈妈"3幅作品的著作权转让给洪某，2014年3月10日，洪某将上述著作权转让给杭州大头儿子文化发展有限公司（以下简称大头儿子文化公司）。2013年，央视动画有限公司（以下简称央视动画公司）摄制了动画片《新大头儿子小头爸爸》（以下简称2013版动画片）并在CCTV、各地方电视台、央视网上进行播放。大头儿子文化公司认为央视动画公司在未经著作权人许可且未支付报酬的情况下，利用上述美术作品形象改编为新人物形象，制作成动画片等行为侵犯了其著作权，故诉请判令央视动画公司停止侵权，登报赔礼道歉、消除影响，并赔偿经济损失及合理费用。

法院认为，刘泽岱作为受托人对其所创作的3幅美术作品享有完整的著作权。大头儿子文化公司经转让继受取得了上述作品除人身权以外的著作权。央视动画公司未经许可，在2013版动画片以及相关的展览、宣传中以改编的方式使用相关作品并据此获利的行为，侵犯了大头儿子文化公司的著作权，应承担相应的侵权责任。鉴于本案的实际情况，该院认为宜以提高赔偿额的方式作为停止侵权行为的责任替代方式，判决央视动画公司按每个人物形象赔偿40万元

---

[1]　参见浙江省杭州市中级人民法院（2015）浙杭知终字第356、357、358号民事判决书及2016年中国法院知识产权司法保护十大案件简介。

的标准赔偿。杭州市中级人民法院二审维持一审判决。浙江省高级人民法院亦驳回央视动画公司提出的再审申请。

[问题与思考]

1. 如何界定民间文学艺术作品的著作权主体？

2. 如何判定对民间文学艺术作品是否构成侵权？

3. 什么情况下可以对作品著作权主体进行推定？

[重点提示]

民间文学艺术作品是指在一国领域内，由该国的民族或种族集体创作，经世代相传，不断发展而构成的作品，具有集体性、长期性、变异性及继承性等特点。著作权主体涉及作品著作权的归属问题，也是实施和保护作品著作权的前提和基础，特别是当作品涉及委托等行为时其主体确认则更加复杂，需要从创作事实和法律关系不同层面来进行判断。

第五章

著作权的内容

知识概要

　　著作权的内容系著作权主体基于其创作完成的作品而享有人身和财产方面的权益。著作权的内容在整个著作权法律关系中居于主要的、核心的地位。它是主体创作作品最终要达到的目的，并往往决定着著作权法律关系的性质。本章重点在于掌握著作人身权和著作财产权的基本内容；难点在于对具体权利特征的理解；疑点是对于随着技术发展而产生的新型权利在法律上如何判定。

经典案例

中影寰亚音像制品有限公司诉上海众源网络有限公司等侵害作品信息网络传播权纠纷案[1]

[基本案情]

　　原告中影寰亚音像制品有限公司诉称，原告对电影作品《头文字D》享有专有独占性信息网络传播权。被告上海众源网络有限公司（以下简称众源公司）和深圳市 TCL 高新技术开发有限公司（以下简称深圳 TCL 公司）未获原告授权，以合作方式擅自通过被告 TCL 集团股份有限公司（以下简称 TCL 集团）生产经营的 TCLmitv 互联网电视平台向社会公众传播上述电影。被告惠州 TCL 电器销售有限公司（以下简称惠州 TCL 公司）明知 TCLmitv 互联网电视机具有点播功能，未尽合理注意义务，对 TCLmitv 互联网电视机进行销售，为其他三个被告的侵权行为提供帮助，构成帮助侵权。四个被告的上述行为侵犯了原告对上述电影作品享有的信息网络传播权和复制权，并给原告造成重大经济损失。请

―――――――――

〔1〕 参见上海市徐汇区人民法院（2011）徐民三（知）初字第 67 号民事判决书。

求判令：①四个被告立即停止侵权行为：被告众源公司停止提供涉案电影的视频服务；被告 TCL 集团停止生产具有涉案电影的 TCLmitv 互联网电视机。被告深圳 TCL 公司删除 TCLmitv 互联网电视机中 PPS 软件上的涉案电影；被告惠州 TCL 公司停止销售带有涉案电影的 TCLmitv 互联网电视机并召回已销售的带有涉案电影的 TCLmitv 互联网电视机。②四个被告连带赔偿原告经济损失人民币（以下同）4 万元。③四个被告连带赔偿原告为制止侵权行为支付的合理费用共计 8000 元（其中公证费 1000 元，差旅费 2000 元，律师费 5000 元）。④四个被告承担本案诉讼费用。

被告众源公司辩称：①原告提供的权利证据有瑕疵，不能证明原告获得涉案电影全部著作权人的授权，享有涉案电影的信息网络传播权，因此原告不具有起诉的主体资格。②原告提供的据以证明被告侵权行为的公证书有瑕疵，没有对电视机的清洁性进行检查，电视机在购买后公证前有 6 天时间处于原告的控制下，故对公证书的证明力持有异议。③被告众源公司于 2009 年 9 月已经与被告深圳 TCL 公司终止合作，不再为 TCL 电视机提供涉案电影的链接，已经停止播放上述电影，故不同意原告第一项诉讼请求。④原告就合理费用没有举证。被告众源公司曾于 2009 年 7 月将涉案电影上传于其经营的网站，原告也曾就该行为起诉众源公司并获得了赔偿，此次原告起诉的是通过电视机连接众源公司的网站片库发现涉案电影（公证时间为 2009 年 8 月），故原告此次起诉众源公司不应获得重复赔偿。请求法院驳回原告的全部诉讼请求。

被告 TCL 集团辩称：①与被告众源公司的第 1、2 条答辩理由相同。②被告 TCL 集团没有实施复制行为，生产的 TCLmitv 互联网电视机上不存在涉案影片，故不同意原告第一项诉讼请求。③TCLmitv 互联网电视机上装有被告众源公司提供的软件，可以自动链接到众源公司的网站上，搜索软件是中立的技术产物，被告 TCL 集团没有审查义务，应受避风港原则保护，故不构成帮助侵权。请求法院驳回原告的全部诉讼请求。

被告深圳 TCL 公司辩称：①与被告众源公司的第 1、2、3 条答辩理由相同。②TCLmitv 互联网电视机上装有被告众源公司提供的软件，可以自动链接到众源公司的网站上，搜索软件是中立的技术产物，被告深圳 TCL 公司没有审查义务，应受避风港原则保护，故不构成帮助侵权。请求法院驳回原告的全部诉讼请求。

被告惠州 TCL 公司辩称：①与被告众源公司的第 1、2 条答辩理由相同。②TCLmitv 互联网电视机上不存在涉案影片，电视机并非侵权产品，故惠州 TCL 公司作为电视机销售商没有侵权，不应承担任何法律责任。请求法院驳回原告的全部诉讼请求。

[法律问题]

1. 互联网电视涉及作品哪些权利?

2. 如何判断互联网电视的硬件生产厂商行为的性质?

3. 如何规范互联网电视的网络传播行为?

[参考结论与法理精析]

(一) 法院意见

法院经审理查明,2007年6月12日,香港影业协会出具《发行权证明书》,载明(香港)寰亚电影有限公司是《头文字D》一片的出品公司,该片于2005年6月首次在香港公映;该片发行公司为原告,发行地区为中华人民共和国大陆地区(不包括我国香港、澳门和台湾地区),发行期限自2005年6月23日起至2031年6月22日止,发行公司享有发行地区电影、电视、录像以及信息网络传播的独占性权,其他出品公司为银都机构有限公司。深圳TCL公司是TCL集团的全资子公司。2009年3月20日,深圳TCL公司(甲方)与众源公司(乙方)签订《合作协议》,约定整合双方优势资源,合作开展基于TCL下属品牌各类终端的视频服务,由乙方授权其视频音频内容在甲方各平台的运营。协议第1.3条约定,甲方主要研发和提供集成PPS软件的终端,乙方负责PPS软件的提供和集成时相关技术的支持;第1.5条约定,本次合作由乙方向用户提供终端播放的在线视频点播及直播服务,在进入销售阶段后,甲乙双方将就所涉及的商业利益、具体销售细节等另行签订销售协议;第1.8条约定,在销售期间,乙方免费提供终端PPS的播放内容、PPS搜索内容给甲方,涉及商业利益,按照双方另行签订的销售协议之约定;第4.1条约定,乙方同意将自己具有独立版权的内容提供给甲方的PPS版终端使用,版权性质:非独家信息网络传播权;第4.3条约定,内容的版权归乙方所有,内容版权合法性完全由乙方独立承担和负责,甲方负责PPS版终端内容的放映,期间任何内容版权问题与甲方没有任何关系,甲方无需为此承担连带责任;第4.4条约定,乙方应在合同签订之日起20日内按照甲方指定的进程向甲方提供所有内容、对应图片和说明文字;第8.1条约定,本协议自双方签字之日起生效,从2009年6月1日起至2010年6月1日止。协议附件一《音视频节目播出授权委托书》由众源公司出具,内容为"兹授权深圳市TCL高新技术开发有限公司使用我公司提供的音视频节目×部。授权期限:2009年×月×日起至2010年×月×日止。"协议附件二为众源公司现有多媒体片源的版权证书或权利证明,众源公司在庭审中表示其从未向深圳TCL公司提供过附件二所列内容。2009年9月4日,众源公司向深圳TCL公司发出《法务函》称,由于国家广电总局于2009年8月11日发出《广电总局关于加强以电视机为接收终端的互联网视听节目服务管理有关问题的通知》要求通过互联网连接电视机或机顶盒等电子产品向电视机终端用户提供视听节目服务，应取得以电视机为接收终端的视听节目集成运营服务的《信息网络传播视听节目许可证》，故提出解除双方的合作协议，停止一切有关的技术支持和软件授权。被告深圳 TCL 公司在庭审中表示其收到了众源公司发出的《法务函》，并停止了双方的合作。

2009 年 8 月 19 日，原告代理人陈某在浙江省杭州市文三路国美电器旗舰店购买了一台"TCL 彩电 L40E9SFE"，并取得浙江国美电器有限公司开具的号码为 00247943，金额为 6999 元的发票一张。上述 TCL 电视机由 TCL 集团生产，由惠州 TCL 公司经销。2009 年 8 月 25 日，经原告申请，浙江省杭州市西湖公证处公证员对陈某使用其购买的上述 TCL 电视机在线观看影视作品的过程和内容进行了证据保全公证。当日，在浙江省杭州市西湖公证处，陈某进行如下主要操作：用公证处照相机对发票和电视机进行拍照；将电视机接入电源，打开公证处摄像机对电视机进行拍摄；打开电视机开关，选择遥控器上"信源"按钮，选择电视机屏幕上"MITV"；依次点击 MITV 首页上的"在线观看"和"搜索"，系统页面均显示"网络故障，请检查网络连接！"；将电视机连接网络，系统页面显示"登入中……"，接着系统页面显示"在线搜看"；点击 MITV 首页上的"在线观看"，系统页面显示"高清电影""热门电影""会员专区""日韩剧场""内地剧场"；点击"热门电影"，系统页面显示经分类的影片信息和图片，依次分为：本周更新、灾难片、武侠片、魔幻片、文艺片、西部片；点击 MITV 首页上的"搜索"，点击"在线搜看"，在搜索栏内输入"头文字 D"，显示搜索结果页，共有 5 个《头文字 D》影片的搜索结果；点击"头文字 D（陈冠希　周杰伦）"，显示该影片的详情页面，其中包括剧情简介、评分、片长、导演、演员表、语言、地区、观看排行榜等信息，并载明"来自：PPStream"；点击"播放 OK"，影片经过缓冲后开始播放，随机截取片段进行观看；另外搜索并观看了"大事件"等 12 部影片；关闭电视机和摄像机，取得摄像一段；将照相机连接公证处计算机，打印上述拍照所得照片；播放上述一段摄像，对相关页面截屏粘贴于 Word 文档，并打印该文档。上述一段摄像由公证处工作人员刻录至光盘。浙江省杭州市西湖公证处公证员缪先高和公证员助理华斌见证了上述操作过程，并制作了（2009）浙杭西证民字第 3884 号公证书。工业和信息化部 ICP/IP 地址/域名信息备案管理系统显示，众源公司备案的网站域名为"ppstream. com"。庭审中，众源公司称涉案电影存在于其经营的网站（www. ppstream. com）后台片库中，众源公司允许电视机用户通过涉案电视机中集成的 PPS 软件访问该后台片库，故在上述公证过程中看到的涉案电影即为存在于众源公司后台片库中的影片。TCL 集团和深圳 TCL 公司均认同众源公司的上述陈述，但对于涉案电视机连接互联网后显示出的列表界面、分类界面、搜索界面、影片详情界面等系统界面是由哪个公司进行运营维护表示不清楚。原告对众源公司的上述陈述不予认同，并认为被告众源公司、TCL 集团和深圳 TCL 公司共同经营了涉案电视机所连接的某个网站（地址不详，但并非 www. ppstream. com），且涉案电影即存在于上述网站中。原、被告一致确认现已无法通过涉案电视机观看到涉案影片。

2009 年 7 月 8 日，原告对众源公司经营的网站（www. ppstream. com）上存在影片《头文字 D》的侵权事实作证据保全公证。之后，原告向法院起诉众源公司，原上海市卢湾区人民法院于 2010 年 1 月 18 日判决众源公司停止侵权并赔偿原告经济损失 13 000 元，该判决已生效并履行完毕。

法院就原告是否享有涉案作品的信息网络传播权、是否具有诉讼主体资格问题认为，国家版权局的（1993）37 号《关于同意香港影业协会作为香港地区版权认证机构的通知》确认香港影业协会可以对香港影视作品在内地出版、发行的授权人主体资格进行认证，因此，香港影业协会出具的《发行权证明书》具有较高的证明效力，在无相反证据的情况下，可以作为认定权利归属的依据。在被告没有提供相反证据的情况下，法院根据香港影业协会出具的《发行权证明书》所载明的内容，确认原告依法享有涉案影片在内地的独家信息网络传播权，原告符合本案诉讼主体资格。

法院就四个被告是否侵害了原告的权利问题认为，深圳 TCL 公司作为涉案电视机的开发者、TCL 集团作为涉案电视机的生产者均系涉案电视机在线播放平台的运营和维护主体。根据深圳 TCL 公司与众源公司签订的《合作协议》，众源公司授权其视频音频内容在深圳 TCL 公司各平台的运营，向用户提供终端播放的在线视频点播及直播服务，且众源公司在本案中承认涉案电影确系其提供。故法院认定众源公司、TCL 集团和深圳 TCL 公司共同通过信息网络向公众提供了涉案电影，使公众可以通过涉案电视机观看涉案电影，该行为未经许可，侵害了原告对涉案电影享有的信息网络传播权。关于原告主张四个被告侵害了原告对涉案电影享有的复制权，四个被告予以否认，且原告没有证据证明四个被告实施了复制涉案电影的行为，也没有证据证明涉案电视机上存在涉案电影，故法院对于原告的该项主张不予认可。由于涉案电视机上不存在涉案电影，电视机本身不是侵权产品，故被告惠州 TCL 公司销售电视机的行为并未侵害原告的权利，不构成侵权。

法院关于四个被告应如何承担法律责任问题认为，被告众源公司、TCL 集团和深圳 TCL 公司侵害了原告对涉案电影享有的信息网络传播权，应当承担相应的法律责任。被告惠州 TCL 公司未侵害原告的权利，不应承担侵权责任，原告对被告惠州 TCL 公司的诉讼请求，法院不予支持。关于原告要求被告众源公司、TCL 集团和深圳 TCL 公司停止侵权的诉讼请求，现已查明，通过涉案电视机已无法观看到涉案影片，上述三被告也表示已停止了双方之间的合作，故法院认为上述三被告已停止了侵权行为且再次侵权的可能性不大，对原告要求上述三被告停止侵权的诉讼请求不予支持。关于原告要求被告众源公司、TCL 集团和深圳 TCL 公司赔偿经济损失和合理费用的诉讼请求，法院认为，众源公司辩称，涉案电影存在于其经营的网站（www.ppstream.com）后台片库中，而原告已就该侵权行为提起过诉讼，并获得了赔偿，故不应重复赔偿，被告 TCL 集团和深圳 TCL 公司表示认可，现也无法判断涉案电影的确切存放位置，原告也无法提供证据加以确定，故法院确认涉案电影存在于众源公司经营的网站后台片库中。鉴于原上海市卢湾区人民法院已在另案中就同一侵权电影综合考量各种因素后判令众源公司向原告赔偿了经济损失 13 000 元，故法院对于原告要求上述三被告连带赔偿经济损失的诉讼请求不予支持。

关于原告主张的为制止侵权行为所支付的合理费用包括公证费 1000 元、差旅费 2000 元和律师费 5000 元，原告虽未提交上述费用的证据，但该费用实际发生，故法院根据证据保全公证的影片数量、公证的收费标准、维权实际需要支出的差旅费、原告代理人的工作量以及律师收费标准，酌情予以支持。若银都机构有限公司对原告取得侵权赔偿有争议的，可另行向原告追索。

法院根据本案事实和相关证据判决如下：①被告众源公司、TCL 集团和深圳 TCL 公司于本判决生效之日起 10 日内共同赔偿原告中影寰亚音像制品有限公司合理费用共计人民币 5000 元；②驳回原告中影寰亚音像制品有限公司的其余诉讼请求。

（二）本案的社会影响

随着网络技术的发展，互联网电视正在逐渐成为普通消费者获取信息的一种重要方式。对于互联网电视，法律上尚无确切定义，通常是指一种利用宽带有线电视网，集互联网、多媒体、通讯等多种技术于一体，向家庭互联网电视用户提供包括数字电视在内的多种交互式服务的崭新技术。这一高科技的使用，将互联网络技术与电视机技术结合起来，从信息传播和获取方式上而言更加便捷，但同时，基于传播的信息大多涉及影视作品，故也引发了很多关于网络版权的争端。近几年来，互联网电视版权争议或纠纷案件频发，不仅引起了电视机制造企业的关注，也引发了法律学界对此问题的不同看法。法院对该案的判决准确理解了我国著作权法规定的"信息网络传播权""复制权"的定义，阐释了侵犯信息网络传播权的构成要件，比较合理地分配原被告双方的法律责任，是基于法律事实作出的合理判决。同时也应注意到互联网电视是新兴产业，与其相关的权利义务规制仍属于法律盲区，法院在基本法律原则框架内，运用创造性思维作出的判决仍待实践的验证。当然，在涉互联网电视侵权案件中，应正确判定互联网电视的硬件生产厂商是否构成侵权。需要注意的是，互联网电视技术的中立，并不能使利用该项技术的特定商业模式中立。互联网电视运作模式通常采用消费者下载模式、开放模式、点播模式三种，不同模式对互联网电视硬件生产厂商要求不同。因而要判断其是否构成侵权，需进行个案分析。

　　数字网络和应用技术的快速发展，互联网服务商业模式的不断更新，使得互联网电视技术进步成为不可逆转的历史潮流，也带来许多新的法律问题。规范互联网电视的网络传播行为，首先，我们应当完备立法，为互联网电视发展和网络传播提供法律依据。在法律制度滞后的当下，需要法院灵活应用技术中立原则，审慎解决由此产生的著作权纠纷，为互联网电视产业的良性发展和社会经济的可持续发展提供指引。其次，应当规范搜索服务提供者行为。加强宣传教育，使其尊重著作权人的合法权益，使用获得授权的影视作品。再次，对利用网络传播故意侵害他人著作权行为必须予以监管并依法惩处，以此促进网络传播的有序良性运行。最后，应当规范硬件生产厂商行为。要求其在运营和维护电视机在线播放平台时加强审查，确保其平台提供的影视作品拥有合法授权，避免不必要的著作权纠纷。总之，要规范互联网电视的网络传播行为，就要在作品权利人、电视生产商、互联网搜索服务提供商以及用户之间寻求利益平衡点，既要维护著作权人的合法权益，促进技术产业的发展，又要兼顾公众的合理需求，通过法律的完善来促进社会的进步。

拓展案例

案例一：　　　　来自公共资源的数据与数据库保护[1]

　　申请人甲在德国吕根岛（Insel Ruegen）经营一个服务中心。被申请人乙在德国施特拉尔松（Stralsund）经营一家名为"@ lanthis"的软件企业。申请人想要为其服务中心在互联网上提供一个平台。为此，申请人收集了吕根岛居民的不同数据。申请人利用的均是公开资源，如电话簿、行业手册、黄页电话簿以及商业登记册中的登记信息。同时，在有些情况下，申请人还亲自向当事人打听更加准确的信息。申请人对收集到的数据进行了整理，然后录入 CD。2000 年

---

　　〔1〕　德国杜塞尔多夫地方法院第十二民事审判庭 2001 年第 120492/00 号案例判决，转引自：韩赤风等编著：《中外著作权法经典案例》，知识产权出版社 2010 年版，第 19～26 页。

7月7日，申请人交给被申请人一张相关的 CD。交付光盘的背景是：在申请人和被申请人之间要达成一项合作协议。被申请人应为申请人编制一个关于吕根岛的网络数据库软件。然后双方销售该软件，并共享利益。不过，该协议并未达成。到了同年9月底，申请人就结束了与被申请人的共同工作。2000年10月16日申请人通过一个宣传小册子得知在互联网上有了一个关于吕根岛的行业信息查询。这个行业信息查询是由被申请人制作的。同年10月23日和26日，申请人对此向被申请人两次发出警告，因为申请人认为，这个网上行业信息查询涉及对其"数据库"的利用。乙未予理睬。随后，甲向德国杜塞尔多夫地方法院提出发布临时禁令的申请。

申请人强调，是其首先想到在网上为吕根岛建立一个服务平台的主意。至今还没有一个涉及吕根岛的网上地址查询或行业信息查询。申请人自己收集了吕根岛的全部数据。该"数据库"包括了570个行业大约3400家公司，并按照行业、公司、地址、电话和地区的顺序排列。这些数据连同"数据库"结构的说明一起都存于交给被申请人的 CD 上。这个 CD 是以被申请人可读的微软 Office 软件编写的。2000年7月11日申请人还交给被申请人第二张光盘。被申请人利用了申请人 CD 上的"数据库"，被申请人的网络数据库是以申请人建立的"数据库"为基础制作的。被申请人甚至连申请人数据库中的错误都采纳了，如拼写错误、错误的说明。

申请人要求判处被申请人：①禁止其在商业交往中为了竞争目的全面或部分地复制、加工或公开再现那些在"http://www.inselruegen.com"和"http://www.ruegenworld.de"网址下可提取的、被称为"行业查询簿"（Branchenbuch）的以及以公司、行业、所有人、地址、号码方式排列的吕根岛企业的数据库，如果这些数据是从申请人两次交付给被申请人的 CD 中提取，并且在"http://www.ruegenworld.de"网上以附件所列的形式出现的（附件为从网上下载的"行业查询簿"的打印件，共计136页，以行业字母顺序排列，并按公司和地址顺序编排）；禁止以广告宣传手册（申请人提供了该手册的复印件）的方式宣传该数据库。②将申请人交付给被申请人的两张 CD 交给法院执行人保管。

被申请人辩称，其不仅开发软件，也为普通项目制作网络数据库。自2000年6月，其就已经为吕根岛建立了属于自己开发的数据库。另外，其根本不能适用申请人提交的 CD，因为它们是以 ACCESS–2000 版编写的。在申请人的 CD 中只有72个登记。在其数据库中，既没有这些登记，也没有来自申请人数据库中的错误。被申请人要求：驳回发布临时禁令的申请。

法院经审理认为，临时禁令发布的申请是没有根据的，因为根据《德国民事诉讼法》第936条和第920条第2款的规定，申请人缺少足够法律依据使人确信一个临时禁令请求权的存在。具体理由：

关于停止侵害的请求权。申请人不能使人确信，其对被申请人享有停止侵害的请求权。

1. 依据《德国著作权法》第87a条、第87b条以及第97条第1款相联系所产生的请求权。德国杜塞尔多夫地方法院认为，申请人不能依据《德国著作权法》第87a条、第87b条以及与第97条第1款第1句相联系的规定对被申请人享有停止侵害请求权。首先，申请人不能依据《德国著作权法》第97条第1款第1句的规定享有这样的请求权，因为其不能使人确信，被申请人侵害了著作权；特别是不能依据《德国著作权法》第87a条的规定证明被申请人侵犯了数据库制作者的权利。对此，缺少一个第87a条意义上的数据库。按照第87a条的规定，这里的数据库构成要求一个从方式或范围方面来看都属于"重要的投资"。怎样理解这样的"重要投资"，法律上没有界定。不过从原文的"重要"一词中可以得出结论，任何金钱、时间和劳动的投入都是不够的。但可以肯定的是：投资越大，"重要的投资"越可能存在。对此，数据库内容的制作和数据加工的费用必须被考虑。此外，第87a条的意义和目的也需要予以注意。第87a条要保护的是数据库制作者在数据库中的投资，数据库制作者应被保护免遭数据库的使用者将其成果占为己有。不过，数据库制作者的利益不能没有限制地存在，它必须受到公共获得信息自由利益的限制。对此，必须有一个利益考量。对数据库制作者投资的保护必须考虑到公众获得信息自由的利益。公众获得信息的自由绝不允许被垄断。当然，这样的评价并不能阻碍由申请人所引证的联邦最高普通法院1999年5月6日的判决。在该判决中，联邦最高普通法院裁决，一个电话簿可以成为第87a条第1款意义上的数据库。在这种情况下存在一个重要的投资。在此，涉及为德国电信公司制作电话簿。电话簿的首次编排要求必要的费用。这既包括数据的收集，也包括数据整理。对此，还必须注意：在当时还没有其他的公共资源可供支配，如其他电信公司的电话簿。在这种情况下，不能找到已经属于公共自由信息使用范围内的数据。

申请人既没有充分地说明，也不能令人信服，其实施了第87a条意义的可比较的重大投资。这样的投资由于缺少申请人对信息收集和加工所投入的费用支出而不具备。申请人确实对居住在吕根岛的居民数据进行了搜集，并将这些数据录入电脑。但是，申请人对此仅仅利用了公开的数据。这意味着，已经有其他大规模的数据汇编存在，如电话簿、行业手册或黄页电话簿。如果仅仅是这样的数据取得就享有著作权的保护，就会产生信息垄断，获得公共信息的自由就会受到威胁。个人的著作权利益在这里必须受到大众获得公共数据利益的限制。对此，这样的问题可以先搁到一边，即至今是否已有单独涉及吕根岛的公开数据。即使申请人的做法被视为是适当的，并且至今现有的公开数据并不单独包括吕根岛的数据，过滤出吕根岛的相关地址对于申请人来说并不属于重要的投资。

同样不重要的是，申请人是否在具体情况下再次复核了数据内容，申请人是否按照行业、公司、地址、电话和地区对数据进行了分类以及申请人在多大程度上分配工作给合作者。所有这些都不能改变这样的事实，即这里在原则上仅涉及公众可使用的数据。申请人可以从已经存在的公开资源中无任何困难地获取这些数据。即使申请人的做法被视为是适当的，也不存在重要的支出。对于行业、公司、地址、电话和地区的说明都是来源于已经公开的数据。申请人对此只是进行了机械式的编排。再有，这样的问题也可以先被放置，即申请人在什么样的范围内收集了这些数据。即使申请人所收集的全部数据都是适当的，也不会对数据加工的来源有什么改变。总之，申请人并不能充分地说明和使人相信，在被误认为的"数据库"上，申请人有重要的投资。

因为这里已经缺少数据库的构成要件，那么，这样的问题已经不再重要了，即申请人是否使人确信，被申请人采用了其数据并因此而侵犯了数据制作者的权利。

2. 依据《德国著作权法》第4条以及与第97条第1款相联系所产生的请求权。法院认为，也不能考虑按照《德国著作权法》第4条以及与第97条第1款第1句的规定，基于对数据库作品的著作权法一般保护而产生的停止侵害请求权。原则上，《德国著作权法》第87a条～第87e条对于数据库制作者保护的规定并未涉及数据库的一般保护。当被移入第87a条～第87e条的独一无二的保护法对数据库内容的投资进行规定时，对于一个数据库的一般著作权法保护更关注数据库内容的选择和整理。本案中，缺少《德国著作权法》第4条意义上的汇编作品。按照第4条第1款（汇编作品）的规定，在汇编时，对独立组成部分的选择和编排必须体现个人智力上的创造性。这个要件也必须在第4条第2款（数据库作品）的数据库中存在。在不涉及选择和没有遵循编排原则的汇编中，则缺少必要的作品特征。对于地址、电话目录、行业目录以及广播电视和戏剧节目单等机械地整理并不属于汇编作品。特别是在电话簿上，缺少体现独创性的选择和编排，因为它仅仅达到了完整性。申请人既不能充分地解释，也不能使人信服，由其从公开资源所选择的数据通过独立组成部分的选择和编排而体现出个人智力的创造性。由于缺少作品的特征，申请人的数据收集并不能得到著作权法对于数据库作品的一般保护。

3. 依据《德国反不正当竞争法》第1条产生的请求权。法院认为，申请人亦不能使人确信，其可以基于被申请人违反《德国反不正当竞争法》第1条而享有停止侵害请求权。一个违反《德国反不正当竞争法》的不正当竞争行为并不能充分地被说明。在这里，竞争中的不当利用可以作为不正当竞争行为予以考虑。这样的竞争中的不当利用既可以通过模仿他人成果而存在，也可以通过直接利用他人成果而存在。

第一，在本案中，申请人既不能充分地说明，也不能使人确信，一个通过模仿他人成果的不正当竞争行为存在。一方面，可以得出的结论是：对于申请人的数据搜集并不存在特别法保护，而对于专利权、实用新型、外观设计权、著作权以及商标权则存在特别法保护。对于自己的数据收集，申请人并不能充分地说明应获得这样的特别法保护。另一方面，一个不处于这样特别法保护之下的正当竞争行为侵害也不存在。对此必须考虑，在他人成果上建立的竞争，原则上并不违反竞争。人类文化每一种进步都是与现存的东西相联系。仅仅是对不在特别保护法下的劳动成果的模仿绝不能构成违反竞争。对他人劳动成果的利用只有在一定条件下才能导致正当竞争的损害。在这方面，《德国反不正当竞争法》第 1 条的保护目的不同于工商业特别保护法（如专利法和商标法）。《德国反不正当竞争法》第 1 条保护的方向不是创造性成果，而是防止不正当竞争行为。如果成果具有竞争的特征（Wettbewerbliche Eigenart）并且因特殊情况的参与可以使得模仿不正当地显现，那么对不在特别保护法下的该成果的模仿就是违反竞争的。对此，无价值的要素越低，竞争特征的程度就会越高；相反，无价值的要素越高，竞争特征的程度就会越低。

申请人是否可以使对其收集的数据模仿令人信服，这个问题可以暂时搁置。在本案中，还缺少前提条件证明，一个模仿可以例外地不被允许。申请人既不能充分说明，也不能使人确信，一个利用行为的特殊情况与其数据收集的竞争特征相联系。在这里，一个在信赖违反（Vertrauensbruch）形式上的不正当利用行为值得考虑。当一个成就基于信赖被委托给行为人后，行为人通过对该成就的模仿而使这个信赖被滥用了。这样，就出现了信赖违反。联邦最高普通法院在以往的判决中曾对此有所阐述。如果在关于工具的制作合同协商中技术图纸在一种信任关系中被交出，而且对于图纸的制作需要必要的投入，那么为了相同工具制作而随后出现的对图纸的利用就违反了《德国反不正当竞争法》第 1 条。同时，联邦最高普通法院也强调，按照缔约前的协商，感兴趣者对于那些在具体的表现形式中可以不费力气就能得到的某种东西是不受约束的。从这样的观点可以得出结论：对一个可能存在的信赖滥用（Vertauensmissbrauch）必须在同所利用成就的竞争特征联系中被判断。

申请人是否能够使人确信其已经交给被申请人两张带有吕根岛全部数据的光盘，这并不重要。申请人既不能充分地说明，也不能使人确信，那个由其编制的数据具有这样一个竞争的特征。确切地说，在这样的"数据库"中，仅涉及信息的简单编排，这种信息随时可以从公开资源中得到。每个人都能够毫不困难地编排这些信息。如果对申请人收集的数据的模仿属于《德国反不正当竞争法》第1条意义上的信赖违反，那就会出现对每个人本来可以毫无困难地利用某种资源的限制。这样的评价将会不公平地限制公众利用公开信息的利益。由于数据收集缺少竞争特征以及缺少相应的信赖违反，申请人不能使人确信，存在通过他人成就的模仿而发生的不正当的利用。

第二，申请人也不能使人确信，存在通过对他人成果直接采用而产生的不正当的利用。对于这种选择，申请人的数据收集也缺少必要的竞争特征。这种值得考虑的直接据为己有的不正当利用的前提条件是：一个竞争者没有客观的值得赞成的理由而将他人值得保护的成果据为己有，而这个成果不是基于特别保护法，也不是基于其他方式而归成果的提供者。无自己的成就而直接利用他人的成果，就不能引用模仿自由的原则。对此，申请人不能充分地说明，其对于已经存在的吕根岛数据完成了一个值得保护的成果。在任何一种情况下，申请人都不能使人确信，他的数据汇编属于费用支出的成果制作，对于这种成果其应公正地享有。对此，再一次表明申请人的数据收集来源于已经存在的公共资源的事实。因此，最后的结论是：对申请人不存在一个因不正当竞争行为而可以提出的停止侵害请求权。

关于所获利益返还请求权。

申请人对被申请人享有返还请求权也不能令人信服，特别是不能基于《德国著作权法》第97条第1款第1句以及《德国民法典》第985条和第986条提出这样的请求权。经过法院辩论，德国杜塞尔多夫地方法院于2001年1月17日最后作出如下判决：①驳回申请人的临时禁令发布申请；②申请人负担诉讼费用；③如果被申请人不能在执行前提供3400马克的金钱担保，申请人被允许以同样额度的金钱反担保制止执行。

案例二：　　　　　　　硕博论文数据库著作权案[1]

原告曹某丽诉被告《中国学术期刊（光盘版）》电子杂志社（以下简称杂志社）、同方知网（北京）技术有限公司（以下简称同方知网公司）侵犯著作权纠纷案一案中，曹某丽诉称：《论高等教育的社会服务功能》（以下简称

---

[1]　参见北京市朝阳区人民法院（2008）朝民初字第27903号民事判决书和北京市第二中级人民法院（2008）二中民终字第18225号民事裁定书。

《论》文）是原告独立创作完成的硕士学位论文。原告至今未公开发表该论文。杂志社和同方知网公司未经许可，擅自将该论文以扫描录入方式制作成电子版本，收入《CNKI 中国优秀硕士学位论文全文数据库》（以下简称《学位论文数据库》），并将该数据库出售给全国各高校图书馆及其他图书馆，以谋取高额利润。同时，杂志社和同方知网公司还在"中国知网"上提供该文的在线阅读和下载服务，并收取费用。原告认为，杂志社和同方知网公司的行为侵犯了原告对《论》文享有的发表权、复制权、发行权、汇编权和信息网络传播权，故诉请法院判令其立即停止侵权，销毁侵权制品，在《法制日报》和"中国知网"（www. cnki. net）上向原告公开赔礼道歉，赔偿经济损失 4000 元、精神损害抚慰金 2000 元、公证费 1600 元。杂志社和同方知网公司共同辩称：《学位论文数据库》是新闻出版总署批准创办的我国唯一专门正式出版硕士博士论文的学生电子网络期刊，由杂志社编辑出版，同方知网公司提供技术服务。杂志社曾与曹某丽的毕业学校广西大学签订过协议，但确实没有拿到曹某丽的授权材料。被告认可侵犯了曹某丽对该论文享有的著作权，现已从数据库中删除了涉案论文，并愿意承担相应的责任。

经法院审理查明：2001 年 5 月，曹某丽在广西大学创作完成其硕士研究生学位论文《论》文。2001 年 5 月 16 日，杂志社（乙方）与广西大学研究生处（甲方）签订《CNKI 共建中国优秀博硕士学位论文数据库（CDMD）广西大学博硕士学位论文数据库协议书》（以下简称《协议书》）。双方约定：甲方授权并提供其每年的学位论文纸质本和电子文本，乙方投入资金与技术，将甲方每年的学位论文全文资料制成全文数字化文件，编入乙方的 CDMD，并同时编辑制作成甲方数据库；数据库整体版权归乙方所有，乙方承担出版责任；其中甲方提供的学位论文的著作权归甲方界定的著作权人所有，甲方负责处理著作权等有关问题，论文著作权人给予乙方的授权及乙方给予论文著作权人的使用报酬经由甲方解决；协议有效期 3 年。依据该协议，杂志社将《论》文收入其出版的《学位论文数据库》，并向包括北京工业大学在内的部分大学的图书馆销售，使其在校园内部局域网上使用。北京市求是公证处对北京工业大学图书馆局域网上使用《学位论文数据库》提供《论》文在线浏览和下载的情况进行了公证。曹某丽为此支付公证费 1000 元。此外，"中国知网"也向互联网用户提供包括《论》文在内的《学位论文数据库》的在线浏览和下载服务，收费标准为下载每页 0.5 元，《论》文 68 页，共需 34 元。"中国知网"标明两个京 ICP 证：040431 号和 040441 号，040431 号许可证的经营单位为杂志社，040441 号许可证的经营单位为清华同方光盘股份有限公司。同时，中国知网中"公司介绍"栏目中显示："知网公司同方知网（北京）技术有限公司（TTKN）具有雄厚的资本实力，强大的技术研发能力、市场营销能力和一流的管理运营能力，是清华同方知网技术产业集团的核心产业，根据中国和国际互联网出版与信息服务市场的需要，投资中国学术期刊（光盘版）电子杂志社，不断开发各类适应中国和国际市场需要的数据库及信息服务技术产品，以特约经销商和风险投资等方式致力于建立最优知识传播和增值信息服务国际品牌。"北京市求是公证处对上述情况进行了公证，曹某丽为此支付公证费 600 元。杂志社认可北京工业大学图书馆局域网内的《学位论文数据库》由其提供，并提出现已将《论》文从《学位论文数据库》中删除。就删除的事实，曹某丽不予认可。

一审法院认为：杂志社和同方知网公司未提交相反证据，本院依法确认在《论》文上署名的曹某丽为该文作者。曹某丽作为《论》文的作者，对该论文享有的著作权受法律保护，他人未经许可并支付报酬不得使用。虽然曹某丽所在学校曾经许可杂志社将学位论文收录入《学位论文数据库》并通过网络进行传播，但广西大学研究生处并非该文的著作权人，截至目前杂志社和同方知网公司也未举证证明广西大学的授权得到曹某丽的追认，故杂志社和同方知网公司无权依据广西大学研究生处的授权将该文收录入《学位论文数据库》。杂志社和同方知网公司未经作者许可，将该文收入《学位论文数据库》在"中国知网"上传播，并销售给北京工业大学通过局域网进行传播，侵犯了曹某丽对该文享有的著作权，应依法承担停止侵权、赔礼道歉、赔偿损失的法律责任。具体的赔偿数额，一审法院综合考虑同类数据库收录类似作品的通常许可使用费标准、杂志社和同方知网公司的过错程度等侵权情节，以及曹某丽支出的公证费数额酌情确定。因赔礼道歉已经起到澄清事实、抚慰精神伤害的作用，故曹某丽要求的精神抚慰金，一审法院不予支持。判决：①杂志社、同方知网公司停止在《CNKI 中国优秀硕士学位论文全文数据库》中收录曹某丽享有著作权的《论》文；②杂志社、同方知网公司于本判决生效之日起 30 日内，在"中国知网"（网址：www. cnki. net）首页连续 24 小时刊登声明向曹某丽公开致歉（声明内容需经本院审核，逾期不履行，除依法承担拒不履行生效判决的法律责任外，本院还将依曹某丽的申请公布本判决主要内容，费用由杂志社和同方知网公司负担）；③杂志社、同方知网公司于本判决生效之日起 10 日内赔偿曹某丽经济损失及诉讼合理支出共计 3500 元；④驳回曹某丽的其他诉讼请求。

杂志社对一审不服提起上诉后又申请撤回上诉。

［问题与思考］

1. 著作人身权与著作财产权的主要区别是什么？

2. 著作权内容扩张的主要原因是什么？

3. 网络技术发展给著作权法律制度提出了哪些挑战？

[**重点提示**]

随着网络技术的发展，作品使用的方式和途径也在不断扩张，并对著作权的内容提出新的挑战。本章拓展案例均涉及网络环境下如何判定著作权具体内容的问题，特别是针对利用公共资源所形成的数据库与利用已有作品所形成的数据库，如何从作品构成要件和著作权具体内容上进行分析和确认，并做到既要保护著作权人的合法权益，又不能妨碍网络技术的发展，需要我们从技术层面和法律层面进行思考和研究。

第六章

邻接权

知识概要

　　邻接权通常是指作品的传播者就其作品传播过程中所付出的创造性智力成果依法所享有的一种专有权利。本章主要掌握邻接权与著作权之间的关系。通过透视邻接权的相关判例，从法律的角度分析邻接权的主要内容。本章重点是学习和埋解邻接权的内容和法律特征；难点在于掌握邻接权相互之间的关系；疑点在于邻接权的归属及边界的判定。

经典案例

广东唱金影音有限公司与中国文联音像出版社、天津天宝文化发展有限公司、天津天宝光碟有限公司、河北省河北梆子剧院、河北音像人音像制品批销有限公司著作权纠纷案[1]

[基本案情]

　　2007 年 6 月 15 日，广东唱金影音有限公司（被上诉人，以下简称唱金公司）原审起诉称：其自 2000 年起分别从河北省河北梆子剧院、衡水市河北梆子剧团、石家庄市河北梆子剧团、保定市河北梆子剧团处获得授权，独家出版、发行《蝴蝶杯》（上、下部）、《陈三两》《三打陶三春》《双错遗恨》《打金砖》《春草闯堂》《清风亭》和《血染双梅》等 8 个河北梆子演出剧目的音像制品。2004 年末，唱金公司发现由中国文联音像出版社（以下简称文联音像出版社）出版、天津天宝光碟有限公司（以下简称天宝光碟公司）复制、天津天宝文化发展有限公司，（以下简称天宝文化公司）发行、河北音像人音像制品批销有限

---

〔1〕　参见最高人民法院（2008）民三终字第 5 号民事判决书。

公司（以下简称音像人公司）销售的上述音像制品，侵犯了唱金公司的合法权益，请求判令上述侵权人停止侵权、销毁侵权产品并赔偿唱金公司损失45万元。

原审法院查明：1998年，河北百灵音像出版社（以下简称百灵音像出版社）授权唱金公司代表该社向拥有著作权人授权的文艺团体或个人求购节目，用于出版VCD等音像制品，所购节目经审查合格后，纳入该社出版计划。2003年、2004年，百灵音像出版社与唱金公司签订协议，约定双方合作出版、发行音像制品，由唱金公司组织节目源，百灵音像出版社出版，唱金公司对百灵音像出版社出版的音像制品享有永久发行权。

2000年~2006年，河北省河北梆子剧院先后授权唱金公司对该院演出的《蝴蝶杯》（上、下部）、《陈三两》《双错遗恨》《打金砖》《三打陶三春》等剧目的音像制品享有出版、发行的专有使用权。其中，《蝴蝶杯》（上、下部）剧本的文字整理人是剧院职工张甲和王某言，音乐整理人是剧院职工张某维；《陈三两》剧本的文字整理人是剧院原职工王某亭；《双错遗恨》剧本的文字整理人是剧院外聘尚某智，音乐整理人是剧院职工张某维。1999年10月29日，百灵音像出版社向张甲的继承人张乙支付使用费100元。2005年8月10日，王某言的继承人王某晨许可百灵音像出版社、唱金公司使用《蝴蝶杯》（上、下部）剧本，并出版、发行该演出剧目的音像制品。1998年3月12日、2005年8月8日，王某亭的继承人王某慈许可百灵音像出版社、唱金公司使用《陈三两》剧本，并出版、发行该演出剧目的音像制品。2000年12月21日，张某维收到唱金公司支付的使用费4000元。2002年7月尚某智授权许可百灵音像出版社使用《双错遗恨》剧本，并出版、发行音像制品。百灵音像出版社和唱金公司取得《蝴蝶杯》（上、下部）、《陈三两》《双错遗恨》剧本的文字部分和音乐部分著作权人的许可，有权使用剧本，并出版、发行演出剧目的音像制品；但是，唱金公司没有获得《打金砖》《三打陶三春》剧本文字及音乐整理人的授权。《打金砖》的剧本文字及音乐整理人分别为剧院职工赵某歧、马某贵。《三打陶三春》的剧本文字部分由剧院外聘人员吴某光整理，音乐部分由该院职工徐某宝整理。在前述演出剧目音像制品里，《双错遗恨》由唱金公司录制；《蝴蝶杯》（上、下部）、《陈三两》为河北电视台录制。而根据河北电视台与省剧院的协议，剧院对电视台录制的该剧院演出的河北梆子戏剧享有表演者权，电视台不得将其录制的剧院的演出剧目授权第三方复制、出版、发行音像制品，电视台许可剧院享有复制、出版、发行该音像制品的专有使用权。

2001年4月，唱金公司与石家庄市河北梆子剧团签订协议，约定由唱金公司录制剧团演出的《清风亭》等演出剧目，唱金公司对该演出剧目享有专有音像出版、发行权。《清风亭》的剧本是由石家庄市河北梆子剧团外聘人员尚某智整理。2002 年 7 月尚某智出具授权书，许可百灵音像出版社使用《清风亭》剧本，并出版、发行音像制品。百灵音像出版社获得《清风亭》剧本整理人的授权，被许可使用《清风亭》剧本，并出版、发行音像制品。2001 年 9 月，唱金公司获得保定市河北梆子剧团的授权，对《血染双梅》等演出剧目音像制品享有出版、发行的专有使用权。《血染双梅》演出剧目音像制品是 1997 年拍摄的实景戏曲电影，制片者和表演单位均为保定市河北梆子剧团。2001 年 10 月，衡水市河北梆子剧团与唱金公司签订合同，将出版、发行演出剧目《春草闯堂》音像制品的专有使用权授予唱金公司。然而，对于《春草闯堂》演出剧目，唱金公司仅获得演出单位和剧本整理人的授权，没有获得音像制品制作者授权。

文联音像出版社（上诉人）、天宝光碟公司（上诉人）及天宝文化公司（上诉人）出版、复制并发行的《蝴蝶杯》（上、下部）、《陈三两》《双错遗恨》《清风亭》《血染双梅》5 个演出剧目音像制品中，《蝴蝶杯》（上、下部）与唱金公司发行音像制品同版，取得了张某云等 6 名主要演员的授权；《陈三两》《双错遗恨》《清风亭》和《血染双梅》与唱金公司发行的音像制品版本不同，分别属于同一演出单位不同场次的演出。《陈三两》演出剧目由河北电视台录制，取得了主要演员张某云、田某鸟的授权；《双错遗恨》由河北新艺影视制作中心录制，取得了主要演员张某云的授权。《清风亭》由河北新艺影视制作中心录制，取得了主要演员雷某春、李某果的授权。2004 年 6 月 1 日，尚某智（《双错遗恨》剧本的文字整理人和《清风亭》的剧本整理人）与河北新艺影视制作中心、天宝文化公司签订合同，就《双错遗恨》《清风亭》剧本授予后者专有使用。《血染双梅》是对舞台表演版本的录制，文联音像出版社、天宝光碟公司及天宝文化公司称该演出由河北电视台组织，其取得了剧本音乐整理人刘某和及吴某等 4 名主要演员的授权。

音像人公司（原审被告）作为销售商，提供了天宝文化公司向其出具的销售委托书和销售明细单，以证明其进货来源的合法性。

原审法院审理认为，文联音像出版社、天宝光碟公司及天宝文化公司侵犯了唱金公司对《蝴蝶杯》（上、下部）、《陈三两》《双错遗恨》《清风亭》和《血染双梅》5 个演出剧目音像制品的专有发行权，应依法承担停止侵害、赔偿损失的民事责任。音像人公司提供了进货来源合法的证据，因此不应承担赔偿责任，但应承担停止销售并销毁侵权产品的法律责任。河北省河北梆子剧院不存在侵害唱金公司音像制品专有发行权的行为，对唱金公司针对河北省河北梆子剧院提出的诉讼请求不予支持。据此，原审法院判决：文联音像出版社、天宝光碟公司及天宝文化公司立即停止出版、复制及发行涉案《蝴蝶杯》（上、下部）、《陈三两》《双错遗恨》《清风亭》和《血染双梅》的音像制品，并销毁未出售的上述剧目的音像制品；音像人公司立即停止销售上述音像制品，并销毁未出售的上述剧目的音像制品；文联音像出版社、天宝光碟公司及天宝文化公司于判决生效之日起10日内连带赔偿唱金公司经济损失30万元；驳回唱金公司的其他诉讼请求。

文联音像出版社及天宝文化公司不服原审判决，共同向最高人民法院提起上诉称：①一审判决在查明《陈三两》《双错遗恨》《清风亭》《血染双梅》4个节目录像制品版本不同的情况下，认定上诉人侵犯了唱金公司对以上4个节目享有的独家发行权是错误的。根据修订前《著作权法》第41条的规定，享有录像制作者权的基础是录像制品是由其制作的。[1] 上诉人出版、发行的版本并非由唱金公司制作，唱金公司不能对该版本主张权利，上诉人当然不可能侵犯其任何权利。②唱金公司未取得《蝴蝶杯》剧唱腔著作权人的许可，且未合法获得录像制作者——河北电视台的授权，没有证据表明河北电视台总编室得到了河北电视台的签约授权。唱金公司获得的授权是不完整的，因而不享有该剧录像制品的独家发行权，上诉人当然不侵犯其权利。③即使上诉人应承担责任，一审判决30万元的赔偿数额也是欠妥的。综上，请求依法撤销一审判决，改判上诉人不承担侵权责任。

天宝光碟公司不服原审判决，向最高人民法院提起上诉称：①唱金公司对上诉人复制的《蝴蝶杯》等5个剧目录像制品不享有合法的权利，上诉人亦不可能侵权。②即使唱金公司享有以上录像制品的独家发行权，上诉人的复制行为也不可能侵犯其发行权，上诉人的复制行为是一种加工承揽行为，不构成侵害他人著作权的行为。③上诉人接受文联音像出版社的委托复制涉案光盘，与其签订的《录音录像制品复制委托书》第4条明确约定，"出版单位对委托复制的音像制品内容、版权关系负全部法律责任"，该《复制委托书》是根据《音像制品管理条例》的要求而签订，并非只是当事人之间的合同。最后，上诉人的复制行为尽到了《音像制品管理条例》第23条规定的义务，验证了全部手续，主观上不存在过错，不应承担任何法律责任。综上，请求撤销一审判决，改判上诉人不承担侵权责任。

唱金公司针对文联音像出版社、天宝文化公司的上诉，答辩如下：①关于《陈三两》《双错遗恨》《清风亭》《血染双梅》4个剧目。得到一个剧目合法的发行权，不仅需要取得录像制作者的许可，还应取得剧本著作权人和表演者的许可。就同一剧目，唱金公司已取得独家发行权，在仅仅录像制作者不同的情

----

〔1〕 参见2020年《著作权法》第44条。

况下，上诉人仅有另一录像制作者的授权而没有该剧目著作权人和表演者的授权，就出版发行该剧目的行为明显是违法的，该行为直接损害了唱金公司的经济利益。②关于《蝴蝶杯》。唱金公司取得了该剧唱腔著作权人张某维的授权；河北电视台总编室有权代表河北电视台对外签订许可使用合同；包括《蝴蝶杯》在内的其他涉案剧目，演出均由剧院或剧团完成，剧院或剧团享有整台戏曲的表演者权，而非演员个人。唱金公司取得的授权是完整的。③一审法院判决的赔偿数额并无不当。综上所述，一审法院认定事实清楚，适用法律正确，请求驳回上诉，维持原判。

唱金公司针对天宝光碟公司的上诉答辩如下：①发行权以获得经济利益或实现其他权益为目的，只要上诉人的行为影响了权利人目的的实现，就构成侵权。②《录音录像制品复制委托书》仅是出版单位和上诉人之间的约定，承担责任与否应当根据法律规定。上诉人与光碟发行单位地址相同、法定代表人相同，由此可以得出上诉人与其他侵权人具有主观上的共同故意。所以上诉人应当与其他侵权人连带承担赔偿损失的责任。综上所述，请求驳回上诉，维持原判。

原审被告河北省河北梆子剧院陈述如下答辩意见：①河北电视台总编室与剧院签订的合同合法有效。河北电视台作为涉案剧目音像制品的制作者，将其许可河北省河北梆子剧院使用，剧院又授权唱金公司使用，符合法律规定和合同约定。②河北省河北梆子剧院作为相关剧目的全民所有制演出单位，组织、排练演出，体现的是剧院的整体意志，其民事责任由剧院承担，剧院享有表演者权，有权许可唱金公司复制、发行录有其表演的音像制品。综上，河北省河北梆子剧院未授权上诉人复制、发行涉案的河北梆子剧目，不存在侵权行为，原审法院关于剧院的责任认定清楚，适用法律正确，请求维持。

原审被告音像人公司未提交书面陈述意见，其于庭审中陈述其已停止销售涉案音像制品。

最高人民法院查明，各方当事人对于一审法院查明的事实均予认可，最高人民法院予以确认。文联音像出版社、天宝文化公司提出双方发行的《蝴蝶杯》版本不同，但其于庭审中认可二者是同一次录制的同一场演出，只是出版时进行了编辑和取舍。河北电视台向最高人民法院出具证明，表示其认可其总编室与河北省河北梆子剧院签订的协议。

[法律问题]

1. 对演出剧目的音像制品享有的出版、发行专有使用权的权利范围包括哪些？

2. 如何认定戏剧演出的表演者？戏剧演出的表演者与表演者权是什么关系？

3. 音像制品复制者能否以其与本人订立的委托复制合同中的本人负全部责任条款为由，免除自己对相关权利人的侵权责任？

[**参考结论与法理精析**]

（一）法院意见

最高人民法院经审理认为：戏剧类作品演出的筹备、组织、排练等均由剧院或剧团等演出单位主持，演出所需投入亦由演出单位承担，演出体现的是演出单位的意志，并以演出单位的名义承办，故对于整台戏剧的演出，演出单位是《著作权法》意义上的表演者，有权许可他人从现场直播或录音录像、复制发行录音录像制品等，在没有特别约定的情况下，演员个人不享有上述权利。河北电视台总编室以其自己名义与河北省河北梆子剧院签订的合同，虽然在主体资格上存在瑕疵，但因河北电视台对此予以确认，故不影响该合同的效力，河北省河北梆子剧院有权据此许可唱金公司出版、发行河北电视台录制的录像制品。唱金公司发行了《蝴蝶杯》《陈三两》《双错遗恨》《清风亭》及《血染双梅》的录像制品。对于上述音像制品，其获得了河北省河北梆子剧院等作为表演者的演出单位的许可，获得了录像制作者的授权或者其本身为录像制作者，在存在剧本、唱腔著作权人的情况下亦获得了著作权人的许可。其发行的上述录像制品符合我国修订前《著作权法》第 39 条、第 40 条的规定[1]，对于该合法制作的录像制品，唱金公司享有我国修订前《著作权法》第 41 条规定[2]的各项权利，包括发行权。唱金公司分别与河北省河北梆子剧院、石家庄市河北梆子剧团、保定市河北梆子剧团签订协议，取得独家出版发行涉案剧目录像制品的权利。唱金公司与保定市河北梆子剧团签订的合同中更明确规定：剧团不再为其他单位录制和授权该剧目。唱金公司据此享有独家出版、发行录有相关剧目表演的录像制品的权利。他人未经许可亦不得侵犯。

文联音像出版社出版、天宝文化公司发行的涉案剧目光盘中，《蝴蝶杯》与唱金公司发行的录像制品系来源于同一次录制过程，由于唱金公司对该录像制品享有独家发行权，文联音像出版社、天宝文化公司出版发行的录像制品虽然

----

〔1〕　我国 2001 年《著作权法》第 39 条第 1、2 款规定："录音录像制作者使用他人作品制作录音录像制品，应当取得著作权人许可，并支付报酬。录音录像制作者使用改编、翻译、注释、整理已有作品而产生的作品，应当取得改编、翻译、注释、整理作品的著作权人和原作品著作权人许可，并支付报酬。"（参见 2020 年《著作权法》第 42 条第 1 款）该法第 40 条规定："录音录像制作者制作录音录像制品，应当同表演者订立合同，并支付报酬。"（参见 2020 年《著作权法》第 43 条）

〔2〕　我国 2001 年《著作权法》第 41 条规定："录音录像制作者对其制作的录音录像制品，享有许可他人复制、发行、出租、通过信息网络向公众传播并获得报酬的权利；权利的保护期为五十年，截止于该制品首次制作完成后第五十年的 12 月 31 日。被许可人复制、发行、通过信息网络向公众传播录音录像制品，还应当取得著作权人、表演者许可，并支付报酬。"（参见 2020 年《著作权法》第 44 条）

进行了不同的编辑和取舍，仍然侵犯了唱金公司的权利。二者关于唱金公司对《蝴蝶杯》未取得完整授权、其未侵权的上诉主张没有事实和法律依据，本院不予支持。关于《陈三两》《双错遗恨》《清风亭》和《血染双梅》剧目，唱金公司发行的版本与文联音像出版社、天宝文化公司出版、发行的版本不同，并非来自于同一个录像过程。根据修订前《著作权法》第41条的规定，录像制作者的权利仅限于禁止他人未经许可复制、发行其制作的录像制品，对于非其制作的，其无权禁止。[1] 文联音像出版社、天宝文化公司对此提出的上诉理由正确，本院予以支持。原审判决仅以文联音像出版社、天宝文化公司未获得完整授权为由即认定其侵犯唱金公司的录像制品独家发行权，判决理由不当，本院予以纠正。但是，如本院前所认定，唱金公司除对其发行的录像制品享有独家发行权外，对相关剧目还享有独家出版、发行录像制品的权利。文联音像出版社、天宝文化公司未经许可，亦未经相关表演者许可，出版、发行相关剧目的录像制品，侵犯了唱金公司上述权利，同样应承担停止侵权、赔偿损失的民事责任。原审判决虽然理由不当，但其结论正确，本院予以维持。

我国《音像制品管理条例》第23条第1款规定："音像复制单位接受委托复制音像制品的，应当按照国家有关规定，与委托的出版单位订立复制委托合同；验证委托的出版单位的《音像制品出版许可证》、营业执照副本、盖章的音像制品复制委托书以及出版单位取得的授权书；接受委托复制的音像制品属于非卖品的，应当验证委托单位的身份证明和委托单位出具的音像制品非卖品复制委托书。"据此，如果音像复制单位未能充分履行上述行政法规规定的验证义务，复制了侵犯他人合法权利的音像制品，应当与侵权音像制品的制作者、出版者等承担共同侵权责任。本案中，天宝光碟公司仅验证了涉案剧目主要演员的授权，显然未满足上述条例规定的注意义务，故一审法院判令其与文联音像出版社、天宝文化公司共同承担侵权责任并无不当。其与文联音像出版社签订的《录音录像制品复制委托书》虽有关于责任承担的约定，但该约定仅对双方当事人有效，不能以此对抗权利受侵犯的第三人。天宝光碟公司关于"《音像制品管理条例》中规定的注意义务过高""《复制委托书》不仅仅是当事人之间的合同"等上诉理由缺乏法律依据，本院不予支持。

文联音像出版社、天宝文化公司、天宝光碟公司提出原审判决其赔偿唱金公司30万元的数额过高。但因唱金公司未能举证证明其实际损失，文联音像出版社等至今亦未举证证明其出版、发行涉案剧目光盘所获利润，在此基础上，考虑到本案涉及5个剧目、双方光盘发行时间、侵权行为的性质等因素，并考

---

〔1〕　参见2020年《著作权法》第44条。

虑到唱金公司为此支出的合理费用，原审判决 30 万元的赔偿数额并无明显不当，对文联音像出版社、天宝文化公司、天宝光碟公司的此项上诉理由，本院亦不予支持。

（二）本案涉及的法律问题及其影响

1. 对演出剧目音像制品依法享有的出版、发行专有使用权的权利范围。在著作权许可使用合同中，被许可人同时也可能是享有邻接权的主体。在此情况下应当注意，著作权人将其享有的表演权、复制权、广播权等专有权利许可表演者[1]、录音录像制作者[2]、广播组织者[3] 等主体行使，并不意味着著作权人授予被许可人行使的就是邻接权。邻接权的客体与著作权人享有的专有权利并不相同，邻接权是指表演者对其表演活动、录音录像制作者对其制作的录音录像、广播组织者对其播出的广播信号所享有的排他性的专有权利。表演者只是对属于著作权人的作品以外的表演活动享有邻接权，同样，制作的录音录像、播出的广播信号也不属于《著作权法》第 3 条规定的"作品"范畴[4]。当然，表演者可以自编自演、录音录像制作者可以自编自演自录、广播组织者也可以自编自演自导自播，同一主体享有两种或两种以上的不同权利，权利的客体并不相同。

在戏剧表演中，一台戏的各种权利可能分属于不同主体，文字剧本作者和音乐作品作者享有的著作权，不同于表演者对表演活动的表演者权，也不同于戏剧录制者对其录制的音像作品的权利。因此，本案中唱金公司享有对演出剧目音像制品的出版、发行专有使用权的权利，是属于戏剧文字作品和音乐作品作者的著作权、戏剧表演者的表演者权的一部分，是由戏剧文字、音乐作品著作权人、表演者权权利人授权许可唱金公司对有关客体使用的权利。我国《著作权法》第 39 条规定表演者享有的"许可他人从现场直播和公开传送其现场表演"的权利，和《著作权法》第 10 条规定著作权人享有的许可他人使用其作品制作音像制品并复制、发行的复制权、发行权，共同构成了唱金公司享有的出版、发行专有权利的内容。

根据我国《著作权法》第 26 条，使用他人作品应当同著作权人订立许可使

---

〔1〕 我国《著作权法》第 38 条规定："使用他人作品演出，表演者应当取得著作权人许可，并支付报酬。演出组织者组织演出，由该组织者取得著作权人许可，并支付报酬。"

〔2〕 我国《著作权法》第 42 条第 1 款规定："录音录像制作者使用他人作品制作录音录像制品，应当取得著作权人许可，并支付报酬。"

〔3〕 我国《著作权法》第 46 条第 1 款规定："广播电台、电视台播放他人未发表的作品，应当取得著作权人许可，并支付报酬。"

〔4〕 我国《著作权法》第 3 条规定："本法所称的作品，是指文学、艺术和科学领域内具有独创性并能以一定形式表现的智力成果，包括：（一）文字作品；（二）口述作品；（三）音乐、戏剧、曲艺、舞蹈、杂技艺术作品；（四）美术、建筑作品；（五）摄影作品；（六）视听作品；（七）工程设计图、产品设计图、地图、示意图等图形作品和模型作品；（八）计算机软件；（九）符合作品特征的其他智力成果。"

用合同，许可使用合同包括"许可使用的权利是专有使用权或者非专有使用权"等内容[1]。而《著作权法实施条例》第 24 条规定："著作权法第 24 条规定的专有使用权的内容由合同约定，合同没有约定或者约定不明的，视为被许可人有权排除包括著作权人在内的任何人以同样的方式使用作品；除合同另有约定外，被许可人许可第三人行使同一权利，必须取得著作权人的许可。"可见，著作权人授权许可某人使用其作品的专有使用权在无明确规定的情况下，法律推定该被许可人有权排除甚至包括著作权人在内的任何人以被许可的方式对作品进行使用。

本案中唱金公司对其录制的《双错遗恨》《清风亭》等剧目的录音录像制品享有《著作权法》第 44 条规定的"许可他人复制、发行、出租、通过信息网络向公众传播并获得报酬"的权利，是其作为音像录制者享有的对音像制品的邻接权。此外，唱金公司对非其录制的《蝴蝶杯》《陈三两》《双错遗恨》《清风亭》和《血染双梅》剧目的音像制品，享有由各作品著作权人和河北省河北梆子剧院等表演者授权许可的出版、发行的专有使用权。就文联音像出版社出版、天宝文化公司发行的《蝴蝶杯》等 5 个剧目的音像制品而言，即使它们并不是唱金公司制作的录音制品的翻版，也不论它们与唱金公司发行的音像制品是否为相同版本，它们都落入了唱金公司从著作权人、表演单位处获取的出版、发行的专有使用权的范围。

本案判决具有重要的启示意义。若某录音录像制作者想对他人作品和表演活动进行录制并复制、发行时，除了要取得作品作者和表演者的复制、发行许可，还要注意作者和表演者是否早已将相关作品和表演的复制、发行独家许可给另一音像制作者。作品作者和表演者也应注意，在许可音像制作者使用作品、表演录制或发行音像制品时，许可使用的权利是专有使用权还是非专有使用权，对许可费用、被许可人的权限有着巨大影响。当然，作为录音录像制作者，除了获得著作权人和表演者的许可制作、出版、发行音像制品，而就本人录制的音像制品享有邻接权外，还可考虑尽量获取著作权和表演者的专有授权，将对作品和表演的音像制品的使用和独占扩大到非己方音像制品上。

2. 戏剧演出的表演者和表演者权。我国《著作权法》第 38 条规定："使用他人作品演出，表演者应当取得著作权人许可，并支付报酬。演出组织者组织演出，由该组织者取得著作权人许可，并支付报酬。"《著作权法实施条例》第

---

〔1〕 我国《著作权法》第 26 条规定："使用他人作品应当同著作权人订立许可使用合同，本法规定可以不经许可的除外。许可使用合同包括下列主要内容：（一）许可使用的权利种类；（二）许可使用的权利是专有使用权或者非专有使用权；（三）许可使用的地域范围、期间；（四）付酬标准和办法；（五）违约责任；（六）双方认为需要约定的其他内容。"（参见 2010 年《著作权法》第 24 条）。

5 条第 6 项规定："表演者，是指演员、演出单位或者其他表演文学、艺术作品的人。"可见，在《著作权法》意义上，表演者既可以是自然人，也可以是法人等演出单位。[1]那么，在演员和演出单位同时存在的情形下，如何确定著作权法意义上的表演者主体呢？本案中，最高人民法院认为"戏剧类作品演出的筹备、组织、排练等均由剧院或剧团等演出单位主持，演出所需投入亦由演出单位承担，演出体现的是演出单位的意志，故对于整台戏剧的演出，演出单位是《著作权法》意义上的表演者"，遵循的是与《著作权法》第 11 条认定"作者"相同的逻辑。第 11 条第 3 款规定"由法人或者非法人组织主持，代表法人或者非法人组织意志创作，并由法人或者非法人组织承担责任的作品，法人或者非法人组织视为作者"，显然，该条第 2 款"创作作品的自然人是作者"中的"创作作品"作者主体是以创作主持、代表意志、责任承担为判定标准的，这与本案最高人民法院对表演者主体的认定标准是一致的。

著作权分为著作人身权和著作财产权，其中著作人身权不可转让或继承，著作财产权则相反。因此，著作财产权人与作者可以为不同主体。同样，表演者权也分为人身权利和经济权利[2]，表演者权中的经济权利和表演者也可是不同主体。然而在《著作权法》中，正如作者分为自然人作者和法人等团体作者一样，表演者也分为自然人表演者和法人等团体表演者，并不因为作者和著作财产权人的分离、表演者和表演者经济权利的分离，使得作者只能是自然人或法人、表演者只能是演员或法人。本案中，文联音像出版社、天宝光碟公司及天宝文化公司出版、复制并发行的《蝴蝶杯》《陈三两》《双错遗恨》《清风亭》《血染双梅》各取得了主要演员的授权，但演员并非著作权法意义上的表演者，不符合《著作权法》第 42 条、第 43 条的规定。其中，《双错遗恨》《清风亭》剧本的著作权人尚某智虽然授予河北新艺影视制作中心、天宝文化公司对剧本的专有使用权，但时间是在 2004 年 6 月 1 日，而尚某智在 2002 年 7 月就许可百灵音像出版社使用《双错遗恨》《清风亭》剧本，并出版、发行音像制品。《血染双梅》取得了音乐整理人和主要演员的许可，同样并未取得表演者的许可。

本案对录音录像制作者的启示是，制作、复制、发行录音录像制品应当取

---

〔1〕　有学者认为只有自然人才能充当表演者。参见郑成思：《版权法》（上），中国人民大学出版社 2009 年版，第 67 页；王迁：《著作权法》，中国人民大学出版社 2015 年版，第 275 页。

〔2〕　我国《著作权法》第 39 条第 1 款规定："表演者对其表演享有下列权利：（一）表明表演者身份；（二）保护表演形象不受歪曲；（三）许可他人从现场直播和公开传送其现场表演，并获得报酬；（四）许可他人录音录像，并获得报酬；（五）许可他人复制、发行、出租录有其表演的录音录像制品，并获得报酬；（六）许可他人通过信息网络向公众传播其表演，并获得报酬。"

得著作权人、表演者的许可，但首先要确定谁才是《著作权法》意义上的表演者和作者，谁才是表演权人和著作权人。

3. 音像制品复制者能否以其与本人订立的委托复制合同中的本人负全部责任条款为由，免除自己对相关权利人的侵权责任。依据我国《音像制品管理条例》第 23 条，音像复制单位接受委托复制音像制品的，应当按照国家有关规定，验证委托的出版单位的《音像制品出版许可证》和营业执照副本及其盖章的音像制品复制委托书及著作权人的授权书。但是，本条并未提到复制单位应当验证表演者权利人的授权书。最高人民法院"据此，如果音像复制单位未能充分履行上述行政法规规定的验证义务，复制了侵犯他人合法权利的音像制品，应当与侵权音像制品的制作者、出版者等承担共同侵权责任"的推理，将"应当验证表演者权利人的授权书"扩张推理为"复制了侵犯他人合法权利的音像制品，应当……承担共同侵权责任"，这一推理是否符合"法不禁止即允许"的解释原则，值得商榷。

音像制品复制者承担侵权责任的原因，是其为录制者、出版者和发行者的侵权行为提供了帮助，其行为构成了共同侵权。根据《中华人民共和国侵权责任法》第 8 条、第 9 条第 1 款的规定，"二人以上共同实施侵权行为，造成他人损害的，应当承担连带责任""教唆、帮助他人实施侵权行为的，应当与行为人承担连带责任"。本案中，天宝光碟公司虽然验证了涉案剧目主要演员的授权，但并未继续查明涉案剧目演员是否为表演者或表演权人，并未履行应尽的注意义务。而且，如最高人民法院判决所言，天宝光碟公司与文联音像出版社签订的《录音录像制品复制委托书》虽有关于责任承担的约定，但该约定仅对双方当事人有效，不能以此对抗权利受侵犯的第三人。显然，债权性的合同约定受到债之相对性的约束，仅在合同当事人间有效，不得以此对抗合同外的其他人。涉案《录音录像制品复制委托书》第 4 条"出版单位对委托复制的音像制品内容、版权关系负全部法律责任"的约定，超出了合同当事人自由意志决定的范围，因他们并不能以约定的方式转移对第三方的侵权责任而规避义务。

最高人民法院关于此问题的判决的启示还在于，合同当事人在订立合同时不得约定其双方无权决定的事项。依据债之相对性的原理，对第三方责任的承担主体的变更仅在合同当事人之间有效，但对第三方而言，他以侵权人为对象请求救济的权利并不因合同的约定而改变。进一步而言，合同当事人对某一当事人对三方责任免除的规定，并不能在法律意义上真正地免除他的责任。

拓展案例

案例一：　北京金视光盘有限公司（以下简称金视公司）等侵犯表演者权纠纷再审案[1]

2001 年 5 月，江西音像出版社与北京海传光盘有限公司签订录音录像制品复制委托书，委托该公司使用其版号复制名称为"小夜曲"的 CD 光盘。2002年，江西音像出版社发现金视公司利用其版号复制其他盗版光盘，故向南昌市中级人民法院提起诉讼，后该院出具（2002）洪民二字第 61 号调解书。在该调解书中，金视公司承诺：保证在调解书生效后，不再实施未经江西音像出版社许可而使用该社的版号及名称进行音像制品的复制行为。凡因金视公司在调解书生效前的上述行为而引发的一切争议由金视公司负责。

2006 年孙楠的委托代理人王某在银座商城购得彩封标有"孙楠对视""sunnan：最新专辑"字样的被控侵权音像制品专辑 1 盒，内有光盘 1 张，在封套及盘片上均标有江西音像出版社出版发行，出版号为 ISRCCN – E21 – 01 – 302 – 00/A. J6，盘芯上的源识别码（SID）为 IFPI0207。该光盘收录了《对视》《一起写下的誓言》《美好生活》《伸出告别的手》《一生第一》《我的心不够肯定》《梦的眼睛》《让梦冬眠》《红旗飘飘》《天长地久》《为爱说抱歉》《爱的精彩》《生生世世》《是否爱过我》《爱你的心无法自拔》《我们都是伤心人》等 16 首歌曲。孙楠以该光盘第 1 – 7、9 – 16 首曲目均为其表演，金视公司、江西音像出版社擅自出版、复制、发行上述专辑，侵犯其表演者权为由诉至淄博市中级人民法院，请求判令银座商城停止销售涉案音像制品；金视公司、江西音像出版社停止侵权、销毁涉案音像制品、赔偿其经济损失 30 万元，并承担诉讼费用。

原一审淄博市中级人民法院认为金视公司侵犯了孙楠的表演者权及获得报酬的权利，应承担停止侵权、收回并销毁涉案光盘，并赔偿相应损失的责任。遂判决：①银座商城立即停止销售涉案光盘；②金视公司立即停止侵犯孙楠表演者权的相关行为，限 3 个月内收回并销毁涉案光盘；③金视公司于判决生效之日起 10 日内赔偿孙楠经济损失 30 万元；④驳回孙楠其他诉讼请求。案件受理费 5800 元，由金视公司负担。

金视公司不服该判决，提起上诉。原二审山东省高级人民法院认为，孙楠未能

---

〔1〕　参见中华人民共和国最高人民法院（2008）民申字第 804 号民事裁定书和最高人民法院（2008）民提字第 55 号民事裁定书。

提交涉案歌曲表演者权的原件、合法出版物等证据主张表演者权，其以涉案被控侵权专辑作为证据以证明其享有涉案歌曲的表演者权，不符合法律规定，没有法律依据。原审法院以涉案被控侵权专辑及金视公司提供的孙楠音像制品价格参考表作为证据，认定孙楠享有涉案歌曲的表演者权是错误的，应予纠正。孙楠主张金视公司侵犯其表演者权，没有事实和法律依据，不予支持。遂判决：①撤销一审判决；②驳回孙楠的诉讼请求。一审、二审案件受理费各5800元，由孙楠负担。

孙楠申请再审，认为原二审法院对其提出过度举证的要求，违反证据规则。请求撤销原二审判决，维持原一审判决。最高院认为再审申请人的申请符合相关规定，遂裁定：①本案由本院提审；②再审期间，中止原判决的执行。再审过程中，孙楠以其已与各方当事人达成了庭外和解协议为由，申请撤销对金视公司、银座商城、江西音像出版社的所有诉讼请求，并提交了撤诉申请书。最高院认为，孙楠在本案再审期间提出撤回再审申请的请求，是依法处分自己的权利，本院予以准许。遂裁定：准许孙楠撤回再审申请，本案终结再审程序。本裁定为终审裁定。

原一审淄博市中级人民法院认为：本案涉案光盘彩封及盘芯均标有"孙楠对视""sun nan：最新专辑"字样，并印有孙楠本人肖像。孙楠据此主张其系涉案光盘中1–7、9–16首曲目的表演者，金视公司、江西音像出版社虽提出异议，但未提供相反证据予以证明，且金视公司提供的孙楠音像制品价格参考表中也有孙楠表演的相关曲目。综上，足以证明孙楠确系涉案光盘中1–7、9–16首曲目的表演者。

金视公司称涉案光盘不是其生产的，但认可该光盘生产源识别码（SID）为其专用，从前述南昌市中级人民法院出具的调解书看，金视公司曾经违法使用江西音像出版社的版号生产过其他音像制品，因此，应认定涉案光盘系金视公司生产。在金视公司未提供涉案光盘的出版、发行者的情况下，应推定涉案光盘系由金视公司出版、发行。金视公司未举证证明该出版、复制、发行行为经过了孙楠的授权，故侵犯了孙楠的表演者权及获得报酬的权利，故应承担停止侵权、收回并销毁涉案光盘，并赔偿相应损失的责任。

案例二：北京搜狐新媒体信息技术有限公司（以下简称搜狐公司）与上海全土豆网络科技有限公司（以下简称全土豆公司）侵犯著作财产权纠纷上诉案[1]

影片《麦兜故事》的出品人和版权持有人 Bliss Distribution Limited 授权原告

---

〔1〕 参见上海市第一中级人民法院（2010）沪一中民五（知）终字第130号民事判决书。

行使涉案影片在中华人民共和国境内（不包括我国香港、澳门、台湾地区）的信息网络传播权独占许可权、广告经营权收益权、单独进行相应的法律维权行动的权利以及上述全部权利的转授权。被告在其主办的网站（网址为 www. tu-dou. com）提供该剧的在线播放服务。原告以被告行为侵害了原告享有的著作权，给原告造成了极大的经济损失为由起诉，请求判令被告停止侵权、赔偿原告的经济损失及合理支出人民币 12 万元。上海市浦东区人民法院一审认为，原告享有涉案影片在中国大陆地区包括独占信息网络传播权在内的相关权利，被告明知在其网站上有涉案影片视频片段仍向网络用户提供在线播放服务，该行为已构成帮助侵权，应承担相应停止侵权、赔偿损失的责任。遂判决：被告于本判决生效之日立即停止在其网站上提供电影《麦兜故事》及其任何片段的在线播放服务；被告于本判决生效之日起 7 日内赔偿原告经济损失人民币 3000 元以及侵权网页公证费人民币 1000 元、律师费人民币 3000 元、香港公证认证费用港币 10 710 元。一审判决后，搜狐公司、全土豆公司均不服，向上海市第一中级人民法院提起上诉。二审法院判决驳回上诉，维持原判。

二审法院审查认为：本案的争议焦点之一在于全土豆公司是涉案电影完整视频的信息存储空间服务提供者还是共同制作者。搜狐公司认为，全土豆公司在播放该影片过程中添加了土豆网的名称、网址与广告等内容，改变了原始视频的内容，应视为涉案侵权视频的共同制作者。本院认为，2001 年《著作权法》第 10 条规定的"信息网络传播权"是指，以有线或者无线方式向公众提供作品，使公众可以在其个人选定的时间和地点获得作品的权利。相应地，在本案中构成侵权的信息网络传播行为应当是指将作品上传至向公众开放的服务器，使公众能够在其选定的时间和地点登录服务器获得作品的行为。就本案而言，搜狐公司在土豆网上作公证保全的证据显示，涉案影片《麦兜故事》系由播客"wanme 夏日"上传，该网络用户实施了侵犯搜狐公司对涉案影片享有的信息网络传播权的网络传播行为。全土豆公司则通过其技术与设备为网络用户在网络上传播信息提供空间服务，其本身不直接传播网络信息，而是帮助网络用户提供的信息在网络上传播，全土豆公司客观上帮助了网络用户实施侵权行为，同样侵犯了搜狐公司的权利，应当承担停止侵权的责任。就双方当事人在二审期间争议的网址与广告等影片播放过程中显示的添加内容来看，其中土豆网的名称与网址系直接显示在影片播放过程中的水印，广告则出现在视频播放框外的两侧以及视频播放框右下角，上述添加未使涉案影片的播放及其内容受到任何影响，故该行为既不能视为全土豆公司对涉案侵权影片进行了编辑或改变，亦不会导致全土豆公司作为信息存储空间服务商的类型随之发生变化。因此，搜狐公司认为全土豆公司的地位等同于在线播放视频网站的理由缺乏事实依据，本院不予采纳。

本案争议焦点之二在于全土豆公司为涉案电影完整视频提供信息存储空间的行为是否应当承担赔偿责任。《信息网络传播权保护条例》第 22 条规定的网络存储空间服务提供商免责的条件之一，是其不知道也没有合理的理由应当知道服务对象提供的信息侵权。这样规定的目的，就是要求网络服务提供者提供的服务必须出于善意，主观上没有过错。判断行为人有无过错，通常要看行为人对其行为的不良后果是否能够和应当预见。本案中，全土豆公司作为提供信息存储空间的网络服务商，其经营的土豆网是视频分享网站，专门为网络用户通过信息网络向公众提供影视作品及原创视频等内容提供存储空间。在案证据亦表明注册用户可自行选择将其视频等文件上传至土豆网预先设置的各分类频道中，以供其他用户免费点播观看。因此，全土豆公司知道土豆网上存在大量影视作品，而且存在同一影视作品由不同网络用户上传的情形。众所周知，电影作品与一般文字、图形等作品不同，其制作需耗费大量的人力、物力和财力，电影作品的著作权人通常情况下不会将电影作品无偿提供给广大网络用户。全土豆公司作为一名理性的、专业的视频分享网站经营者，理应知晓权利人不可能不计回报地将其电影作品免费提供给网络用户分享，而网络用户所上传的可以提供免费观看的电影存在很大的侵权风险。基于此，全土豆公司应当对土豆网上存在的影视作品的著作权侵权风险承担与其行为相适应的注意义务。但是，全土豆公司不仅未采取有效措施来防止侵权结果的发生，而且还设立了不同的频道，尤其是单设了"影视"频道，一方面方便网络用户根据作品的不同类别进行上传，另一方面也便于其他网络用户通过频道分类进行浏览与在线观看，因此全土豆公司对其网站频道分类的设置实际上更便于侵权影视作品的网络传播。本院认为，全土豆公司未能尽到其应负的注意义务导致涉案电影被非法传播，对此全土豆公司具有主观过错，应当承担侵权赔偿责任。搜狐公司提供的公证书显示涉案影片通过土豆网首页的"视频"搜索框搜索而得，但这只是表明当前证据无法体现该影片存储于网站所设的哪一项分类频道中。事实上该作品上传时已被分类，通过其他途径亦可找到该作品，况且通过首页搜索框搜索作品是较常用的方式之一，故上述理由不能成为全土豆公司免责的主要依据。涉案侵权作品在土豆网上显示的时长为 1 时 14 分 19 秒，系一部完整的影视作品。同时，影片播放的过程中显示了"土豆网"的标识、网址与广告，尽管上述添加行为不属于《信息网络传播权保护条例》第 22 条第 2 项、第 4 项规定的编辑与直接获利行为，但被上诉人全土豆公司无疑通过上述添加内容可以间接受益，由此也可判断全土豆公司对涉案侵权作品在其网上传播的主观过错更为明显，故本院对一审认为"全土豆公司未参与他人实施侵犯搜狐公司对涉案影片享有的信息网络传播权的行为或提供帮助，全土豆公司主观上不存在过错而不应承担侵权责任"的观点不予认同。

本案争议焦点之三在于全土豆公司在一审审理期间提供涉案电影片段视频的网络存储空间的行为是否构成侵权并承担赔偿责任。首先，在案证据表明搜狐公司起诉后通过搜索"麦兜的故事"，搜索结果有相关视频253个。经随机点看数个，均是时长在几十秒至几分钟之间的涉案电影片段。这些电影片段相对于时长74分钟的涉案电影，是很小的部分，并不能反映整部电影的内容，因此即使点看这些片段在不知道整部电影内容的情况下是无法判断其是否属于涉案电影的内容以及这些片段的著作权情况，现有法律亦未对信息网络存储空间服务提供者课以严格的审查义务来保护电影片段的信息网络传播权。此外，网络用户上传几分钟的原创视频进行网络传播亦存在较大可能性，因此，本院认为，依据搜狐公司的起诉行为不足以认定全土豆公司知道或者应当知道在土豆网上存在的数分钟同名视频是侵权作品。其次，电影作品的免费传播将导致权利人的收益大大减少，而数分钟的电影片段的传播并不一定会导致权利人遭受经济损失，反而有可能会使权利人的收益有所增加。因此，本院认为，涉案电影片段存在于土豆网虽侵犯了搜狐公司享有的信息网络传播权，但是一审法院关于全土豆公司明知在其网站上有涉案影片视频片段仍向网络用户提供在线播放服务，具有主观过错的认定本院不予赞同。

综上所述，二审法院认为，全土豆公司在土豆网上传播涉案电影的完整视频的行为构成帮助侵权，且存在主观过错，应承担停止侵权、赔偿损失的侵权责任；其在土豆网上传播涉案电影片段视频的行为则同样侵犯搜狐公司的信息网络传播权，但不具有主观过错，应免除赔偿责任。搜狐公司未举证证明其因被侵权所遭受的实际损失或者全土豆公司因侵权所获得的利益，本院基于下列各项因素酌情确定全土豆公司应承担的赔偿数额为3000元：①涉案影片于2001年12月在我国香港地区首映，未在大陆公映过，并非属于近期在大陆地区热播的影片；②搜狐公司于2009年9月3日取得涉案影片的信息网络传播权，涉案影片于2009年8月23日上传至土豆网，较影片首映时间相距8年；③公证时涉案影片在土豆网上的点击播放次数3558次以及广告插播的情况；④全土豆公司实施的侵权行为的性质及其主观过错程度等。至于搜狐公司诉请的公证费、认证费与律师费等合理费用部分，一审法院的判定并无不当，应予维持。因此，本院虽然与一审法院对于全土豆公司就不同的侵权行为的损害赔偿责任认定上存在不同认识，但是对于一审法院的判决结果认为无不当之处，两上诉人的上诉理由不能成立，应予驳回。原审判决应予维持。

[问题与思考]

1. 如何依法确认邻接权人的权利范围？

2. 如何正确处理邻接权人与作品著作权人之间的利益冲突？

3. 处理邻接权纠纷应当把握哪些原则？

[重点提示]

作品传播者是作品使用和作品传播的桥梁，并在作品价值实现过程中发挥重要作用。本章拓展案例涉及表演者合法权利的保护问题，同时也涉及网络服务提供者如何正当、合法传播他人作品的问题。帮助侵权作为间接侵权的一种表现方式，其构成要件不同于直接侵权，必须考察帮助者主观上的故意或者过失状态。

第七章

著作权限制

知识概要

　　各国著作权立法在承认和保护作者对其作品享有权利的同时，为平衡作者个人和作品使用者、社会公众之间的利益，普遍对作者著作权作了一些限制性的规定。从多数国家的规定来看，对作者专有权利的限制，主要是对作者财产权利的限制。本章从法学理念理解著作权限制的缘由，掌握著作权限制的方式。本章重点学习和了解合理使用、法定许可制度的基本内容；难点是对合理使用范围和判断标准的理解；疑点在于如何通过著作权法律制度协调、平衡作品著作权人、作品传播者与作品使用者之间的利益。

经典案例

广东大圣文化传播有限公司（以下简称大圣公司）与王某成等侵犯著作权纠纷再审案[1]

［基本案情］

　　《亚克西》是王洛宾 1957 年根据吐鲁番民歌改编并作词的音乐作品。王洛宾去世后，其子王某成等将该音乐作品的公开表演权、广播权和录制发行权授权中国音乐著作权协会（以下简称音著协）管理。2004 年罗某（艺名刀郎）与大圣公司签订合同，大圣公司享有将罗某制作并享有版权的《喀什噶尔胡杨》歌唱类音乐专辑节目制作录音制品（CD）出版、发行的权利。之后，大圣公司与广州音像出版社签订合同，约定由该社制作、出版、发行上述专辑录音制品。大圣公司与重庆三峡光盘发展有限责任公司（以下简称三峡公司）签订委托复

---

〔1〕　参见最高人民法院（2008）民提字第 57 号民事判决书。

制加工合同，约定复制该录音制品 20 万张。2004 年 12 月 8 日，广州音像出版社委托三峡公司复制 90 万张该录音制品。随后，广州音像出版社向音著协申请使用音乐作品《冰山上的雪莲》《打起手鼓唱起歌》《亚克西》制作、发行 20 万张《喀什噶尔胡杨》专辑录音制品，批发价为每首歌 6.5 元，并向音著协支付上述 3 首音乐作品的使用费 21 900 元，音著协出具了收费证明。王某成等以被告未经许可复制、发行涉案光盘侵犯了其复制权、发行权为由起诉，请求判令被告停止侵害、赔偿损失并赔礼道歉。江西省九江市中级人民法院一审认为，《亚克西》在涉案录音制品复制、发行前早已公开发表并已制作为录音制品，根据我国 2001 年《著作权法》第 39 条第 3 款的规定，广州音像出版社、大圣公司使用涉案音乐作品制作录音制品属于法定许可，可以不经其许可，但应当支付报酬。王某成等将涉案音乐作品已交由音著协以信托的方式管理，音著协有权许可他人使用。广州音像出版社、大圣公司、三峡公司属于法定许可使用。广州音像出版社按 20 万张专辑向著作权人支付了报酬，对超出的 70 万张专辑未按规定支付报酬，侵犯了王某成等的获酬权。根据国家版权局 1993 年 8 月制定的《录音法定许可付酬标准暂行规定》，确定赔偿数额为录音制品批发价 6.5 元×3.5%×70 万张的两倍，共计 318 500 元。三峡公司不构成对涉案音乐作品著作权的侵犯。大圣公司、广州音像出版社不服一审判决，提起上诉。江西省高级人民法院二审认为，根据我国 2001 年《著作权法》第 41 条第 2 款的规定，复制、出版、发行录音制品，除应取得表演者的许可并支付报酬外，还应取得音乐作品著作权人的许可，并支付报酬。音著协的许可和收费系针对使用音乐作品制作录音制品而行使的权利，并不是行使著作权人对复制、发行录音制品所享有的许可权和获得报酬权。一审法院按整张制品所含作品的报酬总额的两倍确定其中一首作品的赔偿数额缺乏合理性。遂判决撤销一审判决，判令大圣公司、广州音像出版社共同赔偿王某成等 15 万元。大圣公司不服二审判决，向最高人民法院申请再审。

大圣公司申请再审称：王某成等已将著作财产权委托音著协信托管理，其作为音著协的会员已无权行使已信托的著作财产权，也无权提起侵权之诉。最高人民法院民事审判庭的复函，不具有法律效力，不能直接援引作为审判依据。本案属法定许可，不是侵权。复制委托加工书载明涉案录音制品的数量是 90 万张，大圣公司首批复制、发行的 20 万张已委托广州音像出版社向音著协支付《亚克西》法定许可使用费，双方的著作权法定许可使用合同已实际履行完毕，超过部分按规定支付使用费，即应当按照《录音法定许可付酬标准暂行规定》的标准支付报酬，王洛宾只是音乐作品《亚克西》的词作者，不享有曲作者权，不应获得全额分配。原审法院在使用报酬可以计算的情况下，行使自由裁量权属适用法律错误。

王某成等答辩称：大圣公司、广州音像出版社没有按照我国《著作权法实施条例》的规定，在2个月的法定期限内支付报酬，应当按照应付报酬的5倍向著作权人支付报酬。涉案录音制品《亚克西》的制作者是罗某，大圣公司不是录音制品《亚克西》的录音制作者，其复制、发行录音制品《亚克西》应当适用我国2001年《著作权法》第41条第2款的规定，取得录音制作者、表演者和著作权人的许可。

[法律问题]

1. 侵犯音乐作品著作权与制作录音制品的法定许可的区别是什么？

2. 制作录音制品的法定许可的报酬如何计算？

3. 著作权人与著作权集体管理组织订立集体管理合同后，著作权人如何行使权利？

[参考结论与法理精析]

（一）法院意见

1. 大圣公司、广州音像出版社、三峡公司、联盛商业连锁股份有限公司（以下简称联盛公司）（一审被告）及南昌百货大楼股份有限公司（以下简称南昌百货大楼）各自对其制作、复制、出版及销售《喀什噶尔胡杨》专辑录音制品的行为，是否侵犯王某成等享有的著作权？关于这一问题最高人民法院再审认为，根据我国2001年《著作权法》第41条之规定，[1]录音录像制品制作者对其制作的录音录像制品，享有许可他人复制、发行、出租、通过信息网络向公众传播并获得报酬的权利。但录音录像制品的制作者使用他人作品制作录音录像制品，或者许可他人通过复制、发行、信息网络传播的方式使用该录音录像制品，均应依法取得著作权人及表演者许可，并支付报酬。但是，我国2001年《著作权法》第39条第3款设定了限制音乐作品著作权人权利的法定许可制度，[2]即"录音制作者使用他人已经合法录制为录音制品的音乐作品制作录音制品，可以不经著作权人许可，但应当按照规定支付报酬；著作权人声明不许使用的不得使用"。该规定虽然只是规定使用他人已合法录制为录音制品的音乐作品制作录音制品可以不经著作权人许可，但该规定的立法本意是为了便于和促进音乐作品的传播，对使用此类音乐作品制作的录音制品进行复制、发行，同样应适用我国2001年《著作权法》第39条第3款法定许可的规定，而不应适用第41条第2款的规定。经著作权人许可制作的关于音乐作品的录音制品一

---

〔1〕 参见我国2020年《著作权法》第44条。

〔2〕 参见我国2020年《著作权法》第42条第2款。

经公开，其他人再使用该音乐作品另行制作录音制品并复制、发行，不需要经过音乐作品的著作权人许可，但应依法向著作权人支付报酬。

本案大圣公司、广州音像出版社、三峡公司复制、发行的《喀什噶尔胡杨》专辑系录音制品，根据该录音制品外包装上的版权管理信息，可以认定该制品的制作人为大圣公司与罗某，并由广州音像出版社出版，由大圣公司在国内独家发行。广州音像出版社的出版行为属于著作权法意义上的复制行为。王某成等否认大圣公司录音制作者身份，但未提供证据予以证明，故其主张没有事实依据。鉴于《喀什噶尔胡杨》专辑录音制品中使用的音乐作品《亚克西》，已经在该专辑发行前被他人多次制作成录音制品并广泛传播，且著作权人没有声明不许使用，故大圣公司、广州音像出版社、三峡公司使用该音乐作品制作并复制、发行《喀什噶尔胡杨》专辑录音制品，符合我国2001年《著作权法》第39条第3款法定许可的规定，不构成侵权。王某成等认为法定许可只限于录音制作者制作录音制品，复制、发行录音制品应当取得著作权人许可不符合立法本意，本院不予支持。原一审法院对此适用法律正确，原二审法院根据2001年《著作权法》第41条第2款，认定大圣公司、广州音像出版社、三峡公司没有取得著作权人王某成等许可，复制、发行涉案音乐作品《亚克西》构成侵权，属于适用法律不当，应予纠正。

2. 关于付酬问题。我国2001年《著作权法》第27条规定："使用作品的付酬标准可以由当事人约定，也可以按照国务院著作权行政管理部门会同有关部门制定的付酬标准支付报酬。当事人约定不明确的，按照国务院著作权行政管理部门会同有关部门制定的付酬标准支付报酬。"[1]鉴于1993年8月国家版权局发布的《录音法定许可付酬标准暂行规定》目前仍为各有关单位及著作权集体管理组织参照执行的依据，故审理此类案件，在当事人没有约定的情况下，可以按照该规定确定付酬标准。大圣公司、广州音像出版社、三峡公司不构成侵犯涉案音乐作品著作权人王某成等的复制权、发行权，但应依法向其支付报酬。本案因涉及多个音乐作品使用人，以谁的名义向著作权人支付报酬应遵从当事人之间的约定或行业惯例。因法律没有规定支付报酬必须在使用作品之前，因而作品使用人在不损害著作权人获得报酬的前提下，"先使用后付款"不违反法律规定。对于应付报酬数额，取决于复制、发行的数量，在当事人之间对复制、发行数量有争议的情况下，原二审法院根据出版行业惯例，以一份复制委托书项下的复制数量可分一次或多次履行，认定不排除大圣公司、广州音像出版社、三峡公司在20万张以外没再复制、发行的理由适当。

---

[1] 参见我国2020年《著作权法》第30条。

根据原审法院查明的事实，本院确认《喀什噶尔胡杨》专辑录音制品复制、发行的数量为 90 万张，大圣公司、广州音像出版社、三峡公司应据此依法向王某成等支付报酬。大圣公司主张《亚克西》是王洛宾根据民歌改编并作词的音乐作品，王洛宾只是音乐作品《亚克西》的词作者，不享有曲作者权，不应获得该曲目全额分配。本院认为，民歌一般具有世代相传、没有特定作者的特点，根据民歌改编的音乐作品的著作权人，依法对改编的音乐作品享有著作权，使用他人根据民歌改编的音乐作品制作录音制品并复制、发行的，可以向改编者支付全额报酬。报酬的具体计算方式可分两部分：第一部分，广州音像出版社已向音著协支付的 20 万张音乐作品使用费 21 900 元，涉及 3 首曲目，其中包括王洛宾创作的音乐作品《亚克西》，王某成等作为继承人可依法向音著协主张权利；第二部分，未支付报酬的 70 万张音乐作品使用费，可以按照《录音法定许可付酬标准暂行规定》计算，即批发价 6.5 元 × 版税率 3.5% × 录音制品发行数量 70 万张 ÷ 11 首曲目，由此计算出大圣公司、广州音像出版社、三峡公司应向王某成等支付的报酬为 14 477 元。原一审、二审法院按照法定赔偿确定赔偿数额做法不当，应予纠正。在不能确定大圣公司、广州音像出版社、三峡公司复制、发行涉案录音制品 90 万张，系一次性完成的情况下，王某成等主张大圣公司等延迟付款，应当按照应付报酬的 5 倍向其支付报酬的主张，没有法律依据，本院不予支持。

3. 关于王某成等是否具有诉讼主体资格问题。我国《著作权集体管理条例》第 20 条规定："权利人与著作权集体管理组织订立著作权集体管理合同后，不得在合同约定期限内自己行使或者许可他人行使合同约定的由著作权集体管理组织行使的权利。"根据该规定，音乐作品的著作权人将著作权中的财产权利授予音著协管理之后，其诉讼主体资格是否受到限制，取决于其与音著协订立的著作权集体管理合同是否对诉权的行使作出明确的约定。因本案王某成等在其与音著协的合同中未对诉权问题作出约定，故其行使诉权不应受到限制。原审法院认定王某成等具有诉讼主体资格并无不当。大圣公司提出的王某成等不符合诉讼主体资格的答辩，本院不予支持。

最高人民法院经审理认为，原审判决认定事实基本清楚，但适用法律不当，应予纠正。大圣公司申请再审理由部分成立，本院予以支持。最高院根据以上理由判决如下：撤销江西省高级人民法院（2005）赣民三终字第 28 号民事判决，及江西省九江市中级人民法院（2005）九中民三初字第 3 号民事判决；大圣公司、广州音像出版社、三峡公司向王某成等支付音乐作品使用费 14 477 元，可从大圣公司已按原生效判决履行的款项中扣除；驳回王某成等其他诉讼请求。

（二）本案涉及的法律问题及其影响

1. 侵犯音乐作品著作权与制作录音制品的法定许可的区别。录音制品的制作和传播，涉及音乐作品著作权人、录音制品制作人、发行人和其他传播主体。对作品的价值在各主体间进行合理的分配，是录音制品市场全面、有序发展的重要前提。制作录音制品的法定许可，最初是为了防止出现唱片公司对音乐的垄断，以形成唱片公司间的合理竞争，使唱片的发行传播维持在较合理的水平。当时大唱片公司往往要求词曲作者与之签订独家许可协议，以成为唯一有权使用其音乐制作录音制品的唱片公司。当时的技术条件下，唱片很难像书籍、报刊那样被复制，同时唱片出租市场也尚未形成，购买唱片是公众得以欣赏音乐作品的主要渠道。因此获得独家授权的大唱片公司有可能借助市场垄断地位提高唱片价格，获得不合理的高额利润。[1] 美国等国规定，只要音乐作品已经被合法制作为录音制品，其他唱片公司就可以不经音乐著作权人的许可，将其音乐作品录制在唱片上销售，但需要支付法定报酬。

　　我国录音制作者"使用他人已经合法录制为录音制品的音乐作品制作录音制品"的法定许可规定中，所使用的"音乐作品"，尽管有学者认为其是指附带或不附带歌词的声音之组合，它以乐谱形式或者无乐谱的形式表达，在某些情况下可能部分地与文字作品、戏剧或舞蹈作品重叠。[2] 但根据我国《著作权法实施条例》第 4 条第 3 项之规定，是指"歌曲、交响乐等能够演唱或者演奏的带词或者不带词的作品"。那么，制作录音制品的法定许可只适用于已经被合法录制为录音制品的音乐作品，该法定许可也只是针对音乐著作权人"机械复制权"的许可，并不包括对表演者和录音制品制作者享有的"复制权"和"发行权"的许可。表演者的"复制权"和"发行权"，根据我国《著作权法》第 39 条第 1 款第 5 项之规定，是指表演者"许可他人复制、发行、出租录有其表演的录音录像制品，并获得报酬"的权利。由于歌唱家的现场表演很容易被人混同于"音乐作品"，对音乐作品的使用（复制和发行）也很容易被混同于对录有表演者表演的录音录像制品的复制和发行。而录音制品制作者的"复制权"和"发行权"，是指将原有制品中所包含的声音和画面固定在另一个载体上，以及以出售或赠与方式向公众提供录音制品的行为。这也不同于对"音乐作品"的使用。如果直接翻录他人制作的录音制品，或在翻录的基础上以技术手段进行加工和编辑，制成新的制品出版，将同时构成对表演者和前一录音制品制作者"复制权"和"发行权"的侵权。因此，制作录音制品的法定许可实际上只允许使用词曲本身。根据法定许可制作录音制品者，必须自己聘用乐队、与表演者签约，并将表演者的演唱录制下来制成录音制品。

---

〔1〕 参见王迁：《著作权法》，中国人民大学出版社 2015 年版，第 337 页。
〔2〕 参见郑成思：《版权法》，中国人民大学出版社 2009 年版，第 105～106 页。

从我国《著作权法》的用语来看，"录音制作者使用他人已经合法录制为录音制品的音乐作品制作录音制品"似乎只是允许"制作"录音制品，而不允许在未经著作权人许可的情况下，发行由此制作完成的录音制品。但是，若不允许录音制品的"发行"，则录音制品的"制作"无法使录音制作者获得相应的经济利益，"制作"对录音制作者即无意义。而音乐著作权人或前一音乐录音制作者可通过拒绝许可"发行"根据法定许可制作的录音制品，达到垄断市场的目的，这与促进音乐作品的传播，实现作品价值在各方间合理分配的精神不符。

本案中，王某成等主张被告未经许可复制、发行的涉案光盘构成了对其复制权、发行权的侵犯，并以法定许可只限于录音制作者制作录音制品，复制、发行录音制品应当取得著作权人许可作为原因。但经上述分析可知，将音乐作品著作权人或前一录音制作者已经合法录制为录音制品的音乐作品进行使用，既不是对音乐表演者演唱的录音制品的复制、发行，也不是对前一录音制作者的原录音制品的翻录、加工和编辑、制成新的作品出版发行，而是对已有录音制品中的音乐作品进行使用而制作成新的录音制品，将新录音制品出版发行。因此，除了音乐著作权人的许可之外，使用他人已经合法录制为录音制品的音乐作品制作录音制品并发行销售，并不需要表演者或前一录音制作者的许可。而在法定许可的情形，不仅使用他人已经合法录制为录音制品的音乐作品制作录音制品不需要音乐著作权人的许可，对新制作的录音制品进行出版、发行、销售，也不需要经过音乐著作权人的许可。不如此做，新制作的录音制品就无法实现其经济价值，法定许可突破大唱片公司的垄断、促进音乐作品的传播、平衡各方对音乐作品价值分配的利益等目标也就无法实现，制作录音制品的法定许可的制度设立目的即落空，这无疑不利于著作权人、传播者之间的著作权与邻接权的均衡，也没有兼顾著作权人的排他性权利和公众对知识获取的需求。

最高人民法院认定使用他人已经合法录制为录音制品的音乐作品制作的录音制品进行复制、发行同样属于制作录音制品的法定许可，是考虑到此类法定许可的立法本意是为了便于和促进音乐作品的传播。其对我国唱片业的影响，在以后的案件中会逐渐显现。

2. 制作录音制品的法定许可的报酬支付。根据一审、二审法院查明的事实，《喀什噶尔胡杨》专辑录音制品复制、发行的数量为 90 万张，广州音像出版社已向音著协支付 20 万张音乐作品使用费。本案的关键在于，90 万张光盘的报酬计算中，已向音著协支付的 20 万张光盘的报酬，是否可以排除音乐著作权人对其制作、发行、销售的请求？而剩下的 70 万张录音制品的报酬支付标准如何计算？

我国《著作权集体管理条例》第 20 条规定："权利人与著作权集体管理组

织订立著作权集体管理合同后，不得在合同约定期限内自己行使或者许可他人行使合同约定的由著作权集体管理组织行使的权利。"而集体管理组织通过著作权人的授权，可以集中行使权利人的有关权利并以自己的名义与使用者订立著作权或者与著作权有关的权利许可使用合同、向使用者收取使用费。可见，在权利人通过与著作权集体管理组织订立合同授予后者一定的著作财产权利后，权利人不得在合同有效期内自己行使或许可他人行使相应权利。本案中，王某成等于 1996 年 3 月 1 日与音著协签订了音乐著作权合同，将《亚克西》作品的公开表演权、广播权和录制发行权授权音著协管理，而"使用他人已经合法录制为录音制品的音乐作品制作录音制品"的法定许可属于使用音乐作品、"录制发行"音乐作品的许可，包含在音乐著作权人的授权范围之内。因此，音乐著作权协会收取了广州音像出版社的使用费后，王某成等音乐作品著作权人不得再就 20 万张光盘的使用音乐作品再行收费。

依据我国《著作权法》第 42 条第 2 款及《著作权法》第 43 条之规定，录音制作者使用他人已经合法录制为录音制品的音乐作品制作录音制品，可以不经著作权人许可，但应当按照规定支付报酬，而使用作品的付酬标准，由国家著作权主管部门会同有关部门制定、公布，据我国《录音法定许可付酬标准暂行规定》第 3 条之规定，录制发行录音制品付酬标准为："不含文字的纯音乐作品版税率为 3.5%；歌曲、歌剧作品版税率为 3.5%，其中音乐部分占版税所得 60%，文字部分占版税所得 40%"。本案中，不能排除在这 20 万张以外没再复制生产另外的 70 万张光盘，而光盘中仅有《亚克西》一首歌曲系王洛宾根据吐鲁番民歌改编并作词的音乐作品，因此，应以批发价 6.5 元 × 版税率 3.5% × 录音制品发行数量 70 万张 ÷ 11 首曲目计算大圣公司等应当支付的报酬。

在具体计算中，大圣公司主张《亚克西》是王洛宾根据民歌改编并作词的音乐作品，王洛宾只是音乐作品《亚克西》的词作者，不享有曲作者权，不应获得该曲目全额分配。而高院认为，民歌一般具有世代相传、没有特定作者的特点，根据民歌改编的音乐作品的著作权人，依法对改编的音乐作品享有著作权，使用他人根据民歌改编的音乐作品制作录音制品并复制、发行的，可以向改编者支付全额报酬。此种解释固然能够激励采风者对民歌的搜集和保存的积极性，但对当地民俗和文化的影响尚未可知。在没有专门的社会机构对民俗文化或歌曲进行搜集、保存并反馈时，给予民歌改编者等同于原创者的报酬请求权，不失为鼓励积极搜集民歌、保存地方传统文化的权宜之计。

3. 著作权人与著作权集体管理组织订立集体管理合同后，著作权人如何行使权利？著作权集体管理组织经权利人授权，集中行使权利人的有关权利并以自己的名义进行的下列活动：与使用者订立著作权或者与著作权有关的权利许可使用合同（以下简称许可使用合同）；向使用者收取使用费；向权利人转付使用费；进行涉及著作权或者与著作权有关的权利的诉讼、仲裁等。我国《著作权法集体管理条例》第19条第1款规定，"权利人可以与著作权集体管理组织以书面形式订立著作权集体管理合同，授权该组织对其依法享有的著作权或者与著作权有关的权利进行管理"。而著作权集体管理组织被授权后，可以以自己的名义为著作权人和与著作权有关的权利人主张权利，并可以作为当事人进行涉及著作权或者与著作权有关的权利的诉讼、仲裁活动，并不意味着著作权人在相关权利受到侵害时，寻求救济的诉讼等权限被排除。权利人与著作权集体管理组织订立著作权集体管理合同后，不得在合同约定期限内自己行使或者许可他人行使合同约定的由著作权集体管理组织行使的权利。可见，在约定授权的范围内，著作权人不得行使相关权利。但就未约定授予的权利而言，仍由著作权人自身保留，由本人行使或授权他人行使。因此，仅在授权合同明确约定由著作权集体管理组织行使相应的权利和诉讼权限时，才能排除著作权人的有关权限。

本案中，王某成等于1996年3月1日与音著协签订了音乐著作权合同，将《亚克西》作品的公开表演权、广播权和录制发行权授权音著协管理。依据《著作权集体管理条例》第20条，在约定的期限内，王某成等不得就《亚克西》的公开表演权、广播权和录制发行权自己行使或许可他人行使。而对于《亚克西》作品的版权受到侵害时寻求救济的权限，并未作出明确的规定，故不能推导出王某成等著作权人在作品的录制发行权受到侵害后亦无提起诉讼寻求救济的权限，因为合同并未明确授予音著协相应的权限。

著作权人与集体管理组织的关系，既非本人与代理人的关系，亦非行纪合同关系，也并非普通的信托关系。换言之，需要根据著作权人与集体管理组织的合同约定，对集体管理组织的性质进行界定。

拓展案例

案例一： 长春出版传媒集团有限责任公司与吉林大学出版社有限责任公司侵害著作权纠纷上诉案[1]

长春出版传媒集团有限责任公司（以下简称长春出版集团）出版发行了涉案教材《义务教育课程标准试验教科书·语文（五年级上册）》。根据与义务教育课程标准语文教材编写组、吉林省教育学院共同签订的《义务教育课程标准试验教

---

〔1〕 参见吉林省高级人民法院（2015）吉民三知终字第68号民事判决书。

科书·语文修订合作协议》，以及与《义务教育课程标准试验教科书·语文》编委会签订的《关于〈义务教育课程标准试验教科书·语文〉编写及修订相关事项协议书》，长春出版集团对该教材拥有原版、修订版及教辅图书的专有出版权和著作权，并负责对侵犯教材或教辅图书著作权的行为采取诉讼等方式维权。

吉林大学出版社编写并出版发行了《名师解教材（五年级语文上）》，该教材交由长春联合图书城有限公司（以下简称联合书城）进行销售，后吉林大学出版社更名为吉林大学出版社有限责任公司（以下简称吉大出版社）。经比对，《名师解教材（五年级语文上）》封面标注有"全方位解读最新教材""改进版""长春专用"等字样；内容分为 11 个主题与涉案教材的 11 个主题完全对应；主题项下所设单元与涉案教材所设单元基本对应，仅在个别主题项下增设"表达""综合学习活动"等单元，增设单元的主要内容与涉案教材对应主题内的"表达""综合学习活动"栏目内容基本相同；除上述增设的单元外，每个单元项下均设置"晨读十分钟""信息驿站""积累笔记""圈点原文""习题点拨"等栏目，其中"圈点原文""习题点拨"栏目的主要内容分别与涉案教材对应单元所收录的作品及后附练习题目基本相同。

长春出版集团认为，吉大出版社的《名师解教材（五年级语文上）》抄袭了其教科书和教师用书中大量课文、习题及答案等内容，在图书结构和内容两方面均侵犯了其著作权；联合书城作为专业图书销售单位，在图书购销环节未能尽到审查注意义务，经销侵权图书，也构成对其著作权的侵犯。为此，长春出版集团诉至长春市中级人民法院，请求判令：吉大出版社立即停止编辑、出版、发行涉案侵权图书《名师解教材（五年级语文上）》并赔偿原告经济损失和维权支出费用人民币 15 万元；联合书城立即停止销售涉案侵权图书。

吉大出版社辩称：①涉案教材为"公共产品"，其编写相应教辅图书必然要参照涉案教材，因此属于合理使用；②长春出版集团对涉案教材中收录的课文及插画等独立作品无权主张权利；③课后习题不构成作品，没有独创性，且被控侵权图书中对习题进行了解答，更具独创性，而字词短语属于公共领域范畴，不应当认定为侵权；④长春出版集团要求停止侵害属于权利滥用，将构成教辅图书市场的垄断；⑤被控侵权图书与涉案教材没有市场竞争关系，长春出版集团要求赔偿经济损失没有事实依据。

一审法院经审理认为，涉案教材属于汇编作品，长春出版集团主体适格。以教学为目的，选择性收录了若干作品并且分别编排入相应主题项下，并根据收录作品的特点以及教学目的的需要设置具有独创性的练习题目等，内容的选择和编排均体现出独创性，因此涉案教材属于汇编作品，著作权由汇编人享有。长春出版集团通过《义务教育课程标准试验教科书·语文修订合作协议》《关于

〈义务教育课程标准试验教科书·语文〉编写及修订相关事项协议书》委托编委会创作涉案作品，约定著作权归其所有，并由其负责对侵犯教材或教辅图书著作权的行为采取诉讼等方式维权。因此，根据 2010 年《著作权法》第 17 条的规定，长春出版集团系涉案教材的著作权人，有权就侵害涉案教材著作权的行为提起诉讼，主体适格。其次，长春出版集团作为著作权人对涉案教材享有署名权、改编权。吉大出版社编写并出版发行的被控侵权图书中收录的作品、对收录作品的编排以及"表达""综合学习活动"单元、"习题点拨"栏目中的主要内容均与涉案教材相同却未标明作者身份，并在涉案教材内容基础上增加"晨读十分钟""信息驿站""积累笔记"等栏目，此行为系未经著作权人同意而进行的改编行为。吉大出版社上述行为构成对长春出版集团就涉案作品的署名权、改编权的侵害，应当承担停止侵害、赔偿损失的民事责任。此外，长春出版集团认为吉大出版社侵害了其对涉案教材的保护作品完整权、复制权、汇编权以及与此相关的取得报酬的权利，对其上述主张一审法院不予支持。关于赔偿数额的确定问题。本案中长春出版集团的实际损失以及吉大出版社的违法所得均不能确定，根据作品类型、侵权行为形式、后果、维权费用等综合确定赔偿数额为人民币 2.5 万元（包括为制止侵权行为所支付的合理开支）。

　　吉大出版社的抗辩理由均不成立。其一，"公共产品"并非《著作权法》意义上的概念，涉案教材尽管是按照教育部颁行的相关课程标准编写，并且作为义务教育课程标准教科书具有特殊性，但其内容的选择和编排均体现出独创性，不能否认涉案教材整体作为汇编作品的属性，长春出版集团享有该汇编作品的著作权，他人不得未经其许可无偿行使。吉大出版社未经许可编写、出版、发行与涉案教材相应的教辅图书的行为不属于 2010 年《著作权法》第 22 条规定的合理使用作品的 12 种情形中的任何一种，不属于法定合理使用。其二，本案长春出版集团并没有针对涉案教材中收录的单独作品主张权利，而是主张其对涉案教材整体作为汇编作品的著作权，其主体适格。其三，涉案教材的整体构成汇编作品，其中的课后习题、字词短语与其他内容有机组合是汇编作品的一部分，被控侵权图书以涉案教材内容为基础对习题进行解答，是未经许可对汇编作品的改编行为，构成侵权。其四，如征得长春出版集团的许可并按照约定支付相应的报酬，他人可以合法使用涉案教材，长春出版集团作为涉案教材的著作权人，对侵害其著作权的行为提起诉讼并要求停止侵害是权利的正当行使，并不构成教辅图书市场的垄断。其五，吉大出版社实施了侵害涉案教材著作权的行为，依据 2010 年《著作权法》第 47 条的规定，长春出版集团要求其赔偿损失有事实和法律依据，虽然其没有证据证明其实际损失和被告违法所得的具体数额，但依法可由法院确定赔偿数额。不论被控侵权图书与涉案教科书是否有市场竞争关系，吉大出版社无权不经许可无偿使用涉案教材。

综上，一审法院判决被告吉大出版社立即停止侵害原告《义务教育课程标准试验教科书语文（五年级上册）》著作权的行为，未经原告授权，不得再次编写、出版、发行《名师解教材（五年级语文上)》，赔偿原告经济损失人民币2.5万元，被告联合书城立即停止销售被诉侵权图书，驳回原告其他诉讼请求。判决联合书城承担停止侵害的民事责任。

吉大出版社不服一审判决，向吉林省高院提起上诉。法院在2015年10月18日作出判决：认为一审判决认定事实清楚，适用法律正确，作出"驳回上诉，维持原判"的终审判决。吉林省高院认为，涉案教材系汇编作品，长春出版集团作为著作权人，其合法权益应予保护。吉大出版社出版涉案教辅图书的行为侵害了长春出版集团的著作权，应承担侵权责任。依照我国2010年《著作权法》第9条第1款之规定，汇编权是指将作品或者作品的片段通过选择或者编排，汇集成新作品而形成的权利。因此，对于本案的涉案教材而言，长春出版集团作为著作权人的权利体现在以实现教学目的为基础，对作品或者作品的片段进行选择和编排之中。吉大出版社出版的教辅材料中，对作品的选择和编排与涉案教材完全一致，该行为已经明显侵害了长春出版集团对汇编作品的著作权。其虽新添加了部分内容，并与教材内容一并进行了编排，但此种添加和编排并未改变涉案教材的作品选择和编排结构，其实质是在完全覆盖他人汇编作品的基础上加入新的内容，该行为并不能阻却其未经许可使用他人汇编作品的违法性。义务教育为公民的基本权利和义务，但并非与义务教育相关的全部产业均为公益性事业。教材市场，系开放的市场，任何具备资质、符合条件的出版者均可参与到市场竞争之中，亦可凭借其经营成果而获取利益。这种市场竞争方式，能够鼓励更多的出版者加大对教材的投入，对于提高教材质量、服务义务教育是有益的。长春出版集团出版教科书系以教育部制定的《义务教育语文课程标准》为依据进行编写的，吉大出版社出版教辅材料，或可与著作权人进行协商，或可依照上述标准自行创作编写，其在此过程中享有交易自由和选择权。因此，无论其所主张的"依托教材、基于教材的结构"必要与否，均不能成为其未经著作权人许可，擅自使用涉案教材的抗辩事由。

案例二：　胡某波诉教育部考试中心侵犯著作权纠纷案[1]

原告胡某波诉称，2007年5月原告在互联网上发现2003年高考全国卷语文

---

〔1〕　参见北京市海淀区人民法院（2007）海民初字第16761号民事判决书。

考卷的第二大题现代文阅读选用了原告于 1996 年应《中国科技画报》创刊号约稿的文章,即《全球变暖——目前和未来的灾难》。被告在 2003 年的试卷考题中对该文作了增删和调整后加以使用。原告认为被告的行为侵犯了原告的著作财产权,故诉至法院,请求判令被告赔偿原告经济损失人民币 2000 元。庭审中,原告当庭提出增加诉讼请求的申请,要求法院判令被告在媒体上公开向原告赔礼道歉,注明《全球变暖——目前和未来的灾难》一文作者为胡某波。因被告考试中心对原告胡某波在举证期届满之后当庭增加诉讼请求提出异议,认为本院给双方的举证通知书和最高法院的司法解释均有"增加诉讼请求应在举证期限届满之前提出"的规定,合议庭经合议未准许原告当庭增加诉讼请求。

被告考试中心辩称,原告的证据无法证明试卷上的文章来自其享有著作权的文章,此"胡某波"未必是彼"胡某波"。2003 年出的高考试卷传播很广,原告说 2007 年 5 月才发现这一事实无证据证明,其请求已过诉讼时效。我方是受国家教委委托命题的,组织高考试卷出题属于公务行为,不是社会性工作和商业活动,根据法律规定可以不支付报酬。请求法院依法驳回原告的诉讼请求。

法院经审理查明,2003 年普通高等学校招生全国统一考试语文(全国卷)第二大题是现代文阅读,使用了一篇主题为"全球变暖"的文章,并以此为基础设计考题。在该考卷的试题解析中提到:"阅读材料选自《希望月报》杂志 1997 年第 8 期(原刊于《中国科技画报》,原文的题目:《全球变暖——目前的和未来的灾难》,作者胡某波)。命题时对原文作了增删和调整,改定后全文约 840 字。"因被告考试中心对原告提交的试卷和试题解析打印件真实性有异议,本院当庭组织了现场勘验,用百度搜索在互联网上搜索"2003 年高考试题语文全国卷解析",可找到相应的试题和试题解析,其内容与原告胡浩波提交的高考试题和试题解析的内容完全相同。法院另查明,1987 年经国务院审核,同意设立国家教育考试管理中心,作为国家教委的直属事业单位。1991 年,经人事部批准,原国家教委考试管理中心改称国家教委考试中心,是国家教委实施、管理、指导国家教育考试的直属事业单位。其主要职责包括实施、管理、指导国家教委决定实行的教育考试等,近期任务包括实施、管理全国普通高校招生统一考试的考试大纲或说明的编制、命题、考试实施、评卷、成绩统计分析及报告、评价等。1994 年,全国高等教育自学考试指导委员会办公室与国家教委考试中心合并,合并后的机构定名为国家教育委员会考试中心,是国家教委指定承担高校入学考试和高教自学考试等专项任务并有部分行政管理职能的直属事业单位。其职能包括:受国家教委委托,负责全国普通高校、成人高校的本、专科招生中全国统考的命题、试卷、成绩统计分析与评价工作等。现该中心在国家事业单位登记管理局登记的名称为教育部考试中心,宗旨和业务范围包括高等学校招生全国统一考试命题组织及考务监督检查等，经费来源：事业、经营、附属单位上缴、捐赠收入。

法院认为，本案涉及原告著作权权属是否成立、被告行为是否属于国家机关为执行公务在合理范围内使用已发表的作品，以及执行公务状态下如何考量著作权人的权利等问题。原告胡某波提供的证据表明，其是 2003 年高考全国卷语文试卷第二大题现代文阅读所涉文章的作者，该题是将其文章《全球变暖——目前的和未来的灾难》进行增删和调整，再设计相关的考题而形成。考试中心对此虽提出异议，但经本院现场勘验，其对网络上存在的 2003 年全国高考试卷语文卷第二大题和答案解析的内容真实性没有异议，只是认为该胡某波并非本案的原告。本院认为，根据原告证据及被告确认的事实，举证责任已发生转移，考试中心作为高考试题的组织出题者，有义务进行文章来源和作者的核实，并提供证据反驳原告的主张，而诉讼期间，其未提供相应证据证明文章的作者胡某波另有其人，故本院对其辩称不予支持，并由此确认本案原告胡浩波是该高考试卷第二大题现代文阅读所涉文章的作者。我国《著作权法》第 22 条第 1 款第 7 项规定，国家机关为执行公务在合理范围内使用已经发表的作品，可以不经著作权人许可，不向其支付报酬。对此，原告胡某波主张，参与高考的考生均要交纳报名费，而纯粹的行政行为应是行政全额拨款而不收取费用的，因此高考出题行为并非单纯的政府公务行为，具有商业行为的性质。被告考试中心则辩称，其在高考试题中使用涉案文章的行为属于国家机关执行公务的行为，构成合理使用。本院认为，高考不收取报名费固然是相关国家机关执行公务、组织高考活动的一种理想状况，但执行公务活动并不必然会不收取任何费用。因财政拨款的不足等原因使得高考中需要交纳报名费以应对高考需要的各项开支，与以营利为目的的商业行为有本质的区别，故不能因为高考收取报名费就将高考以及高考出题行为等同于一般的商业行为。在我国，国家机关执行公务存在两种形式，一种是国家机关自行执行公务，另一种是国家机关授权或委托其他单位执行公务。考试中心不属于国家机关，其组织高考出题的行为属于后一种情形。《中华人民共和国教育法》第 20 条规定："国家实行国家教育考试制度。国家教育考试由国务院教育行政部门确定种类，并由国家批准的实施教育考试的机构承办。"依据该条规定，考试中心接受国家教委指定承担高校入学考试和高教自学考试等专项任务，执行高考试卷命题等相应公务。同时，高考是政府为了国家的未来发展，以在全国范围内选拔优秀人才为目的而进行的。我国政府历来将高考作为一项全国瞩目的大事，人民群众亦将高考命题、组织及保密工作等视为由政府严密组织的，关乎社会公平、民众命运和国家兴衰的大事。考试中心在组织高考试卷出题过程中使用原告作品的行为，无论从考试中心高考出题的行为性质来讲，还是从高考出题使用作品的目的以及范围考虑，都应属于国家机关为执行公务在合理范围内使用已经发表的作品的范畴，应适用我国《著作权法》第22条第1款第7项有关的规定，可以不经著作权人许可，不支付报酬。

根据我国《著作权法》第22条第1款第7项的规定，国家机关在执行公务时，如在合理范围内使用著作权人的作品，可不经许可、不支付报酬，但仍负有指明作者姓名、作品名称，并不得侵犯著作权人其他权利的义务，否则不符合合理使用的构成要件。当事人双方对这一条的理解有分歧，原告胡浩波当庭要求增加赔礼道歉、注明作者姓名的诉讼请求，被告考试中心则对其增加诉讼请求表示反对。本院认为，我国《著作权法》是一部旨在保护著作权人利益的法律，但同时亦有其他立法目的存在。我国《著作权法》第1条规定，著作权法的立法宗旨是保护文学、艺术和科学作品作者的著作权，以及与著作权有关的权益，鼓励有益于社会主义精神文明、物质文明建设的作品的创作和传播，促进社会主义文化和科学事业的发展与繁荣，第4条第2款规定，著作权人行使著作权，不得违反《宪法》和法律，不得损害公共利益，可见，我国《著作权法》虽以保护作者利益为立法目的之一，但亦将公共利益作为非常重要的考量因素，从而在公共利益较著作权人利益明显重要时，有条件地限制著作权人的相关权利，以取得公共利益与私人利益之间的平衡。合理使用制度即是在著作权人利益原则上受保护的基础上，对作者的一种例外限制，其目的在于平衡著作权人、作品传播者以及社会公众利益之间的关系。另外，考虑特定情况，司法实践中对于著作权人修改权、署名权的保护亦受制于以上原则。如就著作权人的修改权而言，虽然修改作品的权利理所当然的属于作者，但在某些情况下，出于社会利益的实际需要，修改权有时也可由他人行使。本案中，因高考保密的严格要求，事先征询相关作者的修改意见变得不具有可行性，为确保通过高考可以选拔出高素质人才的公共利益的需要，高考出题者考虑高考试题的难度要求、篇幅要求和背景要求等特点，可对文章进行一定的修改增删，以适应出题角度和技巧的要求。故本院认为，考试中心的行为并不构成对原告修改权的侵害。就著作权人的署名权而言，虽然《著作权法》第22条规定应指明作者姓名和作品名称，但作者署名仅作为一般的原则性规定，实践中在某些情况下，基于条件限制、现实需要或者行业惯例，亦容许特殊情况下的例外存在。如《著作权法实施条例》第19条规定："使用他人作品的，应当指明作者姓名、作品名称；但是，当事人另有约定或者由于作品使用方式的特性无法指明的除外。"本院认为，考试中心在本案中未给胡某波署名即属于特殊的例外情况。《中华人民共和国教育法》第4条规定，教育是社会主义现代化建设的基础，国家保障教育事业优先发展。全社会应当关心和支持教育事业的发展。高考命题者在考虑高考所涉文章是否署名时，必然要充分考虑考生的利益。考试中心在选择署名的问题上目前习惯的做法是：对于文学鉴赏类文章署名，而对于语用性文章则不署名。涉案文章因属于语用性文章，在考题中没有署名。本院认为，考试中心的以上区别对待有其合理性，理由如下：①高考过程中，考试时间对考生而言是非常紧张和宝贵的，考生的注意力亦极为有限，如对试题的来源均进行署名会增加考生对信息量的阅读，浪费考生的宝贵时间。②文学鉴赏类文章署名或注明出处会给考生提供一些有用信息，这些信息有助于考生在综合分析的基础上作出对诸如文章作者的思想感情、历史背景等试题的正确判断，作者的署名属于有用信息，而语用性文章署名给考生提供的多是无用信息，出题者出于避免考生浪费不必要的时间注意无用信息等考虑，采取不署名的方式亦是适当的。③在国内及国外的相关语言考试中，亦有语用性文章不署名的惯例。可见，考试中心在高考试题中对文学鉴赏类文章署名，对语用性文章如科技文、说明文等不署名的做法，是考虑了高考的特性、署名对考生的价值及考试中语用性文章署名的惯例后选择的一种操作方式，有其合理性，考试中心未在高考试题中为原告署名，不构成侵权。当然，出于对著作权人的尊重和感谢，考试中心今后可考虑能否在高考结束后，以发函或致电形式对作者进行相应的告知和感谢。综合考虑本案案情，法院判决依法驳回原告胡某波的诉讼请求。

[问题与思考]

1. 如何界定作品的合理使用、法定许可和侵犯版权行为？
2. 侵犯著作权的损害赔偿如何计算？
3. 怎么理解公共领域和著作权之间的界限？

[重点提示]

著作权限制意味着行为人客观上实施作品著作权的某些行为在法律上并非侵权，故判定行为人的行为是否属于著作权限制范围往往决定着行为的性质。本章拓展案例涉及对行为人使用他人作品性质的判断，也涉及著作权保护范围的判定问题。通过分析和研究这些问题，对进一步深入了解和掌握著作权制度的宗旨具有重要指导意义。

第八章

著作权的集体管理

知识概要

　　著作权集体管理是指著作权集体管理组织经权利人授权，集中行使权利人的有关权利并以自己的名义进行相关管理活动。本章了解著作权集体管理组织的基本内涵，掌握著作权集体管理组织的运行模式。本章重点在于学习和理解著作权集体管理组织的法律属性；难点在于分析和厘清著作权集体管理组织与权利人之间和著作权集体管理组织与使用人之间的法律关系；疑点在于探讨设立延伸性著作权集体管理组织的必要性。

经典案例

百余家 KTV 被诉侵犯著作权案[1]

[基本案情]

　　原告音像著作权集体管理协会作为著作权集体管理组织，通过与音乐电视作品（即 MTV）的权利人签订合同，以信托方式取得了相关 MTV 的放映权、复制权等权利，并获得了以自己的名义对侵权行为提起诉讼的权利。被告北京京瑞房产有限公司（以下简称京瑞房产公司）等百余家卡拉 OK 经营者，未经权利人许可，使用了原告管理的 MTV 从事卡拉 OK 经营。

　　原告音像著作权集体管理协会诉称：2008 年以来，原告先后与权利人签署

　　〔1〕 2008 年 10 月，中国音像著作权集体管理协会向北京的 7 个法院递交起诉状，北京地区的京瑞房产有限公司、"同一首歌""花样年华""第五俱乐部"等 100 家 KTV 成为被告。相关案例参见：北京市朝阳区人民法院（2008）朝民初字第 33579 号民事判决书、北京市第二中级人民法院（2009）二中民终字第 4514 号民事判决书、北京市西城区人民法院（2008）西民初字第 13361 号民事判决书等。

了《音像著作权授权合同》，以信托方式获得了权利人多首音乐电视作品的放映权、出租权、广播权、复制权，根据我国现行《著作权法》《著作权集体管理条例》相关规定和音像著作权授权合同的约定，原告有权以自己的名义对该音乐电视作品遭受侵权的行为提起诉讼。音像著作权集体管理协会通过调查取证后认为，京瑞房产公司[1]、"同一首歌"[2]、"花样年华"[3]等卡拉OK经营者[4]未经权利人许可，也未支付费用，而在其营业场所的点唱机中完整地收录了音像著作权协会管理的若干首音乐电视作品，侵犯了权利人的放映权、复制权，给权利人造成了经济损失。故诉至法院，请求判令被告立即停止侵权，删除侵权作品，赔偿经济损失并承担合理费用若干。

各被告或以承担责任主体有误、赔偿数额无依据为由抗辩；[5]或以不存在恶意侵权、无法从合法渠道购买VOD格式的点歌系统、赔偿数额计算方式不恰当为由抗辩，且以赔偿数额过高为由提起上诉；[6]或以没有侵权行为为由抗辩。[7]

法院经审理查明：原告是经国家版权局批准成立的著作权集体管理组织。2008年以来，原告先后与不同的音乐电视作品权利人订立了《音像著作权授权合同》，以信托方式管理权利人拥有的音像节目的放映权、出租权、广播权、复制权，其中包括原告主张权利的若干首音乐电视作品。原告申请公证机构对各被告在经营场所使用涉案音乐电视作品的事实进行了公证证明。

[法律问题]

1. 音像著作权集体管理协会享有哪些权利？
2. 构成侵害音乐电视作品权利人放映权、复制权的条件是什么？
3. 侵害"音乐电视作品"的损害赔偿数额如何计算？

---

〔1〕　参见中国音像著作权集体管理协会诉北京京瑞房产有限公司侵犯著作权纠纷案，北京市朝阳区人民法院（2008）朝民初字第33579号民事判决书。

〔2〕　参见北京东方同一首歌餐饮娱乐有限公司与中国音像著作权集体管理协会侵犯著作权纠纷上诉案，北京市第二中级人民法院（2009）二中民终字第4514号民事判决书。

〔3〕　参见中国音像著作权集体管理协会诉北京花样年华娱乐有限责任公司侵犯著作财产权纠纷案，北京市西城区人民法院（2008）西民初字第13361号民事判决书。

〔4〕　自2008年10月起，中国音像著作权集体管理协会分别以100家KTV经营者为被告提起诉讼，本文限于篇幅不一一叙述，仅以前列三个案件为例分析。前述100份起诉书中，仅具体的被告、诉讼标的、请求赔偿的数额有差异，而皆以被告未经许可使用原告享有著作权的音乐电视作品，侵犯了权利人的复制权、放映权，给权利人造成经济损失为诉由，且要求各被告停止侵权、删除涉案音乐电视作品。

〔5〕　参见中国音像著作权集体管理协会诉北京京瑞房产有限公司侵犯著作权纠纷案。

〔6〕　参见北京东方同一首歌餐饮娱乐有限公司与中国音像著作权集体管理协会侵犯著作权纠纷上诉案。

〔7〕　参见中国音像著作权集体管理协会诉北京花样年华娱乐有限责任公司侵犯著作财产权纠纷案。

［参考结论与法理精析］

（一）法院意见

本案由多个法院进行审理。各法院经审理普遍认为：根据我国《著作权法》及相关法律的规定，著作权集体管理组织，经权利人授权有权以自己的名义进行诉讼。原告音像著作权协会是依法成立的音像著作权集体管理组织，通过《音像著作权授权合同》取得了以信托方式管理涉案音乐电视作品的放映权、复制权，其有权以自己的名义向侵犯涉案音乐电视作品放映权、复制权的侵权人提起诉讼。各公证机构的公证证据证明，各被告使用相关的音乐电视作品未经权利人许可，也未支付报酬。故其行为构成侵权，应当承担停止侵权、赔偿损失的责任。关于损害赔偿的数额，各法院综合考虑了涉案音乐电视作品的数量、各被告的使用方式、经营模式和规模等因素，酌情进行了判处。

各法院据此判决：各被告停止使用涉案的音乐电视作品；各被告自判决生效之日起 10 日内向中国音像著作权集体管理协会支付赔偿金若干；各被告在本判决生效之日起 10 日内赔偿音像著作权协会为制止侵权行为而支出的合理费用若干；驳回中国音像著作权集体管理协会的其他诉讼请求。其中"同一首歌"案被告虽经上诉，但二审法院认为原审法院认定事实基本清楚，适用法律及处理结果并无不当，故驳回上诉，维持原判。

（二）本案涉及的问题及其影响

1. 音像著作权集体管理协会享有的权利。我国《著作权法》第 8 条第 1 款规定："著作权人和与著作权有关的权利人可以授权著作权集体管理组织行使著作权或者与著作权有关的权利。依法设立的著作权集体管理组织是非营利法人，被授权后可以以自己的名义为著作权人和与著作权有关的权利人主张权利，并可以作为当事人进行涉及著作权或者与著作权有关的权利的诉讼、仲裁、调解活动。"中国音像著作权集体管理协会是经国家版权局正式批准成立（国权［2005］30 号文）、民政部注册登记的我国唯一的音像集体管理组织，依法对音像节目的著作权以及与著作权有关的权利实施集体管理。在百余家 KTV 被诉侵犯版权案中，自 2008 年起音像著作权集体管理协会先后与各音乐电视作品权利人订立了《音像著作权授权合同》，以信托方式获得了权利人多首音乐电视作品的放映权、出租权、广播权、复制权，并有权以自己的名义对该音乐电视作品遭受侵权的行为提起诉讼。

任何人对享有著作权作品的使用并不能排除或减少他人使用作品的可能性，智慧财产的无形性特征使得在权利人、被许可人和他人之间划定边界困难重重。在获取信息便捷的数字化时代，若由作品权利人对遍布全国各地的旅馆、酒店、KTV 等场所未经许可播放音乐作品或 MTV 的情形进行监控并提起诉讼，其成本可能远大于可获得的损害赔偿。音像著作权集体管理协会等著作权集体管理组织，是从全国范围内检测并收取使用费的，它经权利人的授权对作品相关事项进行管理。根据《中国音像著作权集体管理协会·协会简介》，协会的业务范围包括：①依法与会员签订音像著作权集体管理合同；②根据会员的授权以及相关法律法规，与音像节目的使用者签订使用合同，收取使用费；③将收取的音像著作权使用费向会员分配；④就侵犯本会管理的音像节目著作权的行为，向著作权行政管理部门申请行政处罚或提起法律诉讼及仲裁等；⑤为促进中国音像节目著作权在海外的权利受到保护，以及海外音像节目在中国内地的权利受到保护，与海外同类组织签订相互代表协议；⑥为权利人和使用者提供有关的业务咨询和法律服务，并向国家立法机关和著作权行政管理部门提出相关建议。以促进我国音像著作权保护水平的提高，规范市场行为；⑦加强与音像节目权利人和使用者的联系，发布音像节目和有关音像著作权集体管理的信息；开展有关的奖励、研讨、交流活动；⑧开展其他与本会宗旨一致的活动，能够减少权利人和使用人就单项作品交易而带来的磋商、谈判、监督等成本，在提高作品交易和保护效率的同时，降低了正当使用人的风险。

2. 构成侵害音乐电视作品权利人放映权、复制权的条件。依我国 2001 年《著作权法》第 47 条第 1 款之规定，"未经著作权人许可，复制、发行、表演、放映、广播、汇编、通过信息网络向公众传播其作品的"，"应当根据情况，承担停止侵害、消除影响、赔礼道歉、赔偿损失等民事责任"。[1]据此，某人未经权利人的许可而在经营场所使用音乐电视作品，且没有合理使用、法定许可等免责事由的[2]，即构成侵权。在百余家 KTV 被诉侵犯版权案中，各 KTV 经营者以营利为目的在经营场所使用权利人的音乐电视作品，既未经权利人许可，也未支付报酬的，构成侵权。

京瑞房产有限公司案中，法院认为被告"未举证证明使用涉案音乐电视作品征得了许可，并支付了报酬，故其应当承担停止侵权、赔偿损失的责任"，未具体指明侵犯了何种类型的权利；"同一首歌"案中，法院认为被告"行为构成侵权，应当承担停止侵权、赔偿损失的责任"，也未具体说明侵犯了什么权利；"花样年华"案中，法院认为被告"侵犯了原告对涉案作品所享有的著作权中的放映权，应当承担停止侵权、赔偿损失的法律责任"，具体指明了所侵害的权益。虽然法院用语不一，但根据不告不理原则，法院裁决应以案件争议标的和

---

〔1〕　参见我国 2020 年《著作权法》第 53 条。

〔2〕　2001 年《著作权法》第 22 条是关于合理使用的规定；该法第 23 条，第 39 条第 3 款，第 43 条是关于法定许可的规定。

争论焦点相对应，不得超出诉讼请求范围进行裁决。因此，原告在前述三案件中皆以被告侵害权利人的放映权、复制权等为由提起诉讼，法院认定侵犯的"权利"也应当是放映权等权利。

KTV 经营者播放音乐电视作品的目的与餐厅、酒店、旅馆播放音乐作品的性质不同，前者以 MTV 的点播平台作为主要的服务内容而吸引消费者，是市场中 MTV 的主要营利使用者。因此，著作权集体管理组织以 KTV 经营者为主要起诉对象，在 KTV 营业者通过 MTV 的使用获取经济利益时，对未经许可使用者处以相应责任，无疑在填补权利人损失的同时，对被告和其他使用人起到了一定的震慑作用。

3. 侵害"音乐电视作品"的损害赔偿数额的计算问题。前述三案件的被告都以损害赔偿数额不合理为由抗辩。以京瑞房产有限公司案为例，被告在其点唱机中收录了属于原告管理的 46 首音乐电视作品，原告要求被告对其未经许可使用的侵权行为"赔偿经济损失及合理费用共计 20 万元"，被告则辩称"音集协最早取得授权的时间距现在仅一百多天，瑞港娱乐公司经营的 KTV 包房只有 7 间。音集协主张 20 万元的赔偿数额没有依据"，法院则"综合考虑涉案音乐电视作品的数量、京瑞房产公司的使用方式、经营模式和规模等因素"，判处被告支付赔偿金 46 000 元及合理费用 2650 元。对原告诉求损害赔偿的超额部分，法院都予以驳回。

在三案件中，法院都适用我国 2001 年《著作权法》第 48 条作出赔偿金额及合理费用的判决，但未说明的是适用该条第 1 款以原告实际损失或被告违法所得为标准赔偿，还是适用该条第 2 款的 50 万元以下的法定赔偿金标准。[1] 根据我国 2001 年《著作权法》第 48 条第 2 款之规定，适用法定赔偿金标准的前提条件是权利人的实际损失或者侵权人的违法所得难以确定。然而，京瑞房产公司案中，法院查明被告"没有就使用涉案音乐电视作品支付费用，并认可经营 KTV 的包间共有 7 间"，似乎可据此确定违法所得；"同一首歌"案中，法院查明被告的经营范围、KTV 包间数量和收费标准，在无法确定权利人实际损失的情况下，似乎可据此确定被告的违法所得；"花样年华"案中，法院查明了国家版权局 2006 年第 1 号公告的中国音乐著作权协会与中国音像著作权集体管理协会修改并重新上报了《卡拉 OK 经营行业版权使用费标准》，似乎可据此确定原告因被告未支付使用费的实际损失。因此，三案中法院可能适用了原告实际损失标准或被告违法所得标准确定损害赔偿的数额。法院综合考虑涉案音乐电视作品的数量、被告的使用方式、经营模式和规模等因素，对应的即是原告的

---

〔1〕　参见我国 2020 年《著作权法》第 54 条。

实际损失、被告的违法所得，也间接证实了此推论。

审理此类侵犯版权案件时，针对损害赔偿数额难以确定的情形，若存在有关实际损失或违法所得的间接事实，法院也会尽量适用我国《著作权法》第54条第1款之规定。这表明法院对待此类案件的审慎态度，由于法定赔偿金的范围过于宽泛，法院对自由裁量权适当地进行约束，相似案件的相同对待能确保以后判决的稳定性，这对法律秩序的稳定是必不可少的。

拓展案例

案例一： 中国音乐著作权协会诉北京百度网讯科技有限公司提供音乐歌词搜索侵权案[1]

上诉人北京百度网讯科技有限公司（以下简称百度公司）因侵犯著作权纠纷一案，不服北京市海淀区人民法院（2008）海民初字第7404号民事判决，向北京市一中院提起上诉。一审法院判决认定：中国音乐著作权协会（以下简称音著协）作为音乐著作权人的集体管理组织，根据著作权人的授权，可以以自己的名义对侵犯著作权的行为提起诉讼，涉案50首歌曲的14位词作者均与音著协签订有音乐著作权合同，将音乐作品的公开表演、广播和录制发行及信息网络传播等权利授予音著协进行管理。音著协代表上述著作权人提起诉讼法院予以准许。

百度公司称其通过MP3搜索列表中的"歌词"栏进行搜索行为，使用户获得歌词内容，属于搜索引擎服务。法院认为，在正常情形下，搜索引擎的使用系帮助互联网用户在海量信息中迅速查询、定位其所需要的信息，向用户提供来源网站的信息索引和网络地址链接方式，引导用户到第三方网站浏览搜索内容，而不是替代第三方网站直接向用户提供内容。法院注意到本案音著协通过公证证实百度网歌词搜索功能搜索结果可以向用户提供涉案歌词的全部内容，无论是点击"打印预览"，还是"lrc歌词"，弹出文件下在对话框注明的发送者地址方面均属于百度公司服务器，显示页面最下方也是"百度"字样，且只有部分歌词有来源网站信息；点击进行歌曲"试听"，播放时也有滚动全部歌词的内容，页面虽有来源网站的信息，但通过属性查询，其主数据内容存储于百度网站服务器。因此，可以认定百度公司完整直接地将歌词放置在其服务器上，

---

〔1〕 参见北京市海淀区人民法院（2008）海民初字第7404号民事判决；北京市第一中级人民法院（2010）一中民终字第10275号民事判决书。

由用户以点击歌词搜索按钮方式向用户提供歌词，该行为属于复制和上载作品的行为，并通过网站进行传播。百度公司虽强调其通过重定向技术，且通过快照方式自动缓存，展示存储在第三方网站中的内容，但其提供的内容明显有所删减，并非应访问用户的要求自动形成。虽百度公司提供了部分来源网站的网络地址，且上述内容最初可能确系来源于第三方网站，但由于百度公司在其快照等页面提供了歌词的全部内容，使得大多数用户在一般情况下无需再进行选择点击来源网站的网址以获得歌词，即无论其是否提供来源网站的信息，用户都可以直接从百度网站页面获取全部歌词信息。百度网的上述操作方式已实际起到了替代来源网站提供歌词的作用，百度公司所称的搜索已失去了其提供信息索引和来源的基本特征，客观上起到了让用户直接从其服务器上获取歌词的作用。因此，百度公司所称的这种快照方式提供歌词的行为并非是合理使用服务内容的搜索引擎服务，且不符合法律规定的免责条款，侵犯了词作者对 50 首歌曲享有的信息网络传播权。百度公司虽表示已将相关歌词内容全部删除，但经法院勘验，仍然可以通过在 MP3 歌词项下搜索获得涉案歌词，因此，百度公司的上述陈述法院不予采信。百度公司应承担停止侵权、赔偿损失的民事责任。音著协要求百度公司赔礼道歉，但在庭审中音著协承认其只对歌词的著作财产权享有管理权，故其上述请求法院不予支持。

对于本案赔偿额，音著协所诉要求较高，法院将综合考虑百度公司使用的数量、涉案歌词的影响力、词作者可能因此受到的利益损失以及百度公司侵权行为性质和情节等因素，酌情确定赔偿额。对于音著协为制止侵权所支出的合理费用酌情予以确定，对于其所支出的律师费过高部分不予支持，由其自行承担。

综上，一审法院判决：①自判决生效之日起，百度公司立即停止在其经营的百度网（网址：www.baidu.com）通过其服务器存储的快照等形式提供《爱我中华》等 50 首歌词（清单附后）全部内容的行为。②自判决生效之日起 10 日内，百度公司赔偿音著协经济损失 5 万元，合理诉讼支出 1 万元。③驳回音著协其他诉讼请求。

判决后，百度公司不服，提起上诉称：

1. 快照是搜索引擎在收录网页时，对网页做的一个备份，大多是文本形式的，保存了网页的主要内容。由于快照是存储在搜索引擎服务器中，所以查看快照的速度往往比直接访问网页要快。既然快照本身是在搜索引擎服务器上储存第三方作品的文本内容并作为备份向网民提供，那么不能根据我公司将快照文本缓存于服务器即认定我公司未经许可实施了"复制和上载作品行为"，原判在此认定有误。

2. 原判认定我公司提供的快照内容明显经过对第三方网站内容筛选删减，我公司认为，这是因为搜索引擎对数据库进行分析时只保留文本内容的结果，由此衍生出来的快照服务也就都仅仅保留文本内容而不保留其他信息，例如 Word 文档的快照删除所有字体字号等格式信息，这种删除与人工对文本内容进行选择、编辑并非同一概念。

3. 我公司提供的 lrc 歌词搜索服务无论服务形式还是性质都符合搜索引擎的技术特征，我公司没有且事实上也不可能起到替代第三方网站的作用。理由：①lrc 文件含有歌词内容和供机器阅读的时间控制代码，专门用于 MP3 播放软件以及 MP3 播放设备，在播放时机器通过时间控制代码突显正在演唱的歌词。快照未保留 lrc 中的时间控制代码，拷贝歌词文本起不到实现 lrc 文件歌词同步显示功能，所以以纯文本方式显示的歌词快照无法替代 lrc 文件，网民使用 lrc 文件必须到第三方网站下载链接。②歌词快照为网民提供示错功能，使网民在从第三方网站下载 lrc 文件前预览 lrc 歌词内容，便于网民检索信息，而非直接替代第三方网站向网民提供歌词 lrc 文件。③歌词快照同时也满足搜索引擎存档需要，使得搜索引擎可以建立索引数据库，同时也和普通快照一样方便用户追溯第三方网站所提供的 lrc 文件内容变化，是搜索引擎对网站内容的正当使用。

4. 百度网的歌词快照符合避风港条款的免责要求。①未改动自动存储的 lrc 文件。②未影响提供 lrc 文件下载的第三方网站掌握网民获取 lrc 文件的情况。③歌词快照服务会根据搜索引擎的算法自动修改、删除或者屏蔽第三方网站上修改、删除或者屏蔽的 lrc 文件。④快照仅仅存于服务器数据库中，网民要想得到歌词快照内容必须通过百度搜索框进行搜索才能在搜索结果中展现。⑤搜索引擎服务器是否在服务器上保留快照文本内容、算法可以作为备份向网民提供，并非判断快照服务是否侵权的条件，避风港条款就是为了免除快照服务因具备这些特点而承担责任。原判在未对《信息网络传播权保护条例》第 21 条进行判断的情况下依据这些特征认定我公司的快照服务侵权，缺乏法律依据。

5. 我公司的快照服务没有损害歌词作者的经济利益。我公司使用行业标准步骤允许第三方网站自行选择是否避开我公司的蜘蛛爬虫程序的检索和快照服务。在接到音著协起诉后我公司立即删除了相关内容，尽到了审查注意义务。综上，请求二审法院判决撤销原判，驳回音著协的全部诉讼请求。

音著协同意原判并称，百度公司是将歌词直接嵌入其服务器中，以提供在线浏览歌词和提供 lrc 歌词与歌曲同步显示的两种方式使用作者的歌词作品，其行为已侵犯了作者的复制权、机械表演权和信息网络传播权。据此请求法院驳回百度公司的上诉请求，维持原判。

二审法院审理查明：百度公司对于原判认定的 2007 年 9 月 5 日和 6 日，音著协经北京市海淀区公证处公证保全百度公司《爱我中华》等50首歌曲的lrc歌词一节没有异议，但表示其未预先编辑关键词，而是根据用户搜索需要随时抓取相关内容。音著协认为，百度公司的上述行为属于直接复制与上传，搜索结果的网页中嵌入了歌词的全部内容，直接存储在百度服务器中，并提供在线预览和右键复制功能。打印预览功能显示了完整的歌词内容，下方为"百度"字样，提示上述内容的著作权属于百度公司，并非百度公司所称的快照形式。百度网提供的lrc歌词来源地址系百度公司自身的服务器，并非第三方。对此，百度公司予以否认，并表示歌词快照内容来自第三方网站，百度只是临时储存，通过快照方式展示lrc格式文件中的歌词内容，网页快照是为了介绍引用他人的内容，是合法的。对此，音著协认为，百度公司展示的内容直接来源于其自身服务器，这种快照既是复制的结果，一般网页快照不是自身网页内容，而是快照他人网页，其上能够看到他人网页信息，四界清晰，而百度公司的快照没有显示他人网页相关信息，只是嵌入歌词，歌词安排紧密，显然是自身编辑所致，没有清晰的他人网页四界。百度公司认可歌词内容从百度服务器中抓取，但称只是临时储存，设定快照时按照其自定的标准截取部分，屏蔽了时间等内容。音著协提供了百度公司关于lrc歌词的介绍，用以证明百度公司的lrc歌词是供网友深度使用的歌词，播放时突显正在演唱的句子，不限于普通浏览："播放器——插件需要用到的文件是显示歌词用的歌词文件，可以对其进行编辑，使播放音乐时显示歌词文件格式。MP3.baidu.com上面搜索歌曲时就有下载。"

2005年9月20日，音著协曾致函百度公司称上述行为已经超出了搜索引擎服务范围，要求其停止上述行为，百度公司未予答复。

百度公司为证明其已断开相关链接，向一审法院提交了（2008）京求是内民证字第1207号、1322号公证书，音著协对此不予认可，并当场上网对部分涉案歌词进行查询，结果仍可通过上述方式搜索到部分歌词内容。百度公司认可某些网页中没有提供歌词地址来源，点击查看来源属于百度公司服务器。

音著协向一审法院提交为诉讼支出的发票，包括律师费5万元，公证费4000元，信息查询费27元，交通费50元。

二审法院认为：根据搜索引擎服务的常规情况，一审法院认定在正常情形下，搜索引擎的使用系帮助互联网用户在海量信息中迅速查询定位其所需要的信息，向用户提供来源网站的信息索引和网络地址链接方式，引导用户到第三方网站浏览搜索内容，而不是替代第三方网站直接向用户提供内容，该认定与客观实际相符，本院仍予以确认。根据音著协公证保全的百度网歌词搜索证据，以及百度公司的反驳证据，一审法院认定，百度公司完整直接地将歌词放置在其服务器上，由用户以点击歌词搜索按钮方式向用户提供歌词，由于百度公司在其快照等页面提供了歌词的全部内容，使得大多数用户在一般情况下无需再选择点击来源网站的网址以获得歌词，即无论其是否提供来源网站的信息，用户都可以直接从百度网站页面获取全部歌词信息。百度网的上述操作方式已实际起到了取代来源网站，而由百度网提供歌词的作用，这种提供并未得到歌词作者的有效许可，显然违背了著作权法未经著作权人许可，不得以营利为目的使用其作品的相关规定。百度公司的搜索已失去了其提供信息索引和来源的基本特征，客观上起到了让用户直接从其服务器上获取歌词的作用，因此，百度公司所谓以快照方式提供歌词的行为已不属于为提供搜索引擎服务而合理使用服务内容的性质，不属于法律规定的免责条款所规定的情形，其提供在线浏览歌词服务，并提供 lrc 歌词与歌曲同步显示服务的两种方式使用了作者的歌词作品，侵犯了歌词作者对 50 首歌曲依法享有的复制权及信息网络传播权。一审法院对该事实认定清楚且无不当之处，本院予以确认。

百度公司虽称其提供 lrc 歌词快照服务，需要将歌词内容加以备份，临时储存于其服务器上，但这不应成为其客观上可以实现不经作者许可，在经营中，取代来源网站，向网友提供歌词服务的正当理由。百度公司在此所作的不侵权抗辩未使法院看到其所称的因"技术"致其行为应系合理、合法的正当依据，故对其主张本院不予支持。

百度公司称其已将相关歌词内容全部删除，但在一审法院勘验中，仍然可以通过在 MP3 歌词项下搜索获得涉案歌词，百度公司并未就此给出合理解释，法院理应不予采信。百度公司应承担停止侵权、赔偿损失，包括支付音著协为制止侵权所支出的合理费用的民事责任。

一审法院综合考量百度公司使用歌词作品数量、涉案歌词的影响力、词作者可能因此受到的利益损失以及百度公司侵权行为性质和情节等因素，确定本案赔偿额，所作裁判并无不当。

综上，二审法院认为，原审认定事实清楚，适用法律正确，判决驳回上诉，维持原判。

案例二：　肇庆金鹏酒店有限公司与中国音像著作权集体管理协会侵害著作权纠纷上诉案[1]

原告中国音像著作权集体管理协会（以下简称中国音像协会）诉称，中国音像协会经合法授权取得《西界》《曹操》《小酒窝》《木乃伊》《进化论》《编

---

〔1〕　参见广东省高级人民法院（2014）粤高法民三终字第 539 号。

号 89757》《醉赤壁》《豆浆油条》《一千年以后》《第几个 100 天》10 首音乐电视作品在全国的排他性专属音乐著作权，是该音乐电视作品的合法权利人，肇庆金鹏酒店有限公司（以下简称金鹏酒店）未经授权或许可在其经营的 KTV 内，以营利为目的地使用中国音像协会享有著作权的上述音乐电视作品，其行为严重侵犯了中国音像协会的合法权益。为此，请求判令金鹏酒店立即停止侵权行为，从其曲目库中删除 10 首侵权音乐电视作品；赔偿中国音像协会经济损失 10 000 元并承担本案全部诉讼费用。

被告金鹏酒店辩称：2009 年 12 月 18 日，金鹏酒店与广州市奥锐电子科技有限公司签署《奥斯卡 KTV 点播系统合同书》，约定广州市奥锐电子科技有限公司提供点播系统给金鹏酒店，包括 4 万首不重复的歌曲内容。对于歌曲内容的版权，由中国音乐著作权协会、中国音像协会（合同甲方）、广州天合文化发展有限公司（乙方）（以下简称天合公司）、金鹏酒店（丙方）签署《著作权许可使用及服务合同》，约定金鹏酒店共有 13 台点播终端，著作权许可使用时间至 2012 年 12 月 31 日，并约定合同期限届满之前 1 个月内任何一方未以书面形式作出相反意思表示的，则合同自动续订 1 年。金鹏酒店依约支付价款，发现点播系统的歌曲内容没有正版来源，相当部分内容不能正常使用，于是要求售后服务，由提供方免费更换并由版权方作出正版保障，但得不到应有的回应。后来金鹏酒店了解到歌曲提供方广州市奥锐电子科技有限公司已经注销，版权提供方广州天合文化发展有限公司已经迁址。由于中国音乐著作权协会、中国音像协会、天合公司、广州市奥锐电子科技有限公司违约，应赔偿金鹏酒店损失费 60 000 元，并负连带责任。

一审法院认为，中国音像协会是依法成立的保护音像著作权人合法权益的组织，北京海蝶音乐有限公司是依法取得涉案音乐电视作品著作权的权利人。根据中国音像协会与北京海蝶音乐有限公司签订的《音像著作权授权合同》第 4 条第 2 款的内容，中国音像协会有权以自己的名义向侵权使用者提出诉讼。金鹏酒店未经作为权利人的中国音像协会许可，在其经营的卡拉 OK 场所内营业性地放映中国音像协会享有著作权的涉案 10 首音乐电视作品，其行为已构成侵权。故金鹏酒店依法应承担相应的民事责任。至于金鹏酒店与中国音像协会、中国音乐著作权协会、广州市奥锐电子科技有限公司、广州天合文化发展有限公司的合同纠纷，因有约定管辖，应另行解决。一审判决金鹏酒店在本判决发生法律效力之日起立即停止侵权行为，在其点歌系统中删除中国音像协会享有著作权的 10 首涉案音乐电视作品；并赔偿中国音像协会经济损失 10 000 元。

金鹏酒店不服原审判决向广东省高院提起上诉称，中国音像协会提交的两份关键证据——（2013）京东方内民证字第 2876 号公证书附录光盘一张和侵权光盘封面及实物没有在一审开庭时展示和质证，一审法院采信未经质证的证据违反证据规则；金鹏酒店与中国音像协会签订过《著作权许可使用及服务合同》，并且已经交纳使用费，存在契约关系，使用被诉侵权作品有合法授权。一审法院以合同纠纷不属于该院管辖为由不予审理，无法无据；中国音像协会提交的计算损失的证据存在重复计算、涂改删除、项目不合理等情况，显著不合理，一审判决确定的赔偿数额不公平。中国音像协会则认为该协会已经与金鹏酒店解除了合同关系，金鹏酒店与该协会之间已经不存在契约关系。

二审法院认为，一审法院对两份证据的不规范做法尚不足以推翻一审查明的案件事实。关于金鹏酒店的合同抗辩，法院查明，2011 年 6 月 22 日中国音像协会、中国音乐著作权协会天合公司、金鹏酒店共同签订了一份《著作权许可使用及服务合同》，约定金鹏酒店在支付版权许可费后，可以使用音像作品用于卡拉 OK；使用期限为 2011 年 1 月 1 日至 2012 年 12 月 31 日，如果双方在合同期限届满之前 1 个月均未提出书面异议，合同可以自动续订 1 年。金鹏酒店分别于 2011 年 8 月 16 日和 2012 年 1 月 20 日交纳了版权费。中国音像协会提交一份"李某"于 2012 年 3 月 30 日签收的《广州天合文化终止合同签收表》，欲证明已经通知金鹏酒店解除合同。2013 年 3 月 8 日，中国音像协会的委托代理人在金鹏酒店的卡拉 OK 场所公证取证，随后据此提起本案诉讼。因此，判断合同抗辩是否成立的关键，是确定《广州天合文化终止合同签收表》是否真实有效，以及是否具有解除《著作权许可使用及服务合同》的法律效力。法院认为，根据现有证据和相关法律法规，《广州天合文化终止合同签收表》尚不具有解除《著作权许可使用及服务合同》的法律效力。《广州天合文化终止合同签收表》是由天合公司单方制作，没有金鹏酒店盖章，仅有"李某"的签字。由于金鹏酒店否认李某是其员工，名片所载手机号是空号，中国音像协会和天合公司又未补充证据证明李某的身份。因此尚无法证实金鹏酒店已经收到解除合同的通知。即使《广州天合文化终止合同签收表》是真实的，由于其违反了《著作权集体管理条例》的强制性规定，属于无效民事行为。《著作权集体管理条例》第23 条第 3 款规定，使用者以合理的条件要求与著作权集体管理组织订立许可使用合同，著作权集体管理组织不得拒绝。中国音像协会按照合理的价格与使用者签订著作权许可使用合同既是法定权利，也是法定义务。如果中国音像协会利用著作权集体管理组织所具有的优势地位，拒绝与以合理的条件要求缔约的使用者签订许可使用合同，妨碍文化艺术作品的正常传播，人民法院应当依法予以纠正。本案中，中国音像协会在金鹏酒店同意续订合同并愿意交纳合理许可使用费的情况下，仍主动要求解除合同，继而提出侵权诉讼，本院依法不予支持。综上，中国音像协会提交的《广州天合文化终止合同签收表》不具有解除《著作权许可使用及服务合同》的法律效力，金鹏酒店在合同自动续订期内使用涉案作品不构成侵权，但应当按照中国音像协会的通知交纳合理的许可使用费。金鹏酒店在被诉侵权案件中提出使用涉案作品有合同依据的抗辩理由，是行使正当的民事诉讼权利，人民法院应当依法审查《著作权许可使用及服务合同》的授权是否是权利人的真实意思表示，从而确定合同抗辩是否成立。双方如果在履行《著作权许可使用及服务合同》过程中产生纠纷，则应当循其他法律途径解决。鉴于金鹏酒店不构成侵权，本院对原审判决确定的赔偿数额是否合理的上诉理由不再审理。

最终，二审法院判决撤销广东省肇庆市中级人民法院（2013）肇中法民一初字第 168 号民事判决，并驳回中国音像协会的诉讼请求。

[问题与思考]

1. 如何确定著作权集体管理组织的权利范围？

2. 著作权集体管理组织与著作权人在行使有关权利方面有何不同？

3. 著作权集体管理组织是否有强制缔约义务？

[重点提示]

著作权集体管理组织是为权利人的利益依法设立的，其目的是便于著作权人和与著作权有关的权利人行使权利和使用者使用作品。拓展案例希望围绕集体管理组织的作用和功能，思考和分析集体管理组织如何在实现权利人权利和保护权利人合法权益方面更好地发挥其应有作用，并在促进社会主义文化和科学事业的发展与繁荣中做出更大贡献。

著作权的保护

知识概要

通过本章的学习，结合民法一般侵权行为的基本理论了解著作权侵权行为的含义与基本特征，掌握著作权侵权行为的类型以及应承担的法律后果，并了解著作权诉讼。本章的重点是著作权侵权行为及应承担的法律责任；难点是著作权损害赔偿的范围和计算标准；疑点是著作权间接侵权行为的判定及法律后果的确定。

经典案例

王某涛侵犯著作权案[1]

[基本案情]

公诉机关指控：1998 年上半年，被告人王某涛从杭州天利咨询工程服务公司（以下简称天利公司）技术员严辉民处取得了非法拷贝的天利公司开发的"天丽鸟自来水智能系统"软件（以下简称"天丽鸟软件"），并让原天利公司程序员肖某勇将软件源代码稍作修改并更名为"泓瀚自来水智能调度、信息发布、热线服务系统"（以下简称"泓瀚软件"）。嗣后，王某涛即以杭州泓瀚软件系统有限公司（以下简称泓瀚公司）的名义，将"泓瀚软件"销售给青岛市自来水公司和大同市自来水公司，获利 16 万元。此外，王某涛还以泓瀚公司的名义，与广东省顺德市的桂洲镇、容奇镇自来水公司签订合同，收取定金 12.25 万元，准备再将"泓瀚软件"销售给上述两家公司，后因案发而未成。

公诉机关认为，被告人王某涛的行为已构成侵犯著作权罪。附带民事诉讼

---

[1]　参见"王某涛侵犯著作权案"，载《中华人民共和国最高人民法院公报》1999 年第 5 期。

原告人天利公司当庭陈述了该公司开发"天丽鸟软件"的经过情况，出示了鉴定费收据、差旅费凭证等证据。天利公司认为，王某涛的犯罪行为给该公司造成经济损失31.59万元，对此王某涛应当承担赔偿责任。

被告人王某涛辩称，他不知从严某民处获得的软件是天利公司的；从青岛、大同自来水公司处获利是15.2万元，而非16万元；准备销售给广东省桂洲、容奇两家自来水公司的软件，不是天利公司的产品，而是他委托肖某勇、汪某全重新开发的产品，所以价格也高；销售软件是公司的行为，不是他个人的行为。王某涛的辩护人辩称：①本案所指控的行为是单位行为，不是个人行为；王某涛虽然是单位负责人，但是由于涉案的数额达不到单位犯罪数额，因此不构成侵犯著作权罪。检察机关对王某涛个人提起公诉不当。②法律上所说的"获利"，应当除去成本，公诉机关的指控包括成本。③指控从青岛、大同获利16万元不对，应当是经营数额15.2万元。④泓瀚公司与广东的两家公司仅订了合同并收取定金，尚未提供软件，不能认定准备提供的软件系天利公司的产品。综上，请求法庭对王某涛作出无罪判决；同时民事部分亦不应由王某涛个人承担赔偿。

公诉机关针对被告人王某涛的辩解，出示了泓瀚公司的来往账目情况，并在第二次开庭时宣读了肖某勇、汪某全的证词，用以证明泓瀚公司并未经营过其他正常业务，实为王某涛为犯罪而开设。因此，属王某涛个人犯罪。公诉机关还认为，证据证明了王某涛从未委托肖某勇、汪某全重新开发过计算机软件，所以关于准备销售给广东省桂洲、容奇两家自来水公司的软件不是天利公司的产品，而是委托他人重新开发的软件的辩解不能成立。

杭州市下城区人民法院确认：公诉机关指控被告人王某涛侵犯著作权，事实清楚，所举证据确实、充分，且能相互印证，可作为定案的根据。王某涛及其辩护人对公诉机关列举的大部分证据未能提出实质性的异议；所提从青岛和大同自来水公司收到的只有15.2万元而非16万元的意见，经查与事实相符，应予采纳。其他系单位犯罪而非个人犯罪、准备销售给广东两家单位的软件系重新开发而不是天利公司软件等辩护意见，与查明的事实和法律规定不符，不予采纳。关于附带民事部分的损失，其中雇用出租车的费用不予支持，其余经核实应为28.69万元。杭州市下城区人民法院认为：附带民事诉讼原告人天利公司开发了"天丽鸟软件"，该公司是著作权人。被告人王某涛以营利为目的，未经著作权人许可，复制销售他人计算机软件，违法所得数额巨大，其行为已触犯《中华人民共和国刑法》（以下简称《刑法》）第217条第1项的规定，构成侵犯著作权罪。公诉机关指控的罪名成立。王某涛的犯罪行为给天利公司造成经济损失，依照《刑法》第36条第1款的规定，王某涛应当承担赔偿责任。据此，杭州市下城区人民法院判决：①被告人王某涛犯侵犯著作权罪，判处有期徒刑 4 年，并处罚金人民币 2 万元；②被告人王某涛赔偿附带民事诉讼原告人天利公司人民币 28.69 万元。

第一审宣判后，王某涛不服，以销售给青岛、大同两公司的软件是让肖某勇重新开发的；销售给广东两公司的软件是网络版，与天利公司的产品在运行环境、源码上均不相同；本公司有大量合法业务，并非仅为犯罪而设立；本人主观上没有侵犯天利公司软件著作权的故意，并且是代表泓瀚公司从事业务活动，应当由公司承担一切责任为由提出上诉，请求二审改判。王某涛的辩护人认为，肖某勇并未按照王某涛的指令修改软件，提供的还是天利公司软件的复制品，对这一点王某涛并不明知，在王某涛看来，软件经过修改以后不会侵犯他人的版权。因此王某涛的主观上不具备侵犯著作权的故意，其行为不构成犯罪。天利公司的软件未办理登记手续，无权提起民事诉讼。

杭州市人民检察院认为，上诉人王某涛的公司不具备短期开发软件产品能力，其所谓的重新开发和深层次开发，只是将他人的软件改换文字、画面和标识。杭州泓瀚系统软件有限公司虽依法设立，但开展的业务主要是复制、销售侵权软件产品，依照《最高人民法院关于审理单位犯罪案件具体应用法律有关问题的解释》（以下简称法释［1999］14 号文）第 2 条关于"个人为进行违法犯罪活动而设立的公司、企业、事业单位实施犯罪的，或者公司、企业、事业单位设立后，以实施犯罪为主要活动的，不以单位犯罪论处"的规定，应当以个人犯罪定案。原判认定事实及对被告人定罪量刑并无不当，上诉理由不能成立，建议二审法院驳回上诉，维持原判。

附带民事诉讼原告人天利公司及其委托代理人认为，原判认定事实及确定的赔偿数额合法合理，应当维持。

杭州市中级人民法院经审理，除认定了一审查明的事实以外，还针对上诉人王某涛的上诉理由及其辩护人的辩护意见查明：上诉人王某涛原是附带民事诉讼原告人天利公司的职员。天利公司于 1996 年 6 月开发了"天丽鸟软件"。1998 年 4 月，王某涛从天利公司辞职，与他人合伙注册成立了泓瀚公司。王某涛的辩护人提供了任某、孟某根的书面证言及合作协议，能证实王某涛的公司拥有科杭公司、嘉科公司软件的代理销售权，但不能证实其已发生了代销业务。

［法律问题］

1. 判断王某涛销售的"泓瀚软件"是否复制了天利公司开发的"天丽鸟软件"的标准是什么？

2. 如何判定构成侵犯著作权罪？

3. 被侵权人如何在侵犯著作权罪案件中寻求救济？

［参考结论与法理精析］

（一）法院意见

杭州市中级人民法院认为：上诉人王某涛及其辩护人提出已销售给青岛、大同两公司的软件是让肖某勇重新开发的；准备销售给广东两公司的软件是网络版，与天利公司的产品在运行环境、源码上均不相同的意见，已经被鉴定结论以及证人肖某勇、汪某全的证言证明不是事实，王某涛本人也无法提供出其公司独立开发出来的软件产品作为证据。王某涛未经软件著作权人天利公司的同意，擅自复制、修改天利公司软件作品，并将这一软件作品作为自己公司的产品进行销售，非法获利达20万元以上，其行为已触犯《刑法》第217条的规定，构成侵犯著作权罪，应当承担刑事责任。被害单位天利公司由于王某涛的犯罪行为而遭受物质损失，在刑事诉讼过程中有权提起附带民事诉讼。王某涛对因自己的犯罪行为使天利公司遭受的销售损失和为制止侵权而支出的合理费用，应当承担赔偿责任。原审法院对王某涛的定罪正确，量刑适当，确定赔偿合理，审判程序合法。上诉人王某涛及其辩护人提出，不知道肖某勇没有按照王某涛的安排对"天丽鸟软件"作80%的修改或者重新开发，因此王主观上没有侵权故意，国务院颁布的《计算机软件保护条例》第23条规定，"在他人软件上署名或者更改他人软件上的署名的"，"未经软件著作权人许可，修改、翻译其软件的"等行为，均属侵犯软件著作权，因此即使王某涛确实对肖某勇提出过上述要求，也属侵权行为。故关于王某涛没有侵犯著作权主观故意的辩解和辩护意见，不能成立。

证人肖某勇、任某、孟某根等人的证言及泓瀚公司的来往账目已经证明，从事侵权软件的复制和销售，是王某涛的公司设立后的主要活动，王某涛关于公司设立后有大量合法业务的辩解不能成立。依照法释〔1999〕14号文第2条的规定，对王某涛以公司的名义实施的侵犯著作权行为，不以单位犯罪论处。王某涛的辩护人提出，法释〔1999〕14号文是1999年6月25日公告，7月3日才开始施行。本案指控王某涛的行为，发生在这个司法解释公告施行之前，不应对本案适用。本院认为，司法解释只是最高人民法院对于在审判过程中如何具体应用法律、法令的问题所作的解释，它从施行之日起就对各级人民法院的审判工作发生法律效力。因此，法释〔1999〕14号文对本案应当适用。

王某涛的辩护人还提出，附带民事诉讼的原告人天利公司没有给自己的软件办理软件著作权登记，无权提起民事诉讼。对此，《计算机软件保护条例》第21条的规定是软件著作权人"可以向国务院著作权行政管理部门认定的软件登记机构登记"，并非必须登记，更没有不登记就无权提起民事诉讼的规定。辩护人的这一意见不予采纳。

综上，杭州市中级人民法院裁定驳回上诉，维持原判。

（二）本案涉及的法律问题及其影响

本案首先为我们揭示了侵犯著作权罪的构成。根据我国《刑法》第217条第1项的规定，侵犯著作权罪是指以营利为目的，未经著作权人许可复制发行其作品，出版他人享有专有出版权的图书，未经许可复制发行录音录像制作者制作的音像制品，或者制售假冒他人署名的美术作品，违法所得数额较大或者有其他严重情节的行为。据此在认定侵犯著作权罪时应具备以下条件：①行为人具有营利的目的；②行为人未经著作权人许可实施了侵害著作权的行为；③违法所得数额较大或者有其他严重情节。本案正是基于这一判定标准认定被告人王某涛实施了以营利为目的的销售行为；对他人软件实施了"复制发行"行为；其违法所得数额高达27万余元；从而构成了侵犯著作权罪。

其次，本案为我们正确适用现行法律规定，对侵犯著作权罪的定罪量刑标准提供了参考。我国《刑法》第217条规定的侵犯著作权罪确定了两个定罪量刑标准：①"违法所得数额"；②"情节"。关于"违法所得数额"，根据《最高人民法院关于审理生产、销售伪劣产品刑事案件如何认定"违法所得数额"的批复》（已于2013年1月失效）的规定，是指生产、销售伪劣产品获利的数额，即扣除成本、税收后的获利数额。关于"情节"，按照《最高人民法院关于审理非法出版物刑事案件具体应用法律若干问题的解释》第2条的规定，包括"非法经营额"，即通常所说的"流水额""毛利"，包含成本、税收的总额。可见人民法院审理此类案件，由于对侵犯著作权的行为同时可以按"违法所得数额"或"非法经营数额"两种标准来衡量，在考虑刑罚适用时，应当选择适用处罚较重的标准定罪处刑。

拓展案例

案例一：　　　　**北京易查无限信息技术有限公司、**
　　　　　　　　　于某侵犯著作权罪案[1]

被告单位北京易查无限信息技术有限公司（以下简称易查公司）系"易查网"的经营者。该公司的法定代表人及技术负责人于某提出开发触屏版小说产品的方案。自2012年起，于某为提高"易查网"的用户数量，在未获上海玄霆

---

〔1〕　参见上海浦东新区人民法院（2015）浦刑（知）初字第12号刑事判决书及2017年中国法院知识产权司法保护十大案件简介。

娱乐信息科技有限公司（以下简称玄霆公司）许可的情况下，擅自使用软件，复制、下载玄霆公司发行于"起点中文网"网站上的《仙傲—雾外江山》等文字作品，存储在易查公司的服务器内，供移动电话用户在小说频道内免费阅读，再通过在"易查网"内植入广告，使用易查公司的银行账户收取广告收益分成。易查网将 WEB 小说网页转码成 WAP 网页供移动用户阅读。

公安机关扣押了易查公司的服务器硬盘，鉴定人员以此搭建出局域网环境下的"易查网"，发现可以搜索、阅读并下载小说。鉴定人员对从硬盘中下载的798 本小说与玄霆公司享有著作权的同名小说进行了比对，确定相同字节数占总字节数 70% 以上的有 588 本。2014 年 4 月 21 日，被告人于某主动向公安机关投案。同年 8 月 21 日，被告单位易查公司向玄霆公司支付人民币 800 万元。

被告人及其辩护人提出，"易查网"的开发设想系提供搜索及转码服务，而非内容服务，即在用户搜索并点击阅读时，对来源网页进行转码后临时复制到硬盘上形成缓存并提供给用户阅读，当用户离开阅读页面时自动删除该缓存。玄霆公司的侵权通知函中提到侵权作品有四千多部，而鉴定结论中仅有五百多部作品构成实质性相似，可见"易查网"是有自动删除机制的。易查公司在收到玄霆公司发来的侵权通知函后即联系对方，要求补充提供侵权链接及版权证明以便定位侵权作品，但未收到任何反馈。玄霆公司的通知函不能构成有效的侵权通知，故易查公司不存在主观过错，未侵犯著作权，更不构成侵犯著作权罪。

法院认为，玄霆公司通过与涉案文字作品的作者签订协议，享有涉案作品的著作权。未经玄霆公司许可，通过信息网络向公众传播其文字作品的数量合计在 500 部以上的，构成侵犯著作权罪。根据控辩双方的意见，本案的关键在于"易查网"小说频道提供的服务系内容服务，还是搜索、转码服务。"易查网"在将其所谓"临时复制"的内容传输给触发"转码"的用户后，并未立刻将相应内容从服务器硬盘中自动删除，被"复制"的小说内容仍可被其他用户再次利用。"易查网"在提供小说阅读服务过程中，不仅进行了网页的格式转换，还在其服务器中存储了经过格式转换的网页内容，使后来的用户可以直接从其服务器中获得。可见，上述行为已明显超出转码技术的必要过程，所谓"临时复制"的内容已具备独立的经济价值。因此，易查公司的小说服务模式构成对作品内容的直接提供，在此情形下，即便"易查网"设置了所谓的删除机制，也不改变其行为的性质。易查公司未经著作权人许可，通过"易查网"传播他人享有著作权的文字作品五百余部，情节严重，已构成侵犯著作权罪。于某作为易查公司直接负责的主管人员，亦应承担侵犯著作权罪的刑事责任。

本案中，易查公司及于某具有自首和通过赔偿获得被害单位谅解等酌情从轻处罚情节，法院综合考虑本案的犯罪情节、后果，依法判处北京易查无限信息技术有限公司犯侵犯著作权罪，罚金 2 万元；并判处于某拘役 3 个月缓刑 3 个月及罚金 5000 元；追缴违法所得。宣判后，易查公司、于某均未提出上诉。

案例二：　　　　　　"番茄花园"软件网络盗版案[1]

2006 年 12 月至 2008 年 8 月期间，四川网联互动广告有限公司（另案处理）和被告单位成都共软网络科技有限公司为营利，由被告人孙某忠指示被告人张某平和被告人洪某、梁某勇合作，未经微软公司的许可，复制微软 WindowsXP 计算机软件后制作多款"番茄花园"版软件，并以修改浏览器主页、默认搜索页面、捆绑他公司软件等形式，在"番茄花园"版软件中分别加载百度时代网络技术（北京）有限公司、北京阿里巴巴信息技术有限公司、北京搜狗科技发展有限公司、网际快车信息技术有限公司等多家单位的商业插件，通过互联网在"番茄花园"网站、"热度"网站发布供公众下载。其中被告人洪某负责制作的番茄花园 WINXP SP3 V.3300、WINXP SP2 V3.3、WINXP SP3 V1.0、WINXP SP2 V3.5、WINXP SP2 V3.4、WINXP SP3 V1.21、WINXP SP3 V1.1、WINXP SP2 安装版和免激活版累计下载 71 583 次，被告人梁某勇负责制作的番茄花园 WINXP SP2 V6.2、LEINLITEXP SP3 V1.0 美化版累计下载 8018 次，郑某槟（另案处理）负责制作的番茄花园 GHOSTXP SP3 Vl.0、GHOSTX PsP3 V1.1、GHOSTXP SP3 V1.2 版累计下载 117 308 次。被告单位成都共软网络科技有限公司从百度时代网络技术（北京）有限公司获取非法所得计人民币 935 665.53 元、从北京阿里巴巴信息技术有限公司获取非法所得计人民币 1 611 996.46 元、从北京搜狗科技发展有限公司获取非法所得计人民币 69 538.50 元、从网际快车信息技术有限公司获取非法所得计人民币 307 086.6 元。综上，被告单位成都共软网络科技有限公司违法所得共计人民币 2 924 287.09 元。

苏州市虎丘区人民法院判决：①被告单位成都共软网络科技有限公司犯侵犯著作权罪，判处罚金人民币 8 772 861.27 元，上缴国库。②被告人孙某忠犯侵犯著作权罪，判处有期徒刑 3 年 6 个月，并处罚金人民币 100 万元，上缴国库。③被告人张某平犯侵犯著作权罪，判处有期徒刑 2 年，并处罚金人民币 10 万元，上缴国库。④被告人洪某犯侵犯著作权罪，判处有期徒刑 3 年 6 个月，并处罚金人民币 100 万元，上缴国库。⑤被告人梁某勇犯侵犯著作权罪，判处有期徒刑 2 年，并处罚金人民币 10 万元，上缴国库。⑥被告单位成都共软网络科

---

〔1〕　参见江苏省苏州市虎丘区人民法院（2009）虎知刑初字第 0001 号刑事判决书。

技有限公司的违法所得计人民币 2 904 287.09 元，予以没收，上缴国库。

苏州市虎丘区人民法院经审理认为：本案中，虽然被告单位及各被告人通过互联网在"番茄花园"网站、"热度"网站发布涉案番茄花园版 Windows 系列软件时，是供公众免费下载的，没有直接从中盈利，但在发布涉案"番茄花园"版 Windows 系列软件的同时，被告单位及各被告人通过修改浏览器主页、默认搜索页面、捆绑需推广的客户商业软件等手段，获得了广告费、推广费等巨额间接收入，共计人民币 2 924 287.09 元。因此，可以认定共软公司、孙某忠、张某平与洪某、梁某勇实施涉案行为的真实意图，正是在于追求巨额广告费、推广费收益，明显具有营利目的。

微软公司是微软 Windows 软件的合法著作权人。根据苏州市公安局信息网络安全监察处制作的远程勘验工作记录，"番茄花园"版 Windows 系列软件在界面上显示该软件系微软公司授权"番茄花园"制作，而根据微软公司出具的证明，微软公司没有授权任何个人、公司制作其软件。根据中国版权保护中心版权鉴定委员会出具的中版鉴字（2008）第 008 号至第 024 号鉴定报告以及中版鉴字（2008）第 008 号至第 024－2 号鉴定报告的补充说明，涉案"番茄花园"版 Windows 系列软件与微软 Windows 软件相比对，二者的核心程序均集中在 Windows 目录下，且二者的目录结构和文件存在大量相同的内容。据此，可以认定涉案"番茄花园"版 Windows 系列软件是根据微软 Windows 软件核心程序进行复制的产物，被告单位及各被告人系在未经软件著作权人许可的情况下实施侵权复制行为。被告人孙某忠、张某平、洪某、梁某勇在供述中，亦承认涉案"番茄花园"版 Windows 系列软件系盗用微软 Windows 软件加以修改、美化而成。

信息网络领域的"发行"存在一定的特殊性，与一般媒介的"发行"行为有区别。根据《最高人民法院、最高人民检察院关于办理侵犯知识产权刑事案件具体应用法律若干问题的解释》第 11 条第 3 款的规定，行为人通过信息网络向公众传播他人文字作品、音乐、电影、电视、录像作品、计算机软件及其他作品的行为，应当视为《刑法》第 217 条规定的"复制发行"行为。据此，本案被告单位及各被告人通过互联网发布涉案"番茄花园"版 Windows 系列软件供不特定社会公众下载，无论其是否收取下载费用，都应当视为《刑法》第 217 条规定的"复制发行"行为。

《最高人民法院、最高人民检察院关于办理侵犯知识产权刑事案件具体应用法律若干问题的解释》第 5 条第 2 款规定："以营利为目的，实施《刑法》第 217 条所列侵犯著作权行为之一，违法所得数额在 15 万元以上的，属于'违法所得数额巨大'……"根据本案查明的事实，被告单位成都共软网络科技有限公司及被告人孙某忠、张某平、洪某、梁某勇通过实施涉案行为，收取广告费、推广费共计人民币 2 924 287.09 元，属于违法所得数额巨大。《最高人民法院、最高人民检察院关于办理侵犯知识产权刑事案件具体应用法律若干问题的解释（二）》第 1 条规定："以营利为目的，未经著作权人许可，复制发行其文字作品、音乐、电影、电视、录像作品、计算机软件及其他作品，复制品数量合计在 500 张（份）以上的，属于《刑法》第 217 条规定的'有其他严重情节'；复制品数量在 2500 张（份）以上的，属于《刑法》第 217 条规定的'有其他特别严重情节'。"根据苏州市公安局信息网络安全监察处对"番茄花园"网站和"热度"网站进行远程勘验的结果，洪某负责制作的"番茄花园"WINXP SP3 V.3300、WINXP SP2 V3.3、WINXP SP3 V1.0、WINXP SP2 V3.5、WINXP SP2 V3.4、WINXP SP3 V1.21、WINXP SP3 V1.1、WINXP SP2 安装版和免激活版等侵权软件累计下载 71 583 次，梁某勇负责制作的"番茄花园"WINXP SP2 V6.2、LEI NLITE XP SP3 V1.0 美化版等侵权软件累计下载 8018 次。据此，可以认定涉案复制品数量在 2500 张（份）以上，被告单位及各被告人实施涉案侵犯著作权犯罪行为具有《刑法》第 217 条规定的"其他特别严重情节"。

综上，被告单位成都共软网络科技有限公司及被告人孙某忠、张某平、洪某、梁某勇以营利为目的，未经著作权人许可复制发行其计算机软件，违法所得数额巨大，情节特别严重，均已构成侵犯著作权罪。孙某忠作为被告单位直接负责的主管人员，张某平作为被告单位的直接责任人员，应当依法承担刑事责任。在共同犯罪中，被告单位及孙某忠、张某平、洪某均起主要作用，均系主犯，应按照其参与的全部犯罪处罚。梁某勇受洪某指使复制、发行他人计算机软件，在共同犯罪中起辅助作用，系从犯，应减轻处罚。张某平犯罪后自动投案，如实供述自己的罪行，构成自首，依法可减轻处罚。

[问题与思考]

1. 如何界定著作权侵权行为与著作权刑事犯罪行为？
2. 依法判处著作权犯罪时应如何保护著作权人的民事权益？
3. 如何正确理解著作权犯罪与刑罚的价值取向？

[重点提示]

拓展案例主要涉及著作权一般侵权行为与犯罪行为的界限问题。侵犯著作权罪在主观方面表现为故意，并且具有营利的目的。犯罪行为侵犯的客体既包括国家对文化市场的管理秩序，又包括著作权人对其作品依法享有的著作权，还包括著作邻接权人对其传播作品依法享有的权利。犯罪的客观方面表现为以营利为目的，违反著作权管理法规，未经著作权人许可，侵犯他人著作权，违法所得数额较大或者有其他严重情节的行为。

第十章

专利法的立法宗旨

知识概要

　　专利权是知识产权体系的重要组成部分，专利制度是关于专利申请、审查、授权、保护和救济的制度总称。专利法是具体规定专利制度的法律。我国 2020 年修订的《专利法》第 1 条指出了专利法的立法目的：为了保护专利权人的合法权益，鼓励发明创造，推动发明创造的应用，提高创新能力，促进科学技术进步和经济社会发展，制定该法。其中，"保护专利权人的合法权益"是《专利法》的立法核心，"鼓励发明创造"是《专利法》的立法目的之一，专利制度正是通过授予专利权人一定期限的专有权，达到进一步鼓励发明创造的目的；"推动发明创造的应用"也是《专利法》的立法目的之一，鼓励发明创造并不是《专利法》的终极目的，只有将发明创造转化为生产力才能够体现发明创造的实际价值，对发明创造的推广应用有利于其社会价值的充分体现；"提高创新能力"是 2008 年第三次修订《专利法》增加的内容，是结合国家知识产权战略纲要和建设创新型国家的要求而提出的，是适应新时代发展的重要修改；科学技术是我国现阶段社会主义现代化建设的重要基石之一，科学技术现代化是实现社会主义现代化的关键，因此，"促进科学技术进步和社会经济发展"为正式将专利工作纳入全国科技创新体系奠定了法律基础，也使专利工作更有效地适应社会主义现代化建设的需要。

经典案例

中国 DVD 专利门[1]

[基本案情]

21 世纪初，中国已成为全球 DVD 生产大国，我国 DVD 市场已趋于成熟，产品质量和形象与国际名牌不相上下，而低价优势对日本等国外同类产品构成强有力的威胁。在国内市场，国外品牌 DVD 一直也进不了市场前 5 位，而国产 DVD 的出口规模却越来越大。在此背景下一些国外技术开发商以中国 DVD 企业没有获得知识产权认证为由，要求中国 DVD 生产企业缴纳专利费。国外厂商这些举动的实质是要利用"专利技术"这个杀手锏，来"封锁"中国的 DVD 产品进入国际市场。

1999 年 6 月，东芝、松下、日本胜利、三菱电气、日立和时代华纳 6 家 DVD 核心生产企业（6C）宣布"DVD 专利联合许可"声明：6C 拥有 DVD 核心技术的专利所有权，世界上所有从事生产 DVD 专利产品的厂商，必须向 6C 购买"专利许可"才能从事生产，且允许生产厂家一次性取得 6C 专利许可证书。2000 年 11 月，6C 又在北京宣布了他们的"DVD 专利许可激励计划"。计划称：凡于 2000 年 9 月 1 日起 8 个月内执行专利许可协议的企业，都可以享受 25% 的价格优惠；而没有在 9 月 1 日以后 8 个月内执行专利协议的公司，除支付专利费用外，还要缴纳每月 2% 的利息。2002 年 1 月 9 日，中国深圳普迪公司出口到英国的 3864 台 DVD 机被飞利浦通过当地海关扣押；2 月 21 日，德国海关也扣押了惠州德赛公司的 DVD 机。2002 年 3 月 8 日，6C 发出书面最后通牒，表示中国 DVD 企业务必在 3 月 31 日之前与 6C 达成专利费交纳协议，要价是每台 DVD 收取 20 美元。该"通牒"说：6C 在过去的两年间十分努力地与 CAIA（中国电子音响工业协会）进行了多达 9 次的谈判，但是，CAIA 拒绝了对等公平的标准许可政策，导致谈判于 2002 年 1 月 10 日破裂，其结果是 CAIA 接受 6C 单独地与各家中国生产企业谈判，为此，6C 特郑重通知中国公司，务必在 2002 年 3 月 31 日之前与 6C 达成协议。2002 年 4 月 19 日，6C 与中国电子音响工业协会达成协议，中国公司每出口 1 台 DVD 播放机，将支付 4 美元的专利使用费。2002 年 10 月，中国电子音响工业协会再次与 3C 公司——日本索尼、先

---

〔1〕 参见田力普编著：《中国企业海外知识产权纠纷典型案例启示录》，知识产权出版社 2010 年版，第 43~50 页。

锋和荷兰飞利浦公司达成协议，中国每出口 1 台 DVD 播放机，支付 5 美元的专利使用费。6C、3C 专利费收缴成功带来专利大军压境，中国企业还与汤姆逊、杜比、MPEG 等外国企业陆续签订专利费协议，目前总缴费金额已达 12 美元。中国出口 DVD 价格每台上涨 10 美元左右。

2002 年 11 月，国外企业再次提出要求：从明年 1 月 1 日开始，在国内生产的内销 DVD 产品也要开始缴纳专利费，6C、3C 和 MPEG 等合计收费 12~13 美元。2004 年 6 月，无锡多媒体有限公司正式在美国圣地亚哥市的加利福尼亚州南方联邦地区法院递交起诉书，状告 3C 专利联盟，指控其目前针对中国 DVD 企业的征收专利费行为，违反美国《谢尔曼法》，以及加利福尼亚州垄断法等法律，并要求判决 3C 部分专利无效及无法执行，并追偿超过 30 亿美元的专利收费。同时，东强数码等公司也以同样诉讼理由状告 3C，诉称其征收的专利费超过国际通行的 3%~5% 的标准，已经构成专利滥用；在多起诉讼的压力下，2005 年 3 月 10 日，6C 表示将降低专利收费；但中国企业并不领情；2005 年，中国高校 5 位学者针对 3C 专利池中的以飞利浦公司为权利人的"编码数据的发送和接受方法以及发射机和接收机"的中国发明专利，向国家知识产权局专利复审委员会提出专利权无效宣告请求。2006 年 12 月 10 日，5 位学者与飞利浦公司签署联合声明，飞利浦公司决定将该项专利从 3C 专利营许可协议的专利清单中撤出。我国 DVD 行业取得了狙击专利联盟的初步胜利。

[法律问题]

1. DVD 专利收费一揽子收费构成权利滥用吗？

2. 如何利用专利制度加强我国自主创新能力，避免 DVD 专利门的重演？

[参考结论与法理精析]

1. 从法律方面来看，6C 或 3C 并没有采用通常所用的单独许可形式，而是采用了专利权人联盟的联合许可（patent pool，也译为"专利池"）的形式。这种联合许可首先涉嫌反垄断法的限制竞争协议——6C 成员处于同一产销阶段并具有水平竞争关系，联合许可采取了企业之间的协议、企业联合组织的决议或相互协调一致行为，因而限制了竞争。首先，6C 对专利费的统一确定，属于各国及地区限制竞争协议中的"商定价格"。其次，6C"联合声明"关于"必须向 6C 购买专利许可才能从事生产"的表述排除了单独许可的可能性。最后，联合许可不仅限制了同行业竞争，也使被许可人受到限制，即被许可人失去了选择机会，其利益由此受到了损害。联合许可还涉嫌反垄断法中的滥用市场支配地位问题——6C 或 3C 借助于联合许可已导致在 6C 或 3C 中间不存在实质性的竞争或实际上的价格竞争，虽未独占但各自控制了大部分核心专利，在拥有了市场支配地位之后又涉嫌滥用：①联合定价和维持价格。6C 或 3C 对许可费标准统一的规定属于联合定价。目前 DVD 价格已从当初的 300 多美元降到 30 美元～40 美元，但 6C 规定的专利费标准并没有改变。②搭售。6C 或 3C 许可的专利中可能存在重复和交叉，即有我国企业所不需要的专利技术。他们通过捆绑销售专利来达到行业垄断的目的，实际上是利用专利联盟来实现专利权的一揽子许可，构成权利滥用。

2. 产生 DVD 专利门的原因有多种，其中，企业经营没有抓住价值链的战略环节、基础研发（R&D）投入严重不足和企业专利意识不强是几个比较主要的原因。

中国已加入 WTO，承诺履行 TRIPS 规定保护包括专利权在内的知识产权的义务。应该说，DVD 专利之争是国内企业的企业战略失策的典型表现，它意味着若仅仅将眼光放在产量上和价格战上是一种战略性失误。企业要想生存和发展，必须站在技术竞争的高度，将专利战略纳入企业战略的核心位置，然后才能有经营战略、销售战略。

随着知识产权制度的完善，企业应当实现自身定位的转型，从知识产权制度的受害者转换成为知识产权制度的受益者。企业应当引进国外先进专利技术中的专利战略，善于利用专利制度，增强创新能力，塑造完整的知识产权堡垒保护自己，提高竞争力。我们应立志做世界制造工厂，而不是世界加工厂；要形成一个具有技术竞争力的中国制造业，而不能成为任人宰割、没有专利的加工厂。这一目标需要企业知识产权战略的成熟，同时更需要国家知识产权战略的完善。建立健全的专利制度，发挥专利制度的作用，提高全民的创新能力，是实现这一目标的必经之路。

DVD 专利门使得中国高新技术企业开始重视知识产权的重要性，逐步构建起以专利战略为中心的知识产权战略体系。

拓展案例

案例一：

2003 年 8 月，吴江市一家阀门厂厂长李某以侵犯专利权为由，将以生产、销售阀门而闻名的江苏省扬中市一家公司董事长陈某告上了南京市中级人民法院。原告李某声称被告扬中市这家公司生产的产品侵犯了自己同类产品的专利权，并称被告生产同样的产品销往江苏、山东、四川等地，给原告造成了巨大的经济损失，请求判令被告立即停止侵权行为，销毁侵权产品及生产模具，赔偿原告经济损失 10 万元，并承担本案的全部诉讼费用。为应对突如其来的"官司"，被告花重金聘请律师调查应诉，调查结果显示：上述所谓专利属于吴江市一家阀门厂的厂长李某，于 2001 年 12 月获得名为"消防用球阀"的实用新型专利，随后陈某立刻找出国家标准进行对比，发现涉案的"消防用球阀"实用新型专利的技术方案已经充分披露，和早就公开的国家标准完全相同，属于没有任何创新的"垃圾专利"。遭到"垃圾专利"侵扰，气愤之余的陈某，立即向国家知识产权专利局专利复审委员会提出无效宣告请求，并请求南京市中级人民法院暂时中止专利侵权案的审理。申请专利无效成了第二场"官司"，折腾了长达一年半之久后，国家知识产权专利局专利复审委员会作出了无效宣告请求审查决定书，以缺乏新颖性为由宣告李某的专利权全部无效。原告仍以"不服上述无效宣告决定"为由，起诉至北京市第一中级人民法院。身心疲惫的陈某不得不再次聘请律师赶赴北京，直到 2005 年 3 月才拿到法院"维持宣告无效决定"的生效判决书。至此，陈某已经为这场从天而降的官司支付了数万元的差旅费、调查费、鉴定费，耗时达近两年之久。气愤不已的陈某回到南京后，立即以原告的身份，起诉李某恶意诉讼，索赔各项经济损失 5 万元。法院同意受理，并决定与前面的专利权纠纷合并审理。自知理亏的李某在法院开庭后不久就提出撤诉要求，法院认为鉴于双方已为专利权的案子纠缠了两年多，该产生的费用、损失都已产生，因此在对"恶意诉讼"进行审查之前，不准许李某撤诉。经过审理法院最后认定，李某明知"消防用球阀"实用新型专利申请不符合专利法关于授予专利权的实质要件，恶意申请并获得专利授权，继而控告他人侵犯其专利权，将无辜的被告拖入专利侵权诉讼、专利行政诉讼等诉讼漩涡，干扰其正常的生产经营活动，其行为严重背离专利制度设立的宗旨，已构成恶意诉讼，应当承担相应的法律责任。判定李某赔偿原告已支付的律师代理费、公告费等经济损失 21 500 元，案件受理费 5520 元也由李某全部负担。

江苏省高级法院知识产权庭经过复查维持了一审判决。

本案法院通过判决的方式确认恶意诉讼侵权，并作出了对受害方具有补偿性的判决，给司法实践中恶意诉讼案件的处理起到了非常好的指引作用。

案例二：

涉案专利是专利号为 ZL201020231137.5、名称为"改良的防护套"的实用新型专利，专利权人为韩某萍。涉案专利的申请日为 2010 年 6 月 17 日，授权公告日为 2011 年 1 月 19 日。2010 年 6 月 17 日，韩某萍提出了名称为"改良的防护套"的实用新型专利（简称涉案专利）申请，2011 年 1 月 19 日，涉案专利获得授权。2011 年 6 月 10 日，韩某萍的授权代理人秦某到东方示明公司购买了一个全利公司生产的型号为 L052、商标为 K－OK 卡斯澳卡牌的黑色 ipad 包（简称被控侵权产品）。全利公司辩称其享有先用权，并提交了（2011）京方圆内民证字第 02047 号公证书（简称第 2047 号公证书）和（2011）深南证字第 15273 号公证书（简称第 15273 号公证书）为证。第 2047 号公证书显示，2009 年 12 月 19 日全利公司已经在其网站上宣传被控侵权产品。第 15273 号公证书显示，2010 年 6 月 20 日，全利公司在淘宝网上销售了被控侵权产品。韩某萍在庭审中承认其从东方示明公司购买的被控侵权产品与第 15273 号、第 2047 号公证书中的被控侵权产品外形及型号一致。

一审法院认为，第 15273 号公证书中显示交易日为 2010 年 6 月 20 日，仅比涉案专利申请日晚 3 天，可以推定第 15273 号公证书中所示产品在涉案专利申请日之前已经开始生产并进入商品流通领域。第 2047 号公证书显示被控侵权产品的生产日期为 2009 年 12 月 19 日，早于涉案专利申请日。第 2047 号公证书和第 15273 号公证书可以证明在涉案专利申请日之前，全利公司已经生产和销售与涉案专利相同或相似的产品。全利公司在原有范围内继续生产、销售被控侵权产品，符合 2008 年修正的《专利法》第 69 条第 2 项的规定，无需为生产、销售被控侵权产品的行为承担民事责任。据此，一审法院判决：驳回韩某萍的全部诉讼请求。

韩某萍不服一审判决，提起上诉。二审法院认为，由于第 2047 号公证书和第 15273 号公证书记载的信息相互印证，证明在涉案专利申请日之前全利公司已经生产和推广被控侵权产品，而且，全利公司在诉讼中主张其已不再生产、销售被控侵权产品，韩某萍也未证明全利公司超出原有范围生产、销售被控侵权产品，因此一审判决合理推定全利公司未超出原有范围生产、销售被控侵权产品，符合 2008 年修正的《专利法》第 69 条第 2 项的规定，无需为生产、销售被控侵权产品的行为承担民事责任，并无不当。据此判决：驳回上诉，维持原判。[1]

本案是典型的在先权利阻碍专利侵权成立的案例，体现了在先权利对专利权的限制，平衡专利权人与社会公众的利益，体现了专利法的立法宗旨。

[问题与思考]

1. 从专利法的立法宗旨上分析专利恶意诉讼不符合专利立法宗旨的方面？

2. 如何判断和应对专利恶意诉讼？其认定条件是什么？

3. 如何理解专利权的限制制度在专利立法宗旨上所起的作用？我国专利法保护在先权体现了专利法的何种立法精神？

---

[1] 参见北京市高级人民法院（2012）高民终字第 2233 号民事判决书。

[**重点提示**]

专利恶意诉讼是近年来在司法实践中出现的新问题。在这种诉讼中，专利权被专利权人作为谋求不法利益的一种工具。由于我国现有法律对专利恶意诉讼问题缺乏明确具体的规定，从而导致人民法院在受理这一类案件时莫衷一是，使得这种行为不仅侵犯了对方当事人的合法权益，扰乱了正常的市场竞争秩序，同时也严重破坏了司法的权威性。研习时要通过具体案例的案情，结合专利法的立法宗旨，探讨专利恶意诉讼的概念、危害、判定及其规制。

第十一章

专利权的主体

知识概要

　　发明人或设计人是指对发明创造或外观设计的实质性特点作出创造性贡献的人。发明人专指专利法上发明的完成人。设计人专指实用新型或外观设计的完成人。在完成发明创造过程中，只负责组织工作的人、为物质技术条件的利用提供方便的人或者从事其他辅助工作的人，不能成为发明人或者设计人。[1] 发明人（或设计人）应该具备三个条件：①发明人应为自然人；②发明人应实际直接参加发明创造；③发明人应为发明做出创造性的实质贡献。[2] 发明创造的种类包括职务发明、非职务发明、合作发明和委托发明等，我国《专利法》对这几类发明创造的权利归属原则作了明确规定。

　　职务发明是指在本职工作中或在本单位领导交付的任务中作出的发明创造，或退职、退休、调动工作 1 年内作出的、与其在原单位本职工作或分配的任务有关的发明创造。所说本职，不是指行政管理而是指技术的研究、设计和开发等工作，其范围是个人的职务即工作责任的范围，它既不是单位的业务范围也不是个人所学的专业范围。所说本单位，是指职工所在单位及借调单位，此外外聘的专职人员应将聘任单位视为本单位。所说领导交付的任务，是指应单位领导的要求承担的短期或临时的任务。所说本单位的物质条件，是指本单位的资金、设备、零部件、原材料或不向外公开的技术资料等，单位公开的资料不在此列。

---

　　〔1〕　王迁：《知识产权法教程》，中国人民大学出版社 2011 年版，第 279 页。
　　〔2〕　冯晓青主编：《知识产权法》，中国政法大学出版社 2008 年版，第 216 页。

经典案例

唐某平诉中国嘉陵工业股份有限公司（集团）职务专利报酬纠纷案[1]

[基本案情]

唐某平原为中国嘉陵工业股份有限公司（集团）（以下简称嘉陵公司）职工。2004年7月15日，嘉陵公司与其配套企业力华公司、吉力公司共同申请了名为"摩托车用高能点火系统"的实用新型专利，并于2006年1月25日获得授权。该专利的共同专利权人为上述三家单位，并以嘉陵公司的职工刘某国、唐某平，力华公司的职工陈某以及吉力公司的职工周某林为共同设计人。该专利的权利要求书载明，高能点火系统包括顺序连接的磁电机、点火器、点火线圈与火花塞，其特征是将磁电机点火绕阻串联或并联在点火器的两个不接地的输入端上。2006年起，嘉陵公司开始在415摩托车上使用"摩托车用高能点火系统"。该高能点火系统的专用点火器为007点火器，2006年~2007年，嘉陵公司从配套厂家购进的007点火器扣除退货数量后总计为75 698个。嘉陵公司使用"摩托车用高能点火系统"生产摩托车以来，未向职务设计人支付报酬。唐某平诉至法院，要求：①被告嘉陵公司支付2006年~2007年的职务专利报酬1 630 421元；②被告嘉陵公司按照每月110 845元计算并支付2008年1月~5月的职务专利报酬；③在涉及本案专利权的放弃、终止、无效纠纷时，通知原告共同维护专利权，否则应按照上述第①、②项诉请赔偿原告经济损失；④由被告承担本案诉讼费用。

[法律问题]

1. 本案是否存在必要共同诉讼人？

2. 对"专利实施行为"的理解。

[参考结论与法理精析]

（一）法院意见

一审法院审理后认为：关于原告在涉案专利设计过程中的贡献大小问题。涉案职务专利技术成果完成人涉及嘉陵公司的职工为唐某平、刘某国二人，原告唐某平主张被告嘉陵公司应向其支付实施专利所得利润应付职务设计报酬的一半，即与第三人刘某国平分报酬。被告及第三人则认为原告在专利设计中仅起辅助作用，不应当平分报酬。被告据以证明其主张的证据主要涉及专利证书

---

〔1〕 参见重庆市高级人民法院（2008）渝高法民终字第246号民事判决书。

上的设计人排序以及被告证据4、证据8中的技术资料。对此本院认为，技术资料系专利申请后的一些会议记录、技术检测记录等，其中唐某平虽未参与或者仅在"校核"处签章，但不能直接反映唐某平在该专利设计过程中所作的具体工作和业绩；设计人排名在后也不必然表明其贡献较小；此外，被告及第三人在庭审中陈述唐某平在嘉陵公司的职务较刘某国低、立项由刘某国提出等事实，均不足以表明唐某平在专利设计过程中的实际工作情况。在没有足够证据证明被告及第三人的主张，亦无法查明唐某平在涉案专利设计过程中的具体贡献大小的情况下，本院依法推定原告关于与刘某国平分专利报酬的主张成立。

关于被告嘉陵公司是否实施了涉案专利问题。根据"摩托车用高能点火系统"专利的权利要求书和说明书的记载，该专利涉及一种由点火器、磁电机、点火线圈、火花塞组合而成的摩托车用高能量的点火系统，其保护范围涵盖了包括上述四项组成要素及其连接方式的完整系统，而非其中任何一项或几项单独的部件。被告嘉陵公司作为整车生产厂，从其配套企业力华公司、吉力公司分别购进专供该厂的、按照专利技术要求改进的点火器和磁电机，按照专利技术特征所述方式将其与点火线圈、火花塞连接，并将连接后的高能点火系统安装于摩托车，其行为亦属制造、销售专利产品，显系专利实施行为。该实施行为的特殊性仅在于其并非直接制造销售专利产品高能点火系统，而是组装完成高能点火系统并再组装于摩托车整车，专利产品的市场价值是通过整车的市场价值而最终实现的。据此，本院对被告辩称专利保护范围为磁电机和点火器、其为专利产品的使用人而非涉案专利的实施人的主张，不予支持。

关于原告要求在涉案专利权的放弃、终止、无效纠纷时由被告通知其共同维护专利权的主张是否成立的问题。本院认为，涉及专利权的放弃、终止、无效纠纷的处理，系专利权人对其知识产权所享有的处分权问题，原告作为职务设计人，对该专利所享有的权利限于法律规定的获得奖励和报酬的权利，除非双方另有约定，原告无权就专利权的处分对被告及其他专利权共有人提出任何要求或施加干涉和影响。据此，本院对原告的该项主张不予支持。

一审法院据此宣判：①被告嘉陵公司于本判决生效之日起5日内支付原告唐某平2008年5月前的职务专利报酬2万元。②驳回原告唐某平的其他诉讼请求。

唐某平与嘉陵公司均不服一审判决，提起上诉。唐某平上诉称其报酬计算方式并无不当，请求撤销原判，改判支持其诉请。嘉陵公司上诉称其仅是专利产品使用人，而不是专利实施人；嘉陵公司近3年生产销售涉案摩托车税后利润为负数，即使认定为实施人，也不符合支付报酬的法定条件，请求撤销原判，驳回唐某平的诉请。

二审法院审理后认为：关于嘉陵公司是否实施了涉案专利问题。嘉陵公司认为，涉案专利"一种摩托车用高能点火系统"只是个理想化的名称，其核心为磁电机和点火器，点火线圈和火花塞只是摩托车点火系统的常规部件，不涉及技术创新。而磁电机和点火器均非嘉陵公司生产，嘉陵公司只是按市场价采购了零部件磁电机和点火器后，安装于涉案摩托车上，安装程序及方式均为固有程序，不涉及专利权利要求书中所述的技术特征。故嘉陵公司并未实施涉案专利。本院认为，实用新型专利权的保护范围以其权利要求的内容为准，判断是否实施了该专利也应以其权利要求的内容为准。根据权利要求书的记载，涉案专利的独立权利要求为：顺序电连接的磁电机、点火器、点火线圈与火花塞，其特征是将磁电机点火绕阻串联或并联后并联在点火器的两个不接地的输入端上。故涉案专利并非仅包括磁电机和点火器，而应指由上述四项组成要素连接成的整体。嘉陵公司按照专利技术所述方式将磁电机、点火器与点火线圈、火花塞连接成高能点火系统后安装于摩托车的行为涉及制造、使用涉案专利产品，明显属于实施专利的行为。嘉陵公司关于其并未实施涉案专利的主张不能成立。此外，嘉陵公司还以涉案专利"存在重大技术瑕疵"为由，主张"专利产品生产者实际未按涉案专利的权利要求实施"。一审法院认为涉案专利存在技术缺陷的事实仅证明嘉陵公司实施专利过程中曾因技术的不完善而影响效益，但不能证明嘉陵公司未实施涉案专利。一审法院这一认定并无不当，本院予以确认。

关于嘉陵公司是否应当向唐某平支付报酬问题。嘉陵公司以其近三年生产销售涉案摩托车税后利润为负数为由，主张其不应向唐某平支付报酬。一审法院认为嘉陵公司提交的会计师事务所审计报告不能直接反映涉案摩托车的税后利润，《041590 摩托车成本利润统计表》系嘉陵公司单方制作，又无法与审计报告对应佐证，且不能完整反映所有专利摩托车的税后利润，故不确认涉案专利摩托车税后利润为负。本院认为，当嘉陵公司主张其生产销售涉案摩托车税后利润为负时，其应提供确切的证据以证明该主张，但其实际提供的证据不足以证明该主张，一审法院不确认涉案专利摩托车税后利润为负并无不妥，应予支持。

关于唐某平有无权利与嘉陵公司共同维护涉案专利问题。本院认为，唐某平是涉案专利的设计人之一，但并非专利权人，其依法只能请求嘉陵公司就涉案专利给予一定的奖励与报酬。嘉陵公司等专利权人在处分专利权时，可能会影响到唐某平获得报酬的权利，但这一权利实现与否本来就取决于专利权人实施专利的情况与处分专利的方式，处分专利权是专利人固有的权利，职务发明创造的发明人或设计人无权干涉。

关于一审判决有无超出诉讼请求范围问题。嘉陵公司以"一审起诉日为

2008 年 1 月 22 日，诉讼请求跨越的时间范围是 2006 年、2007 年两年，而一审法院审理和判决的结论是截至 2008 年 5 月"为由，认为一审法院审理范围超出了诉讼请求范围，这一主张不能成立。唐某平在一审庭审中将其第 2 项诉讼请求的计算时限明确为从 2008 年 1 月至 2008 年 5 月。一审法院审理和判决的结论截至 2008 年 5 月并没有超出唐某平的诉讼请求范围，也不违反不告不理的原则。

二审法院据此判决：驳回上诉，维持原判。

（二）本案涉及的法律问题及其影响

1. 本案关系到职务发明创造法律关系的理解。有观点认为，本案应当追加另 3 个专利设计人为共同原告。因为 4 个设计人共同设计完成了一个完整的专利技术方案，系共同的职务专利发明人，对于专利权人中的任何一个单位实施专利所获利润，他们应当共同享有职务报酬请求权，他们内部按照贡献大小比例分配。

本案一、二审法院均坚持认为本案不存在必要共同诉讼的问题。根据《专利法》第 6 条第 1 款的定义，职务发明创造是单位职工为执行本单位任务或者主要利用本单位的物质技术条件所完成的发明创造，因此劳动合同关系是职务发明创造法律关系产生和存在的基础和前提。职务报酬请求权根本上也是规范职工与其本单位的发明创造利益关系。在多个单位合作开发专利技术的情形下，各单位基于合同关系而共同开发，各单位职工依据其本单位下达的任务而合作进行具体技术工作，技术方案获得专利授权后，各单位依据合同成为共同专利权人。尽管专利技术方案是各个设计人共同劳动的成果，但各个设计人之间却不存在任何法律关系，各设计人分别依据劳动法律关系受其本单位的派遣和指示合作完成了职务发明创造，其依法仅仅享有在本单位实施专利的情况下向其本单位的职务报酬请求权。简言之，共同设计人之间只存在事实行为上的"共同"而不存在法律关系上的"共同"。前述共同设计人应为共同原告的观点，是将专利技术方案的完整性混同于设计人之间权利义务的共同性，将职务设计人依附于本单位实施专利而享有的报酬请求权扩大为专利权人对一切专利实施行为所享有的报酬请求权，是对职务专利报酬法律关系和法定权利的曲解。本案中，专利设计人涉及嘉陵公司的职工有两人，即唐某平和刘某国。由于设计人之间不存在共同的权利义务关系，唐某平单独起诉嘉陵公司请求其自认应得的报酬份额，自当允许。一审法院考虑到原告在全部职务报酬中实际应当享有的份额，与另一职工的份额直接相关，本案的处理结果与另一职工有法律上的利害关系，遂将另一职工刘某国追加为第三人参加诉讼。该第三人参加诉讼后如果也提出对单位的职务报酬请求，则可以作为共同原告，合并审理。

2. 对于本案这样由多个部件联结组合而成的系统专利而言，嘉陵公司主张专利所述"系统"只是个理想化的名称，其中真正涉及技术创新的部分，即嘉陵公司所称该专利的核心在于其中的磁电机和点火器两个部件，这一主张于法无据。根据《专利法》的规定，实用新型专利权的保护范围以其权利要求的内容为准，判断是否实施了专利也应以其权利要求的内容为准。根据权利要求书的记载，涉案专利的独立权利要求为：顺序电连接的磁电机、点火器、点火线圈与火花塞，其特征是将磁电机点火绕阻串联或并联后并联在点火器的两个不接地的输入端上。故涉案专利并非仅包括磁电机和点火器，其保护范围涉及上述四项组成要素连接而成的整体。嘉陵公司按照专利技术所述方式将磁电机、点火器与点火线圈、火花塞连接成高能点火系统后安装于摩托车的行为，覆盖了专利所述全部必要技术特征，属于制造、使用专利产品的专利实施行为。

本案引出的另一个法律问题在于，配套厂商仅生产专利系统所包含的磁电机或点火器，其行为是否属于专利实施行为？如果不把该行为认定为实施专利行为，则配套厂商的职务专利设计职工只能从单位获得奖励而无权要求报酬，这是否有违客观公平？有观点试图从间接侵权行为进行类推，认为既然未经专利权人许可生产、销售实施专利所必需的设备、零部件等构成间接侵犯专利权，则上述配套厂商生产、销售专利专供零部件应当认定为专利实施行为。

我国《专利法》尚无间接侵犯专利权的规定，目前在司法实践中对该类行为，一般按照1988年《关于贯彻执行〈中华人民共和国民法通则〉若干问题的意见（试行）》第148条"教唆、帮助他人实施侵权行为的人，为共同侵权人，应当承担连带民事责任"的规定处理。无论是"间接"侵权还是"帮助"侵权，均以存在直接实施专利侵权的行为为前提。从构成要件看，间接侵权行为的成立并不能证明该行为本身构成了实施专利的行为，而是为实施专利侵权提供了必不可少的物质帮助。由此，以间接侵权理论类推而认定配套厂商生产专利系统专用部件的行为构成专利实施行为，显然依据不足。

全面覆盖原则作为专利侵权判断的基本原则，是判断被控侵权行为是否实施了专利权从而构成侵权的原则，也当然是判断其他专利实施行为（包括合法行为）的不变法则。应当严格按照专利权利要求所确定的保护范围界定涉案行为是否属于专利实施行为，不能以权利救济的一时之需而扭曲了法律原则。因此，配套厂商生产专利系统专用零部件的行为不能认定为专利实施行为，按照涉案专利所述的保护范围，配套厂商不具备实施该专利的客观条件。至于因此造成的实际中的不公平，系由专利的申请及撰写造成的，并不能在本专利的诉讼中得到解决。比如，如果诚如嘉陵公司所主张，本专利真正涉及技术创新的核心在于磁电机和点火器，可以就该两个部件单独申请专利。

本案裁判的意义首先在于通过对职务专利实体法律关系的梳理，解决了职务专利报酬请求的适格主体及其法律地位问题；其次，在于通过对专利实施行为的详细阐述，强调实用新型专利权的保护范围以其权利要求的内容为准，判断各种专利实施行为也必须以其权利要求的内容为准的原则；最后，本案涉及支付职务专利报酬的条件及具体计算方式问题，以市场最接近的产品综合估算，立足于职务专利报酬的法律特征，较好地兼顾了保护职工权益、鼓励创新与推动专利运用及企业发展之间的利益平衡。

拓展案例

案例一：

某锁业公司于 2003 年 4 月 25 日设立，发起股东为甲、乙、丙三人。该公司的经营范围为数码智能锁具，数码智能安全防范设备的制造、销售；机电一体化及计算机软件技术开发、技术服务。丙任公司的执行董事、总经理。

2004 年 3 月 1 日，该锁业公司就"新锁具数码智能锁项目"申报"科技发展计划"，项目负责人为丙，主要研究人员为丙、丁、甲。2004 年 7 月 22 日，其项目计划被批准。2003 年 9 月至 2004 年 9 月，该项目获得某市拨款 40 万元。2005 年 8 月，丙向国家知识产权局提出"一种由钥匙提供电源的微功耗电子锁具"的发明、实用新型专利申请各一项，专利申请号分别为 2005100414845 和 2005200744982。两项专利申请的权利要求书基本相同，共有 41 项权利要求。对于丙以个人名义提出专利申请，甲、乙两人认为不妥，于是便于 2005 年 12 月向人民法院起诉，请求确认丙的专利申请权归其锁业公司。

法院经审理认为，公司高级管理人员或控股股东等以不当行为侵害公司利益，公司在不当行为控制之下不能或怠于以自己的名义主张权利，公司股东代表公司利益对不当行为人提起诉讼的，人民法院应予受理。原告甲、乙及被告丙均为某锁业公司的股东，而且被告丙身为该公司的执行董事，实际掌控该公司，该锁业公司在被告的控制之下不能以自己的名义主张权利，在此情形之下，两原告向人民法院起诉被告所申请的专利技术方案应属公司所有，并将其锁业公司作为第三人，其实质是代表公司利益对被告提起诉讼，符合法律规定。因此，被告认为原告不具备主体资格的主张不能成立，本院不予采纳。

对于被告认为涉案专利申请技术方案形成时间是在锁业公司设立之前，而且由其研制成功，设立锁业公司仅是为实现产业化的主张，法院认为，虽然被告提交了相关产品实物，但由于其形成时间无法确认，证人也不能证明该实物能揭示完整的专利申请技术方案；而且锁业公司自 2003 年 4 月成立后的两年时间里，一直未生产出"数码锁具"成品，直至 2005 年 6 月才有产品投放市场，这也表明在这两年时间里，锁业公司一直在研制开发相关产品。因此被告的这一抗辩主张本院也不予采纳。

法律规定，执行本单位的任务或主要是利用本单位的物质技术条件所完成的发明创造为职务发明，职务发明创造申请专利的权利属于该单位。经对比，原告提供的图纸等技术资料所反映的技术方案与被告的专利申请方案相同。证据表明，该锁业公司自 2004 年成立之后，将"数码智能锁具"项目申报为科技发展计划项目，被告丙作为该项目的负责人，研究人员还包括本公司丁、甲等人，不但锁业公司投入了相当的人力、物力，购买仪器设备，某市科技局为该项目还拨款支持，这些都足以证明被告丙等人为执行本单位的任务，并且利用了本单位的物质技术条件对"数码智能锁具"项目进行研发，研发成果应当归属于本单位——锁业公司。即使被告丙在锁业公司成立之前已独立从事数码锁具的研究开发并取得研究成果，也不能排除锁业公司在前述技术的基础上做进一步的研究、开发，形成新的技术方案，被告丙等人在执行单位职务并利用单位的技术条件所得的新的技术成果也应归单位所有。

被告还认为其在设立第三人之前的多项专利已完全覆盖了涉案技术方案，但其未提供证据进行证明，这一抗辩主张法院亦不予采纳。

综上所述，被告丙申请"一种由钥匙提供电源的微功耗电子锁具"发明和实用新型专利技术成果应属第三人锁业公司，原告甲、乙认为涉案技术方案的专利申请权归属第三人锁业公司的主张有事实和法律依据，应当支持。据此，依照《专利法》第 6 条的规定，判决如下：①被告丙以自己的名义提出的"一种由钥匙提供电源的微功耗电子锁具"发明和实用新型专利申请（专利申请号分别为 2005100414845 和 2005200744982）的专利申请权归属第三人锁业公司。②驳回原告甲、乙的其他诉讼请求。

本案作为判断职务发明的典型案例，对司法实践判断职务发明的归属，保护专利权人利益起到了积极的指引作用。

案例二：

1993 年 5 月，洪兴冷冻机械厂（以下简称洪兴厂）科研小组在组长陈某的带领下，经过多次反复试验，成功研制出一种节能、高效、无污染的新型多功能冷冻机——TL－Ⅲ 型冷陈机（以下简称 TL）。该新型冷冻机研制成功后，洪兴厂领导考虑到要批量生产 TL，必须全部更新现有生产设备，工人也要重新培训，而且新产品问世后必将对现有产品造成冲击，导致现有的大量产品的库存报废，所以认为现在批量生产 TL 条件不成熟，另外考虑技术保密等多方面原因，亦未将该项发明申请专利，致使该成果被搁置。

1994 年 1 月，陈某从洪兴厂辞职，与他人合办天元制冷设备公司。公司组建后，陈某凭自己研制 TL 时取得的原始资料、数据，凭自己的回忆对 TL 外观稍加改动，并将其改名为 NTL—Ⅲ 型冷陈机（以下简称 NTL）进行批量生产。同时在 1994 年 6 月 1 日，陈某以个人名义向中国专利局申请非职务发明专利。1995 年 1 月 10 日，中国专利局授予了其发明专利。洪兴厂得知后，请求中国专利局将 NTL 的专利确认为职务发明，专利权归洪兴厂所有。1995 年 7 月 8 日中国专利局决定，确认 NTL 发明专利为职务发明，专利权归洪兴厂所有。

陈某对专利局的处理不服，于 1995 年 7 月 20 日向某中级人民法院起诉，称 TL 本来就是在其个人的设计思路下，由其负责研制出来的，该机的设计原理、主体结构的构思是他多年来不断研究而逐步形成的。NTL 完全是在此基础上发明的，不能说是 TL 的变体。而且 NTL 是他在离开洪兴厂 1 年以后才发明的，不存在职务发明，请求将该发明专利判决归其个人所有。洪兴厂在答辩中则认为：NTL 与 TL 无论在设计原理还是在主体结构上均无不同。NTL 只不过是将外观稍加改动的 TL 的变体。TL 是该厂花费大量的人力物力才开发出来的，发明专利权应归洪兴厂所有。

某中级人民法院经过公开审理，以 NTL 实为 TL 的变体为由，判决 NTL 的发明为职务发明，专利权归洪兴厂所有。

判决宣告后，原、被告均表示服判。[1]

职务发明制度作为专利制度的基本内容之一，决定着专利申请权和专利权的归属。职务发明创造，是指发明人或设计人在执行本单位的任务，或者主要是利用本单位的物质条件所完成的发明创造。而非职务发明创造是指公民在没有得到所在单位的物质帮助，与单位的业务范围无关的情况下所完成的发明创造，均属于非职务发明创造。非职务发明创造有两种情况：①不在职的个体人员和离职 1 年以上的人员所做出的发明创造；②在职的工作人员不是为了执行本单位分配的任务，也不在单位的业务范围以内，未曾得到本单位物质条件帮助的情况下完成的发明创造。

该案中，对 TL 的发明属职务发明，大家的认识比较一致。而问题的焦点集中在陈某对 NTL 是否享有发明权，这就必须先分清以下两个问题：①NTL 是否是 TL 的变体；②陈某对 NTL 的专利申请是否适用申请在先原则。

1. 根据我国《专利法》第 22 条的规定，授予专利权的发明和实用新型应当

---

〔1〕 沈庆中主编：《知识产权案例精选精评》，江西高校出版社 1997 年版，第 128～130 页。

具备新颖性、创造性和实用性。如果说 NTL 不是 TL 的变体，那么它应当比 TL 更先进、更新颖、更实用；但二者无论在设计原理还是在主体结构上并无二样，所以足以认定 NTL 是 TL 的变体。

2. 在审理中有人提出：NTL 是陈某离开洪兴厂 1 年后，依据自己的原始资料独立开发出来的，虽然它与 TL 相比不具备新颖性、创造性，但是陈某先申请专利，应适用申请在先原则，维护陈某对此发明的专利权。笔者不同意这种看法，主要理由：①陈某所收集的原始资料是他在洪兴厂从事研究过程中收集来的，与他的职务行为分不开。②在研制 TL 过程中，一些关键数据的取得，是经过反复试验得来的，洪兴厂为此付出了大量的财力。如果没有这些原始数据的取得，陈某根本就无法发明出 TL，更不用说 NTL。

综上所述，把陈某取得原始资料、数据的行为与其原履行职务的行为割裂开来，将其发明 TL 与 NTL 并行起来适用申请在先原则是不妥的。

本案涉及的"离职 1 年以后，职务发明创造的判断"问题，和"比较专利之间是否具有同一性"的问题，可以帮助我们更好地理解职务发明创造的概念和判断标准。

案例三：

门某生是北京农业大学勤杂工人，自 1990 年 4 月至 1991 年 9 月在北京农业大学植物生态工程研究所当临时工。1991 年 3 月 13 日，门某生向中国专利局申请了非职务技术"汽电两用微生物多功能固体发酵机"（以下简称"微生物发酵机"）实用新型专利，申请号为 91203582。1991 年 11 月 27 日，中国专利局授予该项实用新型专利权。同年 8 月 14 日，北京农业大学向中国专利局申请"增产菌固体发酵工艺及其专用发酵设备"发明专利，申请号为 91105478.2。1992 年 1 月 15 日该专利申请公开，门某生得知即于当月 17 日向中国专利局提出异议，认为北京农业大学的专利申请技术方案与自己的实用新型相同，不具有新颖性。由此农业大学知晓门某生已就固体发酵机取得了专利。同年 12 月 26 日，北京市专利管理局受理了北京农业大学就微生物固体发酵机专利权属提出的调处请求，被请求人为门某生。北京市专利管理局经调查认为：①门某生以个人名义申请的专利与 1990 年 12 月安装在北京农业大学的固体发酵试验样机在技术方案、主要技术特征、发明目的和效果上基本一致，甚至可以找出一一对应的关系。专利文件中的说明还抄袭了北京农业大学的试验数据，至于两者技术特征虽有区别，也只能说明门某生的方案是主要利用单位的技术条件完成的。②对门某生称其在北京农业大学工作前就开始研制固体发酵机，甚至那时就产生了对该机的设想，因缺乏证据支持，不予认定。③门某生的专利中有一技术特征与农业大学的样机不同，即前者发酵罐中的蒸气管是接在"电热电控升压水箱"上，而后者是接在外面的锅炉上，这使门某生具备了专利法意义上的发明人资格。1993 年 4 月 16 日，北京市专利管理局根据《专利法》（1985 年）第 6 条和《中华人民共和国专利法实施细则》（1992 年，以下简称《专利法实施细则》）第 10 条、第 11 条作出调处决定：①"微生物发酵机"专利权归北京农业大学持有；②该专利发明人为：梅某鸿、门某生、刘某祥、马某成；③门某生已交的专利申请费、证书费、年维持费共 150 元由北京农业大学负担，交付门某生。双方对北京市专利管理局的调处决定均不服，先后诉至一审法院。

门某生认为自己从未接受过北京农业大学的研制任务，也未依据北京农业大学的任何技术资料。"微生物发酵机"应为非职务发明。北京农业大学的样机是参照门某生的专利文献并改进的，北京市专利管理局将门某生的专利申请文件与安装在农业大学的样机进行技术比较，其对比点是错误的。门某生属于勤杂人员，故"微生物发酵机"实用新型专利应归门某生所有。

北京农业大学认为，门某生是借工作之便窃取了"微生物发酵机"发明创造的技术资料，确认门某生为发明人之一没有事实和法律依据，请求法院排除门某生的发明人资格。

北京市专利管理局认为自己所作的行政调处决定，程序合法，适用法律正确，请求法院维持。[1]

北京市中级人民法院经审理认为，"微生物发酵机"主要用于固体粉剂发酵产物，系专用设备。固体发酵机的研制活动离不开特定的专业背景和研究目的，而且要以必要的物质条件为基础。门某生虽为专利文件记载的专利权人，但其对该专利权的所有缺乏合法的事实依据。门某生称在北京农业大学任职前，已从事固体发酵机的研究，缺乏证据支持；1990 年 4 月至 1991 年 1 月门某生亦未参加固体发酵机的设计制作，只是从事勤杂事务，1991 年 1 月后参加了固体发酵机的调试，才有机会接触该专业领域，而此时固体发酵机的样机已安装在北京农业大学，已经成为北京农业大学的职务技术成果，只因该技术成果正在完善之中（北京农业大学于 1991 年 8 月 14 日已就此发明创造向中国专利局申请了名称为"增产菌固体发酵工艺及其专用发酵设备"发明专利）；门某生主张固体发酵机构思由其个人完成，证据不足。综上，本院认定门某生作为固体发酵机实用新型专利的专利权人，缺乏事实依据，本院不予支持；北京农业大学关于确认其为专利权人的请求应予支持。北京市专利管理局、北京市中级人民法院

---

〔1〕 宿迟主编：《知识产权名案评析》，人民法院出版社 1996 年版，第 220 页。

确认北京农业大学为固体发酵机专利权人，并无不当。此外，发明人设计人资格系公民个人享有的权利，北京农业大学是法人单位，无权就发明人设计人资格主张权利，北京农业大学关于确认发明人的请求应予驳回。依照《中华人民共和国行政诉讼法》第11条、第54条的规定，判决维持专利管理局决定第一项；撤销第二项。

一审判决后，门某生不服，上诉至北京市高级人民法院，要求撤销一审判决。北京农业大学服从一审判决。北京市高级人民法院经审理，判决驳回上诉，维持原判。[1]

门某生不服北京市专利管理局的调处决定，主张"微生物发酵机"专利为非职务发明，所有权归门某生。北京农业大学不服北京市专利管理局的调处决定，提出门某生不具备发明人资格。虽然这两个主张对专利主体来讲是差异很大的，因为作为自然人，公民可以主张发明人、设计人资格，也可以主张专利权，还可以同时主张这两项权利；而对于法人来讲只可以主张专利权，而无法就发明人、设计人资格主张权利。本案有两个基本事实是门某生和北京农业大学都认同的：①北京农业大学从未向门某生下达科研任务，门某生也从未执行过北京农业大学的任何研制任务。②门某生是北京农业大学的临时工，从事勤杂工作。我国《专利法》（1985年）第6条规定："执行本单位的任务或者主要是利用本单位的物质条件所完成的职务发明创造，申请专利的权利属于该单位……申请被批准后，全民所有制单位申请的，专利权归该单位持有；集体所有制单位或者个人申请的，专利权归单位或者个人所有。"《专利法实施细则》（1992年）第10条对上述规定作了解释，指出执行本单位的任务所完成的职务发明创造是指：①在本职工作中作出的发明创造；②履行本单位交付的本职工作之外的任务所作出的发明创造；③退职、退休或者调动工作后1年内作出的，与其在原单位承担的本职工作或者原单位分配的任务有关的发明创造。称本单位的物质条件是指本单位的资金、设备、零部件、原材料或者不对外公开的技术资料等。我们判断和确认职务发明的必备条件是执行本单位的任务或者主要是利用本单位的物质条件，这两个条件必备其一。至于条件一，门某生显然是不具备的。而对于条件二，门某生申请并获得的专利，不仅仅利用了本单位的物质条件，而且完全使用了本单位的课题组科研人员已完成的技术方案及相关资料，并能找出一一对应之处。这已远远超出了我们讨论和判断是否属于职务发明创造的范畴。按常理分析，不同的人，在不同的时间，不同的地点，不同的环境下，对同一课题研究设计的专利技术方案，不可能出现"主要技术特征、

---

〔1〕 参见北京市高级人民法院（1994）高经知终字第14号行政判决书。

发明目的和效果基本一致，甚至可以找出一一对应的关系"的现象，这是一般常识。本案的"微生物发酵机"是一种专用设备，其研制、设计过程离不开特定的专业技术背景和研究目的，而且需要必要的物质条件基础，对此门某生没有证据可以证明。故北京市专利管理局所作的调处决定的第一项是正确的。

本案对发明人的理解和职务发明的判断都有着经典的指导意义。

案例四：

1988 年 12 月 25 日，某市地铁地基公司向该市专利管理局提出请求，要求将陶某的"钻孔压浆成桩法"发明专利确认为职务发明。1989 年 8 月 1 日，专利管理局确认该发明为地基工作公司的职务发明。陶某不服，于 1989 年 11 月 1 日向市中级人民法院起诉，市中级人民法院经两年的审理，于 1991 年 12 月 23 日作出一审判决，将该专利判归陶某和地基工程公司双方共有。陶某不服一审判决，向该市高级法院提起上诉。

陶某原为解放军基建工程兵某支队副总工程师，1983 年 1 月调至某预制构件厂任厂长。该厂的经营范围是建筑构件。1984 年 4 月 2 日，某市城建总公司将"小桩技术的试验及应用"编入总公司科研计划，下达给陶某所在构件厂，并拨给科研补助费。1984 年 4 月 16 日，陶某将"在流沙、地下水、坍孔等地质条件下成孔成桩工艺的方法"完整地汇集在自己几十年专门记载技术资料的笔记本上。1984 年 6 月，构件厂内部成立地基公司，陶某兼任经理。1985 年 3 月陶某构思的技术方案在施工中首次应用，并获得成功。1986 年 1 月 25 日陶某将"钻孔压浆成桩法"技术方案向中国专利局提出专利申请。1986 年 10 月 3 日，构件厂内的地基公司与构件厂脱钩，成立了地基工程公司，由陶某任经理。1988 年 2 月 11 日，陶某获非职务发明专利权。1988 年 2 月，陶某提出调动工作，未准后于同年 6 月辞职，到另一地基公司任总经理。[1]

该市高级人民法院终审判决该发明专利为陶某个人的非职务发明。理由是：陶某是"钻孔压浆成桩法"的发明人；该发明创造不是陶某在本职工作中完成的，也不是领导交付陶某的工作；陶某未利用本单位的物质条件；陶某未与地基工程公司签订过共有专利权的合同。所以陶某的发明为"非职务发明"。

按照我国现行《专利法》的规定，职务发明专利需要满足两个条件中的一个，即执行本单位任务，或者主要是利用本单位的物质条件所完成的发明创造。

---

〔1〕　北京专利事务所、北京商标事务所、北京版权事务所编著：《专利·商标·著作权法案例精析》，中国政法大学出版社 1996 年版，第 5 页。

因此，非职务发明创造应当是除了独立的发明人或者设计人所作的发明创造以外，还应当包括以下情形：①在单位原有科研、开发任务的工作人员退职、退休或者调动工作 1 年以后所作出的发明创造。②虽然是在单位的工作人员，但在有关单位不是执行科研、开发任务，不是利用本单位的物质技术条件所完成的发明创造。这一般是指工作人员的业余发明创造。③还有一种情形，2000 年《专利法》修改时，在第 6 条增订新的第 3 款规定，利用单位的物质技术条件所完成的发明创造，单位与发明人或者设计人订有合同，对申请专利的权利和专利权的归属作出约定的，从其约定。[1]

因此本案中"钻孔压浆成桩法"技术方案的完成日是 1984 年 4 月 16 日。判断一项发明创造的权利归属，应考虑技术方案的完成时间。1984 年 4 月 16 日陶某在自己的笔记本上记下了"在流沙、地下水、坍孔等地质条件下成孔成桩工艺的方案"与以后申请的专利的技术方案虽有些数据上有所不同，但无本质区别，因此应将这一天视为其技术方案完成日。据此可以认定陶某是"钻孔压浆成桩法"技术方案的发明人，他对这项技术方案的完成作出了实质性贡献。不能因为该项技术方案是 1986 年才申请专利的，就用申请日期作为该项技术方案完成日期，更不能认为在以后的实施中许多人参与了实施，就得属于大家的共同发明。

"钻孔压浆成桩法"不是陶某在本职工作中完成的。职工在单位经营范围之外的发明创造不应属于职工的本职工作范围。陶某的技术方案完成时，他所在的构件厂的经营范围并无地基施工方面的内容。此外，陶某作为厂长，根据国务院颁布的厂长条例，其职责范围应当是领导和管理企业的生产经营活动，因此地基施工方面的研究发明不是陶某的职责范围，不是他的本职工作。

"钻孔压浆成桩法"不是陶某在履行本单位交付的本职工作之外的任务中所完成的发明。虽然在陶某的技术构思完成之前，其上级部门曾下达"小桩技术的试验及应用"的科研任务，但它是一项已有技术推广应用研究，不应被看成是与陶某相关的技术研究任务。陶某提出过开发新技术的经营决策方针，但这种方针不能看成是领导交付的科研任务。

"钻孔压浆成桩法"是陶某调离原单位 1 年后完成的。陶某于 1983 年 1 月，从基建工程兵调到构件厂当厂长，至 1984 年 4 月 16 日其发明构思完成，已超过 1 年时间。"钻孔压浆成桩法"发明的完成未利用本单位的物质条件。1984 年 6 月 15 日构件厂向某机械厂订购了一台钻孔机，但该机是用于利用"钻孔压浆成桩法"施工的，与陶某的技术方案的产生无关系。1985 年 3 月打的试桩是根据

---

〔1〕 汤宗舜：《专利法教程》，法律出版社 2003 年版，第 56 页。

施工规范要求进行的，且费用已打入工程总成本，并非陶某所在的构件厂出资。

专利权共有必须符合事实和法律规定。陶某的发明属非职务发明，且陶某未与地基工程公司签订过共有专利权的合同，因此将该专利权判归陶某和地基工程公司共有是不妥的。

本案涉及在判断专利权归属的过程中，负责组织领导工作的参与人员的权利问题，也涉及职务发明和专利权共有的判断问题，非常具有典型性和范例价值。

[问题与思考]

1. 什么是职务发明？如何判断？重点掌握职务发明与非职务发明的界限。

2. 专利法对职务发明条件的规定体现了专利法怎样的立法精神？如何平衡单位和职务发明人之间的利益？如何保障职务发明人的权益？

[重点提示]

职务发明制度对于完善科技成果知识产权归属和利益分享机制，保护科技成果创造者的合法权益具有十分重要的意义，我国现行专利法规定的不完善，导致单位与发明人之间经常发生纠纷，也由于对职务发明人的奖励规定不到位，严重影响了发明创造人的积极性，对我国创新型国家的建设也产生了不利的影响。研习时要通过具体案例的案情，结合专利法的立法宗旨，探讨职务发明的判定条件，重点探讨如何平衡单位和职务发明人利益的制度以及对职务发明人的奖励和利益保障条款。

第十二章

专利权的客体

知识概要

专利权的客体包括发明、实用新型和外观设计。

依据我国《专利法》第 2 条的规定，发明是指对产品、方法或者其改进所提出的新的技术方案。根据最终形态可以分为产品发明和方法发明。同时，对现有产品发明和方法发明进行改进而获得的新成果可以形成改进发明。发明应当是正确利用自然规律的结果，自然规律区分于社会规律，无论是人类进行社会活动的规律，还是纯粹人为制定的规则或提出的理论都不是"自然规律"。同时，仅仅是自然规律本身还不能构成发明，而只能是科学发现。发明应当是一种技术方案，是各种技术手段的集合，相对较为概括，是一种构思。当然，这种技术构思也必须具有被作为技术实施的可靠性。如果只是空洞的愿望，或者含糊、缺乏具体性的技术方案，也不能称为发明专利。发明还应当能够被较为稳定地重复实施。一般而言，高度依赖于个人心理条件的技术方案不能被稳定地重复实施，不能构成"发明"。因此，类似于口传心授的很多民间艺术也不符合发明的条件。

实用新型则是对产品的整体或者局部的形状、构造或者其结合所提出的适于实用的新的技术方案。实用新型与发明的最大区别，在于其创造性上的要求小于发明，只适用于解决一般实用技术问题。另外，实用新型只是通过产品的形状和构造来解决技术问题，不涉及新方法。而且实用新型必须是具有一定的形状或者构造的产品。任何无确定形状的产品，如气态、液态物质或自然存在的形状，如假山状态以及非确定的形状，如将物体堆积而成的形状，都不符合实用新型的要求。[1]

外观设计是指对产品的整体或者局部的形状、图案或者其结合以及色彩与

---

〔1〕　参见国家知识产权局颁布的《专利审查指南》（2010 年版）第一部分第二章，6.2.1。

形状、图案的结合所作出的富有美感并适用于工业应用的新设计。外观设计必须是对工业产品外观的设计，这里的"工业产品"必须是可以通过工业生产方法重复制造的，是固定可见的，而不是时有时无或者需要在特定的条件下才能看见的。另外，只有对产品的整体设计才能获得外观设计专利权，且色彩不能单独构成外观设计。富有美感的特点是相对的，只要应用在产品上的设计有一定特色，使一部分消费者认为美观，该设计就符合具有美感的要求。

经典案例

广东凤铝铝业有限公司与国家知识产权局专利复审委员会
专利无效行政纠纷案[1]

[基本案情]

罗某于 2000 年 7 月 20 日向国家知识产权局提出名称为"型材（3 – D1382）"的外观设计专利申请，2001 年 2 月 28 日获得授权，专利号为第 00323559.9 号（该专利），专利权人为罗某。2004 年 1 月 7 日，专利权人变更为兴发创新公司。针对该专利，广东凤铝铝业有限公司（以下简称凤铝公司）于 2003 年 8 月 11 日向专利复审委员会提出无效宣告请求。凤铝公司提出无效理由之一是该专利不符合《专利法》第 2 条第 4 款的规定，认为该设计不具有美感上的特色，其外观结构都是出于实用技术上的需要进行设计的。2004 年 8 月 4 日，专利复审委员会作出第 6325 号决定，维持该专利权有效。2004 年 11 月 24 日，凤铝公司通过邮政特快专递向北京市第一中级人民法院立案庭寄送了 3 份行政起诉状，该邮件的编号为 EM752139741CN。该院立案庭于 2004 年 11 月 26 日收到了上述行政起诉状。

北京市第一中级人民法院经审理判决：维持专利复审委员会作出的第 6325 号决定。凤铝公司不服，向北京市高级人民法院提起上诉，北京市高级人民法院经审理判决驳回上诉，维持原判。

[法律问题]

该外观设计专利是否符合专利法对外观设计的定义？

[参考结论与法理精析]

（一）法院意见

专利复审委员会和法院均认为：外观设计产品应当具有一定的美感，但这

---

〔1〕 参见北京市高级人民法院（2005）高行终字第 461 号行政判决书。

种美感的标准不同于美术作品或者艺术品所体现出的美感，只要设计者在设计的过程中对设计方案进行了一定的选择并使选择体现在了产品的外观设计之中，就可以认为这种设计已经体现了一定的美感上的特色。同时，不能认为外观设计产品需要满足一定的技术要求，就对设计人通过自己的选择而使产品体现出的美感特色予以否定。

（二）本案涉及的法律问题及其影响

本案涉及实用新型与外观设计的区分。实用新型必须是能够解决实际技术问题的技术方案，而法律对外观设计却无这种要求。但是并不能因此认为凡是外观设计就不能解决技术问题。如果一种对产品形状的设计既富有美感，又是一种技术方案，设计人可以选择申请实用新型或者外观设计专利。

本案对司法实践中外观设计的判断标准起到了一定的司法指引作用，可以帮助我们更好地理解专利客体的定义和特点。

拓展案例

案例一：

某科技大学研制了一种带有转轴的千斤顶。这种千斤顶可将所举重物朝任意方向旋转，便于检修人员对所举重物进行检修。某科技大学向专利局提出专利申请，获得专利权。

某重型机器厂在某科技大学发明的基础上，又研制出一种千斤顶。这种千斤顶在原有千斤顶转轴上加上定位锁和方向球，使千斤顶的主轴杆既可灵活转动，又可按任意方向偏斜角度。如果把两个对称偏斜角度的千斤顶合在一起使用，并用锁将它们锁定，就相当于一辆起重吊车，可顺利地从地面直接吊起重物。重型机器厂欲向专利局提出专利申请。[1]

发明是指对产品、方法或者其改进所提出的适于实用的技术方案，分为产品发明和方法发明。本案中，重型机器厂在某科技大学的专利技术的基础之上，对千斤顶进行改进和重新设计，使其具有新的适于实用的功能，符合专利法关于发明的定义。

在分类上，该发明的最终形态是一种实物，因此显然应当归类为产品发明。同时，这一发明也是对已存在发明的改进，通过对科技大学的发明进行的改装，使之具有了新的功能，能够实现新的作用，所以也属于改进发明。

---

〔1〕　姚新华主编：《知识产权法教学案例》，中国政法大学出版社1999年版，第148页。

案例二：

某科研所的科研人员刘某向专利局提出"天体（地球、日、月）物理仪器发明专利"申请。在其权利要求中，刘某对天体物理仪器的特征是这样描述的：穿过春分与秋分的太阳中心再穿过春分、秋分的地球赤道剖面中心与地球自转轴相垂直，即 X 轴是太阳的轨迹，再做 Y 轴穿过春分或秋分的地球赤道剖面中心垂直于 X 轴，此 XY 平面即与春分、秋分的赤道剖面相重合的平面，则地球自转轴永远垂直于 XY 平面即永呈 90°角，地球赤道剖面除春分、秋分重合外其余时间均与 XY 平面平行（旧地球仪是轨道在一平面上的闭口曲线圆或椭圆，地轴与轨道永呈 66.5°角，赤道平面与轨道平面永呈 23.5°角）。并且此 XY 平面就是相对于太阳若不受月球的引力作用影响，由春分或秋分开始每天以 15.4′的角度变化，用 90 多天的时间向南或北偏离 XY 平面 23.5°角，这就是相对于月球的近似三级抛物线的运行轨迹的变化。

专利局经审查认定："天体（地球、月、日）物理仪器"的核心内容是发明人对地球、日、月三体运动的描述和解释（理论），具体地说，有关地球、月、日三星体相互运动是属于引力天体力学的范畴。它既是对自然物质运动观察总结有所发现，提出新的假设，也是属于科学理论的范畴，而科学理论是对自然界认识的总结，属于人们认识的延伸。这些被认识的规律不同于改造世界的技术方案，不是专利法意义上的发明创造，不能授予专利权，专利局驳回了刘某的专利申请。

本案对于理解自然规律的发现与依据自然规律创造的发明之间的关系有着非常重要的意义和典型的价值。

案例三：

北京某公司研制出一种产品"安全电源插座、插头"。这种产品能区分电源零线与火线，而普通的单项交流电源插头、插座无此功能，给使用和修理带来不安全因素。"安全电源插座、插头"的特征是：插头上的零线插片长于火线插片，火线插片和零线插片呈垂直状态，插座上的火线插孔和零线插孔与火线插片和零线插片相互对应，以达到区分目的，从而利于安全使用和修理。[1]

实用新型是指为了解决一般实用技术问题而对产品的形状、构造或其结合所提出的新的技术方案。本案中，某公司将普通插头进行一定的形状和构造的改造，使其具有了能够区分零线与火线的新的功能，符合实用新型的条件。

---

〔1〕 姚新华主编：《知识产权法教学案例》，中国政法大学出版社 1999 年版，第 148 页。

案例四：

1989 年马某向中国专利局提交了一件名为"船舶的水动力装置"的发明专利申请。说明书描述的这套机械装置是将水轮发电机组装在船舶上，利用船舶前进时在尾部造成的水头来推动水轮发电机组发电，再通过由此产生的电力带动推进器推进船体运动。专利局经过审查认为，这一发明违背了能量守恒的自然法则，因而驳回了申请。专利复审委员会和一审法院、二审法院均支持了这一决定。

案例五：

北京某高科技开发中心完成了一项名为"一种滑动轴承的制造方法"的发明创造。这种方法的使用不仅可以提高轴承的质量，而且还可以降低成本，提高产量。北京某电镀厂完成了一项名为"微裂纹铬电镀方法"的发明创造。使用这种方法可以降低成本，减少污染，增强性能。

北京某科学研究院发明了一种"健身抗衰老饮料"。这种饮料由多种营养成分组成，经提取、净化、过滤、灭菌而制成。它能明显改善老年人的一些衰老指标，显示出良好的生理活性。[1]

以上各案例能够更好地理解发明和实用新型的概念。

[问题与思考]

1. 什么是发明？如何判断一项技术是否构成发明专利？重点掌握发明的判断条件。

2. 纯粹展示自然规律的仪器能否获得发明专利？重点从专利法保护发明专利的目的方面理解。

3. 实用新型和外观设计的申请条件是什么？与发明相比，有哪些区别？

[重点提示]

发明是指对产品、方法或者其改进所提出的新的技术方案。发明必须是利用自然规律的结果，发明必须是具体的技术方案，发明必须是新的技术方案。而实用新型则是指对产品的形状、结构或者组合所提出的适于实用的新的技术方案。两者对创造性的要求不同。区分一项发明是发明专利还是实用新型专利，对于专利申请和专利侵权的判断都具有十分重要的意义。本章通过案例的研讨，能够更好地掌握发明和实用新型的概念、判断条件和两者之间的区别。

---

〔1〕　姚新华主编：《知识产权法教学案例》，中国政法大学出版社 1999 年版，第 149 页。

第十三章

专利的授权条件

知识概要

依据我国《专利法》规定，授权专利权的智慧成果必须具有新颖性、创造性和实用性。新颖性是三种专利都要求的实质条件。能够构成对专利新颖性否定的主要有两种情况：现有技术和抵触申请。现有技术就是指在申请日前已公开的，公众可以得知的技术。现有技术的时间标准是申请日，享有优先权的，是优先权日。公开的方式包括出版物公开、使用公开和以其他方式公开。抵触申请是指在专利申请日前，已有他人向中国专利局提出过并且在申请日以后公布的申请。

另外，根据《专利法》第24条的规定，发生下列四种情况，申请人在6个月之内提出专利申请的，也不丧失新颖性，即①在国家出现紧急状态或者非常情况时，为公共利益目的首次公开的；②在中国政府主办或者承认的国际展览会上首次展出的；③在规定的学术会议或者技术会议上首次发表的；④他人未经申请人同意而泄露其内容的。

对于发明而言，创造性是指发明与现有技术相比具有突出的实质性特点和显著的进步。对于实用新型而言，创造性是指实用新型与现有技术相比具有实质性特点和进步。为此，《专利法》假设在本技术领域中存在"本技术领域的普通技术人员"，如果发明是这个假设的人在现有技术的基础上通过逻辑分析、推理或者有限的试验可以得到的，则该发明是显而易见的，也就不具备突出的实质性特点。

实用性是指发明或实用新型能够在产业上制造和使用，并能产生积极效果。一项发明或使用新型是否具有实用性，应当看其能否在产业上制造或使用并解决技术问题，以及能否达到积极和有益的效果。实用性的要求包括三个方面：①发明应该能够实现；②发明的实施应有一定的积极效果；③发明的实施不应违背国家法律、道德伦理、公共秩序等社会公共利益。因此，利用独特的不可在线的自然条件完成、不具再现性、缺乏具体实施手段、违背自然规律以及不产生积极效果的发明或实用新型不能满足实用性标准。

经典案例

北京市林阳智能技术研究中心诉专利复审委员会"红外传输出租汽车计价器"发明专利权无效案[1]

[基本案情]

1992 年 1 月 21 日，马某俊向原中国专利局提出名称为"红外传输出租车计价器"发明专利申请，1994 年 3 月 18 日被授予专利权，专利号是 92100359。1994 年 11 月 24 日，北京市林阳智能技术研究中心（以下简称林阳中心）以"红外传输出租车计价器"发明专利不具有新颖性、创造性、实用性，不符合《专利法》第 22 条的规定为由，向专利复审委员会提出无效宣告请求。1996 年 7 月 10 日，专利复审委员会对林阳中心提出的无效宣告请求进行了口审，林阳中心在口审过程中宣布放弃了 92100359 号专利无新颖性的请求。1996 年 10 月 4 日，专利复审委员会作出 764 号决定，认为本专利逾期提交的第 1571085 号英国专利存在许多区别技术特征，因此维持 92100359 号发明专利权继续有效。林阳中心不服，向北京市第一中级人民法院起诉，要求撤销专利复审委员会 764 号决定，宣告 92100359 号专利无效。北京市第一中级人民法院经审理维持了专利复审委员会 764 号复审决定。林阳中心不服，上诉至北京市高级人民法院。

[法律问题]

创造性的判断与新颖性有何区别？

[参考结论与法理精析]

（一）法院意见

北京市高级人民法院经审理认为，发明专利的创造性是指同申请日以前已有的技术相比，该发明有突出的实质性特点和显著的进步。判断一项发明创造是否具有创造性，应以该发明创造所公开的区别于已有技术的特征对所属领域的普通技术人员来讲是否是显而易见的，是否是通过逻辑分析、推理、试验得出的为标准。本案中，林阳中心提交的英国专利 1571085 号公开的是通过有线连接进行计算机对计价器进行数据传输管理的一种技术方案，同时公开了要改进这种有线传输方式，最好采用光耦合方式。林阳中心所提交的八通计价器公开

---

〔1〕　参见北京市高级人民法院（1998）高知终字第 29 号行政判决书。

的是一种利用红外信号传输进行管理的出租车计价器。红外光是光波中的一种，本领域普通技术人员不经创造性劳动就会采用八通计价器所明示的红外信号传输装置转换英国专利 1571085 号公开的技术方案中的光导管输出/输入装置，而红外信号传输装置是公知技术，是由红外接收、发射装置构成的。用红外信号代替英国专利 1571085 号公开的技术方案中的光导管输入/输出部分与计价器的连接也是公知技术。本领域普通技术人员根据公知技术很容易组成带有红外传输出租车计价器，而采用红外传输装置，自然要用红外传输对应的数据采集控制器替换英国专利 1571085 号中加载装置，且数据采集控制器必然要与计价器中的相应部分的结构相对应。八通计价器中的设定器包括中央处理器和用以处理和存储数据的存储器，也包括键盘和显示器，计算年、月、日、时等时间数据的时钟电路。根据上述提示，本领域技术自然会在数据采集控制器中设置这些部分，而且这也是该领域中一般知识。因此，根据英国专利 1571085 号、八通计价器等已有公知技术，本领域普通技术人员不经过创造性劳动即可得出92100359 号专利权利所公开的技术方案，92100359 号专利不具有专利法意义上的创造性。林阳中心针对 92100359 号专利的无创造性所提的上诉理由成立，应予支持。

（二）本案涉及的法律问题

为什么一项发明创造要达到"创造性"的高度才能获得专利权呢？难道"新"不是被"创造"的么？实际上，仅仅要求发明创造具有"新颖性"的东西是无法实现专利法鼓励技术创新的目的的。如果一项技术虽然是新的，但却是这个领域的技术人员都能很轻松地想到的，那么提出这项技术方案就不需要投入太多创造性劳动。因为技术人员可以很容易地将不同的现有技术拼接起来，形成一项新技术。对这样的技术方案加以保护，不但不能起到鼓励创造的作用，反而会制造过多过滥的垄断，束缚和妨碍技术的发展，不利于鼓励人们从事更高水平的技术创造。因此，能够获得专利权的技术除了要"新"之外，还必须要凝集了较多的创造性劳动，不能是为本领域的技术人员所显而易见的。如果将新颖性的要求简单地概括为"新"，则创造性的要求可以被归结为"难"。换言之，只有那些一般人难以作出的发明创造才能获得专利权。专利法以新颖性的要求刺激新技术的产生，而以创造性的要求促进技术飞速发展。

本案中，马某俊的发明实际上是将英国专利所公开的技术和香港八通公司计价器说明书公开的技术组合在了一起。而这种组合方式对于本领域的技术人员是显而易见的，不需要投入大量创造性劳动，因此不具有突出的实质性特点。

本案是关于专利创造性的争议的典型案例，对于司法实践中发明专利创造性的判断有着重要的指导意义。

拓展案例

案例一：

1999 年 7 月 5 日，（成都）工业有限公司（以下简称工业公司）向专利局提交名称为"制造金属网板骨架增强复合塑料管材的装置"的专利申请。2000 年 3 月 22 日授权公告。该专利授权公告的权利要求 1 为："制造金属板网骨架增强复合塑料管材的装置，其特征在于所述的装置中有机架，装在机架上的使带孔口的金属板卷制成筒形骨架的包括至少一组含至少一对成型轮的成型架和/或成型套的成型机构，能将筒形骨架定径的包括至少一组含至少一对定径轮的定径架和/或定径套的定径机构，将定径筒形骨架接缝焊接的焊机，所述的装置还包括至少一个含塑料熔融体流道进口的模套且能使骨架通过并能复合成塑料管材的复合模头。"2001 年 9 月 10 日，安徽某集团公司（以下简称集团公司）向专利复审委员会提出无效宣告请求，其理由之一是本专利权利要求 1 相对于附件 A 不具备《专利法》第 22 条第 2 款规定的新颖性。专利复审委员会经审查后认为，相对于本案专利而言，附件 A 是申请在先、公开在后的相同发明，构成了本案专利的抵触申请，破坏了本案专利权利要求 1 的新颖性，致使本案专利的权利要求 1 不符合《专利法》第 22 条第 2 款的规定，故本案专利权利要求 1 无效。工业公司不服该决定，提起诉讼。[1]

一审法院经审理认为：附件 A 发明专利的申请日为 1999 年 5 月 14 日，公开日为 2000 年 11 月 22 日，相对于本案专利而言，是由他人向国家知识产权局提出申请且申请在先、公开在后的专利文件，所以附件 A 可以且只可以用来评价本案专利的新颖性。法院经过对本案权利要求 1 和附件 A 中的相应技术做对比，认为权利要求 1 中的各特征都能在附件 A 中找到对应的与之相同的技术特征，附件 A 构成了权利要求 1 的抵触申请，因而本案专利权利要求 1 不具有新颖性。

本案涉案专利的申请时间是 1999 年 7 月 5 日，而附件 A 中的专利申请时间是 1999 年 5 月 14 日，公开日是 2000 年 11 月 22 日。因此，附件 A 的专利申请属于典型的在专利申请日前申请，申请日后公开的抵触申请，只要其技术特征与专利申请方案相同或近似，就构成对新颖性的抵触。

判断专利新颖性时，只能将一项权利要求的内容与单独一份现有技术中所

---

〔1〕 程永顺主编：《案说专利法》，知识产权出版社 2012 年版，第 97 页。

公开的技术方案单独进行对比，而不能将两份或者两份以上的现有技术公开的技术方案结合起来与一项权利要求进行对比。所谓"单独一份现有技术"，通常是指物理意义上独立存在的一份文献中公开的技术方案。

另外，只有当一项权利要求中记载的所有技术特征都在一份现有技术中公开了，才能得出该权利要求不具备新颖性的结论，为此，要在准确划分权利要求所包含的技术特征的基础上进行对比。

本案涉及新颖性判断应当注意对比文件的选择和标准的确立问题，也为新颖性判断提供了较好的标准。

案例二：

姜某于 1993 年 4 月 23 日向专利局提出名称为"安全电热毯"的实用新型专利申请，申请号为 93210997.7，于 1994 年 5 月 25 日被授予专利权。本案专利授权的权利要求书内容为："①一种安全电热毯，由电加热系统和包复层组成，其特征在于电加热系统是由电热丝、套在电热丝外且两端封闭的软套管、夹在电热丝与套管之间的传热液构成的。②根据权利要求①所述的电热毯，其特征在于电热丝为带有护套的电热丝，套管两端与护套封闭连接。"

针对上述专利权，某电器厂于 2001 年 6 月 28 日向专利复审委员会提出无效宣告请求，其理由是本案专利不符合《专利法》第 22 条的规定，不具有实用性。

专利复审委员会作出的第 4340 号决定认为：本案专利权利要求所保护的安全电热毯能够制造出来，并且能够消除人睡在上面的不适感，采用了可折叠易热合的护套和套管封闭传热液这种结构，使得电热毯可以随意折叠，采用防冻剂作传导物质，克服了水在低温情况下结冰使导管易折断的弊端。可见本实用新型专利能够制造出来，并且能够产生有益效果，因此具有实用性。某电器厂不服，向北京市第一中级人民法院起诉，一审判决认定本案专利具有实用性。某电器厂不服一审判决，向北京市高级人民法院上诉，二审判决维持原判。[1]

专利法所称实用性是指发明或者实用新型申请的主题必须能够在产业上制造或者使用，并且能够产生积极的效果。作为一种实用新型，必须是能够制造的，具有工业上的可再现性，并产生预期的有益效果。本案专利载明的技术方案所要保护的安全电热毯能够被制造出来，本案专利所能达到的有益效果是

---

[1]　程永顺主编：《案说专利法》，知识产权出版社 2012 年版，第 99 页。

"消除人睡在上面的不适感" "克服了水在低温情况下结冰使导管易折断的弊端"。对本专利可以制造出来，上诉人某电器厂并无异议，但其认为按照说明书附图制造的产品，存在水电共存的严重问题，不符合国家强制标准，对人身会造成危害。实用新型专利的技术方案制造的产品是否符合国家标准，并不是判断该专利是否具有实用性的依据。是否损害人身健康，要从实用新型的发明目的出发进行判断。至于按专利生产的产品及在使用中的质量问题，不属于专利法调整的范围。所以本案专利具备实用性。

本案涉及实用新型的实用性判断问题，对产品质量实用性的影响做了分析，为理解实用性的概念和司法实践中判断发明和实用新型专利的实用性起到了指引作用。

案例三：

某医疗器械研究院 2010 年 1 月研制成功一种"烧伤治疗机"。这种产品可以使烧伤者的伤口迅速愈合，不留疤痕。研究院将这一发明创造的有关技术资料存放于保险柜中。2010 年 2 月，研究院发现保险柜被盗，丢失了一部分资料，研究院遂向公安机关报案。2010 年 5 月，某《医学杂志》刊登了一篇介绍"烧伤治疗机"产品的文章，其介绍的技术方案、工作原理与研究院的发明创造完全相同。文章的署名是"某医院科研人员胡某"。研究院经过暗地调查，配合公安机关破获了其保险柜被盗一案，发现偷盗人就是胡某。经审讯得知：胡某窃走了有关"烧伤治疗机"的技术资料，研究分析后以自己的名义予以公布。[1]

案例四：

某工厂工人甲在准备黑色橡胶配料时，由于疏忽把决定加入 3% 的碳黑错用为 30%，结果生产出来的橡胶具有原先不曾预料到的高强度和耐磨性能。

某视频研究人员乙经过长期科学研究和生产实践的总结，完成了一种饮料的配方：传统的饮料配方中都是加入 10% 的碳水化合物，乙经过反复研究试制，发现加入 22.5% 的碳水化合物以后，饮料的口感、味道及营养价值都超过了加入 10% 碳水化合物的饮料，取得了更好的效果。[2]

---

〔1〕 案例改编自姚新华主编：《知识产权法教学案例》，中国政法大学出版社 1999 年版，第 157 页。
〔2〕 姚新华主编：《知识产权法教学案例》，中国政法大学出版社 1999 年版，第 162 页。

案例五：

发明人刘某研制出一种"铸铁、铸铜新方法"。这种方法的使用可以加快铸铁、铸铜的速度，所铸铁、铜的质地也比较好，但是在铸造过程中需要的资源多于一般方法的 3 倍，而且还会造成严重污染，损害人身健康。

[问题与思考]

1. 什么是新颖性？对比专利新颖性时，技术特征之间的比较应当注意哪些事项？

2. 判断发明创造的实用性时，应当结合哪些因素进行判断？

3. 案例三中，研究院的发明创造是否还具有新颖性？研究院如想申请专利，应在什么时间内提出？

4. 案例四中，甲和乙的发明是否都具有创造性？发明创造的途径是否影响创造性？

5. 案例五中，刘某的发明是否具备实用性？

[重点提示]

当一项专利申请符合新颖性、创造性、实用性的"三性"要求时，该发明才有可能被认定为专利。"三性"的判断都很复杂，也是专利审查程序和专利无效宣告案件中经常涉及的问题。本章研习要通过具体案例的研讨，结合法律的规定，总结出判断一项发明是否符合"三性"要求的具体判断标准，并探讨该判断标准在实践中会遇到哪些问题，并结合专利法规定的"三性"要求的立法本意，进一步提出解决实际问题的建议。特别是拓展案例一提出的"新颖性"判断时对技术特征的比较问题有必要进行深入研究。

第十四章

专利申请程序

知识概要

专利申请程序涉及专利申请原则和审查程序。专利的申请原则包括：①书面原则。申请专利的各项手续，都应当以书面形式或国家知识产权局专利局规定的其他形式办理，否则不产生效力。②先申请原则。先申请原则是为了保证专利权的独占性而设。就同样的发明创造有两个或多个申请的，专利权应当授予最先申请的人，这就是先申请原则。我国《专利法》第 9 条第 2 款规定了先申请原则。③单一性原则。又称"申请主题单一性原则"，是指一件专利申请应当限于一项发明创造或设计。但是属于一个总的发明构思的两项以上的发明或实用新型，可以作为一件提出；用于同一类别并且成套出售或者使用的产品的两项以上的外观设计，可以作为一件申请提出。④优先权原则。优先权可分为外国优先权和本国优先权。关于外国优先权。我国《专利法》第 29 条规定，申请人自发明或实用新型在外国第一次提出专利申请之日起 12 个月内，或者自外观设计第一次提出专利申请之日起 6 个月内，又在中国就相同主题提出专利申请的，依照该外国同中国签订的协议或者共同参加的国际条约，或者依照相互承认优先权的原则，可以享有优先权。关于本国优先权。申请人自发明或实用新型在中国第一次提出专利申请之日起 12 个月内，或者自外观设计在中国第一次提出专利申请之日起 6 个月内，又就相同主题提出专利申请的，可以享有优先权，这种在国内的申请优先权即本国优先权。

专利的审批程序包括：

1. 发明专利申请的审批程序：①初步审查。国务院专利行政部门受理发明专利申请后，对其是否符合《专利法》及其实施细则规定的形式要求以及是否存在明显的实质性缺陷进行审查。但是不涉及发明专利实质授权条件之新颖性、创造性、实用性的评价。②早期公开。经初步审查认为符合《专利法》要求的，自申请日起满 18 个月，即行公布。国务院专利行政部门可以根据申请人的请求早日公布其申请。③实质审查。发明专利申请自申请日起 3 年内，专利局可以根据申请人随时提出的请求，对其申请进行实质审查；申请人无正当理由逾期不请求实质审查的，该申请即被视为撤回。专利局认为必要的时候，也可自行对发明专利申请进行实质审查。实质审查的内容包括是否构成专利法意义上的发明，是否属于不受保护的对象，是否符合单一性的规定，是否具备新颖性、创造性、实用性，说明书是否实现了充分公开，权利要求书是否符合要求等。④授权登记公告。发明专利申请经实质审查没有发现驳回理由的，由国务院专利行政部门作出授予发明专利权的决定，发给发明专利证书，同时予以登记和公告。发明专利权自公告之日起生效。

2. 实用新型和外观设计专利的审批。我国《专利法》规定，对实用新型和外观设计专利申请只进行初步审查，不进行实质审查，实用新型和外观设计专利申请经初步审查没有发现驳回理由的，由国务院专利行政部门作出授予实用新型或外观设计专利权的决定，发给相应的专利证书，同时予以登记和公告。实用新型和外观设计专利权自公告之日起生效。

经典案例

山东济宁无压锅炉厂向专利复审委员会请求宣告
舒某的发明专利无效案[1]

[基本案情]

1991 年 2 月 7 日，发明人舒某向专利局申请名为"一种高效节能双层炉排反烧锅炉"的实用新型专利，该实用新型专利的公开日是 1992 年 2 月 26 日，于 1992 年 9 月 30 日被授予专利权。1992 年 2 月 2 日，舒某又以相同的技术方案向专利局申请了发明专利，1999 年 2 月 8 日，实用新型专利权保护期限届满，权利终止，1999 年 10 月 13 日，该发明专利被授权。

2000 年 12 月，山东济宁无压锅炉厂向专利复审委员会请求宣告舒某的发明专利无效，理由是：该发明专利同舒某已过专利保护期的实用新型专利构成重复授权，违反了《专利法实施细则》关于"同样的发明创造只能被授予一项专利权"的规定。

专利复审委员会认为，在发明专利授权时实用新型专利权由于保护期限届满已终止，故不存在两个专利同时存在的情况，不存在重复授权问题，故驳回

---

〔1〕 参见最高人民法院（2007）行提字第 4 号行政判决书。

无效宣告请求。之后，无效宣告请求人向法院提起行政诉讼。

[**法律问题**]

1. 上述发明专利和实用新型专利是否属于"同样的发明创造"？

2. 假设两个专利属于"同样的发明创造"，那么对发明专利授权是否违反了"禁止重复授权"的规定？

3. 二审判决中实用新型专利终止后专利进入公有领域的问题。

[**参考结论与法理精析**]

（一）法院意见

一审法院经审理认为：原告山东济宁无压锅炉厂请求宣告本案所涉发明专利无效的理由是本发明专利不符合 1992 年《专利法实施细则》第 12 条第 1 款的规定，所提交的附件是公告号为 CN2097376U 的实用新型专利申请说明书。从独立权利要求书所载明的内容来看，第三人舒某在后申请的发明专利的必要技术特征只涉及上层炉排的技术特征，而其在先申请并被授权的实用新型专利的必要技术特征涉及上、下两层炉排的技术特征。发明专利技术特征包含在实用新型专利技术特征中，故舒某的发明专利与实用新型专利属于相同的发明主题，是同样的发明创造。

我国《专利法》及其实施细则均没有禁止申请人同时或先后就同样的发明创造分别提出发明申请和实用新型申请。由于发明申请和实用新型申请的法定审查程序不同，相对而言，实用新型授权快，审查周期短，申请人可以更快更早地获得专利保护，因此有些申请人采用了同时或先后递交两种专利申请的方式。1992 年《专利法实施细则》第 12 条第 1 款的规定正是为了避免对同样的发明创造予以重复授权的情况出现而制定的。该条规定，"同样的发明创造只能被授予一项专利"，应理解为同样的发明创造不能同时有两项或者两项以上处于有效状态的授权专利存在，否则即构成法律所禁止的重复授权。本案所涉 92106401.2 号发明专利与 91211222.0 号实用新型专利在保护期上有间断，没有同时存在，故不属于重复授权的情况。

针对实际发生的有关情况，原中国专利局《审查指南公报》第 6 号对 1992 年《专利法实施细则》第 12 条第 1 款的适用进行了具体规定。由于本案所涉发明专利在授权时，已授权的实用新型专利权的期限经续展后已经届满，不存在权利人选择的问题，因此发明专利权的授予并不违反上述规定及 1992 年《专利法实施细则》第 12 条第 1 款的规定。

综上，专利复审委员会作出的第 3209 号无效宣告请求审查决定事实清楚，适用法律正确，程序合法，应予维持。因此，一审法院判决：维持国家知识产权局专利复审委员会第 3209 号无效宣告请求审查决定。

济宁无压锅炉厂不服一审判决，在法定期限内向二审提起上诉。二审法院经审理认为：1992 年《专利法实施细则》第 12 条第 1 款规定，同样的发明创造只能被授予一项专利。同样的发明创造是指技术领域、所要解决的技术问题和技术方案实质上相同的发明创造，授予一项专利是指授予一项发明专利或者实用新型专利。本案中，舒某在先申请并被授权的实用新型专利与其在后申请的发明专利符合上述相同主题的发明或者实用新型的定义，故一审判决认定舒某的发明专利与实用新型专利属于相同主题的发明创造是正确的。

重复授权是指同样的发明创造被授予两次专利权，基于同样的发明创造的两项专利权同时存在并不是构成重复授权的必要条件。一审判决中确认的"只要基于同样的发明创造的两项有效专利权不同时存在，即不构成重复授权"于法无据，且有悖于立法本意。我国专利制度的建立，不仅是为了保护专利权人的合法权益，同时也要保护社会公众的利益。一项专利一旦权利终止，从终止日起就进入了公有领域，任何人都可以对该公有技术加以利用。本案中，舒某在先申请并被授权的 91211222.0 号实用新型专利已于 1999 年 2 月 8 日因权利期限届满而终止，该专利技术遂已进入公有领域。舒某在后申请的 92106401.2 号发明专利因与 91211222.0 号实用新型专利系相同主题的发明创造，故在该发明专利于 1999 年 10 月 13 日被授权公告时，相当于把已进入公有领域的技术又赋予了专利权人以专利权，应属重复授权，违反了《专利法实施细则》中关于同样的发明创造只能被授予一项专利的规定。对山东济宁无压锅炉厂关于 92106401.2 号发明专利的授权违反 1992 年《专利法实施细则》第 12 条第 1 款的规定，请求撤销专利复审委员会第 3209 号无效宣告请求审查决定的上诉请求，应予支持。

综上，专利复审委员会所作出的第 3209 号无效宣告请求审查决定及一审法院作出的行政判决，认定事实清楚，但适用法律错误，应予撤销。因此，二审法院判决：①撤销北京市第一中级人民法院（2001）一中知初字第 195 号行政判决书；②撤销国家知识产权局专利复审委员会作出的第 3209 号无效宣告请求审查决定。

舒某不服二审判决，于 2002 年 5 月 13 日向北京市高级人民法院申请再审。专利复审委员会亦不服二审判决，于 2002 年 8 月 2 日向最高人民法院申请再审。

最高人民法院经审理后认为：

1. 关于涉案两个专利是否属于同样的发明创造。涉案发明专利与实用新型专利是否属于 1992 年《专利法实施细则》第 12 条第 1 款规定的同样的发明创造，是本案应否适用禁止重复授权原则的事实基础。

1992 年《专利法实施细则》第 12 条第 1 款和 2001 年《专利法实施细则》

第 13 条第 1 款规定了禁止重复授权原则，即"同样的发明创造只能被授予一项专利"。禁止重复授权的目的在于防止由于同样的发明创造有两项或者两项以上的专利权同时存在而导致专利权之间的冲突或者不必要的重叠，只要两项专利申请或者专利要求保护的内容不同，即可以达到防止重复授权的目的。因此，1992 年《专利法实施细则》第 12 条第 1 款和 2001 年《专利法实施细则》第 13 条第 1 款所称的同样的发明创造，应当是指保护范围相同的专利申请或者专利；在判断方法上，应当仅就各自请求保护的内容进行比较即可。对于发明和实用新型而言，应当将两件发明或者实用新型专利申请或专利的权利要求书的内容进行比较，而不是将权利要求书与专利申请或专利文件的全部内容进行比较。被比对的两项权利要求所要求保护的范围相同的，应当认为是同样的发明创造；要求保护的范围不同的，不论二者的说明书内容是否相同，均不属于同样的发明创造。对于一个专利申请或者专利要求保护的范围完全落入并小于另一专利申请要求保护的范围的情形，即权利要求保护范围部分重叠的，也不能认为属于同样的发明创造而依据禁止重复授权原则拒绝授予其中一项申请以专利权，而是应当根据对新颖性、创造性等其他专利授权条件的审查来决定是否授予专利权。《审查指南公报》第 6 号以及之后的《专利审查指南》对于同样的发明创造的概念界定和判断方法逐渐清晰，现行《专利审查指南》的相关规定更加明确。

就本案而言，涉案两个专利分别只有一项权利要求。按照前述的判断方法，应当通过对这两项权利要求所确定的保护范围的比较来判断两个专利是否属于同样的发明创造。对于发明或者实用新型专利权的保护范围的确定，按照我国《专利法》的规定，应当以其权利要求的内容为准，说明书及附图可以用于解释权利要求。在使用说明书及附图解释权利要求时，不应当将仅反映在说明书及附图中而未记载在权利要求书中的技术特征读入权利要求之中，用于限制专利权的保护范围；也不能直接以仅在说明书或附图中所反映出的具体结构来限定权利要求中相应技术特征的含义。

本案发明专利权利要求为："一种立式或卧式双层炉排平面波浪型反烧炉排锅炉，其特征是上层水管反烧炉排是平面波浪型布置。"涉案实用新型专利权利要求为："一种主要由反烧炉排［2］、正烧炉排［1］和炉体［3］构成的高效节能双层炉排反烧锅炉，本实用新型的特征在于正烧炉排［1］和反烧炉排［2］的各个炉条是间隔的一上、一下分两层构成波浪形排列。"发明专利不论在其权利要求书还是在说明书中，均未对下层炉排的具体结构作出特别的限定或者说明，只是在说明书中唯一一个附图中显示下层炉排是平面一字排开的炉条。

根据涉案两个专利的权利要求，结合各自的说明书及附图，可以看出，两个专利所要求保护的技术方案均涉及一种由反烧炉排（上层炉排）、正烧炉排（下层炉排）和炉体构成的双层炉排反烧锅炉，二者只是在对上下层炉排结构的限定上有所不同。发明专利要求保护的内容是上层炉排为平面波浪形排列的双层炉排反烧锅炉；实用新型专利要求保护的内容是上下层炉排均为波浪形排列的双层炉排反烧锅炉。按照前述权利要求的解释方法，在该发明专利权利要求并未对下层炉排的具体结构作出特别限定的情况下，不能仅依据说明书附图中有关下层炉排的表示来限定其具体结构，该发明专利的下层炉排不排除也可以是平面波浪形排列的炉排。由此可见，本案中发明专利在保护范围上不仅包含了实用新型专利，而且大于实用新型专利的保护范围。相对而言，可以将实用新型专利看作是发明专利的一种具体实施方式，实用新型专利在保护范围上完全落入了发明专利的保护范围之内，并且小于发明专利的保护范围。按照前述关于同样的发明创造的判断原则和方法，涉案的两个专利的保护范围并不相同，二者不属于同样的发明创造。

需要指出的是，同样的发明创造与相同主题的发明创造是两个不同的概念，本案中无效请求人和一、二审法院均混淆使用了这两个概念。我国《专利法》在禁止重复授权问题上使用"同样的发明创造"的概念，在优先权问题上使用了"相同主题"的发明创造的概念。应当说，就发明和实用新型而言，这两个概念在本质上都是指比对对象之间在技术领域、所解决的技术问题、技术方案和预期效果上相同。《专利审查指南》对有关概念的界定在不同时期的文字表述上略有不同，实质上均体现了这一基本含义。但是基于不同的立法目的和操作需要，两个概念分别具有不同的法律意义，各自的对比判断方式因比对对象不同而有所不同，不能混同或者替换使用。优先权制度的目的在于为同一申请人的国际或国内专利申请提供便利，将在优先权期限内提出的相同主题的在后申请看作在首次申请的申请日提出。在判断方式上，"相同主题"的发明或者实用新型是以在后申请的权利要求所要求保护的技术方案与首次申请中的全部内容（包括权利要求书和说明书）进行对比。这与新颖性的判断方式基本相同，但与同样的发明创造仅就权利要求书进行比对的方式明显不同。

本案中，山东济宁无压锅炉厂的无效理由是本案发明专利不符合 1992 年《专利法实施细则》第 12 条第 1 款的规定，但其在专利复审委员会审查程序中陈述意见时却认为本案所涉两个专利属于相同主题的发明创造，这属于概念不清。一审法院对此认为，"从独立权利要求书所载明的内容来看，第三人舒某在后申请的发明专利的必要技术特征只涉及上层炉排的技术特征，而其在先申请并被授权的实用新型专利的必要技术特征涉及上、下两层炉排的技术特征。发明专利技术特征包含在实用新型专利技术特征中，故舒某的发明专利与实用新型专利属于相同的发明主题，是同样的发明创造。"一审法院关于"发明专利技术特征包含在实用新型专利技术特征中"的表述，本身语义不清，甚至错误，不能因为有共同的技术特征就认定技术特征之间有包含关系，而应当对要求保护的技术方案之间有无包含关系作出认定。同时，以两个专利属于相同的发明主题进而认定二者属于同样的发明创造，属于概念混淆。而且，"相同的发明主题"本身不是一个规范用语，应当是指"相同主题"的发明创造。二审法院对此认为，"同样的发明创造是指技术领域、所要解决的技术问题和技术方案实质上相同的发明创造……"同时又认为，"舒某在先申请并被授权的实用新型专利与其在后申请的发明专利符合上述相同主题的发明或者实用新型的定义，故原审判决认定舒某的发明专利与实用新型专利属于相同主题的发明创造是正确的"；"舒某在后申请的92106401.2号发明专利因与91211222.0号实用新型专利系相同主题的发明创造……"该院复查驳回再审申请的有关理由与一审法院相同。可见，二审法院也未对同样的发明创造与相同主题的发明创造的概念作出严格区分，亦属概念混淆。

本案无效请求人和一、二审法院虽然均混淆了同样的发明创造与相同主题的发明创造的概念，但实质上均认为涉案两个专利属于同样的发明创造。专利复审委员会第3209号无效宣告请求审查决定虽然没有明确认定涉案两个专利属于同样的发明创造，但其结论却是两个专利并非共同存在，不违反禁止重复授权的法律规定。其逻辑起点实际上也是认可两个专利属于同样的发明创造。否则，就无需判定是否违反禁止重复授权规定的问题。根据以上分析，通过对涉案两个专利的权利要求的比对，涉案两个专利并不属于同样的发明创造，无效请求人山东济宁无压锅炉厂的有关主张不能成立，一、二审法院的有关认定有误；专利复审委员会和舒某在本案再审中提出的涉案两个专利不属于同样的发明创造的意见应予支持，有关申请再审理由基本成立。

此外，当事人对判决未提出上诉不表明其对该判决认定的事实以及有关判理的当然认可。本案不能以当事人对一审判决有关涉案两个专利属于同样的发明创造的认定未提出上诉而推定当事人对该认定的承认。同时，对专利权保护范围的确定涉及对经法定程序形成的专利权利要求书和说明书的解释和运用，不仅包括事实认定，也涉及法律适用问题。有关的事实认定和法律适用必须依据具有法律效力的专利文件，而不能仅以专利权人事后的个别言辞或者误解作为认定事实的依据。当然，这并不影响专利权人在行使权利时主动放弃其部分或全部权利内容。本案中舒某在二审庭审中有关涉案两个专利"实际上是同一专利"的表述与其上诉主张明显矛盾，不能构成有效自认，其表述也不能改变专利权保护范围的客观状态。因此，山东济宁无压锅炉厂有关舒某对涉案两个专利属于同样的发明创造构成自认的答辩意见不能成立，二审法院复查驳回再审申请的有关理由亦欠妥当。

2. 关于禁止重复授权原则的理解。本案涉案的两个专利本不属于同样的发明创造，即不存在适用禁止重复授权原则的前提事实。但同一申请人就同样的发明创造既申请实用新型专利又申请发明专利的做法是否符合专利法上的禁止重复授权原则，始终是本案当事人争议的焦点之一，一、二审判决对此也各执一词，引起了社会上的普遍关注。

本案一审判决认为，禁止重复授权应理解为，"同样的发明创造不能同时有两项或两项以上处于有效状态的授权专利存在"。二审判决认为，"重复授权是指同样的发明创造被授予两次专利权，基于同样的发明创造的两项专利权同时存在并不是构成重复授权的必要条件"。二审判决实际上是认为同样的发明创造只能被授予一次专利权。

1992 年《专利法实施细则》第 12 条第 1 款和 2001 年《专利法实施细则》第 13 条第 1 款规定的"同样的发明创造只能被授予一项专利"，可以理解为同样的发明创造不能有两项或者两项以上的处于有效状态的专利权同时存在；在现行的制度安排下，同一申请人就同样的发明创造既申请实用新型专利又申请发明专利的，只要两项专利权不同时存在，就不违反禁止重复授权原则。首先，《专利审查指南》允许同一申请人同时或先后就同样的发明创造既申请实用新型专利又申请发明专利，这种做法的形成有其历史原因，虽不尽完善，但客观上有利于申请人选择对其发明创造最为有利的保护方式。其次，专利法关于先申请原则和新颖性判断中的抵触申请制度的规定，可以解决不同申请人就同样的发明创造分别提出专利申请的冲突问题。但对同一申请人就同样的发明创造分别提出实用新型和发明专利申请的情形未作规定，立法上为同一申请人保留了一个比较宽松和方便的专利申请选择途径。应当说，《专利审查指南》对于禁止重复授权原则的解释和国务院专利行政部门过去十多年来的有关做法，未违背专利法的基本立法精神，未造成专利权人和社会公众利益的重大失衡。相反，这有利于鼓励发明人尽早公开有关发明创造，有利于及时保护有关发明创造，有利于他人避免重复研究和在此基础上及时进行改进创新。最后，这种做法在我国已经实际执行了十多年，如果简单地否定其合法性和合理性，涉及众多的相关专利的效力，显然不利于对已有的专利或者专利申请的保护。

此外，如果把重复授权理解为同样的发明创造被授予两次专利权，也会造成专利审查与授权的实践操作困难。如在一项发明专利申请提出后公布前的时间段内，他人若就同样的发明创造提出实用新型专利申请并获得授权，此时，如果简单地认为同样的发明创造只能被授予一次专利权，则该发明专利申请就不能被授权，这显然违背了专利授予的先申请原则；如果必须认定实用新型专利无效后再授予发明专利权，也会造成实际操作上的困难。

允许同一申请人就同样的发明创造既申请实用新型专利又申请发明专利的做法也存在一些有待完善的问题。如按照《审查指南公报》第 6 号的规定，沿用在后申请本身的申请日计算专利保护期，将可能导致对同一技术的专利保护期限变相延长。又如现行《专利审查指南》要求前一专利权自申请日起予以放弃，该专利权视为自始不存在，这在实际上产生了相当于前一专利权被视为无效的后果，将导致曾依据被放弃的专利权而行使权利行为的法律效力的确认等复杂问题，可能会造成当事人的诉累和权利保护上的实际困难。这些问题，应当通过修改有关规定和进一步明确有关规则加以解决。

在多数情况下专利权的终止会导致该技术进入公有领域，但作为一种排他权的专利权，其终止仅表明权利人不能再就该技术向他人行使该专利权，并不表示在该技术上已经不存在任何其他权利。因此不能得出一项专利权一旦终止有关技术就进入了公有领域的结论。如从属专利在期限届满前的终止并不意味着从属专利技术就当然进入公有领域，如果基本专利仍然有效存在，他人仍然不能自由实施该从属专利技术。在允许同一申请人对同样的发明创造既申请实用新型专利又申请发明专利的情况下，申请人应审查要求放弃一项在先的实用新型专利权时，该发明专利申请处于临时保护期，也不能认为有关技术已经进入公有领域。因此，二审判决关于"一项专利一旦权利终止，从终止日起就进入了公有领域，任何人都可以对该公有技术加以利用"的结论，过于武断。即使本案两个专利属于同样的发明创造，则情况亦与前述分析的情形类似，只是在本案发明专利授权时，实用新型专利已经过期，按照当时的《审查指南公报》第 6 号的操作规定，不存在由申请人选择放弃实用新型专利的可能和必要，但该发明专利申请在实用新型专利过期前已经处于临时保护期，不能认为有关技术已经进入公有领域。

造成本案实用新型专利过期后发明专利申请才授权的主要原因在于对专利申请的审查周期过长。从这一点上看，也不宜让申请人承担由于专利局的审查原因而造成的不利后果。同时，这也不会对社会公众造成不公。任何理性的市场经营者不仅应当认识到某一项专利权的终止并不当然意味着其可以自由使用所涉及的专利技术，而且应当能够注意到本领域所有已经公开的专利文件，而不能仅关注某一份文件即下结论并据此鲁莽行事。

专利申请人确实可以利用本国优先权制度在优先权期限内实现发明和实用新型专利申请的转换，这与允许同一申请人就同样的发明创造既申请实用新型专利又申请发明专利的做法在功能上存在一定的重合，但二者所针对的问题和功能并不完全相同，如前所述在判断方式上的比对对象不同，其他一些具体条件的操作也不同，彼此不能够完全替代。优先权制度主要解决在后申请使用在先申请的申请日问题，即将判断在后申请的新颖性和创造性的时间标准提前。当申请人要求本国优先权时，作为本国优先权基础的中国首次申请，自中国在后申请提出之日起即被视为撤回。此外，优先权制度有优先权期间的限制以及在申请时即应提出要求优先权的书面声明的手续要求。

允许同一申请人就同样的发明创造既申请实用新型专利又申请发明专利，主要是考虑这么做能为发明创造提供及时的专利保护。两份申请可以具有各自不同的判断新颖性和创造性的申请日；不存在前一申请被自动视为撤回的问题，而是由申请人或专利权人选择放弃其一；在后申请的提出时间以在先申请未公开为限；但我国法律尚未规定申请人的声明义务。根据上述分析，济宁无压锅炉厂提出将重复授权理解为"同样发明创造不能同时有两项或者两项以上处于有效状态的授权专利存在"将会削弱我国《专利法》规定的本国优先权制度的主张，理由并不充分。申请人可以自由选择其认为最为有利的制度或者做法，不能因为有本国优先权制度的存在，就否定允许同一申请人就同样的发明创造既申请实用新型专利又申请发明专利这一做法存在的意义。

综上所述，本案92106401.2号发明专利与作为对比文件的91211222.0号实用新型专利并不属于同样的发明创造；专利法上的禁止重复授权，是指同样的发明创造不能有两项或者两项以上的处于有效状态的专利权同时存在，而不是指同样的发明创造只能被授予一次专利权。据此，最高人民法院判决：①撤销北京市高级人民法院（2002）高民终字第33号行政判决；②维持北京市第一中级人民法院（2001）一中知初字第195号行政判决和国家知识产权局专利复审委员会第3209号无效宣告请求审查决定。

（二）本案涉及的法律问题及其影响

1. "同样的发明创造"应当与"相同主题的发明创造"相区分。1992年发布的《专利法实施细则》第12条规定的"同样的发明创造"与专利优先权和新颖性判断中的相同主题的发明创造有明显的区分。第12条中所指的同样的发明创造，应当是指保护范围相同的专利申请或专利。在判断方法上，应当仅就各自请求保护的内容进行比较即可。对于发明和实用新型而言，应当将两件发明或者实用新型专利申请或专利的权利要求书的内容进行比较，而不是将权利要求书与专利申请或专利文件的全部内容进行比较。被比对的两项权利要求所要求保护的范围相同的，应当认为是同样的发明创造；要求保护的范围不同的，不论二者的说明书内容是否相同，均不属于同样的发明创造。对于一个专利申请或者专利要求保护的范围完全落入并小于另一专利申请要求保护的范围的情形，即权利要求保护范围部分重叠的，也不能认为属于同样的发明创造而依据禁止重复授权原则拒绝授予其中一项申请专利权，而是应当根据对新颖性、创造性等其他专利授权条件的审查来决定是否授予专利权。

本案发明专利权利要求为："一种立式或卧式双层炉排平面波浪型反烧炉排锅炉，其特征是上层水管反烧炉排是平面波浪型布置。"涉案实用新型专利权利要求为："一种主要由反烧炉排［2］、正烧炉排［1］和炉体［3］构成的高效节能双层炉排反烧锅炉，本实用新型的特征在于正烧炉排［1］和反烧炉排［2］的各个炉条是间隔的一上、一下分两层构成波浪形排列。"发明专利不论在其权利要求书还是在说明书中，均并未对下层炉排的具体结构作出特别的限定或者说明，只是在说明书中唯一一个附图中显示的下层炉排是平面一字排开的炉条。根据涉案两个专利的权利要求，结合各自的说明书及附图，可以看出，两个专利所要求保护的技术方案均涉及一种由反烧炉排（上层炉排）、正烧炉排（下层炉排）和炉体构成的双层炉排反烧锅炉，二者只是在对上下层炉排结构的限定上有所不同。发明专利要求保护的是上层炉排为平面波浪形排列的双层炉排反烧锅炉；实用新型专利要求保护的是上下层炉排均为波浪形排列的双层炉排反烧锅炉。按照前述权利要求的解释方法，在该发明专利权利要求并未对下层炉排的具体结构作出特别限定的情况下，不能仅依据说明书附图中有关下层炉排的表示来限定其具体结构，该发明专利的下层炉排不排除也可以是平面波浪形排列的炉排。由此可见，本案中发明专利在保护范围上不仅包含了实用新型专利，而且大于实用新型专利的保护范围。相对而言，可以将实用新型专利看作是发明专利的一种具体实施方式，实用新型专利在保护范围上完全落入了发明专利的保护范围之内，并且小于发明专利的保护范围。按照前述关于同样的发明创造的判断原则和方法，涉案两个专利的保护范围并不相同，二者不属于同样的发明创造。

2. 禁止重复授权原则在不同的时代有着不同的理解。1992 年《专利法实施细则》第 12 条第 1 款和 2001 年《专利法实施细则》第 13 条第 1 款规定的"同样的发明创造只能被授予一项专利"，可以理解为同样的发明创造不能有两项或者两项以上的处于有效状态的专利权同时存在；在当时的制度安排下，同一申请人就同样的发明创造既申请实用新型专利又申请发明专利的，只要两项专利权不同时存在，就不违反禁止重复授权原则。在 2008 年《专利法》修改之前，《专利审查指南》允许同一申请人同时或先后就同样的发明创造既申请实用新型专利又申请发明专利，这种做法的形成有其历史原因，虽不尽完善，但客观上有利于申请人选择对其发明创造最为有利的保护方式。另外，《专利法》关于先申请原则和新颖性判断中的抵触申请制度的规定，可以解决不同申请人就同样的发明创造分别提出专利申请的冲突问题。但对同一申请人就同样的发明创造分别提出实用新型和发明专利申请的情形未作规定，立法上为同一申请人保留了一个比较宽松和方便的专利申请选择途径。20 世纪 90 年代中期，原中国专利局的发明专利申请待审案积压严重，相当数量发明专利申请需要等待 7、8 年甚至更长的时间才能得到授权。由于对发明专利申请实行早期公开延迟审查制，实质审查周期相对较长，只申请发明专利不利于发明创造尽快得到保护。而实用新型专利的法律稳定性虽然较差，但是对其申请实行初步审查制，审查周期短、授权快。因此，不少申请人采取了同时或者先后递交发明和实用新型两种类型的专利申请的方式，以期先获得实用新型专利的快速授权和保护；同时，那些发明创造技术创新水平较高的，也不影响其获得发明专利的保护。因此，造成本案实用新型专利过期后发明专利申请才授权的主要原因在于对专利申请的审查周期过长。从这一点上看，也不宜让申请人承担由于专利局的审查原因而造成的不利后果。同时，这也不会对社会公众造成不公。因此，本案专利限于当时的历史背景，重复授权应当理解为前文所述之意。因此，本案中，即使两个专利"属于同样的发明创造"，由于对发明专利授权之时，实用新型专利已经失效，故不存在同时授权的问题，所以并不违反禁止重复授权原则。

然而，最高法院在判决书中也认识到，允许同一申请人就同样的发明创造既申请实用新型专利又申请发明专利的做法也存在一些有待完善的问题。如按照《审查指南公报》第 6 号的规定，沿用在后申请本身的申请日计算专利保护期，将可能导致对同一技术的专利保护期限变相延长。因此，针对这一系列的现象，《专利法》在 2008 年修订之时，对抵触申请的描述由原来的"同样的发明或者实用新型由他人向专利局提出过申请并且记载在申请日以后公布的专利申请文件中"改为"任何单位或者个人就同样的发明或者实用新型在申请日以前向国务院专利行政部门提出过申请，并记载在申请日以后公布的专利申请文件或者公告的专利文件中"，从而将申请人本人的相同申请也纳入到抵触申请的范围内。在这种情况下，只有申请人将同一技术方案在同一天向专利局提出申请，才不构成抵触申请。随着国家知识产权局专利审查部门效率的提高，出现发明专利审查期限长达十几年的情况也很少见。因此，发生本案中实用新型保护期已经届满才授予发明专利权的情况也基本不会再出现。因此，本案中的重复授权问题应当属于特定历史时期造成的问题。

3. 二审判决中提到："一审判决中确认的'只要基于同样的发明创造的两项有效专利权不同时存在，即不构成重复授权'于法无据，且有悖于立法本意。我国专利制度的建立，不仅是为了保护专利权人的合法权益，同时也要保护社会公众的利益。一项专利一旦权利终止，从终止日起就进入了公有领域，任何人都可以对该公有技术加以利用。本案中，舒某在先申请并被授权的91211222.0号实用新型专利已于1999年2月8日因权利期限届满而终止，该专利技术遂已进入公有领域。舒某在后申请的92106401.2号发明专利因与91211222.0号实用新型专利系相同主题的发明创造，故在该发明专利于1999年10月13日被授权公告时，相当于把已进入公有领域的技术又赋予了专利权人以专利权，应属重复授权，违反了专利法实施细则中关于同样的发明创造只能被授予一项专利的规定。"

对于这种说法是否正确，最高人民法院在判决中认为，在多数情况下专利权的终止会导致该技术进入公有领域，但作为一种排他权的专利权，其终止仅表明权利人不能再就该技术向他人行使该专利权，并不表示在该技术上已经不存在任何其他权利，不能得出一项专利权一旦终止，有关技术就进入了公有领域的结论。如从属专利在期限届满前的终止并不意味着从属专利技术就当然进入公有领域，如果基本专利仍然有效存在，他人仍然不能自由实施该从属专利技术。在允许同一申请人对同样的发明创造既申请实用新型专利又申请发明专利的情况下，申请人应审查要求放弃一项在先的实用新型专利权时，该发明专利申请处于临时保护期，也不能认为有关技术已经进入公有领域。因此，二审判决关于"一项专利一旦权利终止，从终止日起就进入了公有领域，任何人都可以对该公有技术加以利用"的结论，过于武断。即使本案两个专利属于同样的发明创造，则情况亦与前述分析的情形类似，只是在本案发明专利授权时，实用新型专利已经过期，按照当时的《审查指南公报》第6号的操作规定，不存在由申请人选择放弃实用新型专利的可能和必要，但该发明专利申请在实用新型专利过期前已经处于临时保护期，不能认为有关技术已经进入公有领域。

本案是近年来国内热议、国际关注的一起专利案件，涉及对专利法上的禁止重复授权原则的理解问题。禁止重复授权是各国专利制度的一项基本原则，我国1992年《专利法实施细则》第12条第1款和2001年《专利法实施细则》第13条第1款均规定："同样的发明创造只能被授予一项专利"。自原中国专利局于1995年9月28日发布《审查指南公报》第6号起，国务院专利行政部门允许同一申请人就同样的发明创造既申请实用新型专利又申请发明专利，但在后授权时申请人须放弃在前授权的专利。本案的焦点在于十几年来以行政规章确立的上述相关行政操作是否符合专利法上的禁止重复授权原则，这也涉及我国专利局过去依此授予的数千件专利的生死存亡问题。最高人民法院在本案中阐明了对禁止重复授权原则的理解与适用，明确了在现行专利法立法框架下相关行政操作的合法性，同时澄清了专利法上"同样的发明创造"的概念的内涵。

拓展案例

案例一：

2001 年 7 月 18 日，某制品厂向专利局提出"具有装饰性伞头的晴雨伞"实用新型专利申请。申请时的权利要求 1 是："具有装饰性伞头的晴雨伞，包括支撑伞布（3）的伞柄（1）和伞骨（2）以及与伞柄（1）的手持端固定连接的伞头（4）；其特征在于：所述伞头（4）是具有气密内腔（41）的透明伞头，在伞头（4）的内腔（41）封装有防冻无菌液体（43），能自由流动的小装饰物（42）浸泡在所述液体（43）中。"审查员于 2002 年 5 月 24 日作出了驳回决定。其理由是本申请权利要求所保护的技术方案是一种以单纯美感为目的而提出的对产品的形状、图案、色彩及其结合的设计，而不是利用了自然规律的技术方案，不符合 2001 年《专利法实施细则》第 2 条第 2 款的规定，不能被授予实用新型专利权。本实用新型申请仅描述了一种具有装饰性伞头的晴雨伞的具有美感的形状、构造，未提出也未解决专利法意义上的技术问题，也无所谓相应的技术效果。

申请人于 2002 年 7 月 26 日向国家知识产权局专利复审委员会（以下简称专利复审委员会）提出了复审请求，并同时对权利要求书及说明书进行了修改，认为修改后的权利要求书的技术方案利用了自然规律，完全符合《专利法实施细则》第 2 条第 2 款的规定。其修改后的权利要求 1 是："一种具有装饰性伞头的晴雨伞，包括支撑伞布（3）的伞柄（1）和伞骨（2）以及与伞柄（1）的手持端固定连接的伞头（4）；其特征在于：所述伞头（4）为透明管状结构，该透明管具有沿轴线方向贯通的流体流路，其接近手持部一端收拢闭合，另一端为防冻无声液体（43）及小装饰物（42）的加入口，芯孔（5）插入该加入口且令封口成为气密状态，伞柄（1）的下端部与芯孔（5）的孔插接并固定；在伞头（4）的内腔（41）封装有防冻无菌液体（43），能自由流动的小装饰物（42）浸泡在所述液体（43）中。"[1]

专利复审委员会经审查后认为：本申请所要求保护的技术方案是以单纯美感为目的的，但修改后的权利要求书不是对产品的形状、图案、色彩及其结合的设计，而是对产品的形状、构造或者其结合所提出的适于实用的新的技术方案。因为在权利要求中明显包含了伞头的具体结构特征。本申请符合 2001 年

---

[1] 程永顺主编：《案说专利法》，知识产权出版社 2012 年版，第 6 页。

《专利法实施细则》第 2 条第 2 款的规定，权利要求保护的技术方案属于实用新型的保护客体。因此作出复审决定：撤销国家知识产权局作出的驳回决定。

依据 2001 年《专利法实施细则》第 60 条第 1 款规定，请求人在提出复审请求或者在对专利复审委员会的复审通知书作出答复时，可以修改专利申请文件；但是，修改应当仅限于消除驳回决定或者复审通知书指出的缺陷。本案中，国家知识产权局对本申请作出的驳回理由是本实用新型仅描述了一种具有装饰性伞头的晴雨伞的具有美感的形状、构造，未提出也未解决专利法意义上的技术问题，也无所谓相应的技术效果。这些都属于本专利申请的缺陷。申请人在专利复审过程中修改了专利申请文件，加入了对伞头具体结构特征的描述，修改的内容属于驳回决定指出的缺陷。因此符合专利法关于复审过程中修改申请书的规定。而修改后的申请书由于失去了被驳回的理由，因此专利复审委员会撤销驳回的决定是正确的。

本案对理解专利客体、专利复审过程中的具体程序等专利事务工作都有积极的帮助作用。

案例二：

1987 年 9 月 16 日，广西大学向中国专利局提出名为"双极自吸喷射再生槽"的发明专利申请。1989 年 8 月 2 日，广西大学被授予该发明专利权。针对这一专利的权利要求，某设计院于 1992 年 6 月 6 日向专利复审委员会提出无效宣告请求。其理由是：再生槽含义不明确，权利要求书得不到说明书支持；说明书公开不充分，该专利没有实用性和创造性。1993 年 8 月 27 日，某净水设备厂亦对该专利权提出了无效宣告请求。理由是该专利不具备新颖性和创造性，且权利要求书及说明书对该发明的必要技术特征公开不充分。1993 年 4 月 7 日，专利复审委员会就某设计院的无效宣告请求进行了口头审理，1993 年 4 月 9 日，广西大学与某设计院在专利复审委员会合议组的主持下达成和解协议，约定原则上在 5 月 10 日前执行本协议第 2 款（即广西大学与柳州化肥厂的纠纷由双方协商解决）后，第 1 款生效，即某设计院撤销针对 87106400 号专利的无效宣告请求，并且不再提起。1993 年 6 月 18 日广西大学才与柳州化肥厂达成和解协议。专利复审委员会于 1993 年 8 月 21 日收到广西大学寄来的和解协议书及其意见陈述书。鉴于某设计院已于 1993 年 8 月 9 日再次向专利复审委员会提出书面意见，坚持宣告广西大学的专利无效的请求及理由，专利复审委员会于 1994 年 9 月 8 日将某设计院与某净水设备厂对该专利的无效请求合并进行了口头审理，广西大学未参加，但也未提出改期口头审理的请求。

专利复审委员会于 1994 年 12 月 7 日作出第 537 号行政决定，以该专利缺乏创造性为理由，宣告该发明专利无效。

广西大学不服专利复审委员会的决定，向北京一中院提起行政诉讼，请求撤销决定。一审法院经审理，驳回原告诉讼请求。广西大学不服一审判决，提起上诉，北京市高级人民法院经审理，判决驳回上诉，维持原判。[1]

法院认为，依照《专利法》的有关规定，权利要求书是以说明书为依据撰写的，但发明或实用新型专利权的保护范围以其权利要求书的内容为准，说明书及其附图可以用来解释权利要求，但不能对权利要求的内容进行扩大解释或对权利要求的内容进行"附加"。本案专利授权权利要求书中既没有载明该发明专利用于脱硫再生的用途特征，也没有涉及脱硫再生槽与二级喷射器的组合特征。从本案专利授权权利要求所载明的技术特征看，只涉及气液混合与喷射原理，解决的是堵塞问题。故本专利与对比文件（2）所披露的射流曝气机同属气液混合的流体力学领域。原告广西大学以其说明书及附图为据，主张其专利是包括脱硫再生的用途发明和包括脱硫再生槽的组合发明，均不符合法律的规定，本院不予支持。

发明专利创造性的法律规定为："创造性是指同申请日以前已有的技术相比，该发明有突出的实质性特点和显著的进步。"对比文件（1）和对比文件（2）是判断本案专利是否具有突出的实质性特点和显著进步的已有技术标准。对比文件（1）披露的是单级喷射再生槽技术，对比文件（2）披露的是双级喷射器技术。本专利与对比文件（2）均属气液混合流体力学领域，该领域的技术人员完全可以根据对比文件（1）所公开的惯常知识，再结合对比文件（2）所披露的双级喷射器的设计原理、尺寸及计算标准推导出本案专利的技术内容。尤其是本专利的权利要求 1 中所载明的主要技术特征——5 组数据与对比文件（2）中的相应数据完全相同。故本院认为 87106400 号发明专利与申请日前已有的同领域技术相比，并不具备突出的实质性特点和显著的进步，因而不能满足专利法所要求的创造性条件。

另外，专利复审委员会的任务是依据《专利法》的有关规定，对复审请求和专利权无效请求进行审理并作出决定。专利复审委员会在本案所涉审查程序中，曾从事居间活动，促成广西大学与某设计院达成和解协议，并在协议书上盖有专利复审委业务章，此行为缺乏法律依据，超出其职权范围，不保护公众利益，应确认为无效，对广西大学和某设计院均不具有法律约束力。

目前，世界各国都依权利要求书来确定专利权的保护范围，但对权利要求

---

〔1〕 宿迟主编：《知识产权名案评析》，人民法院出版社 1996 年版，第 203 页。

书如何理解则有周边限定原则、中心限定原则和介于这二者之间的折中原则等不同的确定方法，我国专利法采取的是折中原则。根据我国《专利法》第 64 条的规定，权利要求书是确定发明或实用新型专利保护范围的依据。审查指南中也规定，其独立权利要求应当从整体上反映出发明或实用新型的整体方案，记载为达到发明或实用新型目的的不可缺少的技术特征，其总和足以构成发明或实用新型的主题，使之区别于其他技术方案。关于权利要求书和说明书及附图的关系，《审查指南》中指出权利要求书应当以说明书为依据，说明要求保护的专利范围；说明书及其附图可以用于支持权利要求；在确定发明或实用新型专利权的保护范围时可以用于解释权利要求书。由此可以看出，权利要求书是确定发明或实用新型专利保护范围的最主要、最直接的依据。

本案的审理思路非常明确，首先确定涉案专利的保护范围是什么，再根据专利法有关"三性"的规定对其进行评价。本案中，广西大学提供了若干份证据材料，包括《无机化工工艺学》（上册合成氨），即对比文件（1）；《污水生化处理新型曝气装置——射流曝气机的试验研究报告（一）》，即对比文件（2）。广西大学承认其"双极自吸喷射再生槽"发明是在对比文件（1）中所公开的单机自吸喷射再生槽基础上作出的发明创造。其主张该专利所要求保护的不能只看作是一个简单的组合产品，还应考虑该产品在所属技术领域的应用范围。依该专利说明书对技术领域、发明目的的解释，该专利应包括双级自吸喷射再生器用于脱硫再生过程的用途；该专利的发明要点是将双级喷射器与脱硫液浮选槽组成双级喷射再生槽，属组合发明；对比文件（2）属环境工程领域，运用于废污水的处理，本专利属于无机化学工程领域，运用于脱硫液再生，二者属不同技术领域，因此对比文件（2）不能与本专利进行对比。据此，广西大学认为该发明的一些关键部件结构与对比文件不同，具有创造性。然而法院认为，发明的保护范围以其权利要求书的内容为准；说明书及其附图可以用来解释权利要求书，但不能对权利要求书的内容进行扩大解释或对权利要求书的内容进行"附加"。本案专利授权权利要求书中既没有阐明该发明专利特征之一是用于脱硫再生，也没有明确脱硫再生槽与二级喷射器的组合特征。因此从本案专利授权权利要求书所载明的技术特征看，只涉及气液混合与喷射原理，它与对比文件（2）所披露的射流曝气机同属气液混合的流体力学领域。因此，在与对比文件（2）进行对比之下，法院认为该领域的技术人员完全可以根据对比文件（1）所公开的惯常知识，再结合对比文件（2）所披露的双级喷射器的设计原理、尺寸及集散标准推导出本案专利的技术内容。本案专利并不具备突出的实质性特点和显著进步，其不能满足专利法所要求的创造性条件。

本案经法院两审审理作出了最终判决，但是留给我们的思考却是很多的。

广西大学的发明专利被无效了，然而，该项技术从专利法的角度出发，确实有它的特点，实用价值也是很高的，只是由于在权利要求书撰写中的失误使其失去专利权，十分可惜，对广西大学，尤其是对具体负责该技术课题的科研人员来说更是一个重大损失。鉴于该专利申请时我国专利水平还比较低的历史背景，出现这种情况也是在所难免的。目前，在进一步加强我国专利保护力度，提高专利代理水平，尤其是提高公众（包括科研人员）的专利意识方面，仍然任重道远，需要我们做更大的努力。

根据《审查指南公报》的规定，专利复审委员会的任务是依据专利法的有关规定，对复审请求和专利权无效请求进行审理并作出决定。专利复审委在本案审查程序中，曾从事调解工作，促成广西大学与某设计院达成和解协议，并在协议书上盖有专利复审委员会的业务章。专利复审委员会是代表国家行使其行政职权，但在本案中，行政机关的行为既不利于其正确行使国家赋予的行政权力，公正准确地评价该项发明创造，以促进科技进步，也不利于维护当事人的合法权益，保护公众利益。该行为没有法律依据，超出了其职权范围，应确认为无效，对广西大学和某设计院均不具有法律约束力。

本案涉及专利权保护范围的确定问题和专利复审委员会在无效审查中的职权，在特定的时代具有特定的意义，也为我国专利司法的法治化起到了推动的作用。

案例三：

1994 年 5 月 13 日，辉瑞研究及发展公司向原中国专利局提出名称为"用于治疗阳痿的吡唑并嘧啶酮类"的发明专利申请，该申请于 2001 年 9 月 19 日被授权公告，专利权人为辉瑞研究及发展公司，专利号为 94192386.X。2004 年 1 月 9 日，本专利专利权人由辉瑞研究及发展公司变更为辉瑞公司。2001 年 9 月 19 日，潘某平针对本专利向专利复审委员会提出无效宣告请求。此后，联想药业公司于 2001 年 10 月 29 日，鸿淘茂药业公司、华宇制药公司和地奥制药公司于 2001 年 11 月 2 日，双龙公司于 2001 年 11 月 20 日，白云山医药公司于 2001 年 10 月 31 日，常州市天普生物化学制药厂、海光化学研究所、亚邦医药公司、康尔威药业公司、吉林恒和制药股份有限公司、合肥医工医药公司于 2001 年 10 月 30 日分别向专利复审委员会提出无效宣告请求。2002 年 9 月 3 日，专利复审委员会进行了口头审理。专利复审委员会经审理后认为：根据本专利说明书中记载的技术内容并结合所属领域的现有技术，所属领域技术人员不花费创造性劳动，无法确信本专利化合物能够治疗或预防雄性动物勃起机能障碍。故不能认为本专利说明书对于权利要求书中技术方案的公开是充分的，本专利不符合《专利法》第26条第3款的规定。据此，专利复审委员会作出第6228号决定，宣告本专利全部无效。

一审法院经审理后，判决撤销知识产权局专利复审委员会作出的第6228号无效宣告请求审查决定，后作为第三人的国内12家企业不服，上诉至北京市高级人民法院。直至2007年10月27日，北京市高级人民法院判决驳回上诉，维持原判。

《专利法》第26条第3款规定，说明书应当对发明或者实用新型作出清楚、完整的说明，以所属技术领域的技术人员能够实现为准。本案中，医药领域属于实验性科学领域，对其产生影响的因素是多方面、相互交叉、错综复杂的，仅以设计构思提出的技术方案不一定能够解决发明所涉及的技术问题，而必须依靠试验数据予以说明。同时，技术效果在这类发明中占有十分突出的地位，故以试验数据定量地体现发明的效果，并将其与现有技术相比较是表明发明效果的最有效的方法之一。

从用途发明专利的特点看，用途发明是发现了产品的新性能，从而将其运用于一个新的用途，发明的重点在于应用，因此，在这类发明专利的说明书中必须明确该产品的新性能、用途、目的、适用范围、使用方式、用法以及使用的条件等，同时还应当在说明书中通过试验数据的形式充分公开该产品所达到的效果，使本领域技术人员相信其能够实现发明目的，并取得较好的技术效果。从第二医药用途发明专利的特点来看，在这类发明专利说明书中，应当说明药品的有效使用量、使用方法，并通过实验室试验、动物试验或临床试验数据详细描述该药品对第二适应证的治疗效果，并证明第二适应证与已知用途之间的区别是显而易见的。否则，如果根据说明书的内容不能确信该药品具有并可以达到说明书所述的技术效果，则从实现该药品第二医药用途的角度出发，本领域技术人员无法实现该发明。综上，专利复审委员会确定的第二医药用途发明专利说明书公开是否充分的标准是适当的，并不是对《专利法》第26条第3款的不当解释。

涉案专利说明书是以递进的方式分别给出了第一级至第五级化合物范围，本领域技术人员可以自然地理解所谓优选级别的确定应当是与发明目的的实现密切相关的，标准应当是一致的，也就是说特别优选的个别的本发明化合物即第五级化合物的治疗效果是最佳的。本专利说明书中记载了一种特别优选的化合物的体外试验，并发现它们是对cGMP有专一性的PDEv的很强的选择性抑制剂，同时，说明书还记载了体内临床试验结果，即一种特别优选的化合物诱发了阳痿男性的阴茎勃起。尽管此级化合物有一百多种，而说明书在此并未明确是哪一个具体的化合物得出了上述结果，但是应当注意的是，一般情况下，说明书中给出的具体化合物的数据或试验结果是由效果较好的化合物得出的。由此可知，较优选的第四级化合物具有体外和体内活性。第五级化合物作为说明书给出的最优选级别，其中的 9 个化合物结构相似，其药理学活性应当是近似的，因此，本领域技术人员确认作为这 9 个化合物之一的本专利权利要求化合物具有说明书所述的治疗效果是合乎情理的，而无需进一步花费创造性劳动。专利复审委员会在第 6228 号决定中认为治疗效果与第五级化合物以及权利要求化合物缺乏关联，而从第四级化合物中筛选，确认权利要求化合物具备治疗效果需要付出创造性劳动，从而忽视了上述情况，理由不充分，法院不予支持。其在上述判断的基础上认为本专利不符合 2001 年《专利法》第 26 条第 3 款的规定是错误的，故该决定应予撤销。[1]

本案即著名的"伟哥专利诉讼案"，由于辉瑞公司的胜诉，国内企业需要再等 7 年才能生产这一药物，这对国内的制药企业产生了很大的冲击。很多企业宣布放弃生产该药物。而这一案例争议的焦点在于专利说明书公开的标准。因此，本案对专利事务中说明书公开的标准也具有一定的指导意义。

[问题与思考]

1. 专利申请包括哪些程序？

2. 专利复审委员会在无效审查程序中的职权范围是什么？

3. 专利申请的原则有哪些？

4. 专利说明书的公开应当遵循什么标准？

[重点提示]

我国专利申请实行申请审批制，所以，一项专利的审批要经过十分冗长、复杂的审查批准程序，该程序是对实体权利的重要保障。其中专利无效程序和复审程序是两项最重要的保障程序。拓展案例二对于专利保护范围的确定和专利复审委员会在无效程序中的职责范围的确定对于今后这一类的案例都具有重要的指导意义。本章要通过具体案例的研习，探讨专利无效程序的运作，并重点探讨专利复审委员会在专利复审案件中的法律地位。

---

[1] 参见北京市高级人民法院（2006）高行终字第 519 号行政判决书。

专利权的内容

知识概要

专利权的本质是国家授予专利权人的一种垄断权，即排除他人实施其专利技术的权利。因此，专利权人对获得专利权的发明创造具有的权利是排除他人干涉的独占实施权，即禁止他人仿造专利产品、适用专利方法并销售仿造的专利产品。具体而言，产品专利的权利内容包括制造权、使用权、销售权、许诺销售权和进口权。方法专利的权利内容包括使用权，对于由该方法直接获得的产品，还享有使用权、销售权、许诺销售权和进口权。而外观设计专利的内容则包括制造权、许诺销售权、销售权和进口权。

经典案例

雷某、李某诉黄某等七被告及第三人山东瀚霖生物技术有限公司发明创造署名权纠纷案[1]

[基本案情]

2006年8月7日，上海凯赛公司向国家知识产权局申请了ZL200610029784.6号"一种以脂肪酸或其衍生物为原料制配得到的长碳链二元酸及其制配方法"发明专利（以下简称在先专利），公开日为2008年2月13日，授权日为2011年3月9日。2011年12月12日，国家知识产权局发出手续合格通知书，准予在先专利发明人变更为李某、雷某。原山东凯赛公司员工王某、葛某从山东凯赛公司离职后加入山东瀚霖生物技术有限公司（以下简称瀚霖公司）。2010年4月30日，瀚霖公司申请第20101060266.4号"生物发酵法生产长碳链二元酸的精

---

〔1〕 聂士海："2012年度全国法院知识产权典型案例展示"，载《中国知识产权》2013年第4期。

制工艺"发明专利（以下简称涉案专利），公开日期为 2011 年 3 月 16 日，发明人为本案七名被告：黄某、刘某、陈某、傅某、曹某、葛某、王某。2012 年 1 月，北京市第一中级人民法院受理了雷某、李某诉黄某等七被告的专利发明人署名权纠纷一案，瀚霖公司被追加为本案第三人。原告雷某、李某诉称：雷某、李某二人参与了长链二元酸生物生产技术工艺标准化操作程序的制定以及后续优化试验工作，是相关技术方案的发明人。涉案专利申请与山东凯赛公司使用的标准化操作程序长链二元酸生物生产技术工艺标准化操作程序相同，核心工艺参数与上海凯赛公司已经授权的第 200610029784.6 号专利相同。雷某、李某对上述技术方案作出了实质性贡献，是本专利申请的发明人，享有署名权。七名被告未作出实质性贡献，无权署名，其冒名剽窃行为，侵犯了雷某、李某的署名权。

[法律问题]

发明人的署名权的性质与抄袭的判断标准。

[参考结论与法理精析]

（一）法院意见

一审法院审理后认为：发明人的署名权是人身权、绝对权，其来源于发明人对专利作出的创造性贡献，不受专利权或专利申请权权属的约束，也不随着专利权或专利申请权的转移而有所变化。无论是否是职务发明创造，专利发明人署名均应当取决于其是否对专利的实质性特点作出了创造性贡献，而并非取决于其是否得到专利权人或专利申请权人的认可。黄某、刘某虽现已不再是涉案专利申请的发明人，但并不能排除其在涉案专利申请提出时的署名行为有可能构成侵权，事后变更署名仅是其被控侵权行为的终止。雷某、李某虽与瀚霖公司之间无合同关系，但专利署名权系依据是否作出创造性贡献来确定，而并非依据专利申请权权属确定。因此，雷某、李某起诉黄某等人主张专利署名权，符合人民法院受理民事案件的条件。

雷某、李某提交的试验记录为书证原件，真实性予以确认。2003 年 SOP 虽是复印件，但是结合其他证据对 2003 年 SOP 的真实性予以认可。

将涉案专利申请与雷某、李某在先的技术方案对比，二者在技术构成上或者完全相同，或者在数值选择区间上有重合之处，且涉案专利申请亦未明确其数值范围选择有意料不到的技术效果，或者其区别系本领域常规技术选择。因此，涉案专利申请与雷某、李某在先的技术方案相比，不具有实质性特点。王某与葛某均曾与雷某任职于山东凯赛公司，能够接触雷某、李某的技术方案，包括在先专利、雷某拟稿的 2003 年 SOP 和李某的试验记录。鉴于涉案专利申请与雷某、李某的在先技术方案相比不具有实质性特点，王某、葛某有可能接触雷某、李某的技术方案，且其未提交任何证据证明其独立研发了涉案专利申请，应认定涉案专利申请的发明人为雷某、李某；王某、葛某未对涉案专利申请作出创造性贡献，侵犯了雷某、李某的署名权。黄某、刘某、陈某、傅某、曹某亦未提交任何证据证明其对涉案专利申请进行了独立研发。上述五人在涉案专利申请上署名的行为属于在他人智力劳动成果上署名，不具有正当性，应当承担相应的法律后果。王某、葛某、黄某、刘某、陈某、傅某、曹某共同侵犯署名权的行为致使雷某、李某为相关技术方案付出了创造性劳动而不能表明发明人身份，影响二人获得正面的社会评价和声誉，造成雷某、李某的精神损害，应当承担停止侵权、赔礼道歉、消除影响的侵权责任。考虑到黄某、刘某已于2011年2月14日终止了侵权行为，不再判令其承担相应的侵权责任。瀚霖公司与本案有事实上的利害关系，为查明案件事实的需要，法院依法追加其为第三人。因雷某、李某未向瀚霖公司提出诉讼主张，为此，本案中瀚霖公司不需承担法律责任。

综上，一审法院判决：①确认涉案专利申请的发明人为雷某、李某；②确认黄某、刘某、陈某、傅某、曹某、葛某、王某侵犯雷某、李某对涉案专利申请的署名权；③陈某、傅某、曹某、葛某、王某在《科技日报》上就侵犯署名权刊登声明，向雷某、李某赔礼道歉，消除影响；④驳回雷某、李某的其他诉讼请求。黄某、刘某、王某、葛某、陈某、傅某、曹某、瀚霖公司均不服原审判决，提出上诉，请求撤销原审判决，改判驳回雷某、李某的起诉或者全部诉讼请求。

二审法院经审理后认为：根据2008年修正的《专利法》第17条第1款的规定，发明人或者设计人有权在专利文件中写明自己是发明人或者设计人。专利权属于一种财产权，而发明人的身份属于人身权，专利权人、专利申请权人与发明人主体上不一定具有同一性，无论专利权人、专利申请权人是谁，发明人均有权在专利文件中表明发明人的身份，即发明人有要求在专利文件中署名的独立诉讼权利。黄某等七人及瀚霖公司关于雷某、李某不符合起诉条件的上诉主张不能成立。

本案仅仅涉及雷某、李某关于确认涉案专利申请发明人身份的诉讼请求，并不涉及涉案专利申请权权属的问题，因此，本案与雷某、李某任职的山东凯赛公司、上海凯赛公司无法律上的关联性；瀚霖公司作为涉案专利的申请人，其专利申请文件中列明了黄某等七人为发明人，与本案具有利害关系，一审法院于2012年1月29日依法向瀚霖公司送达了《民事第三人参诉通知书》，瀚霖公司也参加了一审诉讼，故一审法院追加瀚霖公司为本案第三人，同时未追加山东凯赛公司、上海凯赛公司为本案第三人，程序上并无违法之处。

我国 2002 年修订的《专利法实施细则》第 12 条规定，专利法所称发明人或者设计人，是指对发明创造的实质性特点作出创造性贡献的人。"实质性特点"的认定应当与《专利法》第 22 条第 3 款中的"实质性特点"具有同样的含义。

上海凯赛公司的在先专利已于 2008 年 2 月 13 日公开，属于涉案专利申请的现有技术，任何人在现有技术的基础上都可以进行改进。因此，雷某、李某如果主张是涉案专利申请的发明人，应当举证证明其在现有技术的基础上对涉案专利申请作出了创造性贡献。根据《最高人民法院关于民事诉讼证据的若干规定》第 70 条第 1 项的规定，一方当事人提出的书证原件，对方当事人提出异议但没有足以反驳的相反证据的，人民法院应当确认其证明力。该司法解释第 72 条第 1 款规定，一方当事人提出的证据，另一方当事人认可或者提出的相反证据不足以反驳的，人民法院可以确认其证明力。雷某、李某向一审法院提供了 2003 年 SOP 复印件，其左上角均标注有"凯赛控股及图"，其右上角均标注"机密"，均由雷某拟稿，同时提供了李某 2004 年～2005 年的试验记录。2003 年 SOP 虽然是复印件，但是根据（2011）沪东证经字第 11338 号公证书，2003 年 SOP 于涉案专利申请公开日 2011 年 3 月 16 日之前的 2010 年 12 月 14 日已经向上海市第二中级人民法院提交，证明 2003 年 SOP 不可能是根据涉案专利申请公开文本进行伪造而来；同时广东中鉴认证有限责任公司山东分公司证明其在 2004 年 3 月已经对 2003 年 SOP 进行审核；雷某、李某还提交了 2002 年～2003 年山东凯赛公司的相关设备购买合同、2006 年操作记录及相关操作人员的劳动合同用于佐证 2003 年 SOP 的真实性，在有以上证据佐证的情况下，黄某等上诉人及瀚霖公司亦未提供相反证据，一审法院对 2003 年 SOP 的真实性予以确认符合法律规定。

雷某、李某为在先专利的发明人，一审法院将涉案专利申请与雷某、李某的技术方案进行了对比，并给予了黄某等七人及瀚霖公司发表意见的机会，而黄某等七人及瀚霖公司未发表意见，亦未提供证据证明黄某等七人对涉案专利申请作出了实质性贡献。在此基础上，本院对于一审法院的以下认定予以确认：涉案专利申请与雷某、李某在先的技术方案在技术构成上或者完全相同，或者在数值选择区间上有重合之处，且涉案专利申请亦未明确其数值范围选择有意料不到的技术效果，或者其区别系本领域常规技术选择。涉案专利申请与雷某、李某在先的技术方案相比，不具有实质性特点。

根据各方当事人确认的事实，王某与葛某均曾与雷某任职于山东凯赛公司，王某曾任生产技术经理，葛某曾与雷某时在生物工程岗位工作；葛某签订的保密与不竞争承诺书，明确其对上海凯赛公司承担保密与不竞争义务，证明其有可能接触到上海凯赛公司李某的试验记录。在先专利申请日为 2006 年 8 月 7 日，李某的试验记录完成于 2005 年，与雷某拟稿的 2003 年 SOP 均早于王某、葛某从山东凯赛公司离职的时间。故一审法院认定王某、葛某能够接触雷某、李某的技术方案，包括在先专利、雷某拟稿的 2003 年 SOP 和李某的试验记录有事实依据，本院予以确认。由于王某、葛某有可能接触雷某、李某的技术方案，且其未提交任何证据证明其独立研发了涉案专利申请，因此，王某、葛某未对涉案专利申请作出创造性贡献，王某、葛某不是涉案专利申请的发明人，抄袭了雷某、李某的技术方案，其在涉案专利申请上署名的行为侵犯了雷某、李某的署名权。

二审期间，虽然黄某等七人及瀚霖公司提交了中科院微生物所陈某等研发相关技术的有关材料，但是这些材料均不属于《最高人民法院关于民事诉讼证据的若干规定》第 41 条第 1 款规定的"新证据"，根据该司法解释第 43 条的规定，本院不予采纳。故本院无法认定陈某、傅某、曹某对涉案专利申请作出了实质性的贡献，上述三人在涉案专利申请文件中署名为发明人的行为，侵犯了雷某、李某作为发明人的署名权。

由于王某、葛某、陈某、傅某、曹某共同侵犯了雷某、李某作为涉案专利申请发明人的署名权，使得雷某、李某作为发明人不能表明身份，影响其获得正面的社会评价和声誉，造成雷某、李某的精神损害，一审法院判决王某、葛某、陈某、傅某、曹某承担赔礼道歉、消除影响的民事责任有事实和法律依据，本院予以支持。

黄某、刘某认可其不是涉案专利申请的发明人，由于其在涉案专利申请文件中署名为发明人，故侵犯了雷某、李某作为发明人的署名权。鉴于黄某、刘某已经撤销了署名，一审法院未判决二人承担民事责任，处理适当，本院予以维持。

综上，二审法院判决：驳回上诉，维持原判。

（二）本案涉及的法律问题

发明人署名权与专利权或专利申请权系两个不同性质的独立权利：前者属于人身权，后者属于财产权，相互之间并无从属关系或者依附关系。专利署名权并非来源于专利权人的认可，而是来源于发明人对发明创造的实质性特点作出创造性贡献。

判断是否构成专利抄袭，应当考虑被控侵权人是否有可能接触被抄袭的技术方案，以及双方技术方案对比是否具备实质性特点。在被控侵权人接触被抄袭的技术方案的前提下，如果被控抄袭专利与原告的技术方案对比不具有实质性特点，则应当认定被控侵权人未对被控抄袭专利作出创造性贡献，构成了专利抄袭，反之，如果被控抄袭专利与原告的技术方案对比具备实质性特点，则应当认定被控侵权人对于体现实质性特点的技术特征作出了创造性贡献，但是两者相同的部分仍然有可能构成对原告的技术方案的抄袭；当然，相同的部分属于现有技术的除外。

共同侵犯发明人署名权存在以下情形：①共同抄袭。例如本案中葛某、王某均在原告在先技术方案的基础上略加改动后申请专利，二人即构成共同抄袭；②明知专利系抄袭的技术方案，未作出实质性贡献仍在专利文件中挂名为发明人的，与抄袭者存在共同故意，也属于共同抄袭；③不知晓专利为抄袭的技术方案，未作出实质性贡献仍在专利文件中挂名为发明人的，主观存在过错，与抄袭者构成无意思联络的共同侵权。

本案曾经被世界科技领域最具权威的《自然》杂志专文介绍，被《人民法院报》等媒体称为中国专利署名第一案。涉及的发明人署名权诉讼与专利权属诉讼之间的关系、如何判定专利抄袭、如何判定共同侵犯发明人署名权的问题，对理论界和司法实践都产生了较为重要的影响。

拓展案例

案例一：

北京图书馆工程师陈某于 1986 年 6 月向中国专利局申请了"卡片抽屉穿条装置"实用新型专利，1987 年 3 月被授予专利权。

1990 年 5 月，陈某发现某科学院图书馆新加工的目录卡片柜使用了"卡片抽屉穿条装置"专利技术，经了解得知该批目录柜系某县木材厂加工生产的。故向法院起诉，要求木材厂停止侵权行为并赔偿损失。

受诉法院在审理该案时查明：木材厂曾于 1989 年与北京图书馆签订过目录柜加工合同。在加工生产过程中，经专利权人陈某同意，该木材厂一次性使用陈某的专利技术。之后，该木材厂即掌握了此项专利技术。于是同某科学院签订加工目录柜合同，在履行合同过程中，未经陈某同意，擅自使用了陈某的专利技术。当陈某发现时，该厂已经生产侵权产品 1700 套。

在诉讼中木材厂承认其行为侵犯了陈某的专利权，表示愿意遵照法律规定，立即停止生产侵权产品并赔偿陈某的损失。经过法院调解，当事人双方自愿达成协议：由木材厂赔偿陈某经济损失 2500 元；木材厂不得再利用该专利技术生产产品，并对该专利技术负有保密义务；诉讼费 100 元，双方各自承担 50 元。[1]

----

〔1〕 姚新华主编：《知识产权法教学案例》，中国政法大学出版社 1999 年版，第 180 页。

本案对理解专利许可合同的类型和相关的权利义务关系具有很好的启示作用。

案例二：

1990 年 8 月 6 日，原告与被告经中国科学院上海专利事务所中介签订专利实施许可合同一份，约定由被告将其名为"多彩集束笔"（专利号 87107887.2）的专利技术许可原告使用，原告支付技术入门费 1 万元后，被告向原告提供专利申请文件和有关技术资料；同时，被告进行技术指导和技术培训并解决有关技术问题，直至产品的试制完成，如因连续 3 次试生产的产品不合格，被告无法提出新的实施方案，原告有权解除合同，被告应退回入门费等全部实际所得；原告应保证具有实施本专利的一切设备、资金、技术力量，如由于不具备实施条件造成不能按时试制、批量生产，在半年内不实施其专利等，被告有权解除合同，原告付给被告的一切费用均不予退回，并承担经济赔偿责任。同月 17 日，双方签订补充合同一份，约定被告同意另一企业作为原告的联营企业，原告同意增加技术入门费 1 万元。嗣后，原告依约支付被告技术入门费 2 万元，被告将专利申请文件及有关资料交付给原告。原告委托某模具厂开模具 2 套，一套为多彩集束笔用，计 11 300 元；另一套为多色水笔用，计 8700 元。在合同履行期间，被告未能为原告提供技术服务。另外，在再审期间，被告的"多彩集束笔"专利于 1993 年 11 月 16 日被中国专利局专利复审委员会宣告无效。

原告向法院起诉，要求被告退回技术入门费及赔偿模具损失。被告提起反诉，要求原告按合同规定给付提成费，偿付违约金 1 万元；在专利被宣告无效后，被告要求把原合同作为技术转让合同处理。

一审判决：解除原、被告签订的专利实施许可合同；被告返还原告技术入门费 16 296 元，赔偿原告模具损失 2 万元；被告反诉请求不予支持。

二审判决：驳回上诉，维持原判。

再审判决：撤销二审判决；维持一审判决关于被告返还技术入门费 16 296 元及对被告反诉请求不予支持的判决；撤销一审判决关于解除原、被告签订的专利实施许可合同和被告赔偿原告模具损失 2 万元的判决；判决原、被告签订的专利实施许可合同为无效合同；判决被告赔偿原告模具损失 11 300 元。[1]

本案涉及专利无效宣告之后，专利许可合同的效力问题，对专利侵权判断、专利权利行使以及专利战略的制定等司法实践及实务都起到了一定的指示作用。

---

〔1〕　郭禾主编：《知识产权法案例分析》，中国人民大学出版社 2006 年版，第 148～149 页。

[问题与思考]

1. 案例一中，木材厂曾得到专利权人许可，使用了"卡片抽屉穿条装置"专利技术，这种"一次性使用"属于什么性质的行为？

2. 案例一中，既然木材厂已实际掌握了"卡片抽屉穿条装置"技术，那么其以后使用该技术的行为，还需要再经过专利权人同意吗？

3. 案例一中，本案调解书中"保密义务"的约定有无必要，为什么？

4. 案例二中，专利权被宣告无效，是否导致专利许可合同无效？重点探讨专利许可使用合同中双方当事人的权利义务关系。

[重点提示]

专利权是国家专利主管部门依法授予专利权人对其发明创造在一定期限内、以禁止权的形式出现的独占权。专利的类别不同，专利权的内容也是不一样的。对于产品专利专利权人而言，禁止他人未经许可制造其专利产品是其重要的权利之一，在这里，制造即是生产、实施的意思。即专利技术方案中的技术变成了产品。所制造出来的产品，可以是一件独立的产品，也可以是产品中某个获得专利保护的部件。在拓展案例一中，尽管木材厂已实际掌握"卡片抽屉穿条装置"技术，但是其不是专利权人，其任何时间生产该技术，都要取得专利权人的许可。

第十六章

专利权的限制

知识概要

　　专利权的限制主要包括专利法规定的不视为侵犯专利权的行为和专利的强制许可制度。《专利法》第 75 条规定了五种不视为侵犯专利权的行为，其中包括专利权用尽后的特定实施行为，先用权人的特定实施行为，临时过境的外国运输工具对专利的使用，将专利作为科学研究和实验对象的使用以及为提供行政审批信息使用或提供专利药品或医疗器械。强制许可分为防止滥用的强制许可，根据公共利益需要的强制许可，制造并出口专利药品的强制许可和为实施从属专利需要的强制许可。

经典案例

（日本）三共株式会社、上海三共制药有限公司诉北京万生药业有限责任公司侵犯发明专利权纠纷案[1]

[基本案情]

　　1992 年 2 月 21 日，（日本）三共株式会社（以下简称三共株式公社）向国家知识产权局提出"治疗或预防高血压症的药物组合物的制备方法"发明专利申请，并于 2003 年 9 月 24 日被授予专利权（专利号为 ZL 97126347.7）。2006 年 1 月 10 日，三共株式会社作为许可方与被许可方上海三共制药有限公司（以下简称三共制药公司）签订专利实施许可合同。合同约定三共株式会社许可三共制药公司在中华人民共和国全域内使用该专利方法，以及使用、销售和进口依照该专利方法直接获得的产品。专利许可方式为普通使用许可，合同有效期

---

〔1〕 中国知识产权研究会专利委员会、最高人民法院中国应用法学研究所编：《专利名案解读——以 16 起涉外专利纠纷为视角》，知识产权出版社 2010 年版，第 1 页。

自 1999 年 12 月 8 日至 2009 年 12 月 7 日。2006 年，被告北京万生药业有限公司
（以下简称万生公司）向国家食品和药品监督管理局申请"奥美沙坦酯片"的新
药注册，受理号为 CXHS0501489。该受理号表示药品已经进入申请上市阶段。
三共株式会社和三共制药公司认为万生公司申请的"奥美沙坦酯片"侵犯了其
专利权，请求判令停止制造并赔偿损失。

[法律问题]

为提供行政审批信息使用或提供专利药品或医疗器械是否构成专利侵权？

[参考结论与法理精析]

（一）法院意见

法院经审理后认为：原告三共株式会社所享有的涉案的"用于治疗或预防
高血压症的药物组合物的制备方法"发明专利权应当受到《专利法》的保护。
任何单位或者个人未经专利权人原告三共株式会社许可，都不得实施其专利，
即不得为生产经营目的使用其专利方法以及使用、许诺销售、销售、进口依照
该专利方法直接获得的产品。鉴于原告三共株式会社认可三共制药公司与其共
同提起本案诉讼，原告三共制药公司作为涉案专利的普通实施许可合同的被许
可人有权与涉案专利权人三共株式会社共同在本案主张权利。虽然被告万生公
司主张涉案专利名为药品制备方法实为药品本身，涉案专利的授权不符合相关
法律规定，并已就此提出无效宣告请求，但对该专利有效性的审查尚在处理过
程中，故本院依据涉案专利的现有状态进行审理。

依据《专利法》的有关规定，因新产品制造方法发明专利引起的专利侵权
诉讼，由制造同样产品的单位或者个人对其产品制造方法不同于专利方法承担
举证责任。根据本案已经查明的事实，被告万生公司申请注册的涉案药品为
"奥美沙坦酯片"，该化学药品的结构式与涉案专利所涉及的产品结构式相同，
因此二者属于相同产品；且相关药品专利授权文件及新药注册情况等现有证据
均表明，涉案药品"奥美沙坦酯片"为新产品。因此，被告万生公司应就其产
品制造方法承担举证责任。鉴于被告万生公司在本案审理期间未就此举证证明，
本院基于两原告的申请前往国家药监局调取了被告万生公司申报的相关材料。
经比对，其中涉及的涉案药品操作步骤表明，被告万生公司使用的方法与涉案
专利方法基本相同。

依据本案现有证据，两原告指控被告万生公司侵权的涉案药品"奥美沙坦
酯片"尚处于药品注册审批阶段，虽然被告万生公司为实现进行临床试验和申
请生产许可的目的使用涉案专利方法制造了涉案药品，但其制造行为是为了满
足国家相关部门对于药品注册行政审批的需要，以检验其生产的涉案药品的安
全性和有效性。鉴于被告万生公司制造涉案药品的行为并非直接以销售为目的，

不属于《专利法》所规定的为生产经营目的实施专利的行为，故本院认定被告万生公司的涉案行为不构成对涉案专利权的侵犯。两原告主张按照药品注册相关办法的规定，被告万生公司为申请新药生产许可而生产的三批样品在取得药品生产批准文号后可以上市销售，进而主张涉案样品仍在有效期内可以上市销售，认为被告万生公司侵犯了涉案专利权，依据不足，本院不予支持。

据此，法院作出判决：驳回三共株式会社、三共制药公司的诉讼请求。

（二）本案涉及的法律问题及其影响

为提供行政审批信息使用或提供专利药品或医疗器械作为侵犯专利权的例外，始于 1983 年美国的 Roche 公司诉 Bolar 公司侵犯药品专利权纠纷案。因此，这一例外也被称为 Bolar 例外。在该案中，Bolar 公司在原告的专利保护期届满前 1 年从加拿大购进专利药品并开始为新药申请进行实验。一审法院认为，专利保护过期前禁止研发商用该专利药物进行实验等于延长了专利保护期，故在判决中首次提出"实验例外"原则，并以此判定被告 Bolar 公司的实验行为不构成侵犯专利权。虽然该案在二审予以改判，但引起了相关行业的广泛关注。后美国专利法增加了药品实验例外条款，对于该条款理论界也称之为 Bolar 例外条款，或安全港条款（safe harbor provision）。药品专利权和医疗器械专利权过保护期之后，任何人都可以自由地仿造相同的药品和医疗器械，而且由于不再需要支付专利许可费，仿造药品和医疗器械的价格会比较低廉。但法律对这两种产品的上市有严格的条件限制，其必须经过一系列实验（如对药品的动物实验、一期和二期人体实验等），向主管部门提交相关信息，待主管部门批准其上市后，才可以销售。如果等到专利权保护期届满后才能利用药品和医疗器械进行实验，由于实验和审批都需要较长时间，公众将无法在专利过期之后立即享受到廉价且同质的替代产品，实际上是变相延长了专利保护期。但如果提前制造专利药品或医疗器械以做实验之用，又会构成专利侵权。Bolar 例外就是为了解决这一问题而产生的。

由于本案审理时，专利法并未修改，修改前的专利法并无 Bolar 例外的规定。但是本案审理的时间是 2006 年，《专利法》（修订草案送审稿）已经公布，对于 Bolar 例外的规定，业界也是支持占主流。在专利法没有规定的情况下，法院依据当时的《专利法》第 11 条的规定，以被告制造涉案药品的行为并非直接以销售为目的的理由判决不构成侵权无可厚非，是司法能动性的体现。但是在《专利法》修改之后，Bolar 例外已经作为专利权利限制制度规定的情况下，这样的理由是无法成立的。因为如果被告为提供行政审批所需信息而实施专利行为不属于"为生产经营目的实施专利的行为"，则该行为根本不受专利权的控制，《专利法》完全没有必要明确规定"Bolar 例外"。这正如《著作权法》根本没有必要在"权利的限制"一节中规定"未经许可阅读作品不属于著作权侵权行为",因为阅读作品的行为根本不受任何著作权专有权利控制。《专利法》规定"Bolar 例外"的前提,正是承认为提供行政审批所需信息而实施专利的行为属于"为生产经营目的实施专利的行为"。

本案系首例为药品注册审批目的使用药品制备方法专利引发的专利侵权纠纷,法院根据国际上的相关做法及我国专利法修正草案的相关精神,认定被告虽然为实现进行临床试验和申请生产许可的目的而使用涉案专利方法制造了涉案药品,但其制造行为是为了满足国家相关部门对于药品注册行政审批的需要,并非直接以销售为目的,不属于我国专利法所规定的为生产经营目的实施专利的侵权行为。

拓展案例

案例一:

2009 年 7 月 3 日,李某开向国家知识产权局申请一款名称为"脚架"的外观设计专利。2010 年 5 月 12 日,中华人民共和国国家知识产权局授予其专利权并于同日授权公告,专利号为 ZL200930081693.1,该专利现处于授权有效状态。2011 年 9 月 1 日,李某开通过公证购买,在黄某凤经营的五金厂购得被诉侵权产品、《送货单》及宣传资料,并以此为由起诉黄某凤侵害其外观设计专利权。黄某凤在一审中提交 3 份对比文件作为现有设计抗辩的证据,并认为被诉产品未落入涉案专利保护范围。[1]

一审法院认为,本案系侵害外观设计专利权纠纷。李某开是专利号为 ZL200930081693.1、专利名称为"脚架"的外观设计专利的专利权人,该专利获准授权后,李某开按规定缴纳专利年费,该专利现处于授权有效状态,依法应受法律保护。将被诉侵权产品外观设计与授权外观设计相比较,在整体视觉上效果上无差异,两者构成相同,故黄某凤的被诉侵权产品外观设计落入了涉案外观设计专利权的保护范围。关于黄某凤辩称其被诉侵权产品是现有设计,不构成对李某开专利权的侵犯的问题。经审查,被诉侵权产品外观设计为整体上用圆管组成,"U"形支架由半圆的管分别与两边的直管相连组成。被诉侵权产品的外观设计与黄某凤提供的上述 3 份证据的外观设计在整体视觉效果上存在差异,不能认定相同或近似,因此黄某凤主张其被诉侵权产品是现有设计,

---

[1] 聂士海:"2012 年度全国法院知识产权典型案例展示",载《中国知识产权》2013 年第 4 期。

不构成对李某开专利权的侵害，一审法院不予支持。

一审法院判决：①黄某凤（江门市新会区大泽金源兴五金制品加工场经营者）在判决发生法律效力之日起立即停止生产、销售侵害李某开的专利号为ZL200930081693.1、专利名称为"脚架"的外观设计专利权的产品的行为，并销毁库存的侵权产品、与侵权产品相关的宣传资料；②黄某凤（江门市新会区大泽金源兴五金制品加工场经营者）在判决发生法律效力之日起10日内赔偿李某开经济损失及制止侵权所支付的合理费用共30 000元；③驳回李某开的其他诉讼请求。

黄某凤不服一审判决，提起上诉，请求改判原审判决，驳回李某开的全部诉讼请求。

二审法院认为：本案属侵害外观设计专利权纠纷。上诉人黄某凤提出其使用的是在先设计，未侵害涉案外观设计专利权，并提供了3份对比文件，证明其行为不构成侵权。关于上诉人不侵权抗辩是否成立的问题。首先，上诉人黄某凤提交的对比文件1和2，其外观设计专利公开日在涉案专利申请日之前，因此，可以作为本案现有设计抗辩的证据。将被诉侵权产品与对比文件1相比较，对比文件1的脚架在整体上使用的是方形钢管，与被诉侵权产品的圆形钢管不同；将本案被诉侵权产品与对比文件2相比，对比文件2因缺少立体图、使用状态和折叠状态参考图，不能看清其结构，因此不能确定其与被诉侵权产品外观设计是否相同或相近似。上诉人黄某凤以上述证据作现有设计抗辩不侵权，本院不予支持。其次，上诉人黄某凤提交的对比文件3为网板折叠圆桌，该外观设计专利的申请日在涉案专利申请日之前，上诉人可以援引该证据比照现有设计抗辩制度进行不侵权抗辩。将被诉侵权产品与对比文件3相比对，被诉侵权产品为脚架，对比文件3为网板折叠圆桌，被诉侵权产品为产品零部件，在此情况下，应当将对比文件中与被诉侵权产品相对应的零部件部分作为判断对象，其余部分不予考虑。将对比文件3与被诉侵权产品相对应的零部件部分作为判断对象，与被诉侵权产品相比较，两者均为整体上以圆形钢管组成的脚架，均由一长一短两组H形支架连接而成，打开状态下呈近似X形，较短的H形支架上以旋转式连接一U形支架，两者不存在实质差异，属于同样的外观设计。本案中，被诉侵权产品使用了申请在先的设计方案，并未侵害李某开的专利权，应当认定其不侵权抗辩成立，无需承担侵权责任。原审法院认定被诉侵权产品的外观设计与上诉人黄某凤提供的3份对比文件的外观设计在整体视觉效果上存在差异，不能认定为相同或近似，并据此认定上诉人黄某凤提出的现有设计抗辩不成立，该认定有误，本院予以纠正。黄某凤的该项上诉请求成立，本院予以支持。对于黄某凤提出的被诉侵权产品并未落入涉案专利保护范围以及一审判决赔偿数额过高的问题，由于黄某凤不侵权抗辩成立，无需承担侵权责任，本院对上述问题不再予以审查。

据此，二审法院判决：①撤销广东省江门市中级人民法院（2011）江中法知初字第64号民事判决；②驳回李某开的全部诉讼请求。

本案上诉人黄某凤提交的作为现有设计抗辩证据的对比文件3，申请日在涉案专利申请日之前。最高人民法院奚晓明副院长在全国法院知识产权审判工作座谈会上的讲话中明确指出，被诉侵权人以实施抵触申请中的技术方案主张其不构成专利侵权的，可以参照现有技术抗辩的审查判断标准予以评判。本案中，对比文件3实际上是涉案专利的抵触申请，但是，对比文件3申请在2009年10月1日新专利法实施之前，应当使用2000年《专利法》，而现有技术抗辩和抵触申请在2000年《专利法》中并未规定，因此，根据奚晓明副院长的讲话精神，上诉人援引在线申请比照现有设计抗辩制度进行不侵权抗辩，我院予以支持。

本案是全国首例以在先申请比照现有设计抗辩制度作不侵权抗辩并予以认定的专利侵权案件。本案的裁判彰显了知识产权保护力度的不断加大，为此后同类型案件的审理厘清了思路。

案例二：

陆某于1989年3月28日取得"熟化垃圾组合筛碎机"实用新型专利权。1990年，陆某以两被告上海某工程成套总公司（以下简称某总公司）、无锡市某工程实验厂（以下简称某实验厂）未经许可，实施其专利构成侵权为由，向上海市中级人民法院起诉，要求被告停止侵权，赔偿损失。被告辩称，其使用的技术与原告不同，且系科学研究实验使用，不构成侵权。

法院查明，某实验厂承担了国家城乡建设环境保护部《1985年全国城乡建设科学技术发展计划》中有关"无锡市城市生活垃圾无害化处理技术的开发研究"的研究任务后，于1989年4月委托某总公司研制筛分破碎机；被告使用的技术与原告专利的技术方案等同。法院认为，某实验厂为完成国家城乡建设环境保护部下达的科技项目，委托某总公司对筛分破碎机械进行研制，属于专为科学研究和实验而使用有关专利，不视为对陆某专利权的侵害，判决驳回了原告的诉讼请求。

陆某不服，提起上诉。二审法院认为，原审法院认定某总公司研制的筛分破碎机与陆某取得"熟化垃圾组合筛选机"实用新型专利保护的技术方案等同的事实清楚。《专利法》关于"专为科学研究和实验而使用有关专利""不视为侵犯专利权"的规定,是指在实验室条件下,为了在已有专利技术的基础上探索研究新的发明创造,演示性地利用有关专利,或者考察验证有关专利的技术经济效果。根据某实验厂与某总公司签订的协议书约定,某总公司为完成环卫厂委托的车间筛分破碎机的设计、制定、安装、调试任务,直接利用陆某已取得专利权的专利技术设计制造机械设备,然后销售给环卫厂使用的行为,不能视为专为科学研究和实验而使用专利的合法行为,构成对陆某专利权的侵害,应承担民事责任。某实验厂在科研项目通过鉴定时造成了专利权的侵害,应承担民事责任。某实验厂在科研项目通过鉴定后,已无垃圾筛分破碎机的科研任务,使用某总公司制造、销售的侵权产品处理垃圾,且又有一定销售的行为,属于以生产经营为目的的使用行为,亦不符合"专为科学研究和实验使用有关专利"的条件,应认定构成侵权。判决撤销了一审判决,判令被告赔偿原告2万元。

本案是认定专利侵权限制中"专为科学研究和实验而使用有关专利"不视为侵犯专利权的典型案例,在区别"专为科学研究和实验而使用有关专利"与"以生产经营为目的使用"上有着积极的司法示范作用。

[问题与思考]

1. 如何判断一个使用行为是否属于专为科学研究和实验而使用专利?

2. 在先申请的技术方案能否作为有效的侵权抗辩?

3. 如何举证证明侵权产品是否属于在先使用?

[重点提示]

专利权的限制制度是实现专利法立法目的的十分重要的制度之一,也是划定专利侵权或不侵权的重要界限。对专利权限制的方式有很多种,拓展案例一中涉及的是现有技术抗辩的情况。对于拓展案例一,涉及抵触申请的情况,虽然按照专利申请时2000年《专利法》的规定,并没有"现有技术抗辩"和"抵触申请"的规定,但法院判案中根据法律精神,对于上诉人"援引在先申请比照现有设计抗辩制度进行不侵权抗辩"的请求予以支持的判决,对此后同类型案件的审理具有判例的性质,但笔者对法院判决中"依据奚晓明院长的讲话精神"的判决依据存有异议。

第十七章

专利权的保护

知识概要

专利权的保护是专利制度最核心的内容。主要包括专利权的保护范围、专利侵权及其判定、专利权侵权的法律责任等内容。我国发明和实用新型的保护范围以其权利要求书的内容为准。外观设计专利权的保护范围以表示在图片或者照片中的该外观设计专利产品为准；权利要求书应当说明发明或者实用新型的技术特征，清楚和简要地标出请求保护的范围；独立权利要求应当从整体上反映发明或者实用新型的技术方案，记载为达到发明或者实用新型目的的必要技术特征；说明书和附图可以用于解释权利要求。

专利侵权即侵犯专利权的行为，它表现为侵权人未经专利权人许可，也没有其他法定依据，而实施其专利权的行为。专利侵权分为直接侵权和间接侵权两类。在判断所实施的专利是否侵权的时候，可以视具体情形分别利用几个专利侵权判定原则帮助实施判断，它们分别是全面覆盖原则、等同原则和禁止反悔原则。

侵犯专利权的侵权人依法应承担民事法律责任，民事法律责任形式包括停止侵权和赔偿损失的责任。对于假冒专利的行为，还应当承担行政法律责任，甚至刑事法律责任。对于冒充专利的行为，则应承担行政法律责任。

经典案例

付某、贵州某炉具有限责任公司诉贵阳某电器有限责任公司侵犯专利权纠纷案[1]

[基本案情]

付某于 2003 年 6 月 4 日取得名称为"家用电炉"的实用新型专利权，该专

---

〔1〕　程永顺主编：《案说专利法》，知识产权出版社 2012 年版，第 256 页。

利的独立权利要求内容为："一种家用电炉，其特征在于：脚箱的中上部设有下炉盘架，下炉盘固定在下炉盘架上；脚箱的上部设有下桶，下桶的上部与网桶的下盖板连接；下盖板的中部有下盖板圆孔，玻璃罩的主体可从下盖板圆孔中穿过，下盖板圆孔的周边冲压成凹台，与玻璃罩的下凸缘吻合，靠压板将玻璃罩与网桶固定；网桶的上盖板中上部设有上护盘架，上护盘与上护盘架固定；炉面板的下面设有上桶，上桶的下面与网桶的上盖板连接。"宋某文为"红外线直热式电热取暖炉"的实用新型专利权人。付某设计的家用电炉被授予专利后，宋某文认为该专利授予不当，向专利复审委员会请求宣告该专利权无效。后专利复审委员会出具"无效宣告请求审查决定书"维持付某所持专利有效。贵州某炉具有限责任公司（以下简称炉具公司）按照付某的授权利用上述专利技术生产"富巨"牌炉具，2005年11月，付某和炉具公司起诉贵阳某电器有限责任公司（以下简称某电器公司）生产销售的"一均"牌炉具侵犯其专利权。被告某电器公司辩称，其实施的是第三人的专利。

［法律问题］

专利侵权的等同原则应当如何适用？

［参考结论与法理精析］

（一）法院意见

一审法院认为：宋某文设计的"红外线直热式电热取暖炉"和付某设计的"家用电炉"分别于2002年6月19日和2003年6月4日被国家知识产权局授予实用新型专利权，二者均应受到国家法律保护。本案中，判定付某、富巨公司对宋某文的实用新型专利是否构成侵权，应当以该实用新型的权利要求载明的内容为准。由于目前我国法律对实用新型专利授予时未作实质性审查要求，其质量或新颖性不一定可靠，但从程序上仍有弥补的办法，即本案中宋某文已向专利复审委员会请求宣告付某的实用新型专利权无效。专利复审委员会对宋某文的请求进行审查之后，作出维持付某的实用新型专利权有效的决定，该审查决定书是对付某的实用新型专利的权利要求所具备的新颖性、创造性的客观评价。宋某文在收到该审查决定书后未在法定期限内向有管辖权的人民法院起诉，应当视为其对该审查决定书的认可。一审法院认为，付某和宋某文各自的实用新型专利的技术特征互不覆盖与从属，专利复审委员会所作的审查决定书程序合法、内容真实，且宋某文也不能提供其他证据证明该审查决定书结论依据不足，故付某的"家用电炉"实用新型专利与宋某文的"红外线直热式电热取暖炉"实用新型专利不存在权利冲突，炉具公司、付某未构成对宋某文的专利权的侵犯，宋某文的诉讼请求应当予以驳回。一审法院据此判决：驳回宋某文的诉讼请求。

一审宣判后，宋某文不服，提起上诉。

二审法院审理后认为：宋某文、付某各自拥有的实用新型专利均为有效专利，依法应受到法律保护。宋某文是在先专利，付某是在后专利。根据 2000 年《专利法》第 56 条第 1 款"发明或者实用新型专利权的保护范围以其权利要求的内容为准，说明书及附图可以用于解释权利要求"、2001 年《最高人民法院关于审理专利纠纷案件适用法律问题的若干规定》（以下简称《规定》）第 17 条第 1 款"专利法第 56 条第 1 款所称的'发明或者实用新型专利权的保护范围以其权利要求的内容为准，说明书及附图可以用于解释权利要求'，是指专利权的保护范围应当以权利要求书中明确记载的必要技术特征所确定的范围为准，也包括与该必要技术特征相等同的特征所确定的范围"的规定，两个专利的保护范围均应以其权利要求的内容为准。根据《规定》第 17 条第 2 款"等同特征是指与所记载的技术特征以基本相同的手段，实现基本相同的功能，达到基本相同的效果，并且本领域的普通技术人员无需经过创造性劳动就能够联想到的特征"的规定，要判断付某的在后专利是否对宋某文的在先专利构成侵权，关键是看两者的权利要求记载的技术要点是否构成等同，而专利复审委员会作出的决定已经对此进行了明确的说明，即付某专利与宋某文专利在技术要点上存在几个不同：①付某专利的电炉是双炉盘装置，有上下两个炉盘，而宋某文的电热取暖炉只有一个炉盘；②付某专利权利要求 1 中的上炉盘架、下炉盘架、上桶、下桶、下盖板、下盖板圆孔、凹台、下凸缘、压板等部件没有被宋某文专利公开；③付某专利权利要求 1 中的网桶、上炉芯、玻璃罩是整个家用电炉这一整体中的几个部件，这几个部件不仅本身的结构与宋某文专利的防护条、炉盘、玻璃反射罩不同，而且由于两者是两个不同的技术方案，网桶、上炉盘、玻璃罩在整个方案中所起的作用与宋某文专利中的防护条、炉盘、玻璃反射罩所起的作用也不同。因此，两者并不构成等同，故一审法院根据《最高人民法院关于在专利侵权诉讼中当事人均拥有专利权应如何处理问题的批复》关于"对于相同或者类似产品，不同的人都拥有专利权的有以下三种情形：一是不同的发明人对该产品所作出的发明创造的发明点不同，他们的技术方案之间有本质区别……人民法院在审理专利侵权纠纷案件时，根据《专利法》规定的先申请原则，只要原告先于被告提出专利申请，则应当依据原告的专利保护范围，审查被告制造的产品主要技术特征是否完全覆盖原告的专利保护范围。在一般情况下，前述第一种情形由于被告发明的技术方案同原告发明的技术方案有本质的区别，故被告不构成侵权……"的规定认定付某、炉具公司不构成侵权并无不当。宋某文关于付某专利与其专利构成等同，已经落入其所有的在先专利的保护范围，构成侵权的上诉理由无事实依据，不能成立，本院不予支持。一审认定事实清楚、适用法律正确，应予维持。据此，二审法院判决：驳回上诉，维持原判。

（二）本案涉及的法律问题

《最高人民法院关于审理专利纠纷案件适用法律问题的若干规定》第 17 条规定，《专利法》第 56 条第 1 款所称的"发明或者实用新型专利权的保护范围以其权利要求的内容为准，说明书及附图可以用于解释权利要求"，是指专利权的保护范围应当以权利要求书中明确记载的必要技术特征所确定的范围为准，也包括与该必要技术特征相等同的特征所确定的范围。等同特征是指所记载的技术特征有基本相同的手段，实现基本相同的功能，达到基本相同的效果，并且本领域的普通技术人员无需经过创造性劳动就能够联想到的特征。

完全照抄、照搬专利技术方案的情形已经越来越少，作为专利权人，为了保护自己的合法权利，在专利侵权判定中，一旦发现被控侵权物没有全面覆盖涉案专利独立权利要求的全部必要技术特征，不落入涉案专利的保护范围时，就要积极考虑并说服法官适用等同原则，但适用等同原则时要特别注意以下两点：①等同是指具体技术特征之间的等同，而不是完整技术方案之间的等同，解决相同技术问题的其他不同技术方案，由于解决技术问题所采用的技术手段不同，是不落入涉案专利权的保护范围的；②被控侵权的技术方案如果属于在先公知技术或者抵触申请或在先申请专利等，由于公众享有合法使用在先技术的权利，也是不能适用等同原则，认定被控侵权的技术方案不落入专利权的保护范围的。

本案涉及专利侵权的判断原则，具体到等同原则的适用问题，在判断过程中，具体技术特征的替换对侵权判定的影响等问题，以及在先权利在等同原则适用时对侵权判定的影响，对司法实践中等同原则的判定起到了积极的指导作用。

拓展案例

案例一：

孙某元、刘某茂是实用新型专利《防火卷帘门符合连板造型》的专利权人，该专利于 1991 年 3 月 6 日获得专利权，其专利权利要求书载明：①一种复合式卷帘门，其特征在于复合连板由断面形状及尺寸完全相同的两块连板穿套在一起组成。②上述的复合式连板的厚度为 10 毫米～30 毫米，宽度为 50 毫米～250 毫米，长度为 2 米～15 米，两块相邻复合连板间夹角变化范围 70 度～180 度。

③上述复合式卷帘门的特征在于复合连板的材料为低碳钢板，钢板厚度为 0.5 毫米～2 毫米。

1993 年初，原告发现长城门窗厂未经许可，非法制造其专利产品，并将该产品销往北京市大钟寺农贸市场等地。其产品具有如下特征：将两块两端弯曲形状及尺寸完全相同的复合连板穿套在一起，其中的一块复合板中间位置添加了一个 90 度的槽。孙某元、刘某茂认为长城门窗厂的行为侵犯了自己的专利权，故请求法院判令被告长城门窗厂停止生产和销售侵权产品。被告长城门窗厂则认为，其生产的防火卷帘门从技术特征、产品结构和制造工艺方面都与孙某元和刘某茂的实用新型专利有很大不同，因此不存在侵权问题。[1]

实用新型专利权的保护范围应以其权利要求书的内容为准，说明书及附图可以用于解释权利要求。将长城门窗厂生产的复合式卷帘门与原告的权利要求书的内容进行对比，虽然被告的产品在其中一块复合板添加了一个槽，而导致两个复合板的断面有所不同，但是由于两块复合板两端弯曲形状和尺寸完全相同并且相互穿套在一起，说明被告产品是在原告专利基本特征的基础上，增加了一个技术特征，故被告生产的复合式卷帘门已经落入原告专利的保护范围。被告未经专利权人许可，制造、销售专利权产品，构成了对原告专利权的侵犯。后经法院主持调解，双方当事人自愿达成和解协议，解决了纠纷。

根据我国《专利法》的规定，专利侵权行为是指未经专利权人许可，制造、销售、进口其专利产品或者使用其专利方法以及使用、销售、进口依照该方法直接获得的产品的行为。判断是否侵权主要是采用对比法，即将被告的被控侵权产品和原告权利要求书中的各项权利要求进行对比。用于对比的一个是被告被控侵权的产品，另一个是权利要求书中的各项权利要求。我国《专利法》第 59 条第 1 款明确规定，发明或实用新型专利权的保护范围以其权利要求的内容为准。在我国，专利法保护的客体是专利权，而不是专利产品本身，权利要求书是专利权内容客观准确的反映，是判断其他产品是否侵权的唯一标准。因此，不能用原告生产的某种专利产品和被告生产的被控侵权产品进行对比，否则就有可能混淆专利法所保护的客体，因为其专利生产的产品往往是根据市场的需要有所改动，在产品的设计、构造和实用性上有其自身的特点，所以用原告生产的专利产品和被告的被控侵权产品相比就像是"郑人买履"了。因此，在对比标准的选择上，应严格地以专利权利要求书为准。此外，还应注意说明书和附图虽可以用于解释权利要求书，但其作用是有限的，它不能对权利要求书进行任何的扩大或附加，否则将不利于公众利益的保护。

---

〔1〕 宿迟主编：《知识产权名案评析》，人民法院出版社 1996 年版，第 182 页。

构成侵犯他人专利权的情况有很多种，本案争议的焦点在于：被告认为在原告受保护的权利要求特征中增加一个（或几个）组成部分，因而造成其产品和原告权利要求书的内容不同，这是否构成侵权。一件专利的专利性是由其权利要求的整体内容来表达的，不能片面地去理解，更不能简单地以个别文字断章取义。本案原告的专利发明点在于上下两块相邻连板处可形成一个适当的夹角，使卷帘门可自如地卷动，且在两块相互嵌套的连板中间形成的中空空间可添加耐火介质，以提高防火性能。在本案中，从被告产品的外形上看，是由两块形状、截面不同的连板组成的，和原告技术的要求相比是不同的，其主要特征是在其中一块复合板中间位置增加了一个 90 度的槽，以达到使符合卷帘门更加坚固、耐用的目的。但是在本案中，被控侵权产品和专利权利要求相比，没有发生本质的变化，只是增加了一些条件（其他类似的变化还有改变部件外形，替换某些组成部分、元件等），并未在整体上形成另一个新的技术，仍然以原告的专利技术为其产品的主要特征，没有实质性特点和显著的进步，其所做的改进只是在原有技术的基础上增加了效果，但这种改进只是量变性质的，而非质变。被告产品已实施了所有权利要求书中的必要技术特征，且没有法律上或合同约定的依据，因此已构成侵权。当然，在增加了一个技术特征后产品具有实质性特点和显著进步或是产生了意想不到的效果，则不在此例。相反地，如果和权利要求书相比该产品少了一个技术特征，则由于未实施该专利全部的必要技术特征，没有落入权利要求的保护范围，因此不构成侵权。

本案作为专利侵权名案，曾多次被收入知识产权案例教材中。在确定判断专利侵权的原则时，本案对技术特征和侵权责任构成的分析，给实务工作中专利侵权的判定和理论学习中专利侵权的理解都能起到较大的启示作用。

案例二：

2007 年 7 月 4 日，中华人民共和国国家知识产权局授予韩某军"装饰玻璃（温馨三色花）"外观设计专利，专利号为 ZL200630040549.X。

韩某军以云朗公司侵犯其外观设计专利权为由诉至法院，请求判决云朗公司停止侵权、赔偿经济损失 5 万元及为制止侵权支付的合理费用 5000 元，并要求云朗公司刊登声明以消除影响。

经庭审比对，被控侵权产品与韩某军外观设计专利图案均以花朵图案为设计要素，两者花朵形状基本一致，花朵布局均为左下角三朵花层叠排列，右上角为一朵花。两者之间的区别为花瓣数目、花朵大小不完全一致，被控侵权产品左下角三朵花呈斜线排列，且花瓣后有细线勾勒的叠影。[1]

一审法院认为：被控侵权产品与涉案外观设计专利在玻璃的整体性、图案的线条数目、走向和几何图形的形状、分布等方面均存在比较明显的区别，两者并不会使一般消费者产生混淆和误认，因此被控侵权产品与涉案外观设计专利并不构成近似。原告以两者为近似外观设计为由认为被告构成专利侵权的诉讼主张不能成立，原告要求被告承担停止侵权、消除影响和赔偿损失等侵权责任的诉讼请求，法院不予支持。据此，一审法院判决：判决驳回原告韩某军的诉讼请求。

判决后，韩某军不服，提起上诉。

二审法院经审理后认为：外观设计专利权的保护范围以表示在图片或者照片中的该外观设计专利产品为准。虽然上诉人专利和被上诉人产品中的图案皆由线条和色块组成，但两者还是存在比较明显的区别，对此原审法院已作了充分的论述，本院不再赘述。据此，原审法院认定两者不相近似，并对上诉人的一审诉讼请求不予支持并无不妥。据此，二审法院判决：驳回上诉，维持原判。

本案属于关于外观设计专利的纠纷，庭审的争议焦点在于云朗公司生产、销售的装饰玻璃是否构成对韩某军的专利侵权，是否应当承担侵权责任。因此该案件需要从外观设计的概念和专利权人的权利入手来分析云朗公司的行为性质和赔偿责任，故需要梳理如下线索，前提认定：外观设计的含义及专利权人的相关权利的认定。

所谓外观设计，是指对产品的形状、图案、色彩或者其结合所作出的富有美感并适用于工业应用的新设计。外观设计仅涉及产品表面的形状、图案、色彩或者其结合，而不涉及设计技术和制造技术。因为外观设计而授予的专利权为外观设计专利权。

根据相关法律规定，专利权人享有如下权利：首先，独占权，亦即专利权人有权自己制造、使用、销售和进口专利产品。或者使用其专利方法，以及使用、许诺销售、销售、进口依照其专利方法直接获得的产品。外观设计专利权一旦被授予，任何单位和个人均不得未经许可就为了生产经营目的制造、销售、进口其外观设计专利产品。其次，转让权，亦即专利权人有权将自己的专利权转让给他人的权利。最后，许可权，亦即专利权人可以通过签订书面实施许可合同等方式许可他人实施专利并收取使用费的权利。

本案是外观设计侵权方面的经典案例。对理解外观设计的条件和专利权人的权利，都能起到良好的启示作用。

---

[1]　参见上海市高级人民法院（2009）沪高民三（知）终字第50号民事判决书。

案例三:[1]

2012 年 11 月 29 日,高仪股份公司向浙江省台州市中级人民法院("一审法院")诉称,浙江健龙卫浴公司生产、销售和许诺销售的 GL062、S8008 等型号的丽雅系列卫浴产品,侵犯其现合法有效的"手持淋浴喷头(NO. A4284410X2)"外观设计专利权。本案关键问题为被诉侵权产品外观设计与涉案授权外观设计是否相同或者近似。一审法院对比后罗列出 8 个区别,判定二者不构成近似。高仪公司不服,上诉浙江省高级人民法院。该院指出,被诉侵权设计采用了与涉案专利高度相似的设计特征——跑道状的喷头出水面设计,且其他区别并不显著,认定二者构成近似。健龙公司申请再审,最高法再审时创设设计特征原则:如果被诉侵权设计未包含授权外观设计区别于现有设计的全部设计特征,一般可以推定被诉侵权设计与授权外观设计不近似。

关于 2017 年北京市高院专利侵权判定指南的思考:

判断外观设计是否相同或相近似时以全面观察设计特征、综合判断整体视觉效果为原则,即应当对授权外观设计、被诉侵权设计可视部分的全部设计特征进行逐个分析比对后,对能够影响产品外观设计整体视觉效果的所有因素进行综合考虑后作出判断。

下列情形通常对外观设计的整体视觉效果更具有影响:

(1)产品正常使用时容易被直接观察到的部位相对于其他部位;

(2)外观设计的设计要点相对于其他设计特征。

在比对时,可对外观设计和被诉侵权产品设计特征的异同点进行客观、全面的总结,逐一判断各异同点对整体视觉效果造成影响的显著程度,最终通过整体观察、综合判断进行认定。

案例四:

1997 年,珠海晶艺玻璃工程有限公司(以下简称珠海晶艺公司)向国家知识产权局提出"一种幕墙活动连接装置"的实用新型专利,并于 1999 年被授权,专利权一直处于有效状态。2003 年 4 月,深圳市机场股份有限公司(以下简称深圳机场)对外发出《深圳机场 1 号候机楼改扩建幕墙工程招标文件》,北方国际公司(以下简称北方公司)之后中标,双方于 2003 年 6 月 18 日签订施

---

〔1〕 2017 年 3 月最高人民法院发布的第 85 号指导性案例。

工合同，并动工完成了合同约定的工程，其中幕墙合同的工程连接件的技术特征能够完全覆盖前述珠海晶艺公司的实用新型专利，因此珠海晶艺公司起诉法院，请求：①两被告停止侵害行为，赔偿原告经济损失并向原告支付专利技术使用费共计 50 万元人民币；②两被告承担诉讼费、本案的调查取证费及律师费等合理费用。[1]

被告北方公司未经原告许可，在深圳宝安国际机场玻璃幕墙工程的设计、施工当中制造、销售、使用原告的专利产品，已经侵犯了原告第 ZL97240594.1 号实用新型专利权，应当停止侵权并承担相应的赔偿责任。而深圳机场作为工程的发包方，对被告北方公司设计、施工的工程内容是否侵犯他人专利权负有审查义务，因此，其应当对侵权后果承担共同赔偿责任。由于在深圳宝安国际机场建成并投入使用之后，该机场的地面服务设施实际上由被告深圳机场经营使用，因此在认定被告北方公司制造、销售被控侵权产品构成侵权之后，被告深圳机场本应停止使用被控侵权产品。但考虑到机场的特殊性，判令停止使用被控侵权产品不符合社会公共利益，因此被告深圳机场可继续使用被控侵权产品，但应当适当支付使用费。至于本案的赔偿数额，因原告所提交的证据材料并不能直接证明其因被告侵权而受到的具体经济损失，而被告北方公司提交的证据材料亦不能充分证明其因侵权而获利的具体情况，因此本案的赔偿数额，将由本院根据原告专利权的类别、被告侵权的性质、侵权情节、原告支付的合理维权费用等因素综合酌定。

依照我国《专利法》的规定，由于被告北方公司构成专利制造侵权，故其应当依法承担停止侵权、赔偿损失的民事责任。而对于以使用方式侵犯他人专利权的民事责任承担，如侵权人主观上存在侵权的过错，将承担停止侵权、赔偿损失的民事责任；如侵权人主观上不存在过错，将只承担停止侵权的民事责任，而无须承担赔偿专利权人损失的民事责任。就本案而言，被告深圳机场通过招投标的方式，将其候机楼改扩建幕墙工程交给了被告北方公司承建，然后被告北方公司将施工成果交付给被告深圳机场，被告深圳机场将该工程投入使用。由于被告深圳机场的使用属于商业使用，因此，被告深圳机场属于以使用的方式侵犯了原告晶艺公司的涉案专利权。因被告深圳机场是从事航空运输服务的公司，据此可以推定其对原告专利技术并不了解，所以，可以认定被告深圳机场不存在侵犯原告晶艺公司涉案专利权的故意或过失。按照上述我国《专利法》的规定，被告深圳机场是以使用的方式侵犯了原告晶艺公司的涉案专利权，且主观上不存在侵权的过错，故依《专利法》应只承担停止专利侵权的民

---

〔1〕 参见深圳市中级人民法院（2004）深中法民三初字第 587 号民事判决书。

事责任，而无须承担赔偿的民事责任。

深圳机场是承担社会服务职能的具有公共性质的法人组织，涉案专利的侵权产品是机场的候机大厅，"属于基础工程项目，是我国航空运输业的重要基础设施"，"是为了使深圳机场更好的投入使用，以满足深圳社会经济日益增长的需求"，具有明显的公共利益属性。如果对本案适用停止侵权，则涉及对候机大厅玻璃幕墙的拆除，严重影响了机场社会服务职能的发挥，侵害了公众利益。我国《宪法》《物权法》都规定了因公共利益而限制私权形式的情形，举重明轻，对于更强的社会属性的专利权，其权利的行使对于公共利益平衡的要求应当更高。因此，本案中，依据保护公共利益的原则，不应当判决深圳机场停止侵权。但是，权利人的损失已经产生，法院对于公共利益的保护也不应当建立在对权利人的损害的基础上。因公共利益造成的损失应当由代表公共利益的一方承担，因此，本案中，深圳机场仍然应当向专利权人晶艺公司支付适当的合理使用费。而深圳机场可以通过提高运营价格，将这部分使用费转移到使用机场的公众身上，最终，由公众分担这一损害，是为最符合公平正义的原则。

本案涉及侵权行为认定后，停止侵权可能造成公众利益损害时，是否应当判定停止侵权的问题。理论界论述停止侵权适用限制的问题时，本案几乎是必引的经典案例。通过对本案的分析，可以加强对专利权侵权责任的承担和专利权侵权中利益平衡的理解。

案例五：

原告吴某源于 1986 年 6 月 11 日、1988 年 8 月 10 日分别取得"节水调温淋浴器"（专利号 85201704.9）、"阀门脚踏开关装置"（专利号 87207050.6）实用新型专利权。

原告吴某源取得的"节水调温淋浴器"实用新型专利权的权利要求为：一种淋浴器，由热水阀、冷水阀和莲蓬头及踏脚组成，其特征在于在热水阀与冷水阀之间有一个由上阀体、下阀体，夹在上、下阀体间的波纹形薄膜阀瓣，紧固上、下阀体的紧固件及在下阀体体腔中的阀杆和弹簧组成的薄膜阀。该专利权于 1990 年又续展 3 年。

原告吴某源另一项"阀门脚踏开关装置"实用新型专利权的权利要求为：一种阀门脚踏开关装置，由阀门和脚踏开关装置组成，其特征在于由小踏板装置、大踏板装置组合成顶点能滑移的三角形结构与限位构件，并由长短调节器、连续件组成脚踏开关装置。

被告上海龙泉淋浴器厂从 1990 年开始生产淋浴器及其脚踏开关装置。淋浴器产品的技术特征为上、下阀体间夹有波纹形薄膜阀瓣，上阀体腔中设有复合金属膨胀体，下阀体腔中阀杆和弹簧组成薄膜阀。脚踏开关装置的技术特征为由小踏板、大踏板和连接体组成。被告至一审法院判决时已生产淋浴器3084套。

另据被告上海龙泉淋浴器厂称，该厂生产淋浴器是根据其与案外人钱某男签订的专利实施许可合同。经查：1989年11月25日双方签订了专利实施许可合同，合同约定钱某男将其取得专利权的"安全调温节水淋浴阀"技术许可上海龙泉淋浴器厂实施。1990年2月28日，双方又签订补充协议，约定钱某男许可上海龙泉淋浴器厂无偿使用钱某男的另一项专利"安全限温淋浴阀"；钱某男"安全调温节水淋浴阀"实用新型专利权的权利要求为：一种主要由阀体、拉标、弹簧组成的安全调温节水淋浴阀。其主要特征为：用上阀体腔内壁上凸出部分嵌装一圆柱形分流结构芯块，该芯块有一对进水孔、一对出水孔，芯块中心装一限温柱塞。限温柱塞一端有一螺母，柱塞根部套有弹簧，柱塞颈部套有一热膨胀弹簧，下阀体内的拉杆式活塞上覆有橡皮，活塞外经有一浅槽，槽内嵌有密封圈，下阀体空腔内垫以密封圈。

原告吴某源诉称：其分别申请并取得"节水调温淋浴器""阀门脚踏开关装置"专利权。1990年5月，原告发现被告上海龙泉淋浴器厂生产的"安全节能淋浴器"在节能展览会上展销，该产品的结构特征与原告专利保护的技术结构特征相似，被告的行为侵害了原告的专利权。据此，原告要求被告停止侵权，赔偿经济损失，赔礼道歉。

被告上海龙泉淋浴器厂辩称：该厂生产的安全调温节水淋浴器是根据与案外人钱某男签订的专利实施许可合同而生产的钱某男取得专利的产品，不存在侵害原告专利权的事实。此外，钱某男的专利产品上有安全阀，而原告的专利技术不具有这种先进技术；被告生产的脚踏开关装置技术方案也与原告的专利技术方案不同，故要求驳回原告起诉。

一审法院认为，被告上海龙泉淋浴器厂虽然与案外人钱某男签订了专利实施许可合同，但其实施的技术并非钱某男的专利技术，而是与原告吴某源"节水调温淋浴器"专利技术相同，侵害了原告的专利权。被告所生产的淋浴器在原告专利技术基础上增加了上阀体中复合金属膨胀体的新技术特征，不改变其侵权性质。被告生产的"脚踏开关装置"因缺少原告专利权术特征中的限位构体和长短调节器二项技术特征，不构成对原告"阀门脚踏开关装置"专利权的侵害。一审判决被告停止侵害原告"节水调温淋浴器"专利权，赔偿经济损失30 840元。

被告上海龙泉淋浴器厂不服一审判决提出上诉，上诉称：其生产的淋浴器是向钱某男购买的专利，并按钱某男提供的图纸加工制造，受让的技术应受法律保护，同时还提出在已销售的 3084 套淋浴器中有 393 套货款未收到，并请求撤销原判。

被上诉人吴某源答辩认为，原判认定事实清楚，请求维持原判。

二审法院经审理认为，上海龙泉淋浴器厂虽然受让了案外人钱某男的技术，但其产品的技术特征不具有钱某男"安全调温节水淋浴阀"专利技术特征，而与原告吴某源"节水调温淋浴器"专利技术相同，上海龙泉淋浴器厂在此基础上再增加一项新的技术特征，并未改变原技术特征，一审法院认定其构成侵权是正确的。对上海龙泉淋浴器厂要求免除未收到货款的 393 套淋浴器的经济损失不予支持。二审法院判决：驳回上海龙泉淋浴器厂上诉，维持一审法院判决。[1]

本案是实用新型专利权的经典案例，多次入选上海经典案例教程。对专利侵权等同原则和全面覆盖原则的理解都能起到积极的帮助作用。

[问题与思考]

1. 判断专利侵权的标准是什么？增加一个技术特征，是否构成侵权？

2. 外观设计保护范围如何确定？

3. 专利侵权的判定原则有哪些？

4. 专利侵权应承担何种法律责任？当停止侵权可能会与侵权人的合法权益或公共利益相冲突时，停止侵权的法律责任应如何承担？

[重点提示]

保护专利权人的专利权是专利法非常重要的立法宗旨之一。专利权的保护问题是一个十分复杂的问题。明确专利权的保护范围、确定专利侵权的判断原则以及专利侵权应当承担的法律责任等都是这一章重要的组成部分。本章拓展案例一对专利技术特征和侵权责任构成的分析，对于实务工作者对专利侵权的判定和理论界对专利侵权的理解都具有十分重要的指导作用；拓展案例二确定的是外观设计的保护范围；特别值得注意的是拓展案例三中涉及专利侵权责任的承担方式问题，具有十分重要的理论价值和实践意义，有关专利停止侵权承担方式的问题需要进行深入探讨。

〔1〕 陈旭主编：《上海法院知识产权案例精析》，人民法院出版社 1997 年版，第 156 页。

第四编

商标法

第十八章

商标法的立法宗旨

知识概要

　　商标法是调整因商标的取得、使用、管理和保护而产生的各种社会关系的法律规范的总称。保护商标权是商标法立法的基础和核心；加强商标管理，保护合法竞争，维护市场竞争秩序是商标法的立法目的之一，保护消费者和生产、经营者的利益是商标立法的基本准则。[1]我国《商标法》第 1 条开宗明义指出商标法立法的目的是加强商标管理，保护商标专用权，促使生产、经营者保证商品和服务质量，维护商标信誉，以保障消费者和生产、经营者的利益，促进社会主义市场经济的发展。

经典案例

"解百纳"商标纠纷[2]

[基本案情]

　　2001 年，张裕公司曾向国家工商行政管理总局商标局递交了"解百纳"的商标注册申请，商标局于 2002 年 4 月下发了"解百纳"商标注册证书。王朝、威龙等十余家企业随后向商标局提出商标撤销申请，商标局遂于 2002 年 7 月撤销了"解百纳"商标；但张裕公司始终认为，"解百纳"不是我国正式公布的葡萄品种名称，即不属于葡萄和葡萄酒的法定通用名称。经过 6 年的行政复议期，2008 年 5 月 26 日，国家工商行政管理总局商标评审委员会（以下简称商评委）以张裕公司曾在自 20 世纪 30 年代创立以来的七十余年中持续使用并反复注册的

〔1〕　冯涛等：《商标法专题研究》，知识产权出版社 2011 年版，第 8 页。
〔2〕　姜方："'解百纳'之争终告和解 解百纳商标归属张裕"，载中国经济网，www. ce. cn/cysc/sp/info/201101/18/t20110118_20730049. shtml，最后访问日期：2013 年 4 月 16 日。

事实作为主要依据之一，结合《商标法》及 2008 年 4 月原则通过的《国家知识产权战略纲要》之精神，驳回中粮酒业、中粮长城、王朝、威龙四家企业向商评委提出的撤销"解百纳"商标注册申请，维持"解百纳"商标注册。工商总局商标评审委员会的裁决显示，"解百纳"不是中国正式公布的葡萄品种名称，以及现行《中华人民共和国国家标准葡萄酒》及相关技术规范所规定的葡萄酒通用名称，即不属于葡萄和葡萄酒的法定通用名称。此外，"解百纳"并非汉语固定词汇，"解百纳"一词最早于 1936 年由张裕酿酒公司使用，并作为商标名称的一部分出现在商标注册文件中。

中粮酒业、中粮长城、王朝、威龙四家企业对商评委的裁定不服，他们认为："'解百纳'在行业内已是一个共识，就像'二锅头'是一种公开规范的做法一样，不能被某一个企业所独占。"张裕公司这样做是一个明显的'共产私有'行为，破坏了葡萄酒行业的生态环境，损害了消费者利益。中粮长城等企业认为，解百纳一词是由法文"Cabernet"翻译而来，为"Cabernet"这一酿酒原料的葡萄品系的中文名称。按照我国《商标法》相关规定，直接表示商品主要原料的名称不能注册为商标使用。

2008 年 6 月，中粮酒业、中粮长城、王朝、威龙四家企业向北京市第一中级人民法院提起诉讼。在此案一审期间，经人民法院准许，威龙公司撤回了对商评委的起诉。2009 年 12 月，北京市第一中级人民法院作出判决：商评委作出的裁定程序并无不当，不支持原告"争议商标属不当注册"的诉讼请求。2010 年 1 月，原告企业对一审判决不服，向北京市高级人民法院提起上诉。2010 年 6 月，北京市高级人民法院作出终审判决。

[**法律问题**]

1. 解百纳是否为产品的"通用名称"？

2. 将"解百纳"最终裁决给了张裕公司，张裕公司是否构成垄断？

3. 将"解百纳"最终裁决给了张裕公司，是否符合商标法的立法宗旨？

[**参考结论与法理精析**]

（一）法院意见

北京市第一中级人民法院经审理认为，商评委作出的第 05115 号裁定程序并无不当，但由于双方当事人在诉讼程序中提交了大量有可能影响商评委裁定结果的证据，如果不予考虑，不利于双方当事人合法权益的保障，尤其是有可能因此损害社会公共利益。北京市第一中级人民法院于 2009 年 12 月 30 日作出判决：①撤销被告商评委作出的商评字［2008］第 05115 号《关于第 1748888 号"解百纳"商标争议裁定书》；②商评委就第 1748888 号"解百纳"商标争议请求重新作出裁定。

北京市高级人民法院在 2010 年对被冠以"中国葡萄酒行业知识产权第一案"的解百纳商标案作出了终审判决：驳回原告中粮长城等企业"撤销一审判决，认定解百纳商标属不当注册"的上诉请求；判定被告商评委就第 1748888 号解百纳商标争议作出的裁定程序合法，但由于双方当事人均提交了大量新证据，要求商评委基于上述证据重新作出裁定。

（二）本案涉及的法律问题及其影响

"解百纳"商标是否具有显著性的问题。历时近 8 年之久的该案主要围绕"解百纳"到底是商标还是葡萄酒品种而展开辩论。双方在庭审中的争议焦点是"解百纳是否具有商标显著性"。中国农学会葡萄分会指出，在我国正式公布的各类国家葡萄酒标准规范中，均没有叫"解百纳"或"Cabernet"的葡萄品种或品系，也未将"Cabernet"翻译成"解百纳"。并且，品种、品系名称命名必须经过国家农作物品种审定委员会审定公布方可正式确定，"解百纳"是品种之说根本不成立。"从历史来看，'解百纳'由张裕公司在 1931 年独创，1937 年注册为商标，并作为商标独家使用了六十多年，这一点中国酿酒工业协会与中国工业经济联合会都有证明。"可以说，"解百纳"本就是祖宗留下来的原创品牌资产，经过使用已经产生了显著性。

张裕公司是否会构成垄断的问题。二审庭审中，此案对社会公共利益的影响是一个焦点问题，上诉人称，一旦"解百纳"商标判归张裕公司，张裕公司将垄断葡萄酒市场，可能导致一些葡萄酒厂商陷入经营困境，最终损害社会公共利益。对此，张裕公司出示了市场调查数据：所有标有"解百纳"字样葡萄酒的总销量（含张裕公司及其他厂家）占全国葡萄酒总销量的比例不超过 4%，即使完全归单一品牌所占有，也不足以构成行业垄断，所谓"解百纳垄断市场"的说法，缺乏起码的事实依据。

我们赞成一些专家学者的意见，认为是否构成垄断，其实质在于"解百纳"是否属于葡萄品种或品系这类行业公共资源，如果"解百纳"属于葡萄品种或品系这类行业公共资源，张裕公司将其据为己有则涉及公共资源的私权化，也涉及对市场资源的垄断，而"解百纳"是张裕公司七十多年的原创品牌，并不代表干红、干白等某一类葡萄酒产品类别，根据张裕公司所提供的标有"解百纳"字样葡萄酒的总销量占全国葡萄酒总销量的比例，可以判定不会构成行业垄断。

有关将"解百纳"商标最终裁决给了张裕公司是否符合商标法的立法宗旨。保护商标权是商标法立法的基础和核心；加强商标管理，保护合法竞争，维护市场竞争秩序是商标法的立法目的之一，保护消费者和生产、经营者的利益是商标立法的基本准则。有人担心，"解百纳"商标归属张裕公司后，其他企业因此而蒙受重大损失，不利于葡萄酒行业的成长。但大多数业内人士以为，"如果'解百纳'商标最终被判撤销，受到伤害最大的将是中国葡萄酒业"。中国社会科学院财贸研究所刘彦平博士指出，如果一个有着七十多年生命力的原创品牌都得不到保护，反而因近几年来的仿冒而被取消，还有谁愿意投入精力自主创新？葡萄酒业如何发展？对于消费者来说，他们购买"解百纳"是奔着最早原创干红品牌的金字招牌去的，如果失去商标的保护，必然导致鱼龙混杂，致使消费者难以辨别选择，其利益将遭受严重侵害。据了解，以"解百纳"命名的产品占据了国内葡萄酒市场30%以上的销量，国内九成以上的葡萄酒企业都有"解百纳"产品。有葡萄酒行业人士指出，解百纳商标回归是对葡萄酒行业的尊重。伴随着中国葡萄酒市场的高速发展，企业的竞争应当更加理性，以保护消费者利益和维护行业健康发展为目标，避免伤害公共利益的恶性竞争行为，因此保护原创品牌的商标权是符合商标法的立法宗旨的。

本案作为葡萄酒业第一知识产权案件，该案的司法解决会实践商标法的立法价值，对于解决葡萄酒业的无序竞争也会有良好的指导作用。

拓展案例

案例一：　　　　　　山西汾酒"家家"商标争议案[1]

山西杏花村汾酒厂（以下简称山西汾酒）"家家"酒商标被山西省方山县老传统食品有限公司（以下简称老传统公司）申请注册，引发了一场关于"家家"商标的行政诉讼。

老传统公司是山西一家地方酒厂，与山西汾酒同处山西省吕梁地区，双方于1998年1月~4月有过关于生产酒产品的联营关系。老传统公司于1999年10月18日提出"家家"商标的注册申请，并于2001年2月21日获准注册。该注册商标与山西汾酒使用的"家家"商标在文字构成、字体方面基本相同。2002年8月，老传统公司以山西汾酒侵犯商标专用权为由，向山西省吕梁市中级人民法院正式提起了诉讼。4个月后，山西省吕梁市中级人民法院裁定山西汾酒没有申请"家家"商标注册，且在老传统公司申请注册之前也没有形成知名商标，不具有一定影响，认定了山西汾酒侵害了老传统酒业的商标权。山西汾酒不服，认为自己对于"家家"商标的使用在先，而老传统公司的商标注册违法。因此，

---

〔1〕"山西汾酒商标侵权案落幕'家家酒'花落'杏花村'"，载法律快车网，https：//shangbiao. lawtime. cn/ sbbhsuopei/ 2011071070041. html，最后访问日期：2020 年 12 月 14 日。

山西汾酒随后向国家工商行政管理总局商标评审委员会（以下简称商评委）申请撤销老传统公司注册的"家家"注册商标（当事人行使注册不当商标申请撤销裁定权）。商评委认为老传统公司以不正当手段抢先注册有一定影响的商标，决定撤销老传统公司注册的"家家"注册商标。老传统公司不服，诉至北京市第一中级人民法院请求依法撤销上述决定。

北京市第一中级人民法院经审理查明，在老传统公司申请注册"家家"商标的 3～4 个月之前，山西汾酒及其关联企业即为"家家"酒产品上市销售做了大量的准备工作，包括委托他人设计"家家"酒的全套包装、分别向四家企业订购专用于"家家"酒的容器、酒盒箱、商标瓶贴及防盗盖，订购的数量可供 40 万瓶"家家"酒之用。而且，在老传统公司申请注册"家家"商标之前，山西汾酒的"家家"酒已通过公共媒体为相关消费者所熟悉，山西电视台自 1999 年 9 月 14 日～10 月 22 日每日播出"家家"酒广告。法院经审理认为，市场经营者在民事活动中应遵循诚实信用原则。老传统公司与山西汾酒有过关于生产酒产品的联营关系，两者同为处于山西省吕梁地区的酒产品生产企业，在此前提下，其将与山西汾酒使用的"家家"商标在文字构成、字体方面均基本相同的争议商标申请注册，足以使人确信其行为在主观上存在恶意。因此，老传统公司的申请注册争议商标的行为违反了诚实信用原则，违反了《商标法》第 31 条的规定，申请商标注册不得损害他人现有的在先权利，也不得以不正当手段抢先注册他人已经使用并有一定影响的商标。因此 2004 年 12 月，北京市第一中级人民法院作出判决：维持商评委的裁定。法院判定，商评委的第 1812 号裁定引用《商标法》第 31 条的规定撤销争议商标是正确的。同时，法院也认为，"家家"的商品商标固定在标明山西汾酒生产的酒产品上，应认定山西汾酒为该商标的使用人，"家家"一词虽早已有之，并非为山西汾酒独创，但该词是否属自创词的问题不能推翻关于老传统公司有恶意的认定。

老传统公司仍然不服，上诉到北京市高级人民法院（以下简称北京市高院）。2005 年 5 月 8 日，山西汾酒收到北京市高院的行政判决书，驳回老传统公司的上诉，维持一审判决。

2006 年 7 月，最高人民检察院对此案提出了抗诉。最高人民检察院抗诉的理由是，我国《商标法》采用的是"注册在先"原则，"使用在先"所产生的并不是商标专用权，而是一种在先的民事权利。保护注册商标是一项原则，兼顾保护使用在先是一种例外。而《商标法》对使用在先的未注册商标的保护，在于保护通过一定程度的使用，已具有相当声誉，并具有一定价值的无形财产权利，而山西汾酒的"家家"酒在老传统公司注册时的影响有限。

2007 年 12 月 18 日，北京市高院作出终审判决，维持了北京高院（2005）

高行终字第 71 号山西汾酒胜诉的行政判决。

北京市高院判决山西汾酒胜诉的理由,主要是基于对老传统公司恶意申请注册商标的行为的认定,而主要依据的理由有三点:首先,两公司曾存在联营关系,且共处同一地域的同一行业;其次,"家家"的商品商标固定在山西汾酒生产的酒产品上,应认定山西汾酒为"家家"商标的使用人。而老传统公司申请注册"家家"使人确信其行为在主观上存在恶意;最后,两商标的文字构成和字体是完全相同的。

该案是我国保护在先使用权,防止他人恶意抢注原则的运用,对于保护合法在先权利人的利益和维护正常的市场竞争秩序有重要的意义。

案例二: "康王"商标 3 年不使用撤销案[1]

1995 年 4 月 7 日,北京康丽雅健康科技总公司(以下简称康丽雅公司)申请注册的第 3 类化妆品产品商标"康王"(以下简称争议商标)被国家工商总局商标局(以下简称商标局)核准注册,注册号为第 738354 号。2001 年 4 月 25 日,云南滇虹药业集团股份有限公司(以下简称滇虹药业)前身公司获得争议商标的使用许可。2001 年 5 月 8 日,滇虹药业前身公司授权许可其占 74% 股份的关联企业昆明滇虹药业有限公司(以下简称昆明滇虹)无偿使用其注册的一切商标。2001 年 6 月,争议商标持有人康丽雅公司被注销。2001 年下半年,昆明友立实业公司接受昆明滇虹公司委托加工化妆品康王洗剂产品。2002 年 8 月 5 日,昆明滇虹与西山亨利厂签署供销合同,委托西山亨利厂加工 20g"康王"牌护肤霜小盒 10 万只、中盒 1 万只及说明书 10 万张。2002 年 10 月 18 日,广东汕头康王精细化工有限责任公司(以下简称汕头康王)前身公司以连续 3 年不使用为由,向商标局对争议商标提起撤销申请。2003 年 10 月 28 日,滇虹药业受让取得争议商标的专用权。2003 年 12 月 17 日,商标局作出《关于撤销第 738354 号"康王"商标的决定》,对争议商标予以撤销。2004 年 11 月 29 日,商标局核准滇虹药业争议商标的续展请求,续展注册有效期自 2005 年 4 月 7 日至 2015 年 4 月 6 日。4 年以来,滇虹药业曾 12 次通过全国各地各级司法机关、24 次通过全国各地各级工商行政机关判决、认定汕头康王商标侵权以及不正当竞争的事实。2006 年 7 月 26 日,国家工商总局商标评审委员会(以下简称商评委)作出第 2432 号复审裁定,认定争议商标不属于商标法第 44 条第 4 项规定的

---

〔1〕 "'康王'商标 3 年不使用撤销案引发学术界解读",载央视网,http://news.cctv.com/law/20071029/108383.shtml,最后访问日期:2020 年 12 月 14 日。

连续 3 年停止使用应予撤销的情形，据此对争议商标的注册予以维持。2006 年 12 月 28 日，北京市第一中级人民法院判决撤销商评委作出的第 2432 号决定，并于判决生效之日起 3 个月内，针对第 738354 号'康王'商标重新作出撤销复审决定。2007 年 9 月 18 日，北京市高级人民法院终审维持一审判决。

对于此判决，不少专家学者是持保留意见的，大多数学者认为，该商标不管是合法使用，还是违规使用，也不管其如何更换其主，但它一直处于使用状态的事实是不可否认的，因此不应被撤销，而对于违法使用的方面，可以予以纠正。更有学者表示，在商标法领域内，审理具有关联性的个案时，应适当考虑当事人的相关竞争关系以及法律中法条之间的相互关系，以使判决能够真正达到一个所谓的"三个有利于"，即有利于法律的当事人、有利于消费者、有利于公平竞争的市场秩序。

此案向我们昭示的问题即是商标法究竟保护什么？我国现行《商标法》的立法宗旨并不是单纯地保护商标注册人的利益，保护一个公平、公正、诚实、信用的市场竞争秩序也是其重要的立法目的之一。也就是说，商标法对有人利用法律的规定来达到不正当竞争目的行为，不应予以保护。

[问题与思考]

1. 商标法的立法宗旨是什么？

2. 申请注册商标的行为违反了诚实信用原则，是否违背了商标法的立法宗旨？

3. 违法违规地使用注册商标的行为，是否仍然属于商标法意义上的使用行为？重点探讨什么是商标的使用。

[重点提示]

商标法的立法宗旨是，既要保护商标权人的利益，同时也要维护市场经济秩序，维护公平正当竞争以及保护广大消费者的利益。违反商标法的立法宗旨，违反诚实信用原则，恶意抢注他人使用在先，并有一定影响的商标行为是不受商标法的保护的。拓展案例一的判决结果是禁止抢注他人商标原则的具体运用，该案例主要涉及对抢注他人商标中"恶意"的认定；拓展案例二也昭示了商标法对有人利用法律规定来达到其不正当竞争目的的行为是不予保护的。

第十九章

商标权法律关系的客体

知识概要

商标权法律关系的客体指向是商标，一般认为，商标是商品生产者、销售者或服务者在自己经营商品或服务上使用的用于区别于其他商品生产者、销售者或服务者的商品的一种专用标志。按照法律规定，商标可以分为商品商标、服务商标、立体商标、证明商标、集体商标等类型，同时，还有驰名商标和地理标志等特殊商标形式；本章重点分析几种特殊类型的商标。

经典案例

美国 ZIPPO 公司与唐峰塑料厂及孙某林 ZIPPO 怀炉商标侵权案[1]

[基本案情]

不用电，没有明火，24 小时保持 50 度恒温，更有与"ZIPPO"打火机相似的时尚外形，在 2011 年冬天，"ZIPPO"怀炉在网上卖火了。2009 年 3 月 12 日，美国 ZIPPO 公司发现，孙某林在网上公开销售由慈溪市附海唐峰塑料厂（以下简称唐峰厂）生产的"ZIPPO"怀炉产品。通过购得商品后，美国 ZIPPO 公司便以商标侵权及不正当竞争为由将唐峰厂及孙某林一同诉至法院。一审败诉后，ZIPPO 公司不服上诉至浙江省高级人民法院（以下简称浙江高院）。2021 年 7 月 23 日，浙江高院公开开庭审理此案。

ZIPPO 公司认为，涉案商标的文字"ZIPPO"为臆造词，显著性强，且同为其公司商标和企业字号，具有极高的知名度，应认定为驰名商标，唐峰厂在怀炉上使用相同标识的行为构成商标侵权；鉴于 ZIPPO 极高的显著性和知名度，

---

〔1〕余建华、孟焕良："中美 ZIPPO 商标侵权尘埃落定——ZIPPO 被认定驰名商标 ZIPPO 怀炉被判侵权"，载《人民法院报》2012 年 11 月 21 日，第 3 版。

唐峰厂生产的怀炉与 "ZIPPO" 打火机为类似商品，构成商标侵权；唐峰厂在其怀炉上使用了 "ZIPPO" 企业字号，亦构成不正当竞争行为。

唐峰厂与孙某林答辩称，ZIPPO 并非驰名商标；怀炉商品分属第 11 类，而 ZIPPO 核准使用于打火机，分属第 34 类，在功能、用途、销售渠道、消费群体等方面均存在明显不同，不应认定为类似商品。"ZIPPO" 公司在中国的企业名称为之宝制造公司，而非其英文名称，且没有证据证明 "ZIPPO" 作为企业字号在中国进行了大量的商业使用，其不具有知名度，不构成不正当竞争。

[法律问题]

1. 驰名商标如何认定？"ZIPPO" 商标是驰名商标吗？

2. 驰名商标享有哪些特殊保护？

[参考结论与法理精析]

（一）法院意见

法院经审理查明，ZIPPO 公司创始于 1932 年，是世界著名的打火机制造商。"ZIPPO" 及商标分别于 1989 年和 2003 年经国家商标局注册，并持续使用至今，在打火机上使用的历史久远，在消费者中享有很高的知名度和行业影响力。早在 2000 年，国家商标局即将 "ZIPPO" 商标列入《全国重点商标保护名录》。公司为宣传、推广和提高其品牌知名度，从 1996 年起就通过各种书籍以及报刊对 "ZIPPO" 品牌打火机进行报道。通过其一级经销商在中国大量设立了众多销售网点，销售点遍布全国各省市 752 家专卖店，"ZIPPO" 打火机在中国大陆市场占有率在同行业中占有优势地位。据美国中介机构出具的《独立审计师报告》显示，2009 年在中国大陆的销售额为 10 387 469 美元、广告费用为 1 232 728 美元。同时，涉案商标在中国境内有受法院、行政部门以及仲裁委员会保护的记录。其品牌价值已为公众所认同，已经达到驰名程度，应认定在第 34 类打火机、灯火石产品上为驰名商标。

鉴于 ZIPPO 商标历史悠久，具有极高的显著性和知名度，已被法院认定为驰名商标，享受跨类保护，因此不管唐峰厂生产的怀炉与 "ZIPPO" 打火机是否为类似商品（浙江高院审理认为，打火机的基本用途是点火工具，而怀炉则属于小型取暖设备，并不具有点火功能，两者在功能、用途、销售渠道和消费对象上存在差异，不属于类似商品），唐峰厂及其负责人孙某林都构成商标侵权，不允许其再使用与美国 ZIPPO 公司注册商标相同的标识。生产此怀炉的唐峰厂及其负责人孙某林也因此被判赔偿 50 万元。

（二）本案涉及的法律问题及其影响

驰名商标（well-known trademark）是在一定市场范围内享有较高声誉的、为相关公众所熟知的商标，与一般商标相比，驰名商标往往代表着更高的质量或服务，包含了商标所有人更多的投入和商誉，也更经常地受到其他生产者和经营者的假冒。对于这种企业的宝贵无形财产，世界各主要国家均提供特殊的、优于普通商标的法律保护。

我国现行商标法未对驰名商标概念作规定，2003年《驰名商标认定和保护规定》中对驰名商标概念的规定是在中国为相关公众广为知晓并享有较高声誉的商标。2009年《最高人民法院关于审理涉及驰名商标保护的民事纠纷案件应用法律若干问题的解释》所称驰名商标，是指在中国境内为相关公众广为知晓的商标。《商标法》第14条确立了驰名商标认定的5项标准，其中第1项是相关公众对该商标的知晓程度；第2项是该商标使用持续时间的有关材料，包括该商标使用、注册的历史和范围的有关证明材料；第3项是该商标的任何宣传工作的持续时间、程度和地理范围的有关证明材料；第4项是该商标作为驰名商标受保护记录的有关证明材料，包括该商标曾在中国或其他国家和地区作为驰名商标受保护的有关材料；第5项是证明该商标驰名的其他证据材料，包括使用该商标的主要商品近3年的产量、销售量、销售收入、利税、销售区域等有关材料。

根据我国《商标法》的规定，驰名商标可享有如下特殊保护：

1. 未注册的驰名商标在同类或类似商品（服务）的商品上获得法律保护。我国《商标法》规定，对在相同或类似商品（服务）上有复制、摹仿或者翻译未注册驰名商标，容易造成混淆的标志，不予注册并禁止使用；已经注册的，依法予以撤销。对于抢注未注册驰名商标的，根据抢注人的主观恶意程度，有一个5年的界限，即在驰名商标未来得及注册以前，有人在先注册了，则5年之内，驰名商标所有人有权请求在先注册人撤销注册；如果在先抢注人是恶意的，则不受5年的限制。

2. 已注册的驰名商标可以享受跨类保护。我国《商标法》第13条第4款规定，在不相同或者非类似商品申请注册的商标是复制、摹仿或者翻译他人已经在中国注册的驰名商标，误导公众，致使该驰名商标注册人的利益可能受到损害的，不予注册并禁止使用。

3. 驰名商标与企业名称发生冲突时，该商标可以得到特别保护。驰名商标权利人认为他人将其驰名商标作为企业名称登记，可能欺骗公众或者对公众造成误解的，可以向企业名称登记机关申请撤销该企业的名称登记。

4. 驰名商标与域名发生冲突时，该商标可以得到特别保护。2001年发布的《最高人民法院关于审理涉及计算机网络域名民事纠纷案件适用法律若干问题的解释》中规定，人民法院审理域名纠纷案件，对被告域名或其主要部分构成对原告驰名商标的复制、模仿、翻译或音译的，对以商业为目的将他人驰名商标的恶意注册行为，应当适用相应的法律规定；构成不正当竞争的，可以适用《民法通则》第 4 条、《反不正当竞争法》第 2 条第 1 款的规定。

5. 驰名商标在行政和司法过程中可以享受特殊便利。

6. 一般商标只在注册国受到保护，而驰名商标在《保护工业产权巴黎公约》成员国之间都可以受到保护。

7. 另外在美国等一些国家，驰名商标所有人可以享有反淡化保护的权利。

该案的意义在于一方面阐释了驰名商标的司法个案认定以及认定条件，另一方面，司法实践肯定了驰名商标的跨类保护。

拓展案例

案例一：　中国重型汽车集团有限公司与济南某石油化工有限公司侵犯注册商标专用权纠纷案[1]

原告是中国重型汽车生产的龙头骨干企业。原告的"中国重汽字母及图"商标于 2004 年 12 月核准注册，于 2009 年 4 月被国家商标局认定为驰名商标。2009 年 8 月，原告发现被告生产、销售的部分润滑油系列商品标有该商标标识，遂提起商标侵权诉讼，请求法院判令被告立即停止侵权行为并赔偿原告经济损失。

济南中级人民法院在案件审理过程中，认为被告的行为已经产生相关公众混淆和误认的侵权后果。法院在查明事实的情况下，加大辨法析理的力度，向被告释明假冒行为的错误性质，同时根据被告诚恳认错的情况及时做好调解工作。经调解，被告表示接受此案的教训，不再侵权，并赔偿原告经济损失 15 万元。

该案是典型的驰名商标搭便车行为。搭便车，是近年来兴起的西方新制度经济学上的一个术语，意指行为人未付出必要成本或只付出较小成本，却依靠某种不易察觉和度量的便利条件获得与成本无关或极不相称的报酬及利益。驰名商标的搭便车行为主要是指以驰名商标为模仿和混淆对象，近似商标者力图浑水摸鱼的一种谋利行为，一个品牌的名气大了，有人就想着要搭便车、走捷径。本案被告使用原告商标是出于"傍名牌搭便车"的心理，已经对驰名商标所有人的产品产生使相关公众混淆和误认的后果，因此应被认定为侵犯驰名商标的商标权。

---

〔1〕 黄露玲、刘军生："商标傍名牌赔偿 15 万——济南公布 2011 年十大知识产权案例"，载《大众日报》2012 年 4 月 26 日，第 3 版。

案例二：　　　　　**云南白药告广西南宁朝阳大药房**[1]

　　"云南白药"是云南白药公司的企业字号，1995 年 8 月 12 日，"云南白药"被卫生部列为国家一级中药保护品种；2000 年 8 月 21 日，"云南白药"被云南白药公司注册为商标；2002 年 3 月 12 日，"云南白药"被国家工商行政管理总局商标局认定为驰名商标。2006 年，广西南宁朝阳大药房（以下简称朝阳大药房）销售的"益心阳口服液"的附送宣传册中，突出使用了"云南白药""云南白药家族"的字样，宣称其为"云南白药家族首次公开活心秘方""益心阳口服液是云南白药的姐妹药"，与"世界文明的云南白药一脉相承"。朝阳大药房在《南宁晚报》上为"益心阳口服液"所作的广告中，宣称其为"云南白药家族百年秘方"。该药品在网站上也被宣称为"云南白药家族心脏病百年秘方"。

　　驰名商标不仅仅具有区分商品及其提供者的一般功能，而是对于商品品牌、企业形象、企业文化、特定品质和特殊地域特征等个性因素都能够表征，因此对企业而言成为一种具有市场价值和品牌实力的无形资产。对驰名商标的保护，我国 1993 年《反不正当竞争法》规定"擅自使用知名商品特有的名称、包装、装潢，或者使用与知名商品近似的名称、包装、装潢，造成和他人的知名商品相混淆，使购买者误认为是该知名商品""擅自使用他人的企业名称或者姓名，引人误认为是他人的商品"是不正当竞争行为，"经营者不得利用广告或者其他方法，对商品的质量、制作成分、性能、用途、生产者、有效期限、产地等作引人误解的虚假宣传"。

　　本案被告在无确切证据证明与原告存在亲属关系的情形下，擅自在其销售网站和宣传图册使用"云南白药家族""云南白药姊妹药""云南白药心脏病百年秘方"等用语，导致了消费者对药品生产者的误认，扰乱了消费者的正常消费选择，因此构成了对"云南白药"知名商标的侵害，属于不正当竞争行为。

　　该案被告的行为也是"搭便车"，之所以没有被判定为商标侵权，而被判定为"不正当竞争行为"，主要是由于他们对驰名商标的使用方式不是对商标的直接使用，而是在广西南宁朝阳大药房销售的"益心阳口服液"的附送宣传册中，突出使用了"云南白药""云南白药家族"的字样，宣称其为"云南白药家族首次公开活心秘方""益心阳口服液是云南白药的姐妹药"，与"世界文明的云南白药一脉相承"。朝阳大药房在《南宁晚报》上为"益心阳口服液"所作的广告中，也宣称其为"云南白药家族百年秘方"。该药品在网站上也被宣称为

---

〔1〕　参见北京市海淀区人民法院（2007）海民初字第 5889 号民事判决书。

"云南白药家族心脏病百年秘方"，因此他们不属于直接侵犯商标权的行为，而是引起消费者对药品生产者的误认，扰乱了消费者的正常消费选择，因此构成了对"云南白药"知名商标名誉的侵害，属于不正当竞争行为。

案例三：[1]

蒙牛乳业集团有限公司（以下简称蒙牛乳业公司）作为中国最大的乳品企业之一，从 2000 年起陆续推出了以"酸酸乳"命名的系列乳饮料。该系列产品获得"酸酸乳"包装盒外观设计专利；2002 年 7 月 23 日，蒙牛乳业公司向国家工商局提出对"酸酸乳"商标的注册申请，但未获核准。原因是"酸酸乳"包含了"酸""乳"，直接反映了产品特性，没有显著性。2005 年 12 月，蒙牛乳业公司发现董某军正在销售的由安阳市白雪公主乳业公司生产的"酸酸乳"乳酸菌饮料，后者的"酸酸乳"不仅使用了与蒙牛乳业公司的"酸酸乳"一样的名称，而且包装、装潢也与蒙牛乳业公司的"酸酸乳"乳饮料特有的包装、装潢极为近似，蒙牛乳业公司根据《商标法》及《反不正当竞争法》的有关规定，认为白雪公主乳业公司在相同及类似的商品上使用蒙牛乳业公司"酸酸乳"品牌及特有的包装、装潢，以及董某军的销售行为极易导致消费者的混淆和误认，要求法院判决对方立即停止侵权，并负担全部诉讼费用。

2006 年 2 月 16 日，呼和浩特市中级人民法院（以下简称呼和浩特市中院）对此案进行公开审理。2006 年 2 月 16 日，呼和浩特市中院对该案公开开庭审理。依据《商标法》《反不正当竞争法》和最高人民法院的相关司法解释的规定，呼和浩特市中院基于原告的诉请，就"酸酸乳"商标在相关公众中的知晓程度、该商标的持续使用时间、宣传推广持续的时间、程度、地理范围及该产品品质特点、销售收入和销售范围等多方面进行了严格审查，认为原告蒙牛乳业公司从 2000 年起在其生产的乳饮料上突出、广泛地使用"酸酸乳"商标，且已持续使用近 6 年时间，一句"酸酸甜甜就是我"的广告词在相关消费者中广为知晓，而且该产品的销售收入也逐年上升。特别是 2005 年的"蒙牛酸酸乳超级女声"活动，使原告"酸酸乳"商标在相关公众中的知晓度和美誉度进一步提高，故原告的"酸酸乳"商标，事实上已经达到了为相关公众广为知晓的程度，并享有了较高的声誉。虽然其商标注册申请尚未被国家工商行政管理总局

---

〔1〕 "蒙牛酸酸乳商标维权案胜诉"，载新浪网，http://news.sina.com.cn/c/2006 - 05 - 15/17369867605.shtml，最后访问日期：2020 年 12 月 14 日；"酸酸乳商标案蒙牛胜诉 法院裁定仅对本案有效"，载搜狐网，https://business.sohu.com/20061229/n247327671.shtml，最后访问日期：2020 年 12 月 14 日。

商标局核准，但已符合《商标法》第 14 条规定的驰名商标的认定条件，应当被认定为驰名商标。据此，呼和浩特市中院作出一审判决：判令被告立即停止对蒙牛乳业公司"酸酸乳"商标的侵权和不正当竞争行为。

法院这一判决引发行业震荡。这意味着判决一旦生效，"酸酸乳"将成为蒙牛乳业公司独有的商标，而不是以往行业内普遍认为的行业通用名称，其他乳制品企业均不能再销售"酸酸乳"。因此，三鹿、伊利、光明等国内多家乳品企业向内蒙古自治区高级人民法院提出异议申请。他们认为，认定"酸酸乳"为蒙牛乳业公司未注册驰名商标的一审判决是错误判决，要求予以纠正。同时，三鹿、伊利、光明三家乳业巨头准备联合致信国家有关部门，抗议呼和浩特市中级人民法院对"蒙牛酸酸乳"驰名商标的司法认定。

内蒙古高级人民法院于 2006 年 8 月 11 日审理了此案。内蒙古高级人民法院驳回了河南安阳白雪公主乳业公司的上诉。判决书同时还表示，认定蒙牛"酸酸乳"标志为驰名商标"仅对本案有效"，对其他企业无任何法律约束力。

内蒙古高级人民法院认为，蒙牛乳业公司持有的"酸酸乳"商标标识虽已申请注册，但尚未获准，而"酸酸乳"标志已经具有显著性，因此法院裁定蒙牛"酸酸乳"为未注册的驰名商标。这也是我国目前首个通过司法程序认定的未注册驰名商标。不过，判决书明确强调："司法认定的驰名商标效力只在发生争议的案件中有效，不针对其他市场主体。"蒙牛乳业公司在其乳饮料上突出、广泛地使用了带有"酸"和"乳"等表明产品特征和主要原料的词汇，可以说使用了行业通用名称。因此，"酸酸乳"商标不应获得商标注册，但由于该商标已持续使用近 6 年时间，以及蒙牛乳业公司对该商标持续地使用、宣传和推广，已使该商标达到广为知晓的程度，符合了我国《商标法》规定的驰名商标认定的条件，呼和浩特市中院对"蒙牛酸酸乳"驰名商标的司法认定是符合法律规定的。蒙牛"酸酸乳"商标，虽然未获得注册，但依我国《商标法》规定，未注册驰名商标可以获得商标法的保护。但正如内蒙古高级人民法院判决中所指出的，所有驰名商标的认定只是针对正在争议中的个案有效。

案例四：　瑞士雀巢公司与广东省开平味事达调味品有限公司之间关于方形瓶商标权的诉讼[1]

1995 年 7 月 27 日，瑞士雀巢公司（以下简称雀巢公司）将其先前使用的一

---

〔1〕　邓新建、林劲标："雀巢味事达之争曝国内企业知产保护短板"，载《法制日报》2011 年 4 月 8 日，第 4 版。

款"棕色方形瓶黄色尖顶瓶盖"作为立体商标申请国际注册并获得核准。其后，雀巢公司于 2002 年 3 月 14 日，根据《商标国际注册马德里协定》向我国提出该立体商标的国际领土延伸注册申请。同年 11 月 27 日，上述申请先以缺乏显著性被国家商标局驳回。雀巢公司向商标评审委员会申请复审，于 2005 年 7 月 27 日获得注册，核定在"食用调味品"使用。就这样，国内企业使用了二十多年的方形瓶成了雀巢公司的注册立体商标。2008 年 10 月 23 日，雀巢公司向广东省开平味事达调味品有限公司（以下简称味事达公司）发了一封"警告信"称，味事达公司使用的棕色方形瓶外包装侵犯其第 G640537 号注册商标，要求其立即停止侵权、销毁产品并道歉。

味事达公司则从 1983 年就开始使用棕色方形瓶包装在"味事达 Master"味极鲜酱油产品上。就在同年 3 月，国家工商行政管理总局还批复认定该产品为驰名商标。对于雀巢公司的"指控"，味事达公司复函无法认同。2008 年 11 月 5 日，雀巢公司再次致函，措辞更为严厉，要求味事达公司立即悬崖勒马，否则将采取法律行动。其后，味事达公司向广东省江门市中级人民法院提起确认不侵权之诉，要求法院确认其在生产销售的酱油等商品上使用棕色方形瓶、透明方形瓶包装的行为，不构成对雀巢公司第 G640537 号注册商标专用权的侵犯。江门市中级人民法院一审确认味事达公司不构成侵权。宣判后，雀巢公司不服，提起上诉。广东省高级人民法院二审认为，讼争注册商标在国内的显著性较弱，味事达公司仅是使用方形瓶作为外包装，而不是通过该包装来识别产品，消费者不会因此对被诉侵权商品的来源产生误认或者认为其来源与雀巢公司有特定的联系。最终，广东省高级人民法院判决驳回雀巢公司上诉，确认味事达公司使用方形瓶作为外包装未构成侵权。

该案被业界称为"中国立体商标纠纷第一案"。本案涉及的法律问题即是对立体商标相近似的判断要素。即判定被诉侵权产品与商标权人的注册商标是否相近似时，应当综合考虑两者是否属于同一种或类似商品，三维标志的形状、外观等构成要素是否近似，以及注册商标的显著性及知名度如何，还应当考虑两者与各自使用商品的关联程度，并以一般消费者是否造成混淆误认作为构成近似之要件。

　［问题与思考］

1. 什么是驰名商标？如何判定？

2. 未注册驰名商标在法律上享有哪些特殊保护？

3. 如何判断立体商标的相近似？

　［重点提示］

商标法法律关系的客体按照不同的标准有很多不同的分类，商标法明确规定的分类包括商品商标、服务商标、证明商标、集体商标、驰名商标等；按照商标的构成要素又可将其分为文字商标、图形商标、立体商标等；按照是否注册又可分为注册商标和未注册商标。本章拓展案例重点研习了驰名商标的特殊保护，对于未注册驰名商标享有的特殊保护予以了探讨，建议重点思考驰名商标享有特殊保护的边界以及如何规制驰名商标的"搭便车"行为，本章拓展案例还探讨了立体商标这一新型的、特殊形式的保护问题。

第二十章

商标权法律关系的内容

知识概要

商标权法律关系的内容是指依法获得注册的商标权人依法所享有的权利及应该履行的义务。商标权人的权利范围包括：①使用权和禁止权。使用权是商标权人使用其商标的范围，以核准注册的文字、图形以及核定使用的商品为限。同时，商标权人还拥有禁止权，禁止权是指商标权人禁止他人使用的范围，即商标权人可以禁止他人在同种或类似的商品上使用相同或类似商标的权利。从概念中我们可看出，禁止权的范围大于使用权。②转让权。③许可使用权。④续展权。⑤使用注册标记权。⑥质押融资权。商标权人应履行的义务为：①依法使用注册商标的义务；②保证使用商标的商品质量和服务质量的义务；③缴纳商标费用的义务。

经典案例

北京全脑教育科学研究院与昆明精英特科技开发有限公司及北京百度网讯科技有限公司侵犯商标专用权、不正当竞争纠纷案[1]

[基本案情]

"全脑速读 QNSD"（左侧为"全脑"，右侧上方为"QNSD"、下方为"速读"）商标原注册人为北京市青年能力训练中心，注册号为 1299817，核定服务项目为第 41 类函授课程、教育、培训，有效期限为 1999 年 7 月 28 日至 2009 年 7 月 27 日，其中"速读"放弃专用。该商标于 2002 年 5 月 20 日由北京全脑教育科学研究院（以下简称全脑研究院）受让。

---

〔1〕 参见北京市海淀区人民法院（2007）海民初字第 7134 号民事判决书。

全脑研究院与北京核心力教育科学研究院（以下简称核心力研究院）为"全脑"商标的共同商标权人。该商标核定服务项目为第41类组织竞赛（教育或娱乐）、组织教育或娱乐竞赛等，有效期限为2004年8月28日至2014年8月27日。本案诉讼过程中，核心力研究院作出书面声明，表示放弃其在本案中对"全脑"共有商标的诉权，由全脑研究院行使全部权利。2007年3月5日，北京百度网讯科技有限公司（以下简称百度公司）向商标评审委员会提出撤销上述注册商标的申请。

原告全脑研究院诉称，全脑研究院成立于2001年12月26日，主要经营业务为速读软件开发及速读培训。2002年5月20日，全脑研究院有偿受让了北京青年能力训练中心在第41类上注册的"全脑速读QNSD"注册商标。2003年后，全脑研究院经国家工商行政管理总局商标局核准注册取得包括第41类在内的"全脑"系列商标。全脑研究院取得商标专用权后投入了大量的推广宣传，取得了业内较高的知名度。昆明精英特科技开发有限公司（以下简称精英特公司）成立于2004年9月2日，该公司在未经全脑研究院许可的情况下，擅自使用"全脑"文字标识作为服务标志，将其网站（www.jint.cn，以下简称精英特网）首页名称栏冠以"精英特全脑速读记忆网"，通过该网站提供速读服务。精英特公司还设立、操控"中国全脑学习网""启点全脑学习网""阳光速读记忆网""可优可速读记忆网"等网络平台，大量使用"全脑""全脑速读"等文字作为其网站名称、栏目名称、标题名称并进行软件、书籍销售等行为。同时，该公司还将"全脑速读"等文字作为关键词在百度公司进行搜索竞价排名，从事广告推广。百度公司利用全脑研究院的商标向全脑研究院的同行业经营者开展的竞价收费行为，造成了公众对商品来源的混同与误认，直接扩大了精英特公司侵权行为的不良影响及所造成的经济损失。精英特公司与百度公司的行为侵犯了全脑研究院的注册商标专用权，同时构成擅自使用全脑研究院知名商品特有名称、包装、装潢和企业名称的不正当竞争，二者应当承担连带赔偿责任。故请求判令：①精英特公司立即停止在其网站及各类宣传上对"全脑""全脑速读"注册商标专用权的侵害和不正当竞争行为；②百度公司立即停止发布"全脑速读"等关键字百度搜索竞价排名的网络广告；③精英特公司与百度公司在其网站首页位置、《人民法院报》或《知识产权报》上向全脑研究院公开道歉，消除影响；④精英特公司与百度公司共同赔偿全脑研究院为调查和制止侵权已经支付的公证费、律师费等共计4140元。

被告精英特公司辩称：①国家商标局批准"全脑速读QNSD"商标时，已在商标证上载明了"速读"放弃专用的备注，对该商标限制了专用权，全脑研究院真正享有专用权的仅是"全脑QNSD"。全脑研究院应对其商标作整体使用，不能以其中部分字词来限制他人的使用。②精英特公司未大量使用"全脑"和"全脑速读"文字。精英特公司商品的服务标志是"蓝色小海豚"图像和"精英特"三个汉字，未使用过"全脑"商标标识。精英特公司的经营活动不包括软件销售、书籍销售；只是2006年7月初与全脑速读资深教师李某树老师有过面授合作，但未成功，1个月后就结束了。精英特网首页真正名称是"精英特速读记忆专业训练网"，网页中基本没有"全脑""全脑速读"的文字，有少量叙述性的文字，但未突出使用。精英特公司从未参与"全脑"关键词的竞价。③"全脑"系商品通用名称。精英特公司使用"全脑"和"全脑速读"只是叙述性、功能性的使用，不是商标意义上的使用。全脑研究院无权禁止精英特公司正当善意使用该词。④精英特公司与全脑研究院的商品除了在原理上都是全脑开发外，其他均有显著不同：商标标识不同，全脑研究院没有真正使用其注册商标"全脑""全脑速读QNSD"，其在宣传广告、网站上使用的都是"JS"商标；商品外壳包装及图形设计存在明显区别；服务商品来源及推广网络平台不同。⑤精英特公司使用"全脑速读"关键词参与百度公司竞价排名是基于市场经济规则，不构成不正当竞争。

[法律问题]

1. 本案中，对通用标识的使用是否构成商标侵权？

2. 本案中，对通用标识的使用是否构成不正当竞争？

[参考结论与法理精析]

（一）法院意见

1. 关于侵犯商标权问题。北京市海淀区人民法院经审理认为：全脑研究院通过受让和与核心力研究院共同申请注册的方式，依法成为第1299817号"全脑速读QNSD"和第3266228号"全脑"注册商标的商标权人并享有专用权。虽然百度公司已向商标评审委员会提出撤销上述注册商标的申请，但在未被依法撤销前，全脑研究院就上述商标所享有的权利仍受法律保护。现核心力研究院明确表示不参加本案诉讼，并同意由全脑研究院在本案中行使全部权利，故全脑研究院有权单独就"全脑"和"全脑速读QNSD"商标主张权利。

全脑研究院和精英特公司均从事速读软件开发和速读培训，故双方的商品和服务属于同类。

依据法律规定，未经权利人许可，他人不得在同种商品或者类似商品上使用与注册商标相同或者近似的商标。但是，如果注册商标中含有的该商品的通用名称、图形、型号，或者直接表示商品的质量、主要原料、功能、用途、重量、数量及其他特点，或者含有地名，则注册商标专用权人无权禁止他人进行正当使用。本案中，全脑研究院主张精英特公司在其网站的网站名称、所售软件、图文标题、栏目名称、论坛名称及相关内容等中使用"全脑"或"全脑速读"的行为,以及在百度网使用"全脑速读"参加竞价排名的行为侵犯了其商标权。对此主张,需要从"全脑"和"全脑速读"的含义,精英特公司的使用性质,以及全脑研究院对其商标的使用情况三个方面加以分析:

(1)"全脑"和"全脑速读"的含义。本案证据所涉及的科研课题、书籍和文章等内容表明,在教育、学习领域,我国关于"全脑"的表述至少可以追溯到1995年,有关"全脑速读"的专著也早在1998年已有出版发行,远早于全脑研究院获得"全脑"和"全脑速读 QNSD"商标权的时间。上述课题、书籍和文章中所涉及的"全脑",通常指左脑和右脑的有机结合,而与"全脑"有关的各种教育或学习方法,其核心均是通过开发、训练和使用左右脑,来提高思维、记忆能力和阅读速度等,故相关教学、记忆和速读等方法被相应地称为全脑教学、全脑记忆和全脑速读等。现已有大量书籍、文章对全脑学习、全脑速读的原理、应用以及训练方法进行详尽的论述,诸多科研课题也对与"全脑"有关的教学方法有着深入的研究。可见,"全脑"和"全脑速读"的表述和概念本身并非全脑研究院所独创,在全脑研究院获得相关商标权之前,其便已具有特定的、被普遍认可和使用的文字含义,即使在全脑研究院获得相关商标权之后,其也仍然在相关领域被广泛使用。因此,尽管全脑研究院取得了"全脑"和"全脑速读 QNSD"在商标意义上的专用权,但注册商标专用权的产生并不意味着相关文字原有含义的消灭,全脑研究院不应借此排除他人在说明或描述自己有关产品、服务的内容、性质时,对"全脑"或"全脑速读"原有的文字含义进行正当使用。

(2)精英特公司的使用性质。就网站而言,精英特公司作为提供速读记忆训练软件和进行全脑速读培训的经营者,在介绍和推广全脑速读方法、速读记忆训练软件和速读培训服务时,对与之相关的"全脑"和"全脑速读"文字加以一定使用当属情理之中。况且,在实际使用当中,精英特公司始终将"全脑"和"全脑速读"作为标题或语句的一般组成部分,以与其他文字相同的字体、字号等形式出现,而未作单独或突出使用,所要表达的也仅是二者原有的、已被广泛知悉和使用的文字含义。同时,精英特公司还在其网站首页显著位置突出标注了"精英特"字样和海豚图标,载明精英特公司版权所有,在其所销售的软件上亦标明"精英特"和海豚图标而未使用"全脑"或"全脑速读"字样,上述标识的加载已使相关公众能够正确判断该网站的归属和相关产品、服务的来源,足以与其他同类网站和经营者相区别,不会造成与全脑研究院及其产品、服务相混淆的后果。可见,精英特公司的此种使用是基于"全脑"和"全脑速读"所具有的文字含义,本质上是对其网站、产品、服务的内容和特点所进行的说明和描述，并不具有区分商品、服务提供者的功能，也不会造成相关公众的混淆或误认，故属于在原有文字含义范围内的正当使用。

而精英特公司参加的所谓竞价排名，是相对于自然排名而言的。在自然排名情况下，网站网页在关键词搜索结果中的排名顺序依搜索引擎服务商设定的排名算法规则形成。在竞价排名的情况下，排名顺序则根据客户就某一关键词的付费情况决定，通常付费越多，其网站网页在该关键词的搜索结果中排名越靠前。本案中，精英特公司以"全脑速读""全脑速读记忆"和"JS全脑速读记忆"为关键词参加百度公司的竞价排名，所取得的效果是：相对于其他未购买该关键词的网站，以及精英特网的自然排名，参与竞价排名后，精英特网的网页在上述关键词搜索结果中的排名会更加靠前。全脑研究院就此认为精英特公司侵犯了其商标权。然而，首先，需要明确的是，精英特公司所使用的关键词虽然包含有"全脑速读"字样，但并非全脑研究院所主张的"全脑"或"全脑速读QNSD"。其次，精英特公司通过竞价排名改变了其网站网页在搜索结果中的排名，获得更多被关注和点击的机会，其行为本质上属于对其网站及相关产品、服务的一种介绍和推广，而其在进行这种介绍和推广时，不可避免地需要对自己网站、产品和服务的内容、性质加以说明，鉴于精英特网中合法地包含有与"全脑速读"相关的文字，且该公司所提供的产品和服务均与教育培训意义上的"全脑速读"有着紧密联系，故其在竞价排名关键词中对"全脑速读"的使用仍然是对其网站内容、产品和服务所作的描述性使用。最后，在使用"全脑速读"原有文字含义参与竞价排名的同时，精英特公司还在其网站首页（http://www.jint.cn）的网页描述中标明了"精英特"字样，明确了该网站的归属和来源，避免了与全脑研究院的网站、产品和服务造成混淆或误认的可能。可见，精英特公司选择上述关键词参加竞价排名，亦属于为了说明、描述其网站、产品和服务而对"全脑速读"特定文字含义所进行的正当使用。

（3）全脑研究院对其商标的使用情况。本案证据显示，全脑研究院并未使用"全脑"或"全脑速读QNSD"商标进行过任何宣传、推广活动，即使在其网站上，也未出现一处"全脑"或"全脑速读QNSD"商标。由此可见，全脑研究院虽然享有上述商标的专用权利，但在"全脑"和"全脑速读"本身具有特定的文字含义并被广泛应用的情况下，其并未通过自身的经营和使用加强其商标的显著性，使"全脑"和"全脑速读QNSD"与其自身及其产品、服务紧密地联系起来，更未达到使相关公众在看到"全脑"和"全脑速读"字样时，会抛开原有的文字含义而视其为全脑研究院的产品、服务标识的程度。在此情况下，精英特公司对"全脑"和"全脑速读"的上述使用行为就更加不会造成混淆或误认的后果，故不应为法律所禁止。

因此，精英特公司对"全脑"和"全脑速读"的使用，属于为说明、描述自己的商品、服务而进行的文字意义上的正当使用，未侵犯全脑研究院对"全脑"和"全脑速读 QNSD"享有的注册商标专用权。

2. 关于不正当竞争问题。由于全脑研究院和精英特公司均向相关公众提供同类的商品和服务，故属于具有竞争关系经营者。鉴于全脑研究院在本案中已请求依据商标法对"全脑"和"全脑速读 QNSD"予以保护，在此情况下，其同时又提出对上述商标适用反不正当竞争法中有关知名商品特有名称、包装、装潢的规定予以保护，该请求缺乏法律依据，本院对此部分不再予以审理。对于全脑研究院有关精英特公司擅自使用其企业名称的主张，如前所述，精英特公司对"全脑"和"全脑速读"的使用均限于对其商品、服务的描述性使用，从未以企业名称或类似企业名称的形式进行过使用，且精英特公司在其网站和销售软件的明显位置均标明了自己的公司名称，足以使相关公众正确判断商品或服务来源，并不存在导致误认的可能，未构成不正当竞争。

综合上述分析，本院认定精英特公司对"全脑"和"全脑速读"的使用具有正当性和合法性，未侵犯全脑研究院的商标权，亦不构成不正当竞争。

对于全脑研究院要求精英特公司对其他网站、网店的行为承担民事责任，因这些网站、网店对"全脑"和"全脑速读"的使用与精英特网的情况大致相同，未超出正当使用的范围，且全脑研究院主张上述网站、网店由精英特公司开设、控制缺乏证据支持和法律依据，故本院对此请求不予支持。

至于百度公司，首先，就其自身而言，其竞价排名所提供的并不是商标意义上的搜索服务，且其已对关键词的相关性等作出了明确要求并制定了相应的审查标准；其次，就其服务对象精英特公司而言，如上所述，该公司在网站中使用"全脑"和"全脑速读"以及选择相关关键词进行竞价排名的行为也未违反法律规定。因此，百度公司作为向精英特公司提供竞价排名服务的经营者，其行为并无不当之处，不应承担侵权或不正当竞争的法律责任。

综上，依据《商标法》第 52 条第 1 项、《中华人民共和国商标法实施条例》（以下简称《商标法实施条例》）第 49 条、《反不正当竞争法》第 5 条第 3 项之规定，判决驳回原告全脑研究院的全部诉讼请求。

（二）该案涉及的法律问题及影响

"全脑"一词通常指左脑和右脑的有机结合。与"全脑"有关的各种教育或学习方法，其核心均是通过开发、训练和使用左右脑，来提高思维、记忆能力和阅读速度等。我国关于"全脑"的表述至少可以追溯到 1995 年，有关"全脑速读"的专著也早在 1998 年即出版发行，并有众多涉及"全脑""全脑速读"的科研课题及研究成果。可以说"全脑"已成为这一类教育或学习方法的通用名称。

该案的法院判决在于精确地诠释了"商标专用权的依法取得并不必然导致商标文字原有的字面含义或通识内涵因此而改变",也就是说,任何人在任何形式下均可对该商标文字进行通常使用,而只是说明在商标意义上,即在区分商品或服务以及该商品或服务的提供者、经营者的意义上,不得进行导致消费者产生混淆的不当使用。该案中的"全脑速读",由于商标文字原有含义或通识内涵已经在社会上或学术界进行了长期的使用或在商标专用权获得核准之前在一定范围内进行了较长时间的使用,因此导致商标的显著性丧失,基于此同类行业或竞争行业在一般语义上使用该商标文字一般不认为构成侵权,特别是在网页宣传、图册资料等相关业务介绍方面,明确表明自己的商标、企业名称等足以使消费者对于商品或服务的提供者进行有效识别时,在公有领域内对商标文字在非商标意义的使用,此种情形为企业经营所必需,因此可以认为不构成侵权。

拓展案例

案例一: 北京巴黎大磨坊食品有限公司诉北京太阳城 商场侵犯商标专用权案[1]

1991 年 1 月 10 日,北京巴黎大磨坊食品有限公司(以下简称巴黎大磨坊公司)取得"大磨坊"商标注册,核定使用商品为面包。1992 年 10 月,巴黎大磨坊公司与北京太阳城商场(以下简称太阳城商场)签订一份代销协议,由太阳城商城设专柜销售"大磨坊"面包。大磨坊公司提供"大磨坊"面包。合同签订后,双方的履行一直没有出现问题。直到 1993 年 4 月下旬,大磨坊公司因种种原因停止了对太阳城商场的供货,但当 5 月中旬大磨坊公司的业务员去太阳城商场结算时,发现太阳城商场的大磨坊专柜依然在销售与"大磨坊"面包外形一致的面包,而且标价签上依然注明产地为"大磨坊"。于是,1993 年 8 月,"大磨坊"公司以太阳城商场商标侵权为由向北京市中院提起诉讼。被告称辩:"大磨坊"公司提供的面包是散装的,每个面包上并无商标。

北京市中级人民法院经审理认为,被告太阳城商场未经原告大磨坊公司的许可,用为原告专设的柜台经销侵犯原告注册商标专用权的食品,足以引起消费者的混淆,损害了商标权人的利益,属侵权行为,因此判令被告停止侵权行

---

〔1〕 参见北京市中级人民法院(1993)中经知初字第 623 号民事判决书。

为，并一次性支付侵权损失赔偿 14 897.21 元等。《商标法》规定，商标权人有权禁止他人未经许可出于商业目的使用其注册商标，这里使用的含义是较为宽泛的，既包括他人在相同或相近似的商品或服务上使用与注册商标相同或相近似的商标，也包括禁止他人将该注册商标用作商品装潢、名称、广告等足以使消费者造成混淆的行为。本案被告太阳城商场未经原告大磨坊公司的许可，用为原告专设的柜台经销侵犯原告注册商标专用权的食品，足以引起消费者的混淆，在商标权人禁止权的范围内，属商标侵权行为。

案例二：　天津狗不理包子饮食（集团）公司诉黑龙江省哈尔滨市天龙阁饭店、高某侵犯商标专用权纠纷案[1]

1980 年 7 月，狗不理饮食公司取得"狗不理"商标注册（第 138850 号），并于 1993 年 3 月 1 日经批准将该商标续展 10 年。1991 年 1 月 7 日，高某与天龙阁饭店法定代表人签订合作协议一份。1991 年 3 月，天龙阁饭店开业后，即在其店门上方悬挂"正宗天津狗不理包子第四代传人高耀林、第五代传人高某"为内容的牌匾一块，并聘请高某为该店面白案厨师，该店自 1991 年 3 月起经营包子。另查明，天龙阁饭店店门上方悬挂的牌匾中间大字是"天津狗不理包子"；上是"正宗"，下是"第四代传人高耀林、第五代传人高某"，均为小字，未悬挂天龙阁饭店牌匾。原告诉称天龙阁饭店和高某已经构成商标侵权，要求两被告停止侵权行为和在报纸上公开道歉，并赔偿经济损失。

哈尔滨市香坊区人民法院一审判决，驳回原告诉讼请求。哈尔滨市中级人民法院二审判决，驳回上诉，维持原判。

黑龙江省高级人民法院经提审，于 1994 年 12 月 28 日作出判决：①撤销上述二审和一审民事判决；②天龙阁饭店和高某停止对狗不理饮食公司注册商标的侵权行为，自本判决生效之日起立即摘掉悬挂于天龙阁饭店门前的牌匾并予以销毁；③天龙阁饭店和高某于本判决生效之日起 30 日内在哈尔滨市市级以上报纸上刊登赔礼道歉的声明；④天龙阁饭店和高某因侵犯商标专用权赔偿狗不理饮食公司 44 800 元。此项赔偿为连带责任，于判决生效 10 日内偿付。

在本案中，被告在牌匾上写明"正宗天津狗不理包子第四代传人高耀林、第五传人高某"字样，该行为是否属于侵犯"狗不理"注册商标专用权？对此问题，一、二审法院与再审法院有不同意见。再审法院认为被告在表示姓名和

---

〔1〕　参见"天津狗不理包子饮食（集团）公司诉哈尔滨天龙阁饭店、高某侵犯商标专用权纠纷再审案"，载《中华人民共和国最高人民法院公报》1995 年第 1 期。

身份时，故意突出"天津狗不理包子"字样，系恶意地以不合理方式使用其姓名和表示其身份，对消费者造成产品出处的误导，应已构成商标侵权。

笔者以为，被告恶意地以不合理方式使用他人的注册商标，同样落入商标权人禁止权的保护范围，构成商标侵权。

[问题与思考]

1. 如何确定商标的使用权？

2. 什么是商标权的禁止权？重点理解商标权禁止权大于使用权的范围。

[重点提示]

商标权人法律关系的内容既包括商标权人的权利，也包括商标权人的义务。在理解商标权人的权利时，禁止权的范围大于使用权的范围问题是一个很重要的、值得注意的问题。拓展案例一中，明确指出商标的禁止权既包括禁止他人在相同或相近似的商品或服务上使用与注册商标相同或相近似的商标，也包括禁止他人将注册商标用作商品装潢、名称、广告等足以造成消费者混淆的行为；拓展案例二则进一步认为，以不合理方式使用他人的注册商标，同样落入禁止权的保护范围，构成商标侵权，这也是禁止"混淆"原则在商标法中的具体体现。

第二十一章

商标权与其他权利的冲突

知识概要

财产权的排他性属性决定了各项财产权之间不得有冲突，即同一项财产的权利不能由多个主体所有，除非有法律特别规定或有合同约定。由于无形财产可同时被多个主体所占有、使用和收益，因而无形财产权比之有形财产权更易发生权利冲突。特别是各知识产权及其相关权利相互之间由于权利指向的财产客体交叉，例如商标权和地理标志权；企业名称权、域名权在立法上没有归入知识产权的范畴，而在经济活动中，企业名称权、域名权又与商标权有很多的共同之处，因此极易产生权利冲突。如何解决各知识产权以及商标权与企业名称权、域名权之间的权利冲突，是知识产权法律制度中不可缺少的重要内容。

经典案例

舟山市水产流通与加工行业协会诉北京永辉超市有限公司
侵犯商标专用权纠纷案[1]

［基本案情］

原告舟山市水产流通与加工行业协会（以下简称舟山水产行业协会）与被告北京永辉超市有限公司（以下简称永辉超市）侵犯商标专用权纠纷一案。舟山水产行业协会起诉称：舟山是世界四大渔场之一，舟山带鱼等名优海产品历史悠久，具有舟山鲜明的地域特征和海洋文化特性。我会系第5020381号注册商标"舟山带鱼 ZHOUSHANDAIYU 及图"的专用权人，该商标属证明商标，我会还制定了《"舟山带鱼"证明商标使用管理规则》，明确了该商标的使用条件和

---

〔1〕　参见北京市朝阳区人民法院（2013）朝民初字第7204号民事判决书。

使用申请程序。近几年来，我会投入了大量的人力和财力对该商标进行宣传推广及维权，同时，由于我会对该商标的长时间使用及商品本身的突出特点，使"舟山带鱼"深受广大消费者的欢迎和喜爱，我会持有的第5020381号以"舟山带鱼"文字为核心的证明商标也因此在市场及相关公众中形成极高的知名度和美誉度，相关公众只要看到"舟山带鱼"，必然会联系或联想到我会拥有专用权的涉案商标及对应的产品。2011年2月15日，我会发现位于北京市朝阳区十里河鸿燕南一路的永辉超市山水文园店销售有外包装载明"特选舟山带鱼"的礼盒带鱼，该包装上突出使用了我会享有专用权的第5020381号注册商标核心部分"舟山带鱼"文字，因此上述商品属于侵权商品。该商品未标注有生产商，因此我会认为永辉超市自行生产并销售了上述被控侵权商品，构成对我会享有专用权的第5020381号注册商标的侵犯。我会曾致函永辉超市，要求停止侵权，但其置之不理。据此，为维护我会的合法权益，我会诉至法院，请求法院判令永辉超市立即停止生产、销售涉案标注有"特选舟山带鱼"包装的礼盒带鱼商品，并由永辉超市赔偿我会经济损失10万元（其中包括律师费12 000元、公证费1000元和差旅费100元）。

永辉超市答辩称：①我超市没有生产和销售涉案被控侵权商品，不应承担侵权赔偿责任；②本案中涉案公证书的公证费费用，舟山水产行业协会已经在（2011）朝民初字第7241号案件中予以主张，本案不应予以支持；③舟山水产行业协会主张的律师费过高，不合常理；④即便是我超市销售的涉案被控侵权商品，也是由北京北方渔夫食品有限公司提供的，我超市具有合法来源。综上，我超市不同意舟山水产行业协会的全部诉讼请求，请求法院予以驳回。

[法律问题]

1. 原告对"舟山带鱼"能否依法申请注册商标？
2. "舟山带鱼"是注册商标还是地理标志？商标与地理标志可否共存？

[参考结论与法理精析]

（一）法院判决

法院经审理查明：舟山水产行业协会系社会团体法人，于2004年6月16日成立，业务范围系学术交流、业务培训和咨询服务，注册资金3万元，业务主管单位是舟山市海洋与渔业局。2008年11月20日，国家工商行政管理总局商标局（以下简称国家商标局）发布了的初步审定公告中包括舟山市水产流通与加工协会制定的《"舟山带鱼"证明商标使用管理规则》。《"舟山带鱼"证明商标使用管理规则》对"舟山带鱼"证明商标的使用条件、使用申请程序、使用、管理、保护等进行明确。其中证明商标使用条件包括三个方面：①地域。使用"舟山带鱼"证明商标的产品的生产地域范围为我国浙江省舟山渔场特定生长区域，具体分布在北纬 29 度 30 分 ~ 北纬 31 度，东经 125 度以西；舟山渔场地域平均水温 17 度 ~ 19 度，盐度 12.02 ~ 29.10，适宜各种鱼类生长，为舟山带鱼原产地。②特征。外观上体延长，侧扁，呈带状；背腹缘几近平行，肛门部稍宽大；尾向后渐细，成鞭状；头窄长，侧扁，前段尖突；头侧视三角形倾斜，背视宽平；吻尖长；眼中大，高位，位于头的前半部；鼻孔小，位于眼的前方；口大，平直；体银白色，背鳍上半部及胸鳍淡灰色，具细小黑点；尾呈暗色；二十二碳六烯酸（DHA）和高脂含量较高，肉质细腻、口感鲜嫩。③加工。使用 "舟山带鱼" 证明商标的产品在加工制造等过程中应符合舟山市地方标准 DB3309/T22 - 2005《舟山带鱼》的要求。符合上述三个条件的生产经营者，可以向舟山水产行业协会申请使用 "舟山带鱼" 证明商标。

2009 年 2 月 21 日，舟山市水产流通与加工协会申请的 "舟山带鱼 ZHOUS-HANDAIYU 及图" 证明商标获准注册，注册号为第 5020381 号。商标从上至下由圆形鱼纹图、"舟山带鱼" 文字及 "ZHOUSHANDAIYU" 拼音三部分组成，核定使用商品为第 29 类：带鱼（非活的）；带鱼片，注册有效期限自 2009 年 2 月 21 日至 2019 年 2 月 20 日。2009 年 8 月 13 日，经国家商标局核准，上述第 5020381 号 "舟山带鱼" 证明商标注册人名义由 "舟山市水产流通与加工协会" 变更为 "舟山市水产流通与加工行业协会"。2011 年 2 月 15 日，舟山水产行业协会的委托代理人在位于北京市朝阳区十里河鸿燕南一路华森新世纪广场的永辉超市山水文园店购买了标注有 "特选舟山带鱼" 字样的礼盒装带鱼一盒，出具的价格标签包括两部分，一部分显示为 "大闸蟹礼盒永辉售价 6.00"，另一部分显示为 "冰带鱼（冰）永辉山水文园店"，价格为 57.32 元。上述礼盒装带鱼商品包装正面用较大文字标注有 "特选舟山带鱼" 字样，此外则并未有任何商品信息，亦未标注有生产厂家信息。对于上述购买过程，舟山水产行业协会申请北京市方正公证处进行了证据保全公证，并对相关产品进行拍照留存，舟山水产行业协会为此支出公证费 1000 元。该公证书中还另行公证了永辉超市销售的另外 4 件商品。2012 年 2 月 13 日，舟山水产行业协会委托律师向永辉超市发出律师函。该函指出永辉超市山水文园店销售的未标注商品来源的 "舟山带鱼" 礼盒涉嫌侵犯 "舟山带鱼" 证明商标，要求永辉超市停止侵权和赔偿损失。为证明其涉案诉讼的律师费支出，舟山水产行业协会提交了相关律师《委托代理合同》，但并未向法庭提交律师费发票。为证明其支出的差旅费，舟山水产行业协会向法庭提供了共计 100 元的北京交通一卡通充值发票。

另查，为证明涉案被控侵权产品的合法来源，永辉超市提交了一份其与北京北方渔夫食品有限公司签署的《供零合作合同》，约定由后者向前者提供商品用于销售，但无法看出具体提供的商品内容，合同期限为自 2011 年 1 月 1 日至

2011 年 12 月 31 日。签署上述合同时，永辉超市留存了北京北方渔夫食品有限公司的营业执照副本复印件。

另查，对于涉案侵权公证书中保全的非本案商品，舟山水产行业协会曾另案起诉，北京市朝阳区人民法院亦作出了（2011）朝民初字第 7241 号民事判决书，该判决书根据具体商品的数量部分支持了公证费用支出。

法院认为：证明商标，是指由对某种商品或者服务具有监督能力的组织所控制，而由该组织以外的单位或者个人使用于其商品或者服务，用以证明该商品或者服务的原产地、原料、制造方法、质量或者其他特定品质的标志。因此，商品或者服务的原产地、原料、制造方法、质量或者其他特定品质是证明商标的核心，同时应当允许商品符合证明商标所标示的上述品质的自然人、法人或者其他组织正当使用该证明商标中的地名。就涉案商标而言，舟山水产行业协会将地理标志"舟山带鱼"作为证明商标申请注册，获得了国家商标局的核准注册，即可以说明舟山水产行业协会具有了监督该证明商标所证明的特定商品品质的能力并获得了相应的批准。因此，自获得注册之日起，舟山水产行业协会有正当的理由，也有法定的权利独占地对使用"舟山带鱼"证明商标的商品进行监督和控制，他人未经其许可不得在同类商品上使用"舟山带鱼"证明商标或与之近似的标识，同时，对于其商品并非产于浙江舟山海域的自然人、法人或者其他组织在商品上标注该商标或者近似标识的，舟山水产行业协会有权禁止并依法追究其侵犯证明商标权利的责任。

结合本案查明的事实，从涉案被控侵权商品对"特选舟山带鱼"的使用方式来看，其属于在商品正面以显著字体予以突出使用。虽然该使用与涉案商标并不完全相同，但由于"特选舟山带鱼"中包含有涉案商标的"舟山带鱼"文字部分，该文字部分属于涉案证明商标的核心内容，具有地理标志的作用，涉案被控侵权商品对"特选舟山带鱼"以突出的方式进行标注，会使得相关公众据此认为涉案商品系原产于浙江舟山海域的带鱼。而从涉案产品的外包装以及永辉超市提供的涉案证据来看，均无法证明涉案被控侵权商品是原产于浙江舟山海域。故而可以认定涉案商品属于侵犯舟山水产行业协会涉案证明商标权的侵权商品，其有权追究相关人员的侵权责任。

根据本案查明的事实，在没有相反的证据情况下，可以确认涉案被控侵权商品为永辉超市山水文园店销售。但舟山水产行业协会以涉案侵权商品没有标注生产商为由要求永辉超市承担生产者责任，证据不足，本院不予支持。永辉超市属于涉案侵权商品的销售商。我国《商标法》规定，销售侵犯注册商标专用权的商品的，属于侵犯注册商标专用权的行为。销售不知道侵犯注册商标专用权的商品，能证明该商品是自己合法取得的并说明提供者的，不承担赔偿责任。从本案中永辉超市提供的证明合法来源的证据来看，相关商品合同约定的商品内容并不具体，而且一般来讲，永辉超市属于较大的连锁超市，其同类商品的供应商一般并不唯一，对入库出库相关单据其有能力进行规范的保留，因此，在永辉超市并未进一步向法庭提供与涉案侵权商品能够具体对应的相关单据的情况下，仅凭现有证据无法证明涉案侵权商品是由北京北方渔夫食品有限公司予以提供。而且，侵权商品上并未标注有生产厂商，永辉超市作为专业的零售商，以其认知能力理应知道涉案侵权商品有可能为侵权商品。综上，永辉超市并未证明其销售的涉案侵权商品具有合法的来源，具有主观过错，其应当承担停止销售并赔偿损失的法律责任。

对于赔偿损失的数额，舟山水产行业协会主张的索赔数额过高且没有合理依据，本院综合考虑涉案商标的证明商标性质、永辉超市的主观过错程度、侵权情节、涉案商品的售价等因素酌情确定为3000元。对于舟山水产行业协会主张的公证费，鉴于另案处理的相关商品与本案侵权商品无关，另案支持的亦仅是相关商品对应的公证费部分，故本案公证费本院亦根据侵权商品的数量比例酌定数额予以支持。舟山水产行业协会主张的律师费部分，鉴于律师确已出庭代理诉讼，本院将根据必要性、相关性、合理性的原则酌情予以支持。而对于舟山水产行业协会主张的差旅费，因相关票据为一卡通充值费用，难以证明与本案之间的关联，本院对此不予支持。

综上，依据《商标法》第52条第2项、第56条之规定，判决如下：①被告北京永辉超市有限公司于本判决生效之日起立即停止销售涉案标注有"特选舟山带鱼"的礼盒带鱼商品；②被告北京永辉超市有限公司于本判决生效之日起10日内赔偿原告舟山市水产流通与加工行业协会经济损失及律师费、公证合理费用共计4200元；③驳回原告舟山市水产流通与加工行业协会的其他诉讼请求。

（二）该案涉及的法律问题及影响

有关如何处理地理标志权与商标权的冲突问题。地理标志，是指标示某商品来源于某地区，该商品的特定质量、信誉或者其他特征，主要由该地区的自然因素或者人文因素所决定的标志。地理标志保护属于一种知识产权保护。我国加入WTO后根据乌拉圭回合谈成的协定，逐步确立了地理标志产品保护制度，我国《商标法》第16条，专门增加了对地理标志的保护规定。该条第1款规定："商标中有商品的地理标志，而该商品并非来源于该标志所标示的地区，误导公众的，不予注册并禁止使用；但是，已经善意取得注册的继续有效。"我国《商标法实施条例》第4条也规定，地理标志可以通过申请证明商标和集体商标予以保护。2005年6月7日，国家质检局发布第78号令，公布了《地理标志产品保护规定》。由于商标局和国家质检总局分属不同的管理部门，因此对地理标志的申请注册和保护、管理没有一个统一的管理机构，也因此造成了管理权的冲突，如何解决这种管理权的冲突是很重要的理论与实践问题。

有关商标共存的问题。我国现行商标法中没有商标共存的规定，但在我国司法实践中却频频出现商标共存的判决或裁定[1]。此种现象的存在，一方面冲击着我国知识产权"法定主义"的权威，另一方面，由于法官思考角度不同而得出的不同判决也在破坏着我国知识产权司法的严肃性；世界知识产权组织（WIPO）指出，"商标共存是指两个不同的企业使用相同或近似的商标而不必然影响各自商业活动的情形"[2]。对于都是合法取得的商标权与地理标志权的冲突，如何解决？商标共存不失为一种较好的选择。我国《商标法》第59条也明确规定："注册商标中含有的本商品的通用名称、图形、型号，或者直接表示商品的质量、主要原料、功能、用途、重量、数量及其他特点，或者含有的地名，注册商标专用权人无权禁止他人正当使用。"

拓展案例

案例一：　　　"兰陵"商标权和企业名称权冲突案[3]

"兰陵"系山东兰陵企业（集团）总公司（以下简称兰陵集团）的字号，"兰陵"商标是兰陵集团的注册商标。苍山县兰陵兰美酒厂（以下简称兰美酒厂）与兰陵集团同在一个县，作为与兰陵集团经营相同产品的同业经营者，兰美酒厂也知道"兰陵"是兰陵集团的品牌且相关公众对"兰陵"有较高的知晓程度；兰美酒厂在成立时其名称是"苍山县乐海酒业饮料厂"，2002年兰美酒厂更名为现名称"苍山县兰陵兰美酒厂"。原告以兰美酒厂将"兰陵"作为在其字号并在其名称中使用的行为构成了对兰陵集团的不正当竞争，向法院提起

---

〔1〕　2006年5月国家商标评审委员会裁定，基于历史原因，江南机器（集团）有限公司和长安汽车（集团）有限责任公司的"奥拓"商标可以共存并均受法律保护；2010年12月，最高人民法院对（法国）拉科斯特公司与（新加坡）鳄鱼国际公司等"鳄鱼图形"商标侵权案作出终审判决，认为（新加坡）鳄鱼国际公司不构成侵权，双方的"鳄鱼图形"商标在构成上具有一定的近似性，但并不会造成消费者混淆，两者可以共存；2011年12月，北京市一中院驳回了宝洁公司的起诉，对咸阳莲芝堂保健品有限公司的"莎萱"商标予以核准注册，这意味着近似的"莎萱"和"沙宣"商标将在市场上合法共存。

〔2〕　"IP and Business: Trademark Coexistence"，载http://www.wipo.int/wipo_magazine/en/2006/06/article_0007.html，最后访问日期：2011年10月4日。

〔3〕　段新明："商标权与企业名称权冲突之案例"，载华律网，https://www.66law.cn/goodcase/1328.aspx，最后访问日期：2020年12月14日。

诉讼。

一审法院在审理此案中认为，兰陵集团使用的"兰陵"商标和"兰陵"字号是具有相当高的知名度的品牌，兰美酒厂使用"兰陵"字号缺乏正当的理由，兰美酒厂将"兰陵"作为其字号登记并使用的行为具有恶意，其行为在市场中造成了相关公众的混淆误认，并损害了兰陵集团的商业信誉。一审判决认定兰美酒厂构成了不正当竞争、并判决其停止使用"兰陵"字号的理由是充分的。

山东省高级人民法院（2006）鲁民三终字第 31 号民事判决书完全支持了一审的判决理由。该判决认为："兰陵"商标是山东省著名商标，在酒类行业享有较高的知名度。对一般公众而言，"兰陵"与兰陵集团的酒产品之间具有特定的联系，"兰陵"成为消费者识别兰陵集团产品的主要标志。兰美酒厂将"兰陵"注册为自己的企业字号，并生产与兰陵集团的产品相同的酒产品，足以让消费者将兰陵集团的产品与兰美酒厂的产品混淆，或者使消费者认为兰美酒厂与兰陵集团具有某种联系。兰美酒厂作为与兰陵集团处于同一地域范围的相同产品生产者，知道兰陵集团的"兰陵"商标具有较高的知名度，其将"兰陵"注册为字号的行为违反了诚实信用的商业道德，并给兰陵集团造成了损害，应当认定为不正当竞争行为。因此判决兰美酒厂在其企业名称中停止使用"兰陵"字号。山东省高级人民法院（2006）鲁民三终字第 31 号民事判决书判决：苍山县兰陵兰美酒厂在其名称中停止使用"兰陵"字号。（本案例发布时，该企业已经更名）

我国《商标法》第 9 条规定，申请注册的商标"不得与他人在先取得的合法权利相冲突"，《商标法》第 31 条规定，"申请商标注册不得损害他人现有的在先权利"。这两条规定确立了处理在先获得的名称权与在后获得的商标权的冲突的基本规则——在先权利优先原则。《商标法》第 33 条规定的异议程序以及第 41 条规定的撤销程序进一步从程序上提供了解决在先名称权与在后商标权的冲突的机会。2002 年《最高人民法院关于审理商标民事纠纷案件适用法律若干问题的解释》中明确规定，将与他人注册商标相同或者相近似的文字作为企业的字号在相同或者类似商品上突出使用，容易使相关公众产生误认的行为是给他人注册商标专用权造成其他损害的侵权行为；2005 年《最高人民法院关于审理涉及知识产权权利冲突民事纠纷案件适用法律若干问题的解释（征求意见稿）》第 2 条指出："审理涉及权利冲突的知识产权纠纷案件，人民法院应当依照保护在先权利、维护公平竞争和诚实信用的原则正确界定当事人的合法权益。"这是我国司法实践对知识产权权利冲突纠纷的处理原则的概括。本案为将他人注册商标注册为自己的企业字号引发冲突的司法解决方式作了较好的示范。

案例二：

石家庄市福兰德事业发展公司（以下简称福兰德公司）从 1996 年起相继注册了不同使用类别的"小秘书"商标，该商标包括"小秘书"文字、图形及英文"portable secretary"等。该公司表示其"PDA"商标为"小秘书"的英译"personal data assistant"的缩写。该公司为"小秘书"商标进行了广告宣传，但未能证明其"PDA"商标实际投入使用，也未就该商标的知名度及影响范围提供证据。该商标核定使用商品为第 9 类（电子计算机及其外部设备、中英文电脑记事本等），注册有效期为 1997 年 3 月至 2007 年 3 月。

北京弥天嘉业技贸有限公司（以下简称弥天嘉业公司）于 1998 年 10 月 12日在中国互联网络信息中心（CNNIC）申请了"pda. com. cn"域名，中国互联网络信息中心向其颁发了 981012005037 号"pda. com. cn"域名注册证。

福兰德公司于 1999 年 4 月以弥天嘉业公司侵犯商标专用权为由向北京市第一中级人民法院提起诉讼。在一审诉讼过程中，福兰德公司增加了被告构成不正当竞争的诉讼请求。

本案的一审法院北京市第一中级人民法院经审理认为，本案被告的被控行为是否侵犯了原告的商标专用权，应依据《商标法》的相关规定进行判断。原告所主张权利的"PDA"商标为产品商标，根据《商标法》第 52 条的规定，在相同或类似商品上擅自使用他人注册商标的行为构成侵权，被告将"pda"标志注册为域名的行为，不属于在相同或类似商品上使用原告的商标。而且，《商标法》第 52 条虽有"给他人的注册商标专用权造成其他损害的"属于侵权行为的规定，但《商标法实施条例》第 50 条对该条款所包括的侵权行为予以了明确列举，亦不包括原告所指控的行为。因此，被告的行为不具备《商标法》所规定的侵权条件，不构成侵犯原告的商标专用权。虽然被告使用"pda"域名的网站的网页上有"PDA"的标志，但该网站所介绍和销售的产品均非被告自己的产品，也就是说被告是将"PDA"作为服务标志使用的，而原告的商标属于产品商标，在原告不能证明自己的商标属于驰名商标的情况下，被告的行为不构成侵权。

被告将"pda"标志注册为域名的行为是否构成不正当竞争，应根据被告的行为是否利用了原告为"PDA"商标所创造的声誉，是否违反了《反不正当竞争法》所规定的公平及诚实信用原则来判断。原告没有就"PDA"商标的使用情况举证，也没有对该商标的影响范围和知名范围提供证据。虽然原告主张"PDA"商标是自己"小秘书"商标的英译缩写，自己为"小秘书"商标投入了大量的广告宣传，但因"PDA"商标与"小秘书"商标差别较大，对于熟悉"小秘书"商标的公众来说，二者间在认识上不会产生必然的联系。因此，"PDA"商标不属于有一定影响力和知名度的商标。同时，在电脑行业中，"PDA"为轻巧的掌上型计算机的代称，该标志不特指原告单位及产品。在这种情况下，就排除了公众见到被告的域名，会误认为使用该域名的网站与原告存在特定关系的可能。因此被告注册该域名的行为，没有使公众产生混淆，不存在以此利用原告商标声誉牟取利益，故原告主张被告的行为构成不正当竞争亦不能成立。一审法院判处被告不构成商标侵权和不正当竞争。一审宣判后，原被告均未提起上诉。

随着数字化时代的到来，传统的民法和知识产权法将面临许多新的课题，而网络域名即是其中一例。为解决商标权与域名权的纠纷，国内外都作出了相应的规定，其中有国际互联网络机构——ICANN（Internet Corperation for Assigned Names and Numbers）于1999年10月通过的《统一域名争议解决政策》，美国国会于1999年11月通过的《反域名抢注消费者保护法》，中国互联网信息中心（CNNIC）发布的《中文域名争议解决办法（试行）》（已失效），我国最高人民法院于2001年7月公布的《最高人民法院关于审理涉及计算机网络域名民事纠纷案件适用法律若干问题的解释》。

本案原告的"PDA"注册商标为商品商标，而被告网站的主要内容是介绍和销售其他厂家的掌上电脑产品，社会公众见到与原告注册商标文字相同的域名而访问该网站，但在进入网站后，见到网页上所介绍销售的产品并非商标权人的产品，并不会对该网站中介绍和销售的商品的来源产生误认；同时，由于原告不能举证证明其商标在公众或特定消费者中享有一定的知名度，故也不会产生原被告之间存在某种特殊联系的错误认识。因此被告的行为不属于商标侵权的范畴。

案例三：

原告是"伊力"注册商标所有权人，"伊力"注册商标于2002年2月8日被国家工商行政管理总局商标局认定为"驰名商标"，成为全国白酒行业第8位驰名商标和新疆维吾尔自治区仅有的两大驰名商标之一。2002年10月28日，被告向因特网名称及数字命名组织icann提出注册"伊力.com"的域名申请，并通过经icann授权的国际域名注册商北京信海科技发展公司，在国际顶级域名数据库中备案，取得了icann授权新网chinadns.com制作并颁发国际域名注册证书。被告取得"伊力.com"的注册证书后，未设立网站使用该域名。

2002 年 5 月，被告委托新疆华鼎拍卖有限公司将其注册取得的"伊力.com"域名以 88 000 元的起拍价进行拍卖，并在有关报纸公开发布拍卖公告。基于上述事实，原告请求法院判令被告停止侵权行为，注销"伊力.com"域名；由原告享有"伊力.com"域名；并要求被告赔礼道歉、消除影响。

被告辩称，被告系于 2000 年 11 月 28 日经合法程序注册取得的"伊力.com"这一国际域名，这是被告向住所地在美国洛杉矶的国际域名及 ip 地址分配机构（英文简称 icann）申请注册取得的。因 icann 的机构所在地不在中国境内，故域名注册地在外国的域名纠纷案件应属涉外案件。本案的实体和诉讼程序均应当根据国际条约相关规定进行裁决，故人民法院不应受理此案。

2002 年 7 月 18 日，乌鲁木齐市中级人民法院对伊力特实业股份有限公司起诉李某计算机域名纠纷一案作出了撤销域名注册的一审判决。一审判决后，李某不服，提出上诉。2003 年 2 月 18 日，李某向自治区高级人民法院撤回了上诉。至此，新疆首例计算机网络域名纠纷案一审判决生效。

作为新疆首例计算机网络域名纠纷案的原审法院乌鲁木齐市中级人民法院阐述了域名权与商标权的关系。乌鲁木齐市中级人民法院认为，域名属于可构成知识产权的智力成果，它具有创造性和财产性，同时还具备知识产权的属性，在某些类别域名前注册的域名还具有引导、标示企业或企业所提供的产品及服务来源的功能。由于在类别域名".com"中的注册人均系具有商业性质的组织或个人，如果该组织的域名与在市场上享有较高声誉并为公众所熟知的注册商标相同，该商业性组织在利用网络进行活动时，就会使人们以为，域名网站所提供的商品或服务与该注册商标及其权利人有关联，从而造成商业上的混淆，使得商标所有权人无法在互联网上利用已有的驰名商标的知名度及商誉进行商业活动，降低了驰名商标这一无形资产的商业价值。故域名和商标虽然是不同领域中的两个概念，但被告在网络上注册与原告驰名商标相同的域名的行为，损害了原告合法权益，构成了不正当竞争。

[问题与思考]

1. 重点思考商标权共存的法律问题。
2. 已合法注册的商标会侵权吗？
3. 如何解决商标权与企业名称权的冲突？
4. 如何解决商标权与域名权的冲突？
5. 解决商标权与其他权利冲突的原则是什么？

[重点提示]

权利冲突具有普遍性和广泛性，商标权也不例外，商标权与地理标志权、企业名称标记权、域名权以及他人的在先权等的冲突经常发生，在司法实践中，确定解决权利冲突的原则和对策是十分重要的。拓展案例一涉及的是商标权与企业名称权的冲突，拓展案例二、三则涉及商标权与域名权的冲突问题。本章主要通过具体案例的研习，探索解决冲突的原则和对策。在本章经典案例中，笔者针对商标权与地理标志权的冲突，提出了"商标共存"的思考，而在拓展案例中，则对遵守诚实信用原则，维护正当竞争，保护在先权的原则进行了探讨。在司法实践中，哪些情况应该商标"共存"，哪些情况应该保护"在先权"，需要进一步研讨。

第二十二章

商标权申请注册的条件

知识概要

　　商标法对申请注册的商标规定了两个实质性条件：一是具有显著特征，便于识别；二是不得与他人在先取得的合法权利相冲突。商标的显著性也叫作商标的识别性或区别性，是世界各国商标制度对商标注册的基本要求。显著性是指构成商标的文字、图形或其组合从总体上具有明显的特色，能与他人同种或类似商品上的商标区别开来，在市场交易中足以使一般人据以辨别不同经营者提供的商品或服务。《商标法》第9条就规定"申请注册的商标，应当有显著特征，便于识别"。

　　目前，各国对商标显著性的认识主要表现为三种情况：第一种观点是从商标的功能出发，认为商标的显著性是把某企业与其他企业的相同或类似商品区分开的功能或属性；第二种观点是通过对商标的分类来确定其显著性，如美国商标法；第三种观点则是从商标的构成要素出发，认为显著性是商标在构成要素或整体上应具有的明显特色或独特性，从而能与他人在同一种或类似商品上的商标区别开来。从商标的构成要素出发，又把显著性分为固有显著性和通过使用取得显著性两种。在先权保护是《巴黎公约》和《TRIPS》协议对各成员国和成员的要求。至于哪些可以成为在先权，《TRIPS》协议和我国现行商标法均没有明确规定，但从《巴黎公约》的修订过程以及 WIPO 的示范法中，可认为在先权至少应包括下面一些权利：①已经受保护的厂商名称权（亦称"商号权"）；②已经受保护的工业品外观设计专有权；③版权；④已受保护的地理标志权；⑤姓名权；⑥肖像权；⑦商品化权。

经典案例

内蒙小肥羊通过使用产生显著性[1]

[基本案情]

2000年10月23日,西安小肥羊烤肉馆向商标局申请注册"小肥羊及图"商标;2001年4月5日,商标局通知西安小肥羊烤肉馆,依据《商标法实施细则》(已失效)第16条的规定,限在收到通知之日起15日内,删去"小肥羊",此后,西安小肥羊烤肉馆按照该通知删除了"小肥羊"文字,"小肥羊"图形被核准商标注册,有效期限自2002年4月14日至2012年4月13日。

内蒙古小肥羊餐饮连锁有限公司(以下简称内蒙古小肥羊公司)创始人张某、陈某凯等在内蒙古自治区包头市成立了包头市小肥羊酒店。1999年12月14日,内蒙古小肥羊公司即开始申请注册"小肥羊"商标,被商标局以直接表示了服务的内容和特点为由予以驳回(其间"包头市小肥羊酒店"先是更名为"包头市小肥羊连锁总店",后又于2001年7月11日设立"内蒙古小肥羊餐饮连锁有限公司")。2001年12月18日,内蒙古小肥羊公司再次向商标局申请注册"小肥羊及图"商标,该商标申请经初步审定后予以公告,商标注册号为3043421。(见下图)

对此,西安小肥羊烤肉馆及陕西小肥羊实业有限公司提出异议,认为该商标缺乏显著性,且内蒙古小肥羊公司属恶意抢注了其在先使用并申请注册的"小肥羊"商标。

---

〔1〕 "小肥羊公司'商标确权案'最终胜诉",载中国商业电讯,http://www.prnews.cn/press_release/14892.htm,最后访问日期:2020年12月10日。

商标局经审查认为，西安小肥羊烤肉馆及陕西小肥羊实业有限公司的成立时间晚于内蒙古小肥羊公司，且其未提供证明其拥有卡通图形版权及在先使用"小肥羊"的相关证据。"小肥羊"并非固有的餐饮行业的通用名称，而是由内蒙古小肥羊公司首先将"小肥羊"作为服务项目名称使用在餐饮服务项目上，并已具有一定知名度，从而使"小肥羊"作为服务项目名称与内蒙古小肥羊公司形成了较为密切的联系，实际上也起到了区分商品来源的作用。通过内蒙古小肥羊公司的长期使用和宣传，广大消费者已经更多地将"小肥羊"商标与内蒙古小肥羊公司相联系，从而使"小肥羊"具备了作为商标应有的显著性。

2004年4月5日，商标局作出裁定，驳回了西安小肥羊烤肉馆、陕西小肥羊实业有限公司的异议申请。2004年4月26号，两家向商标评审委员会申请复审，商标评审委员会于2004年12月20日作异议复审裁定，驳回了西安小肥羊烤肉馆及陕西小肥羊实业有限公司的复审请求。2005年西安小肥羊烤肉馆及陕西小肥羊实业有限公司不服商标评审委员会所作出的商标异议复审裁定，向北京市第一中级人民法院提起行政诉讼。

[法律问题]

1. "小肥羊"是餐饮服务的通用名称吗？

2. 商标局为何核准了内蒙古"小肥羊"的商标注册而驳回了陕西"小肥羊"的注册？

[参考结论与法理精析]

商标通过使用获得了显著性（也称商标区别性的第二含义），是指叙述性标志或缺乏显著性的标志经过商业使用，达到了能够区别不同的生产者或经营者生产的商品或提供的服务。也就是通过使用，使公众能够将该标志所有人的商品或服务与他人的商品或服务区别开来，并把该标志与生产者或经营者紧密联系起来，在这种情况下，通常认为该标志"获得了显著性"，可获得注册。

北京市高级人民法院经审理认为：

第一，2001年《商标法》第31条规定，申请注册商标不得损害他人现有的在先权利，也不得以不正当手段抢先注册他人已经使用并有一定影响的商标，即任何人不得利用不合理或不合法的方式，将他人已经使用但尚未注册的商标以自己的名义向商标局申请注册。"小肥羊"文字在一定程度上表示了"涮羊肉"这一餐饮服务行业的内容和特点，故包头市小肥羊酒店于1999年12月14日在第42类上申请"小肥羊及图"商标，西安小肥羊于2000年10月23日在第42类上申请"小肥羊及图"商标，商标局对于"小肥羊"文字均不予批准。这就是说"小肥羊"文字作为商标注册缺乏固有显著性。因此，西安小肥羊烤肉馆关于内蒙古小肥羊公司违反《商标法》第31条，抢先注册其在先使用并具有一定影响的未注册商标的主张不能成立。

第二，《商标法》第 11 条规定，仅仅直接表示了本商品或服务的主要原料及其他特点的标志不得作为商标注册，但上述标志经过使用获得显著特征并便于识别的，可以作为商标注册。虽然"小肥羊"作为商标注册缺乏显著性，但并不排除"小肥羊"文字可以通过使用和宣传获得"第二含义"和显著性。实际上，内蒙古小肥羊公司自 2001 年 7 月成立后，就有了连锁加盟的经营方式，服务的规模和范围急剧扩张，2001 年度被评为中国餐饮百强企业，2002 年度又位列中国餐饮百强企业第二名，至第 3043421 号商标于 2003 年审定公告时，在全国已经具有了很高的知名度，从而使"小肥羊"与内蒙古小肥羊公司形成了密切联系，起到了区分服务来源的作用。因此北京市高级人民法院认为，"小肥羊"文字标识通过内蒙古小肥羊公司大规模的使用与宣传，已经获得了显著性，并且便于识别，应当准予作为商标注册。北京市高级人民法院维持了商标局及商标评审委员会的裁定。

小肥羊商标从未注册商标到被认定为驰名商标，到经历北京市第一中级人民法院和北京市高级人民法院的司法诉讼，直至 2006 年国家工商总局商标评审委员会作出核准"小肥羊"商标注册的裁定，小肥羊经历了坎坷的商标注册过程，并最终取得商标权，成为国内家喻户晓的驰名品牌。该案的判决也为小肥羊品牌的培育奠定了基础。

拓展案例

案例一：　　　　　　　"金嗓子喉宝"商标异议案[1]

1999 年 3 月，广西金嗓子制药厂（以下简称金嗓子制药厂）向国家工商总局商标局申请在第 5 类药品上注册"金嗓子喉宝"商标，并于 2004 年 5 月在国家工商总局商标局第 927 期《商标公告》上公告。同年 6 月，广州天心药业股份有限公司（以下简称天心药业）以"金嗓子喉宝"是对该企业在先注册的第 646321 号"金嗓子"商标的复制和抄袭为由，对"金嗓子喉宝"商标注册提出异议。2005 年 12 月，国家工商总局商标局裁定，天心药业所提异议理由不成立，天心药业遂向商标评审委员会申请复审。2005 年 11 月，国家工商总局商标评审委员会作出裁定，"金嗓子喉宝"商标予以核准注册。

本案在整个异议裁定过程中，争议焦点就在"金嗓子喉宝"商标显著性的

---

〔1〕 周湘龙："我国商标法显著性认定标准的发展——从'金嗓子喉宝'商标异议案谈起"，载《中国知识产权报》2006 年 12 月 8 日，第 7 版。

认定上。天心药业公司提起异议的理由是：引证商标"金嗓子"与被异议商标"金嗓子喉宝"的前三个字"金嗓子"完全相同，"喉宝"两字直接表示了商品的功能特点，并不具有显著性，因此请求对被异议商标不准予核准注册。

金嗓子制药厂的异议答辩称，"金嗓子喉宝"是金嗓子制药厂的产品商标，在实际使用中，"金嗓子喉宝"都是以一个整体出现，完全具有区别商品来源的功能和较强的显著性。而且目前，也没有证据表明被异议商标的使用造成消费者对其产品的真实来源产生了混淆误认。

该案商标显著性的认定体现了商标显著性认定需要结合商品整体认定的原则。所谓结合商品整体认定，是指商标的显著性是一个相对的概念，不能抽象地界定，只要某一标志能够区别某一特定的商品或服务，就可以说该标志具有显著性。商标法理论上根据标志显著性来源的不同将其分为固有显著性和获得显著性。本案中，"喉宝"属于通用性的词汇，但"喉宝"与金嗓子结合共同经过长期使用，就可能整体产生获得显著性，从而起到区别商品来源的作用。

本案金嗓子制药厂向商标评审委员会提供了"金嗓子喉宝"产品在同行业中的排名、在全国的知名度等证据，用以证明"金嗓子喉宝"是以一个整体出现，通过申请人的长期宣传、使用，已经完全具有区别商品来源的功能和显著性，完全能与天心药业公司的"金嗓子"商标区别开来。该异议案对"金嗓子喉宝"商标的维持，体现了商标显著性认定的"结合商品、使用整体认定"的原则。

案例二：　　　　"BLUETOOTH"显著性的判断案[1]

著名手机生产商爱立信公司等 5 家公司，在 2000 年前后率先将 BLUE-TOOTH（中文译称"蓝牙"）技术应用于无线通信领域，并生产出了蓝牙手机。爱立信有限公司于 1999 年 2 月 23 日在第 9 类计算机通信设备等商品上向商标局提出"BLUETOOTH"商标的注册申请。当爱立信公司将 BLUETOOTH 作为商标向国家工商总局商标局提出申请注册，国家工商总局商标局认为，"蓝牙"是一种短距离无线通讯技术名称，对本商品具有直接的描述性，用作商标缺乏显著特征，依据 2001 年修订前的《商标法》第 7 条、第 8 条第 1 款第 6 项及第 17 条的规定，驳回申请，不予初步审定公告。爱立信于 2001 年 1 月提出复审请求。国家工商总局商标评审委员会于 2004 年 1 月 5 日作出复审决定，国家工商总局

---

〔1〕　于巍、范红萍："'蓝牙'成术语　爱立信欲注册为商标遭驳回"，载新浪网，tech. sina. com. cn/it/t/2004 – 06 – 18/0756377124. shtml，最后访问日期：2013 年 5 月 26 日。

商标评审委员会认为，"BLUETEETH"代表"蓝牙技术或蓝牙系统"可以运用在所有数字设备上。"BLUETEETH"作为商标指定使用在第9类计算机通信设备等商品上，直接表示了上述商品的技术特征，缺乏显著性。申请商标已发展成为一种近距离无线通信技术名称，不能起到区别不同产品来源的识别作用。申请人复审理由不成立，申请商标予以驳回，不予初步审定公告。在此期间，接受了爱立信公司申请转让的布鲁特斯公司将国家工商总局告上了法院。

原告布鲁特斯 SIG 公司认为，"BLUETOOTH"一词来源于一位丹麦国王的姓。爱立信公司首先将其用于无线通信领域，在此前"BLUETOOTH"一词本身并无任何意义，并未成为通用名称，与无线通信无任何联系。由其构成的商标并未直接描述指定使用的商品，具有显著性；而且该商标已在 24 个国家获得了注册。

国家工商总局商标局及商标评审委员会则表示，依据他们检索到的一些资料表明，"蓝牙"（bluetooth）是一种技术术语，是无限数据与语音通信的一种开放性全球规范。"BLUETOOTH"已成为一种无线通信的技术标准，是代表蓝牙技术、蓝牙规范、蓝牙标准等概念的术语；已被相关公众广泛熟知和认可，因此不宜在相关商品上用作注册商标。

北京市第一中级人民法院审理后认为，"蓝牙"作为一种技术术语已经成为无线数据和语音通信的一种开放性全球规范，且已经成为一种无线通信的技术标准。"BLUETOOTH"作为商标指定使用在第9类计算机通信设备等商品上，直接表示了上述商品的技术特点，缺乏显著性，不能起到区别不同产品来源的识别作用。2004 年 6 月 17 日，北京市第一中级人民法院维持了国家工商总局商标评审委员会的复审决定，驳回原告布鲁特斯 SIG 有限公司的诉讼请求。

该案例对显著性的判断有判例性作用。

案例三：　　　　"田七商标"通过使用获得显著性[1]

申请人广西某公司在第 3 类牙膏、洗发液等商品上向国家工商总局商标局提出"田七"商标（以下简称申请商标）的注册申请，被商标局以该文字仅仅直接表示了洗发液等商品的原料特点为由，对申请商标在除牙膏外的其他商品上的注册申请予以部分驳回。申请人不服商标局的部分驳回决定，向商标评审委员会（以下简称商评委）申请复审。

商评委认为，申请商标由手写体的"田七"二字组合而成，"田七"是一种

---

〔1〕 "获得显著性的判定——'田七'商标驳回复审案例点评"，载中国商标驳回复审网，http://blog. sina. com. cn/shangbiaobohui，最后访问日期：2013 年 5 月 26 日。

名贵药材,虽可能作为洗发液等商品的原料使用,但经过申请人在指定商品上的长期使用和大量广告宣传,"田七"作为商标已经与申请人建立了特定对应的联系。因此,申请商标在实际使用中已经能够起到区别商品来源的作用,可以作为商标注册。依据《商标法》第 11 条第 2 款、第 27 条的规定,商评委决定如下:申请人在第 3 类洗发液、香皂等商品上提出的第 3678073 号"田七"商标的注册申请予以初步审定并公告。

该案是通过使用商标使商标已经与申请人建立了特定对应的联系,因而产生了显著性的理论的具体应用。

案例四：　　张乐平遗属诉原江苏三毛集团公司"三毛"著作权侵权纠纷案[1]

张乐平先生系是我国著名的漫画家,他自 20 世纪 30 年代起即创作了大脑袋、圆鼻子、头上仅有三根毛的"三毛"漫画形象。1996 年 2 月 16 日,上海市版权处对张乐平创作的美术作品"漫画三毛形象系列"予以登记(登记号为作登字 09 - 96 - F - 002)。张乐平先生于 1993 年去世,其所创作的漫画的著作权由其配偶冯某音以及张某娓等 7 位子女继承。1996 年初,原告冯某音等人发现被告江苏三毛集团公司销售的产品上的商标中有"三毛"漫画形象,被告还将"三毛"漫画形象作为被告的企业形象在户外广告、职员名片、报刊、企业内部铭牌上使用。并得知,被告于 1995 年 11 月 28 日至 1996 年 2 月 28 日期间,共向国家工商行政管理总局商标局申请 38 类标有"三毛"漫画形象的商标(已核准 31 类)。在此期间,被告共印制标有"三毛"漫画形象的商标 111 030 件,现尚有库存 34 030 件。但经当地工商行政管理部门证明,被告目前只在"精纺呢绒"上使用"三毛"牌注册商标。1996 年 4 月 15 日,原告冯某音等以侵犯著作权为由,向上海市第一中级人民法院状告江苏三毛集团公司。一审判决被告构成侵权,一审判决后,被告江苏三毛集团公司不服,向上海市高级人民法院提起上诉。被告在庭审中辩称:自己是依照《商标法》的规定申请注册"三毛"牌商标,而申请行为不是侵权行为;国家工商行政管理总局商标局依法核准被告申请注册的"三毛"商标,被告依法使用,且在商标公告后的异议期内,原审原告并没有提出异议。故不构成对原告的侵权。

本案的一审法院上海市第一中级人民法院认为:大脑袋、圆鼻子、头上长

---

[1] "冯某等诉江苏三毛集团公司侵害著作权案",载中国裁判案例数据库,www.chncase.cn/case/case/2182283,最后访问日期:2021 年 6 月 10 日。

着三根毛的"三毛"漫画形象系已故作家张乐平生前创作,该作品著作权为张乐平所有。张乐平去世后,本案原告作为已故著作权人的继承人,享有在著作权保护期内该作品的使用权和获得报酬的权利,其合法权益应依法受到保护。被告称其委托当地一美工设计商标,但被告将"三毛"漫画形象作为商标申请注册和企业形象使用,侵犯了原告的著作权。被告应对未经许可使用原告"三毛"漫画形象作品的侵权行为负责。法院判决,被告江苏三毛集团公司应停止在其产品、企业形象上使用"三毛"漫画作品;被告江苏三毛集团公司应赔偿冯某音等 8 名原告人民币 10 万元;8 名原告的其他诉讼请求不予支持。

判断该案是否构成侵权的关键是对在先权的认定。张乐平先生自 20 世纪 30 年代起即创作了大脑袋、圆鼻子、头上仅有三根毛的"三毛"漫画形象;张乐平先生虽已逝世,但其"三毛"艺术形象的著作权仍在我国《著作权法》的保护期限之内,他人既无权擅自修改,更无权加以使用,因此,被告于 1995 年 11 月 28 日至 1996 年 2 月 28 日期间,向国家工商行政管理总局商标局申请 38 类标有"三毛"漫画形象的商标,均属侵犯他人合法在先权的注册,应予撤销。合法申请、经商标局核准注册不能作为侵权抗辩的理由。

该案是我国首例对在先权进行保护的司法案例。

案例五: 虎年再说虎案[1]

1954 年,画家刘某卣创作了组画《武松打虎》。1980 年山东省景阳冈酒厂(以下简称景阳冈酒厂)对刘某卣的组画中的第 11 幅进行修改后,作为装潢用在其所生产的白酒酒瓶上。之后,该厂又于 1989 年将该图案向商标局申请商标注册并被核准。1996 年,画家刘某卣的继承人以景阳冈酒厂未经《武松打虎》著作权人(即该继承人)的同意或许可,擅自对该画加以修改并使用,破坏了组画的完整性,侵害了著作权人的署名权、使用权及获得报酬权。于是起诉到法院,经过审理,法院最后判决被告停止在其产品景阳冈陈酿系列的酒的瓶帖和外包装装潢中使用《武松打虎》图案,并赔偿原告经济损失 20 万元。在法院审理本案的同时,原告还向国家工商行政管理总局商标评审委员会提出撤销景阳冈酒厂《武松打虎》图注册商标申请。1997 年 2 月,国家工商行政管理局商标评审委员会作出终局裁定认为:被告将《武松打虎图》作为商标注册的行为已构成《商标法实施细则》(已失效)第 25 条第 1 款第 4 项所指的侵犯他人合

---

〔1〕 高荣林:"检讨在先著作权与在后商标权冲突的解决之道——以法律经济学为视角",载《中国版权》2010 年第 6 期。

法在先权利进行注册的行为，决定撤销被告《武松打虎》图注册商标。

该案是我国对在先权进行保护的进一步实践。

[问题与思考]

1. 如何确定显著性？

2. 重点探讨什么是在先权？如何保护？保护在先权的意义是什么？

[重点提示]

在商标可获得注册的条件中，显著性是非常重要的条件之一。显著性是世界各国商标法对商标注册必须具备要件的普遍的、最本质的要求。不同种类商标的显著性强弱是不同的，同时，商标的显著性既可以由弱变强（通过使用产生"第二含义"），也可以由强变弱（商标显著性的退化）。在商标评审和司法实践中，显著性的判断也是一个难点。本章拓展案例一对"结合商品使用整体认定"的显著性的判断原则进行了具体的探讨；拓展案例案例二、三则是对"直接表示商品特点的，不具有显著性"和"通过使用产生显著性"原则的探讨。

第二十三章

商标的国内注册申请

知识概要

我国商标申请采取注册原则（驰名商标除外）、自愿注册与强制注册相结合的原则、申请在先与使用在先结合的原则、优先权原则、审查原则、公开评审原则、申请文件使用中文原则。商标申请注册需要经过下列程序：申请、形式审查、实质审查、初步审定、异议、核准注册、争议、注册商标的撤销和注销以及商标的确权程序。

经典案例

"巴布狗 BABUDOG 及图"商标与巴布豆之争[1]

[基本案情]

巴布豆（中国）儿童用品有限公司（以下简称巴布豆公司）成立于1994年，其产品几乎涵盖了儿童生活需要的方方面面，该公司于1997年便在多个类别上申请注册了巴布豆系列商标。原告的巴布豆系列商标在市场上经营多年，并进行了大量的广告宣传，产品包含童装、文具等多个领域，在全国各地设立了多个专柜，在相关公众认知中拥有很高的知名度；该商标于2003年~2012年连续4届被评为"上海市著名商标"。下图为"巴布豆"商标：

---

〔1〕 薛飞："'巴布豆'咬住'巴布狗'不松口"，载《中国知识产权报》2010年3月24日，第9版。

2001 年 5 月，晋江万泰盛申请注册"巴布狗 BABUDOG 及图"商标，指定使用在第 25 类服装等商品上，并于 2002 年 7 月获准注册，注册号为第 1805880 号。下图为"巴布狗"商标：

因认为"巴布狗"商标与其"巴布豆"商标构成近似，巴布豆公司向国家工商行政管理总局商标评审委员会（下称商评委）提出撤销注册"巴布狗"商标的申请。商评委经审查认为，"巴布狗"与"巴布豆"文字构成存在一定差别，"狗"与"豆"字形、读音和含义均明显不同。同时，上述两个商标文字构成较少，其文字构成、呼叫及含义的差异均较易区别，相关公众施以一般注意力的情况下，不会对上述两个商标产生混淆误认。故商评委作出"维持'巴布狗 BABDOG 及图'第 32617 号"商标的裁定。巴布豆公司不服该裁定，认为商标评审委员会在考虑商标近似时，完全不考虑商标的品牌历史和知名度、来源的正当性，显然是错误的。"巴布狗 BABDOG 及图"商标同时也侵犯了原告在先的著作权和字号权，故向北京市第一中级人民法院提起诉讼。

[法律问题]

1. 争议商标是否符合我国《商标法》相关规定？

2. 如何判断商标近似？

[参考结论与法理精析]

北京市第一中级人民法院在审理中认为：根据各方当事人争议的内容，本案的焦点内容如下：①争议商标是否符合 2001 年《商标法》第 28 条的规定？②争议商标是否违反 2001 年《商标法》第 31 条的规定？③争议商标是否违反 2001 年《商标法》第 13 条第 2 款的规定？

1. 争议商标是否符合 2001 年《商标法》第 28 条的规定？2001 年《商标法》第 28 条规定，申请注册的商标，凡不符合本法有关规定或者同他人在同一种商品或者类似商品上已经注册的或者初步审定的商标相同或者近似的，由商标局驳回申请，不予公告。本案中，原告在行政程序中并未向被告提交其在与争议商标指定使用商品类似的商品类别上在先获准注册商标的证据材料，故被告认定争议商标的注册未违反 2001 年《商标法》第 28 条规定的结论正确。

2. 争议商标是否违反 2001 年《商标法》第 31 条的规定？2001 年《商标法》第 31 条规定，申请商标注册不得损害他人现有的在先权利，也不得以不正当手段抢先注册他人已经使用并有一定影响的商标。本案中，原告的商号为"巴布豆"，争议商标为"巴布狗 BABUDOG 及图"。前者为中文，后者为中文、拼音和英文及狗图形的组合。二者在表现形式、读音及含义方面差别较大，不构成近似。因此，争议商标没有损害原告的在先商号权。被告认定争议商标没有违反《商标法》第 31 条规定的结论正确。原告主张争议商标的注册损害了其在先商号权缺乏事实依据，本院不予支持。原告在商标评审阶段提出争议商标损害他人在先版权的主张，但争议商标图形与二引证商标的图形部分以及《巴布豆新闻报》所记载的图形在构图、细部特征和整体外观上区别明显，未构成实质性近似。被告认定争议商标的注册并未侵犯他人的在先版权，没有违反《商标法》第 31 条规定的结论正确。

3. 争议商标是否违反 2001 年《商标法》第 13 条第 2 款的规定？《商标法》第 13 条第 2 款规定，就不相同或者不相类似商品申请注册的商标是复制、摹仿或者翻译他人已经在中国注册的驰名商标，误导公众，致使该驰名商标注册人的利益可能受到损害的，不予注册并禁止使用。认定某一商标是否构成驰名商标，需要综合考虑该商标使用的持续时间、对该商标的宣传、相关公众对该商标的知晓程度、该商标作为驰名商标受保护的记录等因素。

本案中，原告提交的销售地区分布没有时间记录，媒体报道情况中有部分时间晚于争议商标申请注册日，获得行业协会等单位颁发的荣誉证书的时间绝大部分时间在争议商标申请日之后。虽然原告曾与一些商业单位签订代理合同或者合作销售合同，也有一些维权的行为，但这些证据尚不足以证明引证商标 1、2 在争议商标的申请日之前已经达到驰名程度，依据 2001 年《商标法》第 14 条的规定，上海巴布豆公司在案证据尚不足以证明在争议商标申请注册之前引证商标 1、2 已经成为在中国注册的驰名商标。同时，争议商标与引证商标 1、2 相比，差别较大。被告认定争议商标的注册未违反《商标法》第 13 条第 2 款规定的结论正确。原告上海巴布豆公司主张引证商标 1、2 构成驰名商标缺乏事实及法律依据，本院不予支持。

综上所述，被告作出的第 595 号裁定认定事实清楚，适用法律正确，依法应当予以维持。原告的诉讼理由不能成立，其诉讼请求本院不予支持。依照《行政诉讼法》第 54 条第 1 项之规定，本院判决如下：维持国家工商行政管理总局商标评审委员会于 2010 年 1 月 12 日作出的商评字［2010］第 595 号关于第 1779023 号"巴布狗 BABUDOG 及图"商标争议裁定。

有关如何判断商标近似问题。《最高人民法院关于审理商标民事纠纷案件适用法律若干问题的解释》第9条第2款规定，《商标法》第52条第1项规定的商标近似，是指被控侵权的商标与原告的注册商标相比较，其文字的字形、读音、含义或者图形的构图及色彩，或者其各要素组合后的整体结构相似，或者其立体形状、颜色组合近似，容易使相关公众对商品的来源产生误认或者认为其来源与原告注册商标的商品有特定的联系。据此，2009年3月19日，北京市第一中级人民法院开庭审理了此案。北京市第一中级人民法院支持了"商评委"的裁定，认为原告的商号为"巴布豆"，与被异议商标中的中文"巴布狗"在读音、含义等方面差别较大，不构成近似。因此，被异议商标没有损害原告的在先商号权。

该案是我国商标近似标准判定的商标纠纷。

拓展案例

案例一： **"优盘"商标争议案**

深圳朗科公司于2001年成功注册"优盘"商标，并使用在移动存储产品上。2002年10月18日，北京华旗资讯数码科技有限公司（以下简称华旗公司）对朗科公司拥有的"优盘"商标向商标评审委员会（以下简称商评委）提出撤销申请，以争议商标属于通用名称为理由请求商评委撤销该公司"优盘"商标。2004年10月13日，商评委作出了关于华旗公司（申请人）申请撤销深圳朗科公司（被申请人）"优盘"商标一案的行政裁定。商评委采纳了申请人的观点，认为"优盘"商标缺乏商标显著性的规定，决定撤销"优盘"商标注册。商评委认为"优盘"是计算机存储器的通用名称。从"优盘"汉字本身的含义来看，是对这类商品质量、功能、用途等特点的直接叙述，缺乏显著特征。而原告也一直将"优盘"作为商品名称使用，客观上淡化了优盘作为商标的显著性。同时，众多同行业经营者和消费者已经普遍将"优盘"作为一种新型的计算机移动存储器的商品通用名称加以使用。如果允许原告将该商标独占，就会妨碍同行业其他经营者正当合理使用这一名称，也会导致消费者的误认。

商评委经过讨论与研究之后，于2004年10月13日作出裁定，认为从争议商标"优盘"汉字本身的含义来看，其对于指定使用的第9类计算机存储器等商品的质量、功能、用途等特点具有直接的叙述性，缺乏商标应有的显著特征。朗科公司自身也一直将"优盘"作为商品名称加以使用，客观上进一步起到了淡化乃至消灭"优盘"文字作为商标的显著特征的作用。

商评委裁定书进一步指出，深圳朗科公司将本商品的通用名称注册为商标加以独占，妨碍了同行业其他经营者正当、合理地使用"优盘"这一商品通用名称，同时也容易使消费者在选购闪存类计算机移动存储设备时发生误认。一段时间以来，由于深圳朗科公司以及同行业其他经营者的使用与宣传，普通消费者已经形成了"优盘是一种新型计算机移动存储设备"的观念，但在深圳朗科公司将"优盘"文字作为注册商标加以独占的情况下，就使消费者在购买以"优盘"为名称的计算机存储器产品时，其注意力更容易被拦截于深圳朗科公司一家所提供的优盘产品，从而排斥了同行业其他经营者公平参与竞争的机会，使深圳朗科公司借以形成不合理的竞争优势。

本案中，争议商标已经成为通用名称，依法不得作为商标注册；同时，争议商标作为一种计算机外设移动存储设备的通用名称，指定使用在计算机、计算机周边设备等商品上，不具备商标应有的显著特征。因此，依据《商标法》第11条第1款第1项及第3项的规定，争议商标应予撤销。但深圳朗科公司随后向北京市第一中级人民法院对商评委提起行政诉讼，请求撤销商评委作出的裁定。华旗公司作为案件第三人参加了诉讼。深圳朗科公司在法庭上提出，"优盘"商标是具有显著性的。因为外观是构成商标识别性的重要因素，这个商标用于识别的部分既不是"优"字也不是"盘"字，而是"优盘"作为一个整体不可拆分。2006年2月，法院判决由商评委就"优盘"商标争议一案进行重新审理。直到2010年3月15日，商评委才再次作出裁决，继续认定"优盘"商标为商品通用名称，予以撤销注册。

《关于第1509704号"优盘"商标争议裁定书》曾经作为典型案例被收入2005年度《中国商标报告》。

案例二：

伊川杜康酒业有限公司（原伊川杜康酒厂）于1972年开始研制生产杜康酒，与之相邻的汝阳县看到生产杜康酒有利可图，遂于1975年筹建汝阳酒厂。1981年，伊川杜康酒厂因"建厂早，质量好，产量大，信誉高"的条件，被国家商标局注册了"杜康及图"商标。在当时计划经济形势下，由政府部门协调，汝阳签订了"杜康"商标使用许可合同。1989年8月，汝阳酒厂未经伊川杜康酒厂授权，私自向国家工商总局商标局申请注册"杜康村及图""杜康泉及图""杜康河及图"3份商标，伊川杜康酒厂提出异议，商标局于1995年7月驳回异议申请，并对汝阳酒厂的上述3份商标批准注册。无奈，伊川杜康酒厂于1995年8月7日向国家商标评审委员会（以下简称商评委）申请复审，2003年7月，商评委裁定伊川杜康酒厂的异议复审理由不成立，核准被异议的3份商标注册。

伊川杜康酒业有限公司（2003年在伊川杜康酒厂基础上成立）遂将商评委推上被告席。

2003年8月、11月，北京市第一中级人民法院两次开庭审理了此案，并于12月18日判决撤销商评委的裁定，并判处汝阳杜康酒厂注册的3份商标侵权。商评委及第三人汝阳杜康酒厂不服一审判决，于2004年初，向北京市高级人民法院提出上诉。

北京市高级人民法院经过严密细致的调查、取证、审核，认为引起争议的"杜康泉及图""杜康村及图""杜康河及图"3份商标，虽然在"杜康"后面增加了"泉""村""河"等字，图形也有变化，但因一般消费者对"杜康"的呼叫已极为熟悉，故此处增加的文字可能引起消费者联想为"杜康及图"商品的系列产品，同时，由于其图形的变化对消费者判断商品来源所形成的影响小于对"杜康"的呼叫，故争议商标的主要部分也应为文字部分的"杜康"二字，由此可见，引证商标与争议商标不仅指定使用的商品相同，而且商标的主要部分相同，所以二者构成近似商标的事实清楚。另外，北京市高院认为，商评委在裁定中所强调的"伊川杜康"和"汝阳杜康"形成的背景及经使用后的可区分性，是本案引证商标的实际使用情况，只能说明引证商标本身的知名度，但与本案争议商标与引证商标是否构成近似的判断不是同一问题，故"伊川杜康"与"汝阳杜康"的可区分性不能支持商评委关于争议商标与引证商标不构成近似的判断。

2004年6月10日，北京市高级人民法院对伊川杜康公司状告商评委一案作出终审判决：驳回商评委上诉，维持一审判决。至此，困扰了伊川15年的杜康商标侵权案，以伊川杜康公司的胜诉而告终。

这是商标司法确权的典型案例。商标的确权制度是指对商标权的归属或存灭进行确定的一种制度。在商标注册程序的一系列阶段，如驳回申请的复审、异议裁定的复审、争议的复审、撤销注册不当商标的复审以及商标局在行政执法中的撤销注册商标的复审等，都会涉及"商标确权"问题。确权包括"行政确权"和"司法确权"。商标权的行政确权机构是商标评审委员会，商标司法确权的机构是人民法院。当事人对商标评审委员会的裁定或决定不服的，可以在规定的时间（收到通知后30天）内向法院提起诉讼，只有人民法院作出的裁定或判决才是终局决定。

[问题与思考]

1. 商标近似的判断标准是什么？

2. 什么是商标的异议？

3. 什么是商标的争议？

4. 什么是商标的确权？行政确权和司法确权机构分别是什么机构？

［重点提示］

我国商标申请与专利申请一样，同样实行申请审批制。一项商标的注册申请要经过复杂的审查批准程序。其中商标的争议、异议以及商标申请的确权等都是保障程序，是保障商标申请人获得的商标是符合法律规定和不侵犯他人的合法在先权的最后防线。本章拓展案例一所列举的商标争议案以及拓展案例二的"杜康酒"纠纷都涉及商标的确权程序，拓展案例一涉及的是商标争议的复审程序，是"行政确权"程序，而"杜康酒"纠纷则涉及"司法确权"程序。司法确权程序是《TRIPS》协议对各成员的最低要求，是给予各方当事人以司法救济的机会。

第二十四章

商标恶意注册

知识概要

2018 年 3 月，商标局启动《商标法》第四次修订。2019 年 4 月 23 日，第十三届全国人民代表大会常务委员会第十次会议通过了对《商标法》作出修改的决定。《商标法》的修改条款自 2019 年 11 月 1 日起施行。

此次修订的一项重要内容就是禁止商标的恶意注册，该项规定主要是针对近年来，囤积商标待价而沽、恶意抢注商标索要高价的现象愈发严重而作出的。商标恶意注册是指非以使用为目的、大量囤积商标的行为。即商标注册申请人申请注册商标并非出于生产经营活动之目的，而是出于囤积、以待高价转让或待价而沽，在很多情况下，所囤积商标中还包括他人在先权利标识。此种行为侵占了公共资源，属于《商标法》第 44 条第 1 款（修改前《商标法》第 41 条第 1 款）规定的以"其他不正当手段取得注册的"情形，应当依法予以遏制。

新修订的《商标法》规定："自然人、法人或者其他组织在生产经营活动中，对其商品或者服务需要取得商标专用权的，应当向商标局申请商标注册。不以使用为目的的恶意商标注册申请，应当予以驳回。"；"对恶意申请商标注册的，根据情节给予警告、罚款等行政处罚；对恶意提起商标诉讼的，由人民法院依法给予处罚。"

"恶意注册"的认定，需要综合考虑商标近似、显著性、知名度、商品关联程度、商业往来关系、地域关系等因素。

经典案例

2020 年 1 月，最高人民法院发布的知识产权指导案例 113 号《迈克尔·杰弗里·乔丹与国家工商行政管理总局商标评审委员会、乔丹体育股份有限公司"乔丹"商标争议行政纠纷案》，是备受社会关注的"乔丹"商标行政纠纷系列案件之一，也是最高人民法院首个以"全媒体"形式现场直播庭审和宣判的典型案件。

"乔丹"商标行政纠纷系列案件之一入选最高人民法院指导性案例,最高人民法院为此明确,外国自然人的中文译名符合条件的,可依法主张作为特定名称予以保护,恶意申请注册商标的行为法院不予支持。

[基本案情]

再审申请人迈克尔·杰弗里·乔丹(以下简称迈克尔·乔丹)与被申请人国家工商行政管理总局商标评审委员会(以下简称商标评审委员会)、一审第三人乔丹体育股份有限公司(以下简称乔丹公司)商标争议行政纠纷案中,涉及乔丹公司的第6020569号"乔丹"商标(即涉案商标),核定使用在国际分类第28类的体育活动器械、游泳池(娱乐用)、旱冰鞋、圣诞树装饰品(灯饰和糖果除外)。再审申请人主张该商标含有其英文姓名的中文译名"乔丹",属于2001年修正的《商标法》第31条规定的"损害他人现有的在先权利"的情形,故向商标评审委员会提出撤销申请。

商标评审委员会认为,涉案商标"乔丹"与"Michael Jordan"及其中文译名"迈克尔·乔丹"存在一定区别,并且"乔丹"为英美普通姓氏,难以认定这一姓氏与迈克尔·乔丹之间存在当然的对应关系,故裁定维持涉案商标。再审申请人不服,向北京市第一中级人民法院提起行政诉讼。

[法律问题]

1. 在先姓名权的保护问题。2016年12月8日,最高人民法院对"乔丹"商标争议行政纠纷系列案件作出判决,判定"乔丹"商标的注册损害了迈克尔·乔丹对"乔丹"享有的在先姓名权,违反商标法规定,应予撤销,并判令商标评审委员会针对争议商标重新作出裁定。

2. 注册乔丹商标公司是否有主观恶意?是否构成恶意抢注?注册他人姓名是不是一种恶意注册,如何判断恶意,是一个主观标准,其中,搭便车也可判定为一种恶意,恶意的判断标准也可以是是否造成了混淆。此案的"侵犯他人的在先姓名权"。名人姓名权的特殊性,更具财产价值,类似于"声誉",财产价值随知名度的变化而变化。

[参考结论及法律精析]

北京市第一中级人民法院于2015年4月1日作出行政判决,驳回迈克尔·杰弗里·乔丹的诉讼请求。迈克尔·杰弗里·乔丹不服一审判决,提起上诉。北京市高级人民法院于2015年8月17日作出行政判决,驳回迈克尔·杰弗里·乔丹上诉,维持原判。迈克尔·杰弗里·乔丹仍不服,向最高人民法院申请再审。

最高人民法院提审后,于2016年12月7日作出行政判决:撤销北京市第一中级人民法院、北京市高级人民法院行政判决；撤销商标评审委员会关于第6020569号"乔丹"商标争议裁定，要求重新作出裁定。

最高人民法院认为，本案争议焦点为争议商标的注册是否损害了再审申请人就"乔丹"主张的姓名权，是否违反2001年修正的《商标法》第31条关于"申请商标注册不得损害他人现有的在先权利"的规定。

最高人民法院研究室副主任吴兆祥表示，该案明确了商标行政纠纷案件中主张在先姓名权保护需要满足的条件，申请注册商标损害在先姓名权的认定标准，以及诚实信用原则对于规范商标申请注册行为的重要作用。

[问题与思考]

1. 恶意申请注册商标的判定条件是什么？
2. 恶意申请注册商标的具体行为包括哪些？
3. 如何正确理解和适用诚实信用原则？

[本案涉及的法律问题及其影响]

该案判决明确的有关法律适用标准，有利于维护权利人的人格尊严，维护公平竞争的市场秩序，净化商标注册和使用环境。同时，对于引导市场主体诚信经营，尊重他人合法在先权利，不恶意注册商标、培育自主品牌均具有重要的引导作用。

拓展案例

案例一：　原告迅销（中国）商贸有限公司诉国家工商总局
　　　　　商标评审委员会、第三人广州市指南针会展
　　　　　服务有限公司、广州中唯企业管理咨询
　　　　　服务有限公司关于第10619071号UL
　　　　　商标无效宣告请求行政纠纷案

广州市指南针会展服务有限公司（以下简称指南针公司）于2012年3月14日向国家工商总局商标局申请注册第10619071号UL商标（以下简称诉争商标）。2013年6月21日，该商标被核准注册，核定使用商品为第25类游泳衣、足球鞋等。商标专用权期限为2013年6月21日至2023年6月20日。

2014年4月11日，迅销（中国）商贸有限公司（简称迅销公司）提出对诉争商标的无效宣告申请，主要理由为：诉争商标的申请注册属于2001年《商标法》第41条第1款所指的以"其他不正当手段"申请注册商标，扰乱了商标注册秩序、损害了社会公共利益。2016年1月11日，商标评审委员会作出被诉裁定,诉争商标予以维持。

迅销公司不服被诉裁定,诉至北京知识产权法院,认为:第三人超出企业经营范围的正常需求,囤积大量商标,其中不乏与他人知名商标高度近似的商标,属于不正当占用公共资源的行为,符合 2001 年《商标法》第 41 条第 1 款所指的以"其他不正当手段取得注册的"情形,诉争商标依法应予以无效宣告。

北京知识产权法院经审理认为,第三人指南针公司、中唯公司超出经营范围,非以使用为目的且无合理或正当理由大量申请注册并囤积包括诉争商标在内的注册商标二千余件,还通过商标转让、恶意诉讼等手段实现商标牟利,其行为严重扰乱了商标注册秩序,损害了公共利益,并不正当地占用了社会公共资源,构成《商标法》第 41 条第 1 款规定的以"其他不正当手段取得注册的"情形,故诉争商标应当予以无效宣告。

案例二: 原告株式会社资生堂诉被告国家工商总局商标评审委员会、第三人马某春关于第 5086142 号怡丽丝尔YILISIER 及图商标无效宣告请求行政纠纷案

马某春于 2005 年 12 月 27 日向国家工商总局商标局申请注册第 5086142 号怡丽丝尔 YILISIER 及图商标(以下简称争议商标),该商标于 2009 年 6 月 21 日核准注册,核定使用在第 26 类绣花饰品、发饰品、纽扣、假发、针、人造花、针线盒、拉链、帽饰品(非贵金属)、花边商品上。商标专用权期限为 2009 年 6 月 21 日至 2019 年 6 月 20 日。

株式会社资生堂(以下简称资生堂)于 2015 年 1 月 28 日提出对争议商标的无效宣告申请,主要理由为:争议商标的注册违反了《商标法》第 7 条、第 10 条第 1 款第(8)项、第 13 条第 3 款、第 30 条、第 44 条第 1 款的规定。2015 年 10 月 27 日,商标评审委员会作出被诉裁定,争议商标予以维持。

资生堂不服被诉裁定,诉至北京知识产权法院,认为:第三人马某春抢注了包括争议商标在内的众多他人知名商标并售卖牟利,具有复制、抄袭他人高知名商标的故意,违背了诚实信用原则,争议商标的注册违反了《商标法》第 44 条第 1 款的规定。争议商标与引证商标核定使用商品关联密切,加之第三人具有"傍名牌"主观恶意,应认定争议商标与引证商标核定使用商品构成类似,争议商标的注册违反了《商标法》第 30 条的规定。鉴于引证商标具有极高知名度,争议商标系对引证商标的复制、模仿,争议商标的注册和使用易误导相关公众,损害原告利益,争议商标的注册违反了《商标法》第 13 条第 3 款的规定。

　　北京知识产权法院经审理认为，马某春注册了多达 50 件商标，其中包括杜莎夫人、MeidiQi 美第奇等多件他人在先使用并具有高知名度的商标，其行为已构成 2001 年《商标法》第 41 条第 1 款中所指的以"其他不正当手段取得注册的"情形，争议商标应予撤销。

第二十五章

商标的国际注册申请

知识概要

　　商标的国际注册是指《商标国际注册马德里协定》缔约国的任何申请人，在其所属国办理了某一商标注册后，将该商标向世界知识产权组织的国际局提出申请，要求在有关缔约国注册，国际局将此申请通知有关缔约国 1 年之后，该商标就被视为这些缔约国的注册商标，从而得到这些缔约国法律的保护。中国是《商标国际注册马德里协定》的参加国，中国的商标申请主体均可以申请商标国际注册。商标国际注册可防止他人抢先注册，抑制假冒活动；便于防范和解决国际商标纠纷；也有利于中国的商标在世界范围内开创驰名商标。

经典案例

王致和抢注案[1]

[基本案情]

下图为王致和集团在中国注册的商标：

　　"王致和"是一家有着三百多年历史的中华老字号，是中国驰名商标。2006年 7 月，王致和集团拟在三十多个国家进行商标注册时，发现"王致和"腐乳、调味品、销售服务等三类商标，已被一家名叫欧凯的德籍公司于 2006 年 3 月在

---

〔1〕"'中华老字号'海外维权——北京王致和食品集团诉德国公司恶意抢注商标案进一步升级"，载《中山日报》2008 年 4 月 16 日，第 A6 版。

德国注册。而欧凯公司申请的商标标识与王致和集团产品使用的商标标识一模一样。欧凯公司是柏林一家主要经营中国商品的超市，其员工全部是华人。调查发现，欧凯公司还曾抢注过"白家""洽洽""老干妈""今麦郎"等众多知名商标。同年8月，王致和的代理律师向欧凯公司发出律师函。随后，王致和公司接到欧凯公司运营商中咨货运公司的电话称，想要拿回商标，必须付出一定代价。于是，2007年初，王致和向慕尼黑地方法院提起诉讼，要求判定欧凯百货公司无偿归还商标并予以赔偿。2007年11月14日，慕尼黑地方法院对此案作出了一审判决，裁定欧凯公司败诉，禁止其在德国擅自使用王致和商标。欧凯公司不服，随即提出上诉。

[法律问题]

1. 欧凯公司注册商标的行为是合法注册还是抢注？

2. 中国的商标被国外企业抢注后，应该怎么办？

[参考结论与法理精析]

（一）法院判决

法院经审理认为，原告方的既得权利在德国确实应该受到保护，原因在于原告方是中国主要的调味品和食品配料生产企业之一（即使原告方并没有对争讼标识在德国和欧洲申请注册，也应予以保护）。由此，慕尼黑地区法院认定，被告方将争讼标识王致和注册为食品商标，其目的只在于迫使原告方继续保证被告方的独家贸易伙伴地位，使其继续在德国经营带有王致和标识的产品。然而，尽管原告方诉称争讼标识不仅对中国，而且对德国的目标群体（即在德国居住的中国人以及对中国饮食文化感兴趣的德国人）都是享有良好信誉的商标。

2009年4月23日，慕尼黑高等法院对王致和诉欧凯商标侵权及不正当竞争一案作出终审判决：欧凯公司不得擅自使用王致和商标，否则将对其处以25万欧元的罚款或对主要负责人处以6个月监禁；欧凯公司应注销其抢注的"王致和"商标。

从法院判决结果来看，原告方主张的商标权利并未获得支持，原因是原告方的请求主要依据的是《德国反不正当竞争法》，而不是《商标法》。《德国反不正当竞争法》于2004年7月进行了大规模重新编纂，现已成为日常生活中打击不正当广告和模仿行为的有力武器。《德国反不正当竞争法》第4条第10款明确规定，适用反不正当竞争法时，可以不必同时适用商标法，由于"有目的地阻碍竞争对手"的行为是一种典型的不正当竞争行为，因此慕尼黑地区法院没有义务适用商标法，法院也因此不必判决相关争讼标识是否已具备任何间接含义，或者是否已在德国的相关领域发展成为驰名商标。

（二）法律问题及此案的影响

一审阶段，双方争议的焦点主要集中在：①王致和主张对方是恶意抢注，而欧凯强调是合法注册；②王致和主张对"王致和"商标拥有著作权，欧凯则提出其标识是通用的"中国古代士兵头像"；③"王致和"提出对方违反德国的反不正当竞争法，欧凯则辩称其注册"王致和"商标是对自己的保护。

原告方的论点主要依据德国国内的反不正当竞争法，并有选择地适用商标法、商号法和版权法。法院认为，被指控的侵权行为，即有目的地阻碍竞争对手的行为，符合《德国反不正当竞争法》规定的前提条件。因此，判令被告方停止使用争讼标识，并且撤销其在德国专利商标局以自己名义注册的王致和商标。不过，被告方停止使用争讼标识的义务仅适用于产品，而相关产品当初并非由原告方投入德国市场。法院裁决符合已确立的德国判例法。根据德国联邦最高法院的判例法，如果原告方的既得权利值得保护，并且申请注册商标被用作滥用竞争的手段，则申请注册商标的行为构成不正当竞争。

针对中方的主张，德方也有自己的观点。首先他们认为自己的注册是符合德国法律的，是合法注册，不是恶意抢注；另外他们对王致和这个标识的著作权提出了异议。欧凯公司认为这个标识是一个中国古代的通用的士兵头像。此外，被告方曾经是原告方的独家进口商，独家进口原告方生产的带有王致和商标的产品，双方当事人对此没有争议。根据慕尼黑地区法院提供的资料，被告方将争讼标识在德国专利商标局成功注册，其目的是保持或保护被告方作为独家进口商的地位，即使被告方与原告方的商业关系终止，被告方仍然可以继续作为经营王致和产品的独家受益人。也就是说，欧凯公司注册王致和商标是为了维护自己的利益，并非出于不正当竞争的目的。

此案号称"中国知识产权跨国维权第一案"。这是中国加入世贸组织后第一起中国企业在国外以原告身份进行的商标诉讼案，也是国内企业在海外胜诉的第一个知识产权官司。

拓展案例

案例一：　　　费列罗公司诉商标评审委员会费列罗立体商标领土延伸案[1]

"FERRERO ROCHER"系列巧克力生产厂家费列罗公司于1946年创办于意大利，是国际巧克力食品四大生产商之一，其产品多年来一直保持着特有的包

---

〔1〕　李松、黄洁、郭京霞："费列罗立体商标保护获准领土延伸"，载《法制日报》2007年11月23日。

装，包括金色球状纸制包装、塑料制透明包装盒、金纸包装上贴有椭圆形金边标签等多项产品外观特征，涵盖了费列罗公司的商标、外观设计、著作权等多项知识产权，构成了其特有的产品商标，在全球市场具有较高的认知度。1984年，费列罗公司的系列巧克力就开始在中国大陆销售。

1990年代初，蒙特莎前身——张家港乳品一厂发现费列罗并未为其FERRERO ROCHER巧克力产品注册名称，就在国内抢注了"金莎"中文商标。张家港乳品一厂同年开始使用"金莎"为名生产巧克力。其生产的榛仁巧克力以金色锡纸包装，并用金边标签封口。1993年，费列罗公司试图通过中国知识产权的行政保护体制撤销这一商标抢注，并未成功。最终，费列罗公司依据《反不正当竞争法》对知名商品的特有的包装和装潢的保护胜诉。2001年12月3日，费列罗公司在其所在国意大利首次提出了将单粒"金莎"巧克力的外观（以下简称申请商标）注册为立体商标的申请，该申请于2002年5月23日被意大利有关商标管理机关核准，并给予该三维形状以立体商标的法律保护。

2002年9月28日，费列罗公司根据《商标国际注册马德里协定》的相关规定，通过世界知识产权组织国际局提出了对于该商标在中国进行领土延伸保护的申请，该商标申请指定使用的商品为第30类可可产品、巧克力等商品上。

2003年3月19日，中国商标局以商标缺乏显著性为由，驳回其有关领土延伸的申请。2003年5月7日，费列罗公司向商标评审委员会申请复审，2006年10月9日，商标评审委员会作出复审决定，认为其为较常用的巧克力包装形式，难以起到区分商品来源的作用，缺乏显著性。费列罗公司随后将商标评审委员会诉至北京市第一中级人民法院。

法院在审理过程中指出，我国《商标法》第11条规定，缺乏显著特征的标志不得作为商标注册，但经过使用取得显著特征并便于识别的除外。对于由三维标志或者含有其他标志的三维标志构成的立体商标而言，仅有指定使用商品通用或者常用的形状或者是其包装物的形状，不能起到区分商品来源作用的，应当被认为是缺乏显著特征的商标。而费列罗公司申请的商标作为一个三维标志，由一个栗色和金黄色相间并带有波纹形状的底座和在底座上放置的具有皱褶状包装效果的金黄色球形三维形状组成。申请商标对于色彩和商品包装形式的选择均不在本行业和指定使用商品包装形式的常规选择范围之内，申请商标的独特创意已经使之成为原告产品的一种标志性设计，使得消费者在看到申请商标后就能够清楚地判断出该商标所附着商品的来源，申请商标已经具有了商标所应具备的显著性。

领土延伸保护是指国际注册的商标申请人或所有人根据《商标国际注册马德里协定》通过世界知识产权组织国际局向"马德里联盟"成员国提出的关于

该商标在马德里协定成员国进行保护的申请，中国是马德里协定的成员国，在领土延伸申请的范围内。根据《商标国际注册马德里协定》的规定，领土延伸的方法：①新申请一项国际注册，申请人在填写申请表时，指定要求保护的国家；②在国际注册后，注册人可再次向希望得到保护的国家的商标局提出领土延伸申请。领土延伸的效力：与在该国直接办理商标申请的效力完全一样。

北京市第一中级人民法院在判决中认可了费列罗商标的显著性，因此判定，商标评审委员会对其在中国的领土延伸保护申请应当予以核准。

立体商标是以立体标志、商品整体外形或商品的实体包装物以立体形象呈现的商标。简单地说，就是以立体形状呈现的商标。由于立体商标在我国从2001年《商标法》的修订才开始保护，因此对其显著性标准的判断也是一个司法和实践难点，在实践中，对立体商标显著性的判断应该综合考虑立体标志本身的性质、市场情境、产品的性质。

案例二：　　　　　　　"洁云"商标国际注册被撤销案[1]

某县运动衣厂在其生产的运动衣上使用"洁云"牌商标。1989年3月1日，该商标被商标局初步审定并公告，同年3月30日，该运动衣厂通过商标局向国际局提出国际注册的申请，指定保护国家为蒙古和苏丹。5月6日国际局予以公告并发给注册证。1989年5月21日，天津某针织厂对"洁云"牌商标提出异议，认为与其注册在先的"洁玉"牌商标近似。商标局接受了异议申请，于1989年7月3日作出裁定，撤销初步审定并公告的"洁云"牌商标。那么该国际注册的"洁云"牌商标还会受到蒙古和苏丹法律的保护吗？

该国际注册是依据马德里体系进行的国际注册。马德里体系包括1891年的马德里协定和1996年的马德里协定议定书。我国既是马德里协定的成员国，也是马德里协定议定书的成员国。依马德里协定的规定，成员国国民在本国注册以后，可以向国际局申请国际注册，国际局审查批准后，即将该商标予以公布，并通知申请人要求给予保护的各成员国。被要求保护的成员国在1年内决定是否给予保护，其1年内不作出驳回决定，即被视为该商标已在该国核准注册。

该案涉及的一个法律问题即是国内注册与国际注册的关系问题。按照协定规定，从获准国际注册之日起5年以内，如该商标在其所属国已全部或者部分不再享有法律保护时，该商标的国际注册也随之全部或部分无效。但是，从获准国际注册之日起满5年以后，则不管原注册商标在所属国的法律状态如何、

---

〔1〕　刘东红、刘泓毅编著：《商标权保护案例分析》，山西经济出版社1999年版，第69页。

均不影响该商标国际注册所产生的权利。本案中，某县运动衣厂的"洁云"牌商标从获得国际注册到被撤销国际注册之间的期间只有不到 2 个月，尚不足 1 年时间，因此该商标尚未转化为指定保护国（蒙古和苏丹）的国内注册，即尚未取得指定保护国的法律保护，因此也就不存在该国际注册的"洁云"牌商标还会受到蒙古和苏丹法律的保护问题。

[问题与思考]

1. 重点思考中国商标被国外抢注后，商标权人应该如何维护自己的权利？

2. 立体商标的显著性如何判断？

3. 什么是商标国际注册的马德里体系？

4. 什么是商标申请的领土延伸保护？

[重点提示]

从 20 世纪 80 年代到现在，中国出口商品商标的海外被抢注案平均每年超过100 起，造成无形资产损失达人民币十多亿元：在加拿大，桂发祥十八街、六必居被抢注；在日本，狗不理、同仁堂、杜康、　得阁遭抢注。王致和商标海外维权案的胜诉具有十分重要的意义，它告诉我们的企业，一方面，要积极进行商标的国际注册，另一方面，在遭遇抢注等违法行为时，要勇敢地拿起法律武器维护自己的权利。

拓展案例一重点探讨的是按照《商标国际注册马德里协定》的规定，对成员国的立体商标予以延伸保护的问题。在此案例中，既涉及对立体商标显著性的判断标准，也涉及各成员国对《商标国际注册马德里协定》规定的延伸保护的运用。

第二十六章

商标权的利用

知识概要

　　商标权的利用包括商标权的转让和商标权的许可使用等形式。商标权的转让，指注册商标所有人按照法律规定的条件，依法将其注册商标转让给他人所有的行为。经过转让，转让人失去商标权，受让人获得商标权并成为新的商标所有权人。我国商标法采纳自由转让原则，只是对该原则附加了限制条件：①同类或类似商品使用相同或近似商标的不得分开转让，必须一并转让；②对于可能产生误认，混淆或其他不良影响的，不得转让；③已经许可他人使用的商标不得随意转让；只有在征得被许可人同意的情况下才能把注册商标转让与他人；④集体商标不得转让；⑤共同所有的商标，要征得其他共有人的同意才可转让；⑥股份制有限公司的商标应由公司股东会或董事会决定转让事宜。注册商标的转让应符合下列程序：①转让人与受让人签订转让协议；②转让人与受让人共同向商标主管机关提出申请；③商标主管机关核准；④公告。这也是商标权转让生效的条件。

　　商标权的许可使用是指注册商标所有人享有通过签订商标许可使用合同，许可他人有偿使用其注册商标的权利。许可使用行为不导致商标权主体的变更。商标许可使用包括独占许可、排他许可和普通许可三种许可形式。许可人和被许可人应当在许可合同签订之日起 3 个月内，将许可合同副本交送其所在地县工商行政管理机关存查，由许可人报送商标局备案，并由商标局公告，备案和公告不是许可使用合同的生效要件。

经典案例

陈某、李某森与青岛海洋焊接材料有限公司商标专用权
权属及商标权转让合同纠纷案[1]

［基本案情］

青岛海洋焊接材料有限公司（以下简称海洋公司）成立于 1998 年，分别是第 140236 号、第 1725501 号、第 1729583 号注册商标的商标专用权人。2006 年 6 月，海洋公司经查询发现，在其不知情的情况下，陈某利用曾经为该公司办理商标业务时获取的加盖该公司公章的空白商标代理手续，并假冒该公司原法定代表人孔某绪的签名，委托集佳公司将该公司所有的第 1725501 号注册商标转让至孔某绪名下。此后，陈某和李某森又恶意串通，假冒孔某绪的签名将第 1725501 号注册商标转让至李某森名下。同时，在办理上述转让的过程中，陈某还使用假冒的手续委托集佳公司将海洋公司持有的第 140236 号、第 1729583 号注册商标注销。海洋公司认为，陈某和李某森恶意串通，采取虚假手续和欺骗手段进行的上述注册商标转让和注销行为，不是海洋公司的真实意思表示，应当依法认定转让行为是侵权行为，注销行为是无效行为。集佳公司在代理涉案商标转让和注销时，未尽其审查义务，也损害了海洋公司的权益。为此诉至法院，请求判决：确认集佳公司、陈某和李某森非法转让第 1725501 号注册商标的行为系侵权行为；确认海洋公司系第 1725501 号注册商标的权利人；确认集佳公司、陈某、李某森注销第 140236 和第 1729583 号注册商标的行为系无效行为。

［参考结论与法理精析］

（一）法院判决

对于海洋公司对集佳公司的诉讼请求，原审法院认为：现有证据不能表明集佳公司在办理涉案商标事务的过程中存在过错，从而导致侵权结果的发生。因此，对海洋公司对集佳公司的诉讼请求，不予支持。原审法院依据《民法通则》第 96 条、1999 年 12 月 25 日修正的《中华人民共和国公司法》第 4 条第 1 款、第 61 条第 2 款、《商标法》第 3 条第 1 款之规定，判决：①确认第 1725501 号注册商标由海洋公司转让至孔某绪及由孔某绪转让至李某森的行为无效；②确认海洋公司为第 1725501 号注册商标的商标专用权人；③确认海洋公司为第 140236 号和第 1729583 号注册商标的商标专用权人。

---

〔1〕　参见北京市第二中级人民法院（2008）二中民终字第 1064 号民事判决书。

原审法院判决后，被告陈某、李某森不服，向北京市第二中级人民法院提出上诉，请求：撤销原审判决，依法公正判决。

北京市第二中级人民法院在审理中查明，被上诉人海洋公司作为第140236号、第1725501号、第1729583号注册商标权人，其对这3个注册商标享有的注册商标专用权，依法应受到我国法律保护。

被上诉人海洋公司的股东虽然在2003年11月发生变化，但该公司的主体、名称、性质并未改变，因此，该公司有权就涉案的3个注册商标主张权利。涉案3个注册商标作为海洋公司的无形资产，其转让和注销属于该公司的重大事项，应由该公司股东会或董事会决定。本案现有证据不能证明涉案第1725501号注册商标转让给孔某绪及第140236号、第1729583号注册商标的注销系由当时的海洋公司的股东会或董事会决定。孔某绪作为海洋公司的法定代表人，其将海洋公司无形资产转让至自己名下却没有相应的转让对价，则更需该公司董事会或股东会决定认可。从涉案第1725501号注册商标转让过程中可以确定，陈某同时作为海洋公司和孔某绪的代理人，参与了涉案第1725501号注册商标的转让，自始至终代孔某绪在申请文件上签字，且其未举证证明其已取得孔某绪的授权，故该转让行为亦不具有形式上的合法性。

基于以上理由，应认定涉案3个注册商标的转让和注销均应属于无效行为。在此前提下，孔某绪再次将涉案第1725501号注册商标转让给李某森的行为也为无效行为。因此，陈某参与转让的涉案第1725501号注册商标应归属海洋公司所有。因此，北京市第二中级人民法院作出"维持原判"的判决。

（二）法律分析及案件的影响

股份制有限公司的商标属公司财产，应由公司股东会或董事会决定转让事宜。商标作为公司的无形资产，与公司的经营与发展有着密切的关系，商标的转让和注销直接影响到公司的经营与发展，并影响到股东的利益，故商标的转让和注销属于公司决策上的重大事项，应由公司股东会或董事会决定。对第1725501号注册商标的转让和对第140236号、第1729583号注册商标的注销行为，均涉及海洋公司重大经营利益，应由海洋公司股东会或者有授权的董事会同意。本案中，由于孔某绪受让商标时系海洋公司的法定代表人，其与海洋公司之间发生的交易，应当经过海洋公司股东会同意，现仅有申请转让商标和注销商标文件上海洋公司的公章，不足以说明涉案商标的转让和注销是经过海洋公司股东会同意的决定，也不足以说明是海洋公司真实意思的表示，故均不应产生法律效果。由于海洋公司转让给孔某绪的第1725501号注册商标的行为系无效民事法律行为，故孔某绪再次转让第1725501号注册商标给李某森的行为也为无效行为。

关于注册商标的转让程序是否合法。孔某绪作为海洋公司的法定代表人，其将海洋公司无形资产转让至自己名下却没有相应的转让对价，则更需该公司董事会或股东会决定认可。从涉案第 1725501 号注册商标转让过程中可以确定，陈某同时作为海洋公司和孔某绪的代理人，参与了涉案第 1725501 号注册商标的转让，自始至终代孔某绪在申请文件上签字，且其未举证证明其已取得孔某绪的授权，故该转让行为亦不具有形式上的合法性。故该转让注册商标的行为无效。

该案涉及较为普遍的股份制有限公司的商标权的归属问题。

拓展案例

案例一：北京世都百货有限责任公司诉北京世都同盟商业管理有限公司、第三人胡某江转让注册商标行为无效纠纷案[1]

1995 年，北京市世都百货有限责任公司（以下简称北京世都百货公司）由黄某斌、薛某阳、胡某江、刘某伟、刘某等人共同出资设立，法定代表人为该公司执行董事胡某江。经营范围为：百货、五金、交电、针纺织品等。1997 年 1 月原告向国家商标局申请注册"世都"商标，同年 9 月 21 日经国家商标局公告，核准予以注册，1997 年 12 月，该公司取得了"世都"商标所有权。由于经营品种齐全，又占地利之便，"世都"品牌虽还无法与北京百货大楼的"王府井"、东安集团的"东安"等老牌子相提并论，但至少在北京地区是知名度较高的，已成为原告重要的无形资产。1998 年胡某江又与他人在北京市门头沟区成立了北京世都同盟商业管理有限公司（以下简称世都同盟公司），经营范围中也有百货、针纺织品等。原告诉称：被告的法定代表人胡某江在原告公司担任执行董事期间，违反公司法规定的竞业禁止义务，与他人共同出资注册了与原告经营范围同类的世都同盟公司，其中胡某江出资 400 万元，占该公司注册资本的 40%，是该公司的最大股东。不仅如此，胡某江还利用在原告公司中担任执行董事和总经理职务的便利条件，在公司其他股东不知情的情况下，于 1999 年 1 月擅自将原告的 1137805 号注册商标——"世都"无偿转让给了由他任执行董事、法定代表人、并占有 40% 股份的被告公司，严重侵害了原告的合法权益，违反了《民法通则》第 58、61 条和《公司法》第 59、61 条的规定。"世都"商标的转让，经过商标管理部门核准，并于当年 1 月 28 日予以公告。2000 年 1

〔1〕　参见北京市第一中级人民法院（2000）一中知初字第 14 号民事判决书。

月，世都百货公司向北京市第一中级人民法院提起了诉讼。要求人民法院判决：①确认原、被告之间转让 1137805 号"世都"注册商标的行为无效；②要求被告将依无效转让行为取得的 1137805 号"世都"注册商标返还给原告。

北京市第一中级人民法院经审理后认为，胡某江作为原告公司执行董事及法定代表人，有义务维护公司利益。但胡某江在既无章程授权，也未经原告股东会同意的情况下，擅自将"世都"商标以口头协商的方式无偿转让给自己占有最大股份的被告公司，给公司的利益带来严重损害，违背了对公司应尽的忠实义务。在实施转让行为时，被告应当知道商标转让是第三人在未经过原告股东会同意的情况下利用职权之便擅自进行的，亦应了解自己无偿受让该商标所给原告造成的巨大损失。在这种情况下，被告为谋取不当利益，与第三人恶意串通，接受转让商标、损害原告利益的行为属于无效民事行为。据此，北京市第一中级人民法院作出一审判决：原告世都百货公司与被告世都同盟公司转让"世都"注册商标的行为无效；被告世都同盟公司于本判决生效之日起 30 日内将"世都"注册商标返还给原告世都百货公司。

股份制公司的商标应属股份制公司所有，公司里的任何人在处理商标事务时，应依照公司章程或股东大会决议进行，不得擅自处理，公司执行董事胡某江在无章程授权，也未经原告股东会同意的情况下，擅自将"世都"商标以口头协商的方式无偿转让给自己占有最大股份的被告公司的行为是不符合《商标法》的规定的，因为根据我国《商标法》的规定，转让注册商标的，只能是商标注册人，亦即商标权人，而胡某江虽然为原告公司的执行董事及法定代表人，但并不是该商标的商标权人，所以该转让是无效的；同时依据我国《商标法》的规定，转让注册商标的，转让人和受让人应当共同向商标局提出申请，并经商标主管机关核准并公告，该注册商标的转让虽然经过商标局的核准和公告，但没有经过转让人和受让人的共同申请，应该属于不符合法律程序的转让，亦应属无效转让。

此案判决法院是从我国公司法和民法规定的角度，认定胡某江在既无章程授权，也未经原告股东会同意的情况下，擅自将"世都"商标以口头协商的方式无偿转让给自己占有最大股份的被告公司，给公司的利益带来严重损害，违背了对公司应尽的忠实义务。在实施转让行为时，被告应当知道商标转让是第三人在未经过原告股东会同意的情况下利用职权之便擅自进行的，亦应了解自己无偿受让该商标所给原告造成的巨大损失。在这种情况下，被告为谋取不当利益，与第三人恶意串通，接受转让商标、损害原告利益的行为属于无效民事行为。

注册商标的许可使用，指商标所有人将其商标许可他人使用并收取许可使用费的行为。过去很多国家为保护消费者的利益，对商标使用许可规定很严格的限制条件。例如：英国和英联邦一些国家长期以来曾要求许可合同的被许可一方需在行政管理机关登记为"注册使用人"后，方可合法使用。但是，随着市场经济的发展，世界范围出现了一种新的趋势，即商标保护和消费者的权利保护应由不同的法律去调整，因而放松对商标使用许可的限制。

案例二：　　　　　　　"爱多"商标许可使用纠纷案[1]

曾经红极一时的"爱多"商标（曾经于1998年以2.1亿元夺得央视的标王）1998年出现危机。1998年12月7日，深圳市中级人民法院（以下简称深圳中院）审理广东"爱多"欠〔深圳佳申实业公司（以下简称佳申公司）〕款一案，依佳申实业公司的申请，对广东"爱多"商标予以查封，后因广东爱多公司无力偿债，经深圳中院许可，广东爱多公司将两个"爱多"商标转让给中山爱多公司所有，由中山爱多公司支付750万元给佳申公司，以偿还广东爱多公司的债务；同时，1999年6月5日，在广东"爱多"商标被深圳中院查封期间，广东爱多公司与广东蓝色火焰广告公司签订《商标使用许可合同》，约定由广东蓝色火焰广告公司使用"爱多"商标至2007年4月13日，从商品销售利润中提取35%，作为许可费付给广东爱多公司，该许可使用行为经商标局备案公告。2000年2月24日，广东蓝色火焰广告公司以中山爱多公司侵害其对"爱多"商标的独占使用权为由，起诉要求中山爱多公司停止侵权行为，销毁侵权产品，赔偿经济损失150万元。随后，中山爱多公司也提起诉讼，请求确认广东爱多公司与广东蓝色火焰广告公司签订的《商标使用许可合同》无效。

法院经审理查明，1998年12月7日，深圳中院依债权人深圳某公司申请，查封了广东爱多公司在国家商标局注册的"爱多"商标。经该院许可，广东爱多公司将商标转让给中山爱多公司，作为交换，中山爱多公司支付750万元的商标转让费，替广东爱多公司偿还欠债。1999年9月20日，两家爱多公司签订《"爱多"注册商标授权使用书》，广东爱多公司授权中山爱多公司独占使用"爱多"商标。随后，中山爱多公司即生产销售"爱多"牌VCD影碟机。广东爱多公司在"爱多"商标被深圳中院查封期间，与广东蓝色火焰广告公司签订了《商标使用许可合同》，因此法院判决：驳回广东蓝色火焰广告公司诉讼请求，支持中山爱多公司诉讼请求。

根据法律的规定，许可使用的商标一定是合法有效的商标，深圳中院在查

---

[1] 邹高翔等："'爱多'商标纠纷案尘埃落定 中山爱多是正宗"，载新浪网，news. sina. com. cn/china/2006 - 06 - 26/101109. html，最后访问日期：2021年12月1日。

封"爱多"商标时，在裁定中写明"查封期间，广东爱多公司可以继续使用，但不得转让、变更给他人使用"，因此，广东爱多公司与广东蓝色火焰广告公司新签商标许可使用合同的内容即属违法。而中山爱多公司是基于法院裁定取得商标使用权，并且国家商标局已于1999年4月核准中山爱多公司是"爱多"商标新的所有权人。尽管广东爱多公司与广东蓝色火焰广告公司的《商标使用许可合同》已经在商标局备案公告，但仍然是一种无效行为。深圳中院的民事裁定书指出，根据《商标法实施细则》（已失效）的相关规定，经协商，将广东蓝色火焰广告公司所持有的有关"爱多"的商标授让给中山爱多公司。

案例三： 日芝商标被撤销案

广东省南海县某电冰箱厂使用注册商标"RIZHI"和未注册商标"日芝"生产组装了27 044台电冰箱，其中有23 939台未经法定质量检验部门检验即出厂销售。而且，这批电冰箱是该厂委托18家企业进行组装的，其中17家属于非国家定点电冰箱组装厂。由于该厂滥施许可，不履行监督商品质量的责任，致使大量劣质"RIZHI""日芝"电冰箱进入市场。兰州市一家商业单位购进"RIZHI""日芝"电冰箱600台，抽检158台，不合格的就有113台，占抽检总数的71.5%。[1]《商标法》规定，"商标注册人可以通过签订商标使用许可合同，许可他人使用其注册商标。许可人应当监督被许可人使用其注册商标的商品质量。被许可人应当保证使用该注册商标的商品质量"。如果商标权人没有履行监督的责任，会导致注册商标被撤销。国家工商行政管理总局商标局认为，该电冰箱厂的行为违反了《商标法》规定，滥施许可，不履行监督商品质量的责任，严重损害了消费者的利益，扰乱了社会经济秩序，在全国造成很坏影响，从而作出撤销该厂"RIZHI"注册商标的决定。

[问题与思考]

1. 重点探讨：股份制有限公司的商标权主体是谁？
2. 不符合商标转让程序的商标转让是否有效？
3. 许可使用的商标一定是合法有效的商标吗？

[重点提示]

商标权的转让和许可使用是商标权利用的两种重要形式之一，也是商标权实现其价值的重要方式。商标权的转让和许可使用要按照法律的规定和程序进

---

〔1〕 王瑜："商标在怎样的情形下会被撤销"，载找法网，https://china. findlaw. cn/chanquan/shang-biaofa/shangbiaozhuce/sbzx/30309_4. html，最后访问日期：2021年12月1日。

行。本章主要讨论的是商标权转让或许可使用的主体适格问题。拓展案例一中所涉及的案例即是股份制有限公司的执行董事将属于公司所有的商标无偿转让给和其有利益关系的公司，即涉及主体资格的不适格问题，因为，商标是股份制有限公司的财产，任何对该公司资产的处理问题都要经由公司章程和股东大会决定；拓展案例二中将被法院冻结的商标有偿许可他人使用，也是主体不适格，因为冻结期内的原商标主体不是完整的商标权主体。

第二十七章

商标权的保护

知识概要

商标侵权行为是违反《商标法》和有关法律的规定，侵害他人注册商标专用权的违法行为。我国确定商标侵权是采取列举的方式。根据我国《商标法》第 57 条的规定，商标侵权行为可分为以下几种类型：①未经商标注册人的许可，在同一种商品上使用与其注册商标相同的商标的；②未经商标注册人的许可，在同一种商品上使用与其注册商标近似的商标，或者在类似商品上使用与其注册商标相同或者近似的商标，容易导致混淆的；③销售侵犯注册商标专用权的商品的；④伪造、擅自制造他人注册商标标识或者销售伪造、擅自制造的注册商标标识的；⑤未经商标注册人同意，更换其注册商标并将该更换商标的商品又投放市场的，此种行为被称为"反向假冒"行为；⑥故意为侵犯他人商标专用权行为提供便利条件，帮助他人实施侵犯商标专用权行为的；⑦给他人的注册商标专用权造成其他损害的行为。

2014 年《商标法实施条例》规定，在同种或类似商品上，将与他人注册商标相同或者近似的标志作为商品名称或者商品装潢使用，误导公众的，故意为侵犯他人注册商标专用权行为提供仓储、运输、邮寄、印制、隐匿、经营场所、网络经营平台等便利条件的，为其他侵犯注册商标专用权的行为；2002 年《最高人民法院关于审理商标民事纠纷案件适用法律若干问题的解释》增加了"将与他人注册商标相同或者相近似的文字作为企业的字号在相同或者类似商品上突出使用，容易使相关公众产生误认的；复制、摹仿、翻译他人注册的驰名商标或其主要部分在不相同或者不相类似商品上作为商标使用，误导公众，致使该驰名商标注册人的利益可能受到损害的；将与他人注册商标相同或者相近似的文字注册为域名，并且通过该域名进行相关商品交易的电子商务，容易使相关公众产生误认的"为商标侵权行为的规定。

商标侵权行为不仅侵害了商标注册人的合法权益，对其造成了经济损失，也侵害了广大消费者的合法利益，破坏了社会主义市场经济秩序。因此商标侵权当事人对其侵权违法行为要承担相应的法律责任。商标侵权的法律责任分为民事责任、行政责任和刑事责任三种形式。民事责任的承担方式是侵权人停止侵害、消除影响、赔偿损失；行政责任的承担方式是工商行政管理部门根据注册人的请求处理商标侵权纠纷，或者依职权主动查处商标侵权行为时，认定侵权行为成立的，可责令立即停止侵权行为，没收、销毁侵权商品和主要用于制造侵权商品、伪造注册商标标识的工具，违法经营额 5 万元以上的，可以处违法经营额 5 倍以下的罚款，没有违法经营额或者违法经营额不足 5 万元的，可以处 25 万元以下的罚款；刑事责任的承担方式即按照《刑法》规定的商标刑事犯罪承担刑事责任，1997 年 10 月 1 日实施的《刑法》规定了三种商标犯罪：假冒他人注册商标罪；故意销售假冒注册商标的商品罪和非法制造、销售注册商标标识罪。

经典案例

商标反向假冒 "枫叶和鳄鱼"北京服装 ·厂 VS 北京同益广告公司纠纷案[1]

[基本案情]

1993 年 12 月 29 日，鳄鱼公司授权北京同益广告公司（以下简称同益公司）在北京贩卖鳄鱼牌（CROCODILE BRAND）皮鞋、皮带、皮夹等皮革制品和卡帝乐牌（CARTELD BRAND）男装、女装、童装服饰系列等；授权书使用期从 1994 年 1 月 1 日至 1995 年 12 月 31 日止。

同年 4 月 7 日，同益公司与百盛购物中心签订设置专柜合同书，约定：百盛购物中心同意同益公司自 1994 年 1 月 1 日至 1994 年 12 月 31 日止在该中心内设置专卖柜，双方联合销售鳄鱼牌（CROCODILE BRAND）和卡帝乐牌（CARTELD BRAND）商品。同益公司早于同年 2 月 18 日即在百盛购物中心设立"鳄鱼专卖点"进行销售活动。1994 年 4 月 15 日，同益公司工作人员通过北京服装一厂所属的经营部以每条 188.03 元的价格购买北京服装一厂生产的"枫叶"牌男西裤 26 条，随后将其中的 25 条男西裤的"枫叶"商标更换为"卡帝乐"商标，在百盛购物中心"鳄鱼专卖点"进行销售。1994 年 4 月 28 日，北京服装一厂工作人员在百盛购物中心鳄鱼专卖点以每条 560 元的价格购买已更换成"卡帝乐"商标的男西裤 2 条，百盛购物中心出具了销售发票。北京市西城区公证处对该购买行为进行了公证（公证书称的所购西裤为"鳄鱼"牌，但经庭审勘

---

[1] 罗东川："审理'枫叶'诉'鳄鱼'案的几个问题"，载《中华商标》1998 年第 4 期。

验，实为"卡帝乐"牌）。于是，原告北京服装一厂以被告百盛购物中心构成侵犯商业信誉、不正当竞争为由向北京市第一中级人民法院起诉，后法院根据审理情况和当事人的申请将鳄鱼公司、开发促进会追加为共同被告。

[法律问题]

1. 同益公司购买北京服装一厂生产的"枫叶"牌男西裤，并将"枫叶"商标更换为"卡帝乐"商标，在百盛购物中心"鳄鱼专卖点"进行销售的行为属于什么行为？

2. 如何认定商标反向假冒？

[参考结论与法理精析]

（一）法院判决

被告百盛购物中心应诉后辩称，为在该中心设立鳄鱼专卖店，其曾与同益公司约定了免责内容，其中包括该公司对于所陈列或销售商品，不得有侵害他人商标权等不法事宜，如有违反，该公司除须负法律责任外，亦须赔偿百盛购物中心因此所产生的费用及损失。原告所称事实若属实，亦与其无关，其责任应由同益公司承担。

被告同益公司（在接到起诉状后，未被吊销法人营业执照前）辩称，该公司是在取得鳄鱼公司的合法授权后，在百盛购物中心销售鳄鱼公司的"鳄鱼"和"卡帝乐"产品。其更换商标的行为服装一厂是知道的，但并未反对，故同益公司未侵犯原告的商标专用权，亦不存在不正当竞争问题。

被告鳄鱼公司认为，"鳄鱼""卡帝乐"等商标具有极高的知名度，该公司从事合法的经营活动，恪守职业道德，对原告无任何不正当竞争行为。同益公司取得该公司的授权，成为该公司的销售商，负有不得出售假冒"鳄鱼""卡帝乐"商品的义务。其更换商标的行为不应代表鳄鱼公司，鳄鱼公司对同益公司的行为不负有任何责任。

被告开发促进会（1994年6月19日，同益公司因未按规定参加1993年度企业年检被工商局吊销了营业执照，由同益公司的组建单位开发促进会作为被告参加诉讼）辩称，从工商行政管理部门的备案材料看，该会为同益公司的上级主管部门，但实质上同益公司与该会仅为挂靠关系，故该会不应对同益公司的行为负连带责任。

法庭经审理认为，服装一厂享有的商业信誉和公平竞争的权利，应受到法律保护。同益公司虽曾得到过鳄鱼公司的授权，在北京销售"鳄鱼"皮革制品和"卡帝乐"服装服饰等，但该授权并不意味着同益公司可以自行组织货源而将已进入市场流通中的他人产品的商标撕下，更换成"卡帝乐"商标后高价销售。同益公司是利用原告的优质产品牟取暴利，无偿地占有了原告为创立其商业信誉和通过正当竞争占有市场而付出的劳动，其行为违反了诚实信用、公平竞争的基本原则，妨碍原告商业信誉、品牌的建立，使原告的商业信誉受到一定程度的损害，正当竞争的权利受到一定的影响。因此，同益公司的行为构成侵权。被告百盛购物中心曾与同益公司签订过在该中心内设置"鳄鱼专卖柜台"的协议书，虽然在该协议书中有明确的免责条款，但该条款不能对抗第三方。从查明的事实看，百盛购物中心并未参与同益公司侵权行为的实施，不能证明其主观上有过错。因此，百盛购物中心不应承担侵权责任。被告鳄鱼公司对同益公司的授权虽不完备，但更换商标的行为系同益公司的工作人员擅自实施，且该行为已超出了授权范围，属被授权人滥用权利。因此，鳄鱼公司对同益公司的侵权行为主观上亦无过错，不应承担侵权责任。

对于法院的判决，服装一厂、百盛购物中心、鳄鱼公司、开发促进会下属同益公司等四方均未提起上诉，诉讼双方平和地接受了这一判决。

（二）法律问题及该案的影响

"鳄鱼"和"枫叶"之间的商标纠纷，是一起典型的反向假冒商标案件，国外的商标法律是明确予以制止的。如美国《兰汉姆法》第1125条第128款规定，反向假冒者应负的侵权责任应与假冒他人商品相同；法国《知识产权法典》第L713-2条规定，注册商标权人有权禁止他人未经许可使用与自己相同或近似的商标，也有权禁止他人未经许可撤换自己依法帖附在商品上的商标标识；澳大利亚1995年《商标法》第148条规定，未经许可撤换他人商品上的注册商标或出售经撤换商标后的商品，均构成刑事犯罪。此案发生时，我国对此类商标侵权行为并没有明确的规定，因此在此案审理中法院以北京同益广告公司损害服装一厂的商业信誉为由，判处同益广告公司构成侵权；针对此类侵权行为，2001年《商标法》的修订增加了对此类行为的规制，《商标法》第52条第4款明确规定，未经商标注册人同意，更换其注册商标并将该更换商标的商品又投入市场的属商标侵权行为。

该案的发生为我国《商标法》的第三次修订奠定了实践的基础，自此，我国商标法中增加了反向假冒的规定。

拓展案例

案例一：　　　　　　　假冒注册商标案[1]

上海雷盾电器有限公司是一家从事防雷避雷产品生产与销售的公司。2011

---

〔1〕　李洁："商标维权艰难之路"，载李洁博客，2013年6月1日访问。

年 4 月 14 日，上海市松江区质量技术监督局稽查执法人员与上海市公安局松江
分局在该公司的经营场所内，当场查获大批配有"OBO"及"OBO BETTER-
MANN"专有注册商标的系列产品及部分产品外壳和印制板若干张，其中成品上
均印有"OBO"注册商标，产品包装盒及外包装上另印有"OBO BETTER-
MANN"注册商标。两商标均为欧宝电气（深圳）有限公司在中国合法专有的
注册商标。后经鉴定，现场查获的大批量产品均为假冒产品。

案例二：　　　苹果公司与唯冠科技（深圳）公司
"IPAD"商标之争[1]

　　2000 年唯冠台北公司在多个国家与地区分别注册了"IPAD"商标；2001
年，唯冠科技（深圳）公司（以下简称唯冠科技）又在内地注册了"IPAD"商
标；2006 年，苹果公司在英国起诉唯冠闲置"IPAD"商标败诉；2009 年，唯冠
台北公司将"IPAD"全球商标转让给苹果公司旗下 IPAD 公司；2010 年 4 月，
深圳市中级人民法院受理苹果公司诉唯冠科技商标权权属纠纷案；2011 年 2 月，
苹果公司诉唯冠科技商标权权属纠纷案开庭；2011 年 12 月，苹果公司诉唯冠科
技商标权案一审判决败诉；2011 年 12 月，唯冠科技在深圳福田、惠州起诉了苹
果公司当地经销商；2012 年 1 月，苹果公司向广东省高级人民法院提起上诉。
2012 年 1 月，唯冠科技向上海法院申请禁止令要求禁售 iPad 产品。根据我国
《商标法》第 39 条的规定，对侵犯注册商标专用权的，被侵权人可以向县级以
上工商行政管理部门要求处理，也可以直接向人民法院起诉。调解是发生纠纷
的当事人在其他机构或个人根据事实和法律的居中调和下，互谅互让，达成合
意的一种解决争议的方式。我国调解可分为司法调解、人民调解、民间调解
（诉讼外调解）和行政调解等。其中司法调解也叫诉讼调解，是指在人民法院的
审判人员主持下，各方当事人自愿就各种权益争议平等协商，达成协议，并由
法院监督执行，从而解决纠纷所进行的活动。

　　苹果公司 iPad 产品是一款在市场上广受欢迎的产品，其如果失去"IPAD"
的商标权，会对其产品产生很大影响；在纠纷发生时，唯冠科技正濒临破产边
缘，涉及的债权人达数百人，其最大的财产估值集中在"IPAD"商标上，此时
若能以苹果公司能够接受的价格转让"IPAD"商标，将"水到渠成"。为此，

---

　　〔1〕　汪红丽："解读苹果公司与深圳唯冠'IPAD'商标之争——兼谈'IPAD'商标归属与苹果应
对策略"，载百度文库，https://wenku.baidu.com/view/5fb4ea0b52ea551810a687b5.html，最后访问日期：
2013 年 6 月 1 日。

苹果公司一方面可以获得"IPAD"商标；另一方面，避免"重起炉灶"、重新培育商标的巨大成本。因此，诉讼法院认为，对双方当事人来讲，调解是解决其纠纷的最佳方式，并最终经广东省高级人民法院促成双方以 6000 万美元达成调解。

该案的成功调解彻底解决了涉案双方的一系列纷争，向国际社会展现了我国日益成熟的知识产权法律制度和司法保护状况，该案被列为"2012 年度中国法院知识产权司法保护十大案件"。

[问题与思考]

1. 商标侵权的类型有哪些？

2. 什么是其他侵害商标权的行为？

3. 如何认定假冒注册商标罪？

4. 如何认定非法经营额？

5. 如何处理商标侵权纠纷？

[重点提示]

保护商标权人的商标权是商标法重要的立法宗旨之一。保护商标权问题是一个非常复杂的问题。本章拓展案例二所探讨的"苹果公司与唯冠科技（深圳）公司'IPAD'商标之争"即反映了这种复杂性。在苹果公司与唯冠公司的"IPAD"商标之争中，如果苹果公司奋力抗争，可能会失去中国这个日益成长的市场，因此在诉讼法院的调解下，双方达成调解协议。这也为处理这一类商标纠纷提供了解决思路。

第五编
....
其他知识产权

反不正当竞争与商业秘密法律制度

知识概要

　　商业秘密（Trade Secrets）是指不为公众所知悉、能为权利人带来经济利益，具有实用性并经权利人采取保密措施的技术信息和经营信息。本章主要了解不正当竞争行为与商业秘密的含义及特征、不正当竞争行为的具体表现形式、不正当竞争行为的法律后果以及商业秘密的构成要件等内容。本章的重点在于了解与知识产权相关的不正当竞争行为；难点在于掌握反不正当竞争法与知识产权法的关系；疑点在于如何界定商业秘密的具体范围。

经典案例

北京百度网讯科技有限公司诉中国联合网络通信有限公司
青岛市分公司等不正当竞争纠纷上诉案[1]

[基本案情]

　　上诉人中国联合网络通信有限公司青岛市分公司（以下简称联通青岛公司）、青岛奥商网络技术有限公司（以下简称奥商网络公司）与被上诉人北京百度网讯科技有限公司（以下简称百度公司）、原审被告中国联合网络通信有限公司山东省分公司（以下简称联通山东公司）、原审第三人青岛鹏飞国际航空旅游服务有限公司（以下简称鹏飞航空公司）不正当竞争纠纷一案，上诉人不服山东省青岛市中级人民法院（2009）青民三初字第110号民事判决提起上诉。

　　审法院审理查明，百度公司成立于2001年6月5日，其经营范围为互联网信息服务业务，经北京市通信管理局核准经营网址为www.baidu.com的百度网站，该网站主要向网络用户提供互联网信息搜索服务，现为国内知名的搜索引擎网站。奥商网络公司成立于2003年9月22日，其经营范围包括网络工程建

---

〔1〕　参见山东省高级人民法院（2010）鲁民三终字第5-2号民事判决书。

设、网络技术应用服务、计算机软件设计开发等。其网站为 www. og. com. cn，该公司在上述网站"企业概况"中称该公司拥有四个网站：中国奥商网（www. og. com. cn），讴歌网络营销伴侣（www. og. net. cn），青岛电话实名网（www. 0532114. org），半岛人才网（www. job17. com）。该公司在该网站中介绍其"网络直通车"业务时称：无需安装任何插件，广告网页强制出现。其介绍"搜索通"产品表现形式时以图文方式列举了下列步骤：第一步在搜索引擎对话框中输入关键词；第二步优先出现网络直通车广告位（5 秒钟展现）；第三步同时点击上面广告位直接进入宣传网站新窗口；第四步 5 秒后原窗口自动展示第一步请求的搜索结果。该网站还以其他形式介绍了上述服务。联通青岛公司系原中国网通公司青岛分公司与原中国联通公司青岛分公司合并，于 2008 年 10 月 24 日被核准成立。联通青岛公司的经营范围包括因特网接入服务和信息服务等业务，青岛信息港（域名为 qd. sd. cn）为联通青岛公司所有的网站。"电话实名"系联通青岛公司与奥商网络公司共同合作的一项语音搜索业务；网址为 www. 0532114. org 的"114 电话实名语音搜索"网站表明该网站版权所有人为联通青岛公司，独家注册中心为奥商网络。联通山东公司亦系有关公司合并而成立，核准成立日期为 2009 年 3 月 11 日，其经营范围亦包括因特网接入服务和信息服务业务。联通山东公司网站（www. sdcnc. cn）显示，联通青岛公司是其下属分公司。鹏飞航空公司成立于 2002 年 6 月 14 日，其经营范围包括航空机票销售代理等。

2009 年 4 月 14 日，山东省青岛市市中公证处出具编号为（2009）青市中证民字第 002187 号的公证书，对百度公司委托代理人利用该处计算机进行登录百度搜索等网站操作过程予以公证，该公证书记载的主要内容如下：①登录 www. ip138. com，该网站显示公证处上网的计算机 IP 地址为 221. 3. 38. 111，对该地址查询其地理位置时显示：本站主数据：山东省青岛市网通；参考数据一：山东省青岛市网通；参考数据二：山东省青岛市网通 ADSL。②登录百度网站（www. baidu. com），搜索免费的网络协议检测程序软件 wireshark，根据百度网站提供的链接，登录名为"海上软件园"（网址为 www. softsea. net）的网站，下载了名称为"wireshark – win32 – 1. 1. 2. exe"的程序并在计算机上进行安装。③登录百度网站（www. baidu. com），在该网站显示对话框中输入"鹏飞航空"，点击"百度一下"，弹出一显示有"打折机票抢先拿就打 114"的页面，随后该页面转至相应的"鹏飞航空"搜索结果页面。④登录百度网站（www. baidu. com），在该网站显示对话框中输入"航空票务"，操作"wireshark – win32 – 1. 1. 2. exe"程序生成后台记录文件。⑤登录百度网站（www. baidu. com），在该网站显示对话框中输入"鹏飞航空"，点击"百度一下"，弹出一显示有"打折机票抢先拿就打

114"的页面，迅速点击该页面中显示有"打折机票抢先拿就打 114"的页面，打开了一显示地址为 http://air. qd. sd. cn 的页面，操作"wireshark – win32 – 1. 1. 2. exe"程序生成后台记录文件。

同日，山东省青岛市市中公证处出具编号为（2009）青市中证民字第 002188 号的公证书，对百度公司委托代理人利用该处计算机进行登录百度搜索等网站操作过程予以公证，该公证书记载的主要内容为：登录百度网站（www. baidu. com），在该网站显示对话框中输入"青岛人才网"，点击"百度一下"，弹出一显示有"找好工作到半岛人才网 www. job17. com"的页面，迅速点击该页面中显示之"马上点击"，打开了一显示地址为 http:// www. job17. com/ 的页面。登录百度网站（www. baidu. com），在该网站显示对话框中输入"电话实名"，点击"百度一下"，弹出一显示有"查信息打 114，语音搜索更好用"的页面，随后该页面转至相应的"电话实名"搜索结果页面。对于在联通青岛公司网络信号内，登录百度网站输入相应关键词会弹出有关广告页面，百度公司以专家的名义对（2009）青市中证民字第 002187 号的公证书记载的页面访问记录及相应后台文件进行了如下分析：使用的主要工具为数据包分析工具（wireshark – setup – 0. 99. 6a. exe）、windows 自带的 ping 命令、www. ip138. com 提供的 IP 地址信息查询服务、whois. webmasterhome. cn 提供的 whois 域名信息查询服务。结论是：①编号为 56 的数据包可疑，该数据包所传输的 HTML 代码会造成如下结果：在用户的浏览器中显示广告（http://61. 156. 12. 58/webts/cnc/114dingpiao1/index. html），并在 8 秒钟后，再向百度发出用户之前发出的搜索请求；②从公开的查询信息来看，frame 的源链接指向的 URL 地址（http:// 61. 156. 12. 58/webts/cnc/114dingpiao1/index. html）所链接的网站（http:// air. qd. sd. cn/）与联通山东公司的下属网站——青岛信息港（www. qd. sd. cn）具有相同域（qd. sd. cn）；③依据同域原则，网站 air. qd. sd. cn 是联通山东公司下属网站——青岛站点所属。

[**法律问题**]

1. 不正当竞争行为的构成条件有哪些？

2. 网络环境下如何认定不正当竞争行为？

3. 不正当竞争行为承担哪些法律后果？

[**参考结论与法理精析**]

（一）法院意见

一审法院认为，本案百度公司起诉奥商网络公司、联通青岛公司、联通山东公司要求其停止不正当竞争行为并承担相应的民事责任，并且援引《反不正当竞争法》第 2 条原则性条款作为其法律依据。据此，一审法院认为，判断百度公司主张能否成立应当遵循以下步骤：

1. 奥商网络公司、联通青岛公司、联通山东公司是否实施了百度公司所指控的行为。从查明的事实可以看出，百度公司在申请青岛市市中公证处进行证据保全的过程中，通过联通青岛公司所提供的互联网接入服务登录百度公司所属搜索网站 www. baidu. com，在百度网站显示对话框中输入"鹏飞航空"进行搜索时，会弹出一显示有"打折机票抢先拿就打114"的页面，点击该页面打开了一显示地址为 http://air. qd. sd. cn 的页面；在百度网站显示对话框中输入"青岛人才网"进行搜索，会弹出一显示有"找好工作到半岛人才网 www. job17. com"的页面，点击该页面打开了一显示地址为 http://www. job17. com/的页面；在百度网站显示对话框中输入"电话实名"，点击"百度一下"，弹出一显示有"查信息打114，语音搜索更好用"的页面，随后该页面转至相应的"电话实名"搜索结果页面。

根据查明的事实，www. job17. com 系奥商网络公司所属网站半岛人才网，"电话实名语音搜索"系联通青岛公司与奥商网络公司合作经营的业务，当事人对此并无异议。本案当事人所争议的在于 IP 地址为 http://air. qd. sd. cn 的网站是否属于联通青岛公司所有，对此原审法院认为：首先，对于域名 qd. sd. cn 属于联通青岛公司所有当事人均无异议，且联通青岛公司也将其作为"青岛信息港"的域名实际使用。其次，一个完整的域名由两个或两个以上部分组成，各部分之间用英文的句号"."来分隔，最后一个"."的右边部分称为顶级域名，最后一个"."的左边部分称为二级域名，二级域名的左边部分称为三级域名，以此类推，因此，http://air. qd. sd. cn 是 qd. sd. cn 的子域。最后，虽然联通青岛公司提出了 qdmuh. qd. sd. cn 网页打印件，其目的在于证明 qd. sd. cn 下的子域名并非当然属于其所有，但原审法院认为，联通青岛公司回避了这样的一个问题：作为 qd. sd. cn 的域名所有人，其子域名的取得是否要经过他的许可。根据域名命名的一般规则，每一级的域名控制它下一级域名的分配，尽管域名持有人与子域名的使用人可以不是同一民事主体，但除非域名持有人将自己的子域名转让给他人使用，否则其他人不可能通过正当途径来使用域名持有人的子域名，对此联通青岛公司并没有提出相反证据予以否定。联通青岛公司作为 qd. sd. cn 的域名持有人，有能力证明百度公司在进行公证保全时的 http://air. qd. sd. cn 域名实际使用人，但是其并未对此说明，一审法院认定在百度公司公证保全时该子域名的使用人为联通青岛公司。在互联网上登录搜索引擎网站进行关键词搜索时，正常出现的应该是搜索引擎网站搜索结果页面，不应弹出与搜索引擎网站无关的其他页面，但是在联通青岛公司所提供的网络接入服务网络区域内，却出现了与搜索结果无关的广告页面强行弹出的现象，这种广告页面的弹出并非接入互联网的公证处计算机本身安装程序所导致，联通青岛公司既没有证据说明在其他网络接入服务商网络区域内会出现同样情况，也没有对在其网络接入服务区域内出现的上述情况给予合理解释，应当认为百度公司对此进行的解释成立，即在联通青岛公司提供互联网接入服务的区域内，对于网络服务对象针对百度网站所发出的搜索请求进行了人为干预，使干预者想要发布的广告页面在正常搜索结果页面出现前强行弹出。关于谁是上述干预行为的实施主体问题，从查明的事实来看，奥商网络公司在其主页中对其"网络直通车"业务的介绍，其中关于广告强行弹出的介绍与百度公司公证保全的形式完全一致，且公证保全中所出现的弹出广告页面"半岛人才网""114 电话语音搜索"均是其正在经营的网站或者业务，换言之，奥商网络公司是该干预行为的受益者，在其没有提供证据证明存在其他主体为其实施上述广告行为的情况下，应当认为奥商网络公司是上述干预行为的实施主体。虽然奥商网络公司是上述干预行为的实施主体，但是并不意味奥商网络公司是唯一的实施主体。原审法院认为，奥商网络公司这种干预行为不是通过在客户端计算机安装插件、程序等方式实现，而是在特定网络接入服务区域内均可以实现，因此，这种行为如果没有网络接入服务商的配合无法实现，联通青岛公司并没有证据证明奥商网络公司是通过非法手段干预其互联网接入服务而实施上述行为，同时根据查明的事实，http://air.qd.sd.cn 域名实际使用人为联通青岛公司，并且联通青岛公司与奥商网络公司合作经营电话实名业务，即联通青岛公司亦是上述行为的受益人，因此，一审法院认为，联通青岛公司亦是上述干预行为的实施主体。关于联通山东公司，因联通山东公司、联通青岛公司同属于中国联合网络通信有限公司的分支机构，百度公司并无证据证明两公司具有开办和被开办的关系，也无证据证明联通山东公司参与实施了原审法院认定的行为，联通青岛公司作为民事主体有承担民事责任的资格，故百度公司针对联通山东公司的诉讼请求，一审法院不予支持。百度公司将鹏飞航空公司作为本案第三人，但是百度公司在诉状及庭审过程中并未指出鹏飞航空公司有任何不正当竞争行为，也未要求鹏飞航空公司承担任何民事责任，故百度公司将鹏飞航空公司作为第三人属于列举当事人不当，一审法院不予支持。

2. 该干预行为是否构成不正当竞争。在确定联通青岛公司与奥商网络公司实施了上述干预行为后，该行为是否构成《反不正当竞争法》意义上的不正当竞争行为是本案审理的另一个焦点问题。一审法院认为，我国《反不正当竞争法》第二章对于不正当竞争行为进行了列举式规定，对于那些没有在具体条文中规定，但是当事人认为构成不正当竞争的行为，人民法院可以适用《反不正当竞争法》第 2 条原则性规定予以判断和规范。但是人民法院在判断时应当遵循以下原则，即对于法律未作特别规定的竞争行为，只有按照公认的商业标准和普遍认识能够认定违反原则性规定时，才可以认定为不正当竞争行为，防止因不适当扩大不正当竞争范围而妨碍自由、公平竞争。据此，一审法院认为，判断联通青岛公司、奥商网络公司的上述行为是否构成不正当竞争，应当具备以下几个要件：①该行为的实施者为《反不正当竞争法》意义上的经营者；②经营者在从事商业行为时，没有遵循自愿、平等、公平、诚实信用原则，违反了公认的商业道德；③经营者的该不正当竞争行为给正当经营者造成了经济损失。对于联通青岛公司与奥商网络公司的行为是否符合上述要件，一审法院认为：首先，应当明确，经营者的确定并不要求百度公司与联通青岛公司、奥商网络公司属同一行业或服务类别，只要是从事商品经营或者营利性服务的市场主体即可成为经营者，本案中联通青岛公司与奥商网络公司均属于从事互联网相关业务的市场主体，属于《反不正当竞争法》意义上的经营者。其次，在互联网上发布广告、进行商业活动与传统商业模式存在较大差异，通过先进的计算机网络技术手段，可以实现传统商业模式下无法达到的商业效果。但是尽管如此，从事互联网相关业务的经营者仍应当通过诚信经营、公平竞争来获得相应利润或竞争优势，不能未经他人许可、利用他人的知名度或者市场份额来进行商业运作并从中获利。本案中，联通青岛公司与奥商网络公司实施的行为，是利用了百度网站搜索引擎在我国互联网用户中被广为知晓并被广泛使用的实际情况，利用技术手段，让通过使用联通青岛公司提供互联网接入服务的网络用户，在登录百度网站进行关键词搜索时，在正常搜索结果显示前弹出奥商网络公司发布的广告页面，这种行为显然属于利用百度公司的市场知名度来为自己牟利的行为，这种行为既没有征得百度公司的同意，也违背了使用其互联网接入服务用户的意志，违背了公认的商业道德。最后，联通青岛公司与奥商网络公司的该行为，在百度搜索结果出现之前强行弹出其投放的广告页面，诱使本可能通过百度公司搜索结果检索相应信息的网络用户点击该广告页面，影响了百度公司按照自己意志向网络用户提供服务，致使百度公司难以实现其预期商业目的，损害了百度公司的经济利益。由于所弹出广告并非网络用户自主选择的结果，该行为还容易导致网络用户误以为弹出广告页面系百度公司所为，会使网络用户对百度公司所提供服务的评价降低，对百度公司的商业信誉产生一定不利影响。据此，一审法院认为，联通青岛公司、奥商网络公司的行为已构成不正当竞争，依法应当承担相应的民事责任。

　　3. 关于联通青岛公司、奥商网络公司承担民事责任的具体方式。由于联通青岛公司与奥商网络公司共同实施了不正当竞争行为，依照《民法通则》第130条的规定应当承担连带责任，其承担民事责任的具体方式，依照《民法通则》

第 134 条、《反不正当竞争法》第 20 条的规定，应当承担停止侵权、赔偿损失、消除影响的民事责任。具体责任形式为：首先，联通青岛公司、奥商网络公司应当立即停止不正当竞争行为，即不得利用技术手段，使通过联通青岛公司提供互联网接入服务的网络用户，在登录百度网站进行关键词搜索时，弹出联通青岛公司、奥商网络公司的广告页面。其次，根据一审法院上述分析，联通青岛公司、奥商网络公司的行为给百度公司造成了经济损失，但是百度公司提出 480 万元的损失并无法律和事实依据，原审法院根据百度公司为本案支出的合理费用、不正当竞争行为的情节、持续时间等酌定联通青岛公司、奥商网络公司共同向百度公司赔偿经济损失人民币 20 万元。最后，互联网用户在登录百度进行搜索时面对弹出的广告页面，通常会认为该行为系百度公司所为，因此联通青岛公司、奥商网络公司的行为给百度公司造成了一定负面影响，应当承担消除影响的民事责任，由于该行为发生在互联网上，且发生在联通青岛公司提供互联网接入服务的区域内，故原审法院确定联通青岛公司、奥商网络公司应在其各自的网站上（青岛信息港 www. qd. sd. cn、中国奥商网 www. og. com. cn）的首页上刊登消除影响的声明，内容须经原审法院审核，该声明应当连续发布 15 天。

综上，依照《民法通则》第 130 条、第 134 条，《反不正当竞争法》第 20 条的规定判决：①奥商网络公司、联通青岛公司于本判决生效之日起立即停止针对百度公司的不正当竞争行为，即不得利用技术手段，使通过联通青岛公司提供互联网接入服务的网络用户，在登录百度网站进行关键词搜索时，弹出奥商网络公司、联通青岛公司的广告页面。②奥商网络公司、联通青岛公司于本判决生效之日起 10 日内赔偿百度公司经济损失人民币 20 万元。③奥商网络公司、联通青岛公司于本判决生效之日起 10 日内在各自网站（青岛信息港 www. qd. sd. cn、中国奥商网 www. og. com. cn）首页位置上刊登声明以消除影响，声明刊登时间应为连续的 15 天，声明内容须经原审法院审核；逾期不执行的，原审法院将在国内相关门户网站上公开本判决的主要内容，所需费用由奥商网络公司、联通青岛公司共同承担。④驳回百度公司的其他诉讼请求。

上诉人联通青岛公司不服一审判决提起上诉，请求撤销一审判决，依法改判。其主要理由如下：一是一审判决认定的事实仅是一种可能性，而非确定性的事实：①一审判决认定联通青岛公司是 air. qd. sd. cn 的实际所有人错误。②一审认定联通青岛公司是本案被控侵权行为的实施主体不符合逻辑。二是一审判决认定联通青岛公司存在不正当竞争行为错误：①百度公司所提供的搜索引擎服务并非营利性服务，不属于《反不正当竞争法》规定的"经营者"范畴，百度公司在本案中不具备提起不正当竞争之诉的主体资格。②百度公司、联通青岛公司之间不存在竞争关系，本案不成立不正当竞争之诉。百度公司答辩称，一审判决认定事实清楚，适用法律正确，联通青岛公司的上诉理由不成立，请求驳回上诉，维持原判。

二审法院经审理认为，本案当事人之间争议的焦点问题为：

1. 原审判决认定的事实是否正确？首先，关于涉案 http://air.qd.sd.cn 网站是否属于联通青岛公司所有问题。域名是互联网络上识别和定位计算机的层次结构式的字符标识。涉案域名 qd.sd.cn 属于联通青岛公司所有，并被作为"青岛信息港"的域名实际使用。air.qd.sd.cn 作为 qd.sd.cn 的子域，是由其上级域名 qd.sd.cn 分配与管理的。联通青岛公司作为域名 qd.sd.cn 的持有人否认域名 air.qd.sd.cn 为其所有，但没有提供证据予以证明，一审判决认定在百度公司公证保全时该子域名的使用人为联通青岛公司所有，并无不当。其次，关于联通青岛公司是否是涉案被控侵权行为的实施主体问题。涉案被控侵权行为发生在特定互联网接入服务区域，奥商网络公司作为本案被控侵权行为的实施主体，在没有证据证明奥商网络公司是通过非法手段干预特定互联网接入服务的情况下，没有互联网接入服务商的配合，奥商网络公司是无法实现本案被控侵权行为的。同时，联通青岛公司是域名 air.qd.sd.cn 的所有人，因持有或使用域名而侵害他人合法权益的责任，由域名持有者承担。因此，一审法院认定联通青岛公司是涉案被控侵权行为的实施主体，并无不当。

2. 联通青岛公司是否存在不正当竞争行为？首先，关于百度公司在本案中是否具备诉讼主体资格问题。百度公司一方面面向普通上网用户提供免费的网页搜索服务，另一方面也面向企业和个人提供收费的搜索服务与推广服务，上网用户在百度网站输入关键词进行搜索时，百度网站会通过搜索引擎找到并呈现与关键词相关的页面信息，同时在网站右侧，出现与关键词相匹配的付费企业网站链接（上网用户在百度网站搜索相应的关键词——搜索结果中存在上网用户最感兴趣的付费链接——网民点击该链接获取所需信息，同时被链接网站向百度公司支付服务费），这是百度网站的一种商业运作模式，也是一种正当的营利方式，百度公司属于《反不正当竞争法》意义上的经营者，具备本案的诉讼主体资格。其次，关于联通青岛公司、百度公司之间是否存在竞争关系，联通青岛公司的行为是否构成不正当竞争问题。虽然联通青岛公司是互联网接入服务经营者，百度公司是搜索服务经营者，服务类别上不完全相同，但联通青岛公司实施的在百度搜索结果出现之前弹出广告的商业行为与百度公司的付费搜索模式存在竞争关系。根据涉案公证书的记载，在百度网站搜索"鹏飞航空"，弹出"打折机票抢先拿就打 114"的广告页面，搜索"青岛人才网"，弹出"找好工作到半岛人才网 www.job17.com"的广告页面，搜索"电话实名"

弹出"查信息打 114，语音搜索更好用"的广告页面，可以看出搜索时弹出的广告是有针对性的，与搜索的关键词及内容有紧密关系。联通青岛公司利用百度网站搜索引擎在我国互联网用户中的市场知名度，通过技术手段，在百度搜索结果出现之前强行弹出其投放的与搜索的关键词及内容有紧密关系的广告页面，诱使本可能通过百度公司搜索结果检索相应信息的网络用户点击该广告页面，影响了百度公司按照自己意志向网络用户提供付费搜索服务与推广服务，也会导致百度网站上付费搜索客户流失，属于利用百度公司的市场知名度来为自己牟利的行为。这种行为破坏了百度公司的商业运作模式，损害了百度公司的经济利益，还会导致上网用户误以为弹出的广告页面系百度公司所为，使上网用户对百度公司所提供服务的评价降低，对百度公司的商业信誉产生一定不利影响，同时也违背了诚实信用、公平交易的市场行为准则和公认的商业道德。因此，一审判决依照《反不正当竞争法》第 2 条认定联通青岛公司、奥商网络公司的行为构成不正当竞争，并无不当。故驳回上诉，维持原判。

（二）本案的社会影响

本案作为"2010 年中国法院知识产权司法保护十大案件"之一，引起了法学界和网络产业界的广泛关注。首先，本案是网络环境下出现的新类型的不正当竞争纠纷，对后来处理类似案件起到了引领作用。其次，本案不仅涉及较为疑难的技术事实查明问题，即在网络技术条件下如何认定不当干预行为的实施主体，而且涉及较为复杂的法律问题，即对反不正当竞争法上的竞争关系的理解以及原则条款的适用。再次，本案裁决关于反不正当竞争法上的竞争关系不以经营者属同一行业或服务类别为限的认定以及对反不正当竞争法原则条款的正确运用和把握，对司法实践中如何正确理解法律规定和正确适用法律具有重要的积极作用。最后，本案在审理过程中，充分发挥了网络技术专家证人的作用，合理运用证明责任规则，解决了技术事实查明问题，对同类案件的审理具有较强的借鉴意义，也为我国进行知识产权案件的司法审判模式的改革提供了很好的经验。

拓展案例

案例一：鹤壁市反光材料有限公司与宋某超、鹤壁睿明特科技
有限公司、李某发侵害商业秘密纠纷案[1]

宋某超自 2006 年起在鹤壁市反光材料有限公司（以下简称反光材料公司）

---

〔1〕　参见河南省高级人民法院（2016）豫民终 347 号民事判决书。

任业务员，主要负责部分省份的销售及客户拓展工作。反光材料公司与宋某超先后签订两份劳动合同，并约定有保密条款和竞业限制条款。反光材料公司对其经营信息制定有保密制度，对客户及潜在客户信息采取了必要的保密措施，同时向宋某超及其他业务员支付了保密费用。鹤壁市睿欣商贸有限公司（以下简称睿欣公司，即鹤壁睿明特科技有限公司前身）成立于2011年6月22日，经营范围为钢材、建材、五金交电、涂板、反光护栏。在睿欣公司经营期间，宋某超以宋某的名义参与办理睿欣公司工商登记手续的相关工作。睿欣公司银行往来账目显示，自2011年8月1日至2015年7月31日期间，睿欣公司与反光材料公司的多笔交易客户重合，宋某超以个人名义从睿欣公司账户取款多次。反光材料公司遂以侵害商业秘密为由，将宋某超等诉至法院。一审法院认为，宋某超、睿欣公司对反光材料公司的商业秘密构成共同侵权。二审法院认为，根据反光材料公司所提供的交易记录及客户来往票据，其中"品种""规格""数量"能够说明客户的独特需求，"成交日期"能够反映客户要货的规律，"单价"能够说明客户对价格的承受能力和价格成交底线，"备注"反映了客户的特殊信息。这些内容构成了反光材料公司经营信息的秘密点。上述经营信息涉及的客户已与反光材料公司形成了稳定的供货渠道，保持着良好的交易关系，在生产经营中具有实用性，能够为反光材料公司带来经济利益、竞争优势。反光材料公司为上述经营信息制定了具体的保密制度，对客户及潜在客户信息采取了必要的保密措施，并与宋某超明确约定了保密条款、竞业限制条款，向宋某超及其他业务员支付了相应的保密费用，可以证明反光材料公司为上述经营信息采取了合理保密措施。综上，可以认定反光材料公司制作的客户名单构成商业秘密。宋某超负有对反光材料公司的忠实义务，其中包括对工作中接触到的经营信息进行保密的义务，其明知公司的相关管理规定及客户名单的非公开性和商业价值，但仍私自与反光材料公司的客户进行交易，且与睿欣公司来往频繁，构成披露、使用、允许他人使用反光材料公司经营信息的行为，侵害了反光材料公司的商业秘密。睿欣公司不正当地获取、使用了宋某超所掌握的反光材料公司拥有的商业秘密。宋某超、睿欣公司对反光材料公司的商业秘密构成共同侵权。因睿欣公司已变更为睿明特公司，故侵权责任应由睿明特公司承担。

本案是涉及商业秘密保护的典型案例。商业秘密案件因证据复杂、隐蔽，通常审理难度较大。特别是，因员工离职等带来的商业秘密保护问题一直是司法实践中的难点。本案判决对商业秘密案件中"不为公众所知悉""保密措施""商业价值"以及赔偿责任的确定等重要法律问题，结合案情进行了细致和全面的阐释，对类似案件的审理具有较强的规则指引意义。此外，本案还着重强调了员工离职后的保密义务，倡导了诚实信用的价值取向。

案例二：　上诉人安徽美景信息科技有限公司（以下简称美景公司）与被上诉人淘宝（中国）软件有限公司（以下简称淘宝公司）不正当竞争纠纷一案[1]

淘宝公司为阿里平台提供软件技术服务，属于阿里巴巴集团控股有限公司旗下的关联公司，系淘宝网服务共同提供者。淘宝公司系阿里巴巴卖家端"生意参谋"零售电商数据产品（以下简称"生意参谋"数据产品）的开发者和运营者。根据淘宝网对"生意参谋"数据产品的推介及淘宝网上"生意参谋"数据产品运行状况的相关页面显示，"生意参谋"数据产品分为市场行情标准版与市场行情专业版等基本版本，其中市场行情标准版与市场行情专业版又分为众多不同商品类目的分支版本。市场行情标准版年使用费为900元，市场行情专业版年使用费为3600元。"服务市场"网站上登载的《生意参谋零售电商大数据软件服务协议》显示有大数据软件服务相关协议。淘宝公司提供的淘宝网《淘宝平台服务协议》载明了对于用户信息的收集及使用的相关条款。经查验，淘宝网上运行的"生意参谋"数据产品所显示的数据内容均为趋势图、排行榜、占比图等形式的预测型、指数型、统计型数据信息。"生意参谋"数据产品中未发现有可识别特定个人的数据信息。

而"咕咕生意参谋众筹"网站（以下简称涉案网站）的实际运营者为美景公司。2017年10月淘宝公司委托代理人申请浙江省杭州市钱塘公证处进行保全证据公证。该公证处（2017）浙杭钱证内字第17237号公证书所记载的证据保全过程及附件中的网页截屏打印件显示，涉案网站主页顶端有"咕咕生意参谋众筹"的字样及"生意参谋租用"等栏目选项。进入"生意参谋租用"栏目，显示有："7916客户的选择，已有45类目，142子账号""淘宝价格标准版900/年，咕咕价格480/年"等内容。

2018年1月18日，淘宝公司委托代理人王某飞申请浙江省杭州市钱塘公证处进行保全证据公证。该公证处（2018）浙杭钱证内字第1232号公证书所记载的证据保全过程及附件中的网页截屏打印件显示，涉案网站与"咕咕互助平台"均处于实际运营状态，涉案网站上登载的内容与首次公证所显示的内容基本相同，其中"生意参谋租用"栏目中的"生意参谋"租用客户数已升至13 226户，已有类目已升至58个，子账号已升至245个。

---

〔1〕　参见浙江省杭州市中级人民法院（2018）浙01民终7312号民事判决书。

另查明，淘宝公司还提交了与上述公证过程基本相同的多份公证书。

一审法院认为：

第一，淘宝公司收集、使用网络用户信息具有合法性。从规则公开方面来看，淘宝公司已向淘宝用户公开了涉及个人信息、非个人信息收集规定的《法律声明及隐私权政策》；从取得用户同意方面来看，淘宝公司在其用户注册账号时通过服务协议、法律声明及隐私权政策的形式取得了授权许可；从行为的合法正当性来看，淘宝公司经授权后收集使用的原始数据均来自于淘宝用户的主动提供或平台自动获取的活动痕迹，不存在非法渠道获取信息的行为；从行为必要性来看，淘宝公司收集、使用原始数据的目的在于通过大数据分析为用户的经营活动提供参谋服务，其使用数据信息的目的、方式和范围均符合相关法律规定。因此，淘宝公司收集、使用网络用户信息以及"生意参谋"数据产品公开使用网络用户信息的行为符合法律规定，具有正当性。

第二，淘宝公司对于"生意参谋"数据产品享有法定权益。对于淘宝公司诉称其对涉案"生意参谋"数据产品享有竞争性财产权益的诉讼主张，一审法院予以支持，淘宝公司对于侵犯其权益的不正当竞争行为有权提起诉讼。对于淘宝公司诉称其对涉案原始数据享有财产权、美景公司辩称淘宝用户对涉案网络用户信息享有财产权的诉讼主张，一审法院不予支持。对于淘宝公司诉称其对涉案"生意参谋"数据产品享有财产所有权的诉讼主张，一审法院认为，财产所有权作为一项绝对权利，如果赋予网络运营者享有网络大数据产品财产所有权，则意味不特定多数人将因此承担相应的义务。是否赋予网络运营者享有网络大数据产品财产所有权，事关民事法律制度的确定，限于我国法律目前对于数据产品的权利保护尚未作出具体规定，基于"物权法定"原则，故对淘宝公司该项诉讼主张，一审法院不予确认。

第三，被诉行为构成不正当竞争。其一，该行为是否属于《反不正当竞争法》的调整范围。本案中，美景公司的被诉侵权行为集中表现为：以提供远程登录"生意参谋"数据产品淘宝用户电脑的技术服务为招揽，通过组织、帮助他人利用已订购"生意参谋"数据产品服务的淘宝用户所提供的子账户获取"生意参谋"数据产品中的数据内容，自己从中牟取商业利益。《反不正当竞争法》所指的不正当竞争行为，是指经营者在生产经营活动中，违反本法规定，扰乱市场竞争秩序，损害其他经营者或者消费者的合法权益的行为。原被告两者经营的网络服务内容及网络用户群体完全相同，具有高度重合性。淘宝公司与美景公司之间的这种直接竞争关系，显然应受反不正当竞争法的调整。其二，互联网经济作为高科技产业，其发展政策应当是鼓励科技创新与技术进步。但技术创新与技术进步应当成为公平竞争的工具，而不能用作干涉、破坏他人正当的商业模式，不正当攫取自身竞争优势的手段。技术本身虽然是中立的，但将技术作为不正当竞争的手段或工具时，该行为即具有可罚性。本案中，美景公司以营利为目的，组织、帮助他人利用已订购"生意参谋"数据产品服务的淘宝用户所提供子账户，擅自获取"生意参谋"数据产品数据内容，损害了淘宝公司的商业利益与商业模式，其并非是单纯的技术提供者，而是不正当竞争行为的直接实施者。故对美景公司的该抗辩，一审法院不予采纳。其三，淘宝公司将"生意参谋"数据产品推向市场后，经过经营积累已拥有数量众多的用户，通过"生意参谋"数据产品的运营，淘宝公司不仅获取了较大的商业利益，同时积累了在互联网行业中的竞争优势，"生意参谋"数据产品的运营已成为淘宝公司获取市场收益的主要商业模式及核心竞争力。美景公司以"咕咕互助平台"实质性替代了"生意参谋"数据产品，截取了原本属于淘宝公司的客户，导致了淘宝公司的交易机会严重流失，损害了淘宝公司的商业利益。同时，美景公司的行为破坏了淘宝公司的商业模式，削弱了淘宝公司的市场竞争优势，损害了淘宝公司的核心竞争力，扰乱了大数据行业的竞争秩序。

综上所述，美景公司的被诉行为违反了诚信原则和公认的商业道德，这种"不劳而获"的搭便车行为损害了同行业竞争者淘宝公司的合法利益，具有明显的不正当性，已构成不正当竞争。

二审法院认为，本案争议焦点在于不正当竞争行为的判定和判赔金额。分析如下：关于第一个争议焦点，本院认为，《反不正当竞争法》规定"本法所称的不正当竞争行为，是指经营者在生产经营活动中，违反本法规定，扰乱市场竞争秩序，损害其他经营者或者消费者的合法权益的行为"，是对不正当竞争行为的总则性规定。在经营者的相关行为未落入该法第6条至第12条的特别规定调整范畴时，应适用该款规定对被控不正当竞争行为予以评价。美景公司以特别规定对于本案被控侵权行为未提及为由，所提一审判决适用法律不当的主张显然缺乏法律依据，不能成立。

关于本案侵权评判，首先，本案中，淘宝公司"生意参谋"大数据产品被作为"生意参谋"数据产品的主要内容进行了商业销售，可以为淘宝公司带来直接经营收入，无疑属于竞争法意义上的财产权益；同时基于其大数据决策参考的独特价值，构成淘宝公司的竞争优势；其性质应当受到反不正当竞争法的保护。现主要争议在于，美景公司认为相关淘宝用户协议关于许可淘宝公司使用数据的约定系无效条款，淘宝公司收集、使用大数据的基础即原始数据的行为违反了法律规定，故生意参谋产品不属于合法权益。对此本院认为，关于前者合同条款效力问题，不属于本案审理范畴，且在案并无任何证据证明淘宝公司取得用户签约认可、经由《淘宝平台服务协议》、淘宝网《法律声明及隐私权政策》、天猫网《隐私权政策》等协议的约定而获取涉案信息的行为属非法行为，即应认定淘宝公司依据约定合法取得数据；关于后者，应当明确，淘宝公司所获取并使用的是用户进行浏览、搜索、收藏、架构、交易等行为而形成的行为痕迹信息，至于行为人性别、职业、区域及偏好等信息不论是否可从行为痕迹信息中推导得出，亦均属于无法单独或通过与其他信息相结合而识别自然人个人身份的脱敏信息，与销售记录属于同一性质。淘宝公司未收集与其提供的服务无关的个人信息，其收集的原始数据系依约履行告知义务后所保留的痕迹信息，故未违反《网络安全法》以及《关于加强网络信息保护的决定》等法律法规关于个人信息保护的规定。一审法院认定淘宝公司收集、使用网络用户信息及生意参谋产品合法、正当具有事实和法律依据。数据产品是淘宝公司在前述原始痕迹数据的基础上，经综合、计算、整理而得到的趋势、占比、排行等分析意见，其对信息的使用结果与原始痕迹信息本身已不具有直接关联，已远远脱出个人信息范畴，不属于对用户信息的公开使用。其次，美景公司所经营的"咕咕互助平台"以淘宝公司的生意参谋产品为对象，该平台分享生意参谋账号的行为直接导致了淘宝公司生意参谋产品的减少，两者存在此消彼长的替代性，故美景公司与淘宝公司具有竞争关系。再次，《生意参谋零售电商大数据软件服务协议》明确约定账号购买者被禁止出售、转售、出租、出借或以其他方式提供给第三方使用账户，美景公司作为分享账户的平台方，理应知道前述约定，并明知其组织分享账户的行为会导致生意参谋数据产品销售数量的减少。美景公司恶意组织分享生意参谋账户、借由损害淘宝公司利益而从中牟利的行为，属于直接实施侵权行为。最后，如前所述，美景公司的牟利行为与淘宝公司的损失之间存在因果关系，其行为系对淘宝公司经营行为的阻碍，包括了交易机会的减少和淘宝公司竞争优势的削弱两方面，一审已予论述。

综上，美景公司在经营活动中有违诚信原则和商业道德，引诱淘宝公司生意参谋用户违约分享账户，由此不正当获取淘宝公司投入大量人力物力获取研发的大数据后分销牟利，其行为扰乱了市场竞争秩序，对淘宝公司合法权益造成了损害，构成不正当竞争。一审法院的侵权判定于法有据，美景公司相关异议不能成立。

[问题与思考]

1. 商业秘密的本质特征是什么？
2. 侵害商业秘密承担责任的要件有哪些？
3. 如何理解垄断案件中"相关市场"的界定方法和原则？
4. 如何正确理解不正当竞争行为与知识产权法律制度的关系？

[**重点提示**]

商业秘密具有专有性但并非绝对，故其不具有排他性。商业秘密的拥有者既不能阻止在他之前已经开发掌握该信息的人使用、转让该信息，也不能阻止在他之后开发掌握该信息的人使用、转让该信息。因此，法律对商业秘密的保护具有相对性，但擅自使用他人商业秘密则可能涉嫌侵权。拓展案例二涉及不正当竞争行为的判定问题，特别是作为大数据产品不正当竞争第一案，法院通过考量企业付出的劳动深度与技术投入，评判大数据产品是否构成财产性权益；进而明确了"搭便车"属于不正当竞争行为，对今后类似裁判具有借鉴意义。

第二十九章

地理标志权

知识概要

地理标志是鉴别原产于一成员国领土或该领土的一个地区或一地点的产品的标志，但标志产品的质量、声誉或其他确定的特性应主要决定于其原产地。本章主要了解地理标志的概念和特征，重点掌握地理标志在国际和各国国内受到法律保护的现状，理解我国对地理标志法律保护的特点以及存在的问题。本章重点在于对地理标志构成条件的掌握；难点在于对地理标志法律性质的理解；疑点在于正确处理地理标志与商标权的冲突。

经典案例

浙江省食品有限公司诉上海市泰康食品有限公司、浙江永康四路火腿一厂商标侵权案[1]

[基本案情]

原告浙江省食品有限公司（以下简称食品公司）与被告上海市泰康食品有限公司（以下简称泰康公司）、浙江永康四路火腿一厂（以下简称永康火腿厂）商标侵权纠纷一案。原告食品公司诉称：原告系"金华火腿"注册商标的专用权人。注册商标由"金华火腿"字样外加印章型方框构成，是具有显著性特征的可视性标志。1986 年，经国家工商行政管理总局商标局（以下简称国家商标局）批准，原告对其注册商标在火腿表皮的具体使用样式做了适当改变，但具有与注册商标同等的法律效力。2003 年 7 月，原告在上海市南京东路 776 号的被告泰康公司门店发现被告正在销售的火腿使用了原告的注册商标"金华火腿"，原告遂发函给泰康公司，告知"金华火腿"是原告的注册商标，要求其停

---

〔1〕 参见上海市第二中级人民法院（2003）沪二中民五（知）初字第 239 号民事判决书。

止销售侵权商品。同年 9 月，原告在被告泰康公司门店再次发现其销售的火腿上印有"金华火腿"的字样，该火腿的生产单位是永康火腿厂。据查，上海南京东路步行街上 4 家销售火腿的公司有 3 家销售永康火腿厂的火腿，2003 年销售量达到 3 万多只。原告认为，原告从未许可永康火腿厂使用"金华火腿"商标，因此，永康火腿厂擅自使用"金华火腿"字样，侵犯了原告的注册商标专用权。被告泰康公司明知销售的系侵犯他人注册商标专有权的商品，依照 2001年《商标法》第 52 条第 2 项的规定，也侵犯了原告注册商标专用权。据此，请求法院判令：①被告泰康公司立即停止销售侵权商品，公开向原告赔礼道歉；②被告永康火腿厂停止生产与原告注册商标相同或近似的侵权商品，公开向原告赔礼道歉；③被告永康火腿厂在 30 日内消除其生产火腿上与原告注册商标相同或近似的标识，收缴其擅自制作的"金华火腿"皮印；④两被告共同赔偿原告人民币 50 000 元，两被告承担连带责任；⑤两被告共同赔偿原告公证费用人民币2000 元、公证时购买火腿费用人民币 165 元以及律师费人民币 10 000 元。

被告泰康公司辩称：①被告在销售永康火腿厂产品前，已经对产品的外包装、商标等进行了检查和核对。确认外包装上标明的"真方宗"商标是永康火腿厂的注册商标，使用的原产地域名称和标记经国家职能部门审批。②"金华火腿"是知名的商品名称，被告销售的"金华火腿"产自金华地区，不会误导消费者，也没有对消费者造成侵害。③被告店铺拥有"中华老字号"美名，"金华火腿"是其经营的传统产品。故请求法院驳回原告的诉讼请求。

被告永康火腿厂辩称：①原告注册商标标识是"金华"，而不是"金华火腿"。原告注册商标证上的商标标识为"金华"，而商标注册证是唯一证明原告商标权保护范围的法律文件。法院在相关判决以及原告在自己的网站中均明确原告的注册商标为"金华"。国家商标局曾同意原告在其产品上使用"金华火腿"字样，是基于原告相关请示中对加工工艺的特殊要求的描述。国家商标局只是准许原告在腿皮上可以使用"金华火腿"字样，但这种不规范使用不能对抗他人正当使用。②"金华火腿"是原产地域产品名称，被告使用该名称未侵犯原告的注册商标专用权。国家部委的有关公告及其国家标准明确，"金华火腿"是原产地域产品名称，只要生产厂家履行一定的法律手续就可以使用该名称；包括被告在内的 55 家企业经批准可以使用"金华火腿"原产地域产品名称。现被告生产的火腿上使用该名称，是经国家质量监督检验检疫总局（以下简称国家质检局）和金华火腿原产地域产品保护委员会批准，并严格按照国家强制性标准规范使用。③被告使用"金华"属于合理使用。首先，"金华"是行政地域名称。当描述产自金华地区的产品时，只有引用"金华"才能正确表述其产品的来源。其次，"火腿"是产品的通用名称，原告无权禁止他人使用。被告在"火腿"前加有"金华"两字，目的是表明产品的品质、产地和对消费者进行一定的消费指导。最后，被告使用属于善意使用，符合诚实信用原则。被告在使用时，没有故意突出或夸大与原告商标相同或相似部分使消费者产生误认。④"金华火腿"是知名商品特有的名称。"金华火腿"具有一千二百多年的历史，早在17世纪已经被广泛使用，并得到社会的接受和公认，是典型的在先使用。另外，允许被告使用"金华火腿"是对社会效益最大化的表现。⑤被告主观上没有侵害原告注册商标的故意。被告使用"金华火腿"目的是要向消费者表明产品是产于金华，是真正的"金华火腿"，主观上不存在侵权故意。综上，请求法院驳回原告的诉讼请求。

［法律问题］

1. 如何界定注册商标权的保护范围？

2. 商标权与地理标志如何区分？

3. 如何解决地理标志与商标权的冲突？

［参考结论与法理精析］

（一）法院意见

法院经审理查明：1979年10月，浙江省浦江县食品公司在第33类商品（火腿）上申请注册了注册证号为第130131号商标。后商品使用类别由第33类转为商品国际分类第29类。商标注册证记载"商标金华牌"，该文字下面有一底色红色长方形纸张，纸张中有装饰性线条组成的方框，方框上端标有"发展经济保障供给"，中间是"金华火腿"字样，下端有"浦江县食品公司"字样。该长方形红色纸张右下角有下列文字："注：'发展经济、保障供给'、企业名称及装潢不在专用范围内"字样。1983年3月14日，该商标经核准转让给浙江省食品公司。2000年10月7日，商标注册人变更为原告浙江省食品有限公司。2002年12月，商标经续展注册有效期自2003年3月1日至2013年2月28日。1986年8月21日，浙江省食品公司在向国家商标局《关于"金华"火腿商标事宜的请示》（以下简称《请示》）（食业〔1986〕174号）中提出，"今后凡印制有'金华'火腿商标的火腿包装物、产品合格证等，以及'金华'火腿商标的宣传、广告，除去掉'发展经济，保障供给''浦江县食品公司'部分外，均按照注册证核准的'金华'火腿商标标识使用，并标明'注册商标'或注册标记；由于工艺上的特点，在火腿上直接印盖的'金华火腿'的字体与排列位置，仍按照历史沿用的样式使用，但是，不标明'注册商标'或者注册标记，以此区别于注册证核准的注册标识。"同年9月，国家商标局（〔86〕工商标综字第165号）《关于"金华"火腿商标使用问题的复函》（以下简称《复函》）同意浙江省食品公司食业〔1986〕174号请示的使用方法。原告在生产销售的火腿腿皮上标有"浙江省食品有限公司监制"、"金华火腿"、生产单位编号以及生产日期代号等。2004 年 3 月 9 日，国家商标局（商标案字［2004］第 64 号）《关于"金华火腿"字样正当使用问题的批复》（以下简称《批复》）认为，使用在商标注册用商品和服务国际分类第 29 类火腿商品上的"金华火腿"商标，是食品公司的注册商标；"金华特产火腿""××（商标）金华火腿"和"金华××（商标）火腿"属于 2002 年《商标法实施条例》第 49 条所述的正当使用方式；同时，在实际使用中，上述正当使用方式应当文字排列方向一致，字体、大小、颜色也应相同，不得突出"金华火腿"字样。

1992 年 8 月、1997 年 10 月、2001 年 3 月和 2004 年 1 月，浙江省工商行政管理局先后认定原告"金华火腿"商标为浙江省著名商标。

1985 年 12 月国家质量奖审定委员会颁发给浙江省食品公司的金质奖章证书、1993 年 8 月浙江省工商行政管理局等多家单位颁发给浙江省食品公司的浙江名牌产品证书、1998 年 8 月浙江省人民政府授予浙江省食品公司的浙江名牌产品证书等证书中对原告获奖产品表述为"金华牌"金华火腿或"金华牌"特级金华火腿。2001 年 9 月，浙江名牌产品认定委员会颁发给浙江省食品股份有限公司的浙江名牌产品证书中，对原告获奖产品的表述为"金华牌"火腿。浙江省杭州市中级人民法院（2003）杭民三初字第 110 号民事判决书以及浙江省高级人民法院（2004）浙民三终字第 154 号民事判决书，对原告商标的表述为"金华牌"和"金华"火腿注册商标。1999 年 8 月 17 日，国家质量技术监督局颁布实施了《原产地域产品保护规定》，该规定第 2 条规定："本规定所称原产地域产品，是指利用产自特定地域的原材料，按照传统工艺在特定地域内所生产的，质量、特色或者声誉在本质上取决于其原产地域地理特征并依照本规定经审核批准以原产地域进行命名的产品。"第 16 条规定："生产者申请经保护办注册登记后，即可以在其产品上使用原产地域产品专用标志，获得原产地域产品保护。"1999 年 12 月 7 日，国家质量技术监督局发布中华人民共和国国家标准《原产地域产品通用要求》（已作废），该标准第 6.4 款规定，标签："原产地域产品标签的内容除符合国家有关规定外，还应规定特殊标注的内容，如原产地域名称、原材料的名称和地域，并使用原产地域专用标志。"该标准第 7.1 款中规定，原产地域产品专用"标志的轮廓为椭圆形，灰色外圈，绿色底色，椭圆中央为红色的中华人民共和国地图，椭圆形下部为灰色的万里长城。在椭圆形上部标注'中华人民共和国原产地域产品'字样，字体为黑色、综艺体"。2002 年 8 月 28 日，国家质检局发布 2002 年第 84 号公告，通过了对"金华火腿"原产地域产品保护申请的审查，批准自公告日起对金华火腿实施原产地域产品保护。2003 年 4 月 24 日，国家质检局发布中华人民共和国国家标准《原产地域产品金华火腿》。该标准的第 5.3.3 款规定，"金华火腿应在当年立冬至次年立春之间进行腌制，从腌制到发酵达到后熟时间不少于 9 个月"；第 8.1.1 款规定，"销售包装产品标志按 GB7718 的规定执行，标明以下内容：金华火腿原产地域产品名称、产品标准号、生产者名称和地址、净含量、生产日期、保质期、质量等级，并在金华火腿销售包装上醒目位置标明中华人民共和国原产地域产品专用标志"。2003 年 9 月 24 日，国家质检局发布 2003 年第 87 号公告，通过了对浙江省常山县火腿公司、永康火腿厂等 55 家企业提出的金华火腿原产地域产品专用标志使用申请的审核，并给予注册登记。自该日起，上述 55 家企业可以按照有关规定在其产品上使用"金华火腿"原产地域产品专用标志，获得原产地域产品保护。

1995 年，中国特产之乡命名暨宣传活动组织委员会命名浙江省金华市为"中国金华火腿之乡"。2002 年 12 月 9 日，金华市人民政府办公室、衢州市人民政府办公室印发了（金政办〔2002〕94 号）《金华火腿原产地域产品保护管理办法（试行）》。该办法第 5 条规定，"任何单位和个人使用金华火腿原产地域专用标志，必须按规定程序申请，经国家质量监督检验检疫总局原产地域产品保护办公室注册登记后，方可在其产品上使用"；第 9 条规定，"金华火腿原产地域产品保护专用标志由国家标准所规定的原产地域产品专用标志图案和'金华火腿'文字组成。专用标志直接印制在包装物或说明书上，也可使用在企业产品介绍上"；第 12 条规定，"持有《金华火腿原产地域产品专用标志证书》，生产的火腿符合金华火腿国家强制性标准要求的生产者，有权在其生产的金华火腿产品的标签、包装、广告说明书上使用金华火腿原产地域产品专用标志，获得原产地域产品保护；有权在其生产的金华火腿产品表皮上加印'××牌金华火腿，原产地管委会认定'字样，字样的印章由金华火腿管委会统一发放，统一管理"。2003 年 4 月 21 日，永康火腿厂在核定使用的第 29 类商品（火腿、肉等）上申请注册了"真方宗"注册商标，注册有效期至 2013 年 4 月 20 日。同年 6 月，永康火腿厂被金华火腿行业协会评定为首届"金华火腿明星企业"。2003 年 10 月 16 日，金华火腿原产地域产品保护管理委员会核发给永康火腿厂《金华火腿原产地域产品专用标志使用证书》，证书编号为金原保（2003）第 12 号。同年 11 月 12 日，永康火腿厂与金华市质量技术监督检测中心签订《金华火腿原产地域产品质量责任书》。

2003 年 7 月 27 日，原告食品公司向泰康公司发函，告知"金华火腿"系原告注册商标，要求其在收到函件后立即停止销售侵犯原告注册商标专用权的火腿，否则将采取相关的法律行动。2003 年 10 月 14 日，原告委托代理人张某在泰康公司处购买到"真方宗"牌火腿一只。火腿外包装印有"真方宗""真方宗火腿""金华火腿明星企业"及被告永康火腿厂名称、厂址、电话等；腿皮上印有"真方宗牌""金华火腿""原产地管委会认定"字样；出厂日期为 2003 年 8 月 30 日。根据原告的保全证据申请，上海市公证处对原告的上述购买过程进行了公证，并出具了（2003）沪证经第 5829 号公证书，公证书附有购买火腿的照片及被告泰康公司的销售发票联复印件。2003 年 11 月 20 日，法院根据原告申请，对被告泰康公司的销售行为进行了证据保全，保全泰康公司销售的火腿一只以及部分销售发票。本案中，原告支出公证费人民币 2000 元，公证时购买火腿人民币 165 元以及律师费人民币 1 万元。

法院认为：根据《民法通则》和《商标法》的规定，公民、法人和其他组织的注册商标专用权受我国法律保护。注册商标的专用权，以商标行政管理部门核准注册的商标和核定使用的商品为限。原告注册证号为第 130131 号注册商标经商标行政部门注册并经续展目前仍然有效，该注册商标的商标专用权受我国法律保护。关于原告注册商标的专用权保护范围，应当根据商标当时注册的历史背景以及商标注册证上记载的内容确定。原告商标注册证是一个完整的整体，该商标注册于 20 世纪 70 年代末，那时注册商标的形式、商标注册证等，与目前有明显的不同，但是这并不改变商标专用权的保护范围。原告商标注册证右下角注中明确注明将"'发展经济、保障供给'企业名称及装潢内容"排除在专用范围外，国家商标局作为我国商标注册和管理工作的主管部门也在其《批复》中明确，食品公司的注册商标为"金华火腿"商标。由此可以认定，原告注册商标专用权保护范围的核心是"金华火腿"。被告永康火腿厂称原告注册商标的专用权保护范围仅仅为"金华"的观点，与事实不符，法院不予支持。

原产地域产品，即地理标志，是指其标示出某商品来源于该地域中的某地区或某地方，该商品的特定质量、信誉或其他特征，主要与该地理来源相关联。我国已经参加的《与贸易有关的知识产权协议》第三节对各成员国地理标志的保护作了专门的规定。我国加入世界贸易组织时承诺遵守《与贸易有关的知识产权协议》关于地理标志的有关条款。第九届全国人民代表大会常务委员会第二十四次会议于 2001 年 10 月 27 日修改的《商标法》第 16 条，[1]专门增加了对地理标志的保护规定。该条规定："商标中有商品的地理标志，而该商品并非来源于该标志所标示的地区，误导公众的，不予注册并禁止使用；但是，已经善意取得注册的继续有效。前款所称地理标志，是指标示某商品来源于某地区，该商品的特定质量、信誉或者其他特征，主要由该地区的自然因素或者人文因素所决定的标志。"2002 年颁布的《商标法实施条例》第 6 条规定，地理标志

---

〔1〕　参见 2019 年《商标法》第 16 条。

可以通过申请证明商标和集体商标予以保护。[1]2005 年 6 月 7 日，国家质检局发布第 78 号令，公布了《地理标志产品保护规定》。原产地域产品与其他知识产权一样，在我国受法律保护。被告永康火腿厂有权依法使用原产地域产品名称及专用标志。国家质检局批准了对"金华火腿"实施原产地域产品保护，同意包括永康火腿厂在内的 55 家企业使用"金华火腿"原产地域产品专用标志。因此，被告永康火腿厂有权依照国家的相关规定在其生产、销售的火腿产品外包装、标签等处标注"金华火腿"原产地域产品名称及原产地域产品专用标记。被告永康火腿厂的使用行为不构成对原告商标权的侵害。首先，被告在其火腿外包装显著位置标明了自己的注册商标"真方宗"，同时也标明了企业名称、厂址、联系方式等信息。其次，被告在火腿腿皮上标注的"金华火腿"字样下端标明了"原产地管委会认定"，在腿皮上端还标有"真方宗"注册商标。因此，从上述使用方式可以认定，永康火腿厂标注"金华火腿"的目的是表明原产地域产品。故永康火腿厂上述使用"金华火腿"原产地域产品名称行为，不构成对原告注册商标专用权的侵害。

对于本案争议的商标权与原产地域产品冲突，应按照诚实信用、尊重历史以及权利与义务平衡的原则予以解决。从"金华火腿"历史发展来看，"金华火腿"有着悠久的历史，品牌的形成凝聚着金华地区以及相关地区几十代人的心血和智慧。原告成为商标注册人以后，为提升商标知名度做了大量的工作。原告的商标多次获浙江省著名商标、国家技术监督局金质奖及浙江省名牌产品等荣誉称号。原告的注册商标应当受到法律的保护。但是，另一方面，原告作为注册商标的专用权人，无权禁止他人正当使用。2002 年《商标法实施条例》第 49 条规定："注册商标中含有的本商品的通用名称、图形、型号，或者直接表示商品的质量、主要原料、功能、用途、重量、数量及其他特点，或者含有地名，注册商标专用权人无权禁止他人正当使用。"[2]在我国，权利人的注册商标专用权与原产地域产品均受到法律保护，只要权利人依照相关规定使用均属合法、合理。在本案中，被告永康火腿厂经国家质检局审核批准使用原产地域产品名称和专用标志受法律保护，被告的使用行为不构成对原告商标权的侵害。原产地域产品的权利人应严格依法行使权利。在本案中，应当指出，永康火腿厂在使用"金华火腿"原产地域产品名称时，存在着一定瑕疵。一是在向国家有关职能部门提出申请使用但尚未获得批准的情况下，已经在其销售的部分火腿产品

---

〔1〕　参见 2014 年《商标法实施条例》第 4 条："商标法第十六条规定的地理标志，可以依照商标法和本条例的规定，作为证明商标或者集体商标申请注册。"

〔2〕　参见 2019 年《商标法》第 59 条。

上使用了"金华火腿""原产地管委会认定"等字样。二是在产品的外包装和标签上没有标注"金华火腿"原产地域产品名称和专用标志。今后，永康火腿厂应当严格依照国家的规定，规范使用"金华火腿"原产地域产品名称及其专用标志，尊重原告的注册商标专用权，避免与原告的注册商标发生冲突。被告泰康公司是金华火腿的销售商，鉴于生产商永康火腿厂的行为不构成对原告商标专用权的侵害，故泰康公司的销售行为也不构成对原告商标权的侵害。鉴于原告证据不足以证明两被告行为侵犯其注册商标专用权，因此，原告要求两被告承担相关民事责任的请求，本院不予支持。

法院判决认为：对于本案争议的处理，既要严格依照现有的法律法规，又要尊重历史，促进权利义务的平衡。原告注册商标专用权保护范围的核心是"金华火腿"，其专用权受法律保护。任何侵犯原告注册商标专用权行为，应依法承担责任。但是，原告无权禁止他人正当使用。"金华火腿"经国家质检局批准实施原产地域产品保护，被告永康火腿厂获准使用"金华火腿"原产地域专用标志，因此，永康火腿厂上述行为属于正当使用。但是，被告永康火腿厂今后应当规范使用原产地域产品。原、被告之间均应相互尊重对方的知识产权，依法行使自己的权利。原告指控两被告侵犯其注册商标专用权的依据不足，法院不予支持。据此，根据《民法通则》（已失效）第 96 条，《商标法》（2001 年）第 16 条、第 51 条，《商标法实施条例》（2002 年）第 6 条第 1 款、第 49 条的规定，判决如下：对原告浙江省食品有限公司的诉讼请求不予支持。

（二）本案的社会影响

本案是一起涉及商标权与地理标志权冲突的新类型案件。法院在审理本案中，根据当事人诉辩称以及庭审情况，重点解决三个问题：①原告注册商标专用权的保护范围。通过对原告商标权保护范围的确定，从权利根源上起到了定纷止争的作用。②两被告行为是否侵犯原告注册商标专用权。通过考察国内外有关地理标志的相关规定，结合本案明确了原产地域产品与其他知识产权一样，在我国同样受法律保护。但同时考虑到地理标志在国内还属新生事物，人们对此的认识和法律意识还不是很强，特别是对如何规范使用地理标志的实践与理论有一定的模糊，基于此，法院在判决中亦要求被告及其相关企业在使用原产地域产品过程中应当规范使用。这一处理意见充分体现了对于商标权与原产地域产品冲突问题，应按照诚实信用、尊重历史以及权利与义务平衡的原则予以解决。③两被告承担侵权民事责任是否有事实与法律依据。侵权行为的存在是判定承担民事责任的前提和条件。本案法院认定被告火腿的标注方式不会造成消费者混淆。被告在其火腿外包装显著位置标明了自己的注册商标"真方宗"，同时也标明了企业名称、厂址、联系方式等信息。应当认为，消费者在购买诸如火腿这样的日常消费品时首先会注意到外包装记载的上述信息，并对这些信息施以较高的注意力，因此不会造成消费者误购。被告永康火腿厂的使用行为属于正当使用，不构成对原告商标权的侵害。

本案判决结果在依法维护注册商标专用权人合法权益的同时，对合法使用原产地域产品专用标志的行为确认属正当使用。判决后，原被告双方均未上诉。案件生效后，法院针对被告永康火腿厂在标注原产地域产品不规范情况，依法向浙江省金华市人民政府发出司法建议书，建议加强管理，尊重他人的知识产权，依法规范使用原产地域产品。

拓展案例

案例一：　　　　　　　　海棠湾引发的法律纠纷[1]

2010 年 3 月 10 日，三亚市海棠湾管理委员会（以下简称海棠湾管理委员会）向国家工商行政管理总局商标评审委员会（以下简称商标评审委员会）对李某丰注册的第 4706970 号商标和第 4706493 号商标提出争议申请。其主要理由是：①"海棠湾"经过海南省及三亚市政府及社会各界十余年的规划开发，在被申请人李某丰抢注之前已经具有广泛的知名度，被申请人抢先注册了大量他人在先使用的有潜在价值的商标，严重影响了市场秩序和经济秩序，其行为完全符合《商标法》第 31 条规定的"以不正当手段抢先注册他人已经使用并有一定影响的商标"；②争议商标违反《商标法》第 10 条第 1 款第 8 项和第 11 条第 1 款第 2、3 项的绝对禁止使用条款规定，不应作为商标使用；③争议商标违反《商标法》第 41 条第 1 款的规定。被申请人李某丰答辩称："海棠湾"不是海棠湾管理委员会的独创，而是被申请人将其作为商标注册，赋予了其商标的意义；被申请人注册商标是为保护自己的劳动成果，不存在恶意；争议商标注册之前，"海棠湾"在不动产管理等服务项目上并没有享有知名度；"海棠湾"不是公共资源，被申请人未侵犯他人的合法权益；申请人关于被申请人是职业抢注人，影响市场秩序和经济秩序的主张不能成立。

商标评审委员会审理查明以下事实：《海南周刊》2009 年 5 月 25 日刊登的《李某丰抢注独白——我的初衷是保护自己的策划》一文中，被申请人自述了其申请注册本案争议商标等与海南地名、景观、物产有关的商标的起因和利用商

---

[1]　参见北京市第一中级人民法院（2011）一中知行初字第 2752 号、第 2753 号行政判决书；北京市高级人民法院（2012）高行终字第 583 号行政判决书。

标保护制度谋取经济利益的动机。关于争议商标是否属于《商标法》第31条所指"以不正当手段抢先注册他人已经使用并有一定影响的商标"的情形，商标评审委员会认为，海棠湾休闲度假区作为三亚市政府规划的重大建设项目，在2005年5月规划之初便已引起媒体和投资人的广泛关注，经媒体对其规划开发内容以及对知名投资人与当地政府接洽合作等情况的集中报道，"海棠湾"在短时间内迅速取得了较大知名度，并在海内外产生了广泛影响。其次，被申请人申请注册大量与海南地名、景观、物产有关的商标的事实以及媒体对其的采访报道证据均证明被申请人申请争议商标并非偶然，被申请人在媒体采访时的自述亦足以印证其正是在明知"海棠湾"使用情况及其知名度的情况下，出于企图利用商标保护制度谋取经济利益的目的申请注册争议商标。因此，被申请人申请注册"海棠湾"商标属于《商标法》第31条所规定的情形。

关于争议商标是否属于《商标法》第10条第1款第8项所指"有其他不良影响"的情形。海棠湾是三亚市政府规划开发的重大建设项目，也是国务院《关于推进海南国际旅游岛建设发展的若干意见》中确定建设的精品旅游景区之一，对海南国际旅游岛的建设具有重大的社会经济意义。作为休闲度假区，房地产的开发利用、住宿餐饮会议服务是其主要内容之一，而被申请人并非该项目的开发主体，在"饭店"等服务项目上注册争议商标势必对该项目的实施产生消极影响，故争议商标属于《商标法》第10条第1款第8项所指"有其他不良影响"的情形。

关于争议商标是否属于《商标法》第11条第1款第2、3项所指缺乏显著特征的情形。将"海棠湾"作为商标使用在"饭店"等服务上能够起到区分服务来源的作用，具有显著性，不属于《商标法》第11条第1款第2、3项所指情形，申请人的有关理由不能成立。

关于争议商标是否属于《商标法》第41条第1款所指"以欺骗手段或者其他不正当手段取得注册"的情形。根据在案证据，被申请人作为自然人并无从事饭店、会议室出租等相关生产经营活动的主体资格，结合其申请注册大量与海南地名、景观、物产有关的商标的情况，以及其自述的有关申请注册商标的目的，可以认定被申请人注册争议商标不是以使用为目的，主观动机难谓正当，客观上不仅妨碍政府有关建设项目的实施，而且还会妨碍有正当需求的他人申请此类商标注册，扰乱了商标注册管理秩序，构成《商标法》第41条第1款规定的以"不正当手段取得注册"的情形。

基于上述分析，商标评审委员会依据《商标法》第31条，第10条第1款第8项，第41条第1款、第2款和第43条的规定，作出商评字〔2011〕第12545号《关于第4706970号"海棠湾"商标争议裁定》（以下简称第12545号裁定）和商评字〔2011〕第13255号《关于第4706493号"海棠湾"商标争议裁定》（以下简称第13255号裁定），裁定撤销争议商标。

李某丰不服商标评审委员会于2011年7月4日作出的第12545号裁定和第13255号裁定，向北京市第一中级人民法院提起行政诉讼。

一审法院认为，根据《商标法》第31条的规定，申请商标注册不得以不正当手段抢先注册他人已经使用并有一定影响的商标。商标的使用包括将商标用于商品、商品包装或者容器以及商品交易文书上，或者将商标用于广告宣传、展览以及其他商业活动中。本案中，海棠湾管理委员会主张在争议商标申请日前"海棠湾"商标已经开始使用并已经具有了一定影响，但其在商标评审阶段提交的证据中，海棠湾行政区划编制、规划开发、媒体报道等证据均系在作为乡镇级行政区划的地名或者风景区的意义上使用"海棠湾"，并未与具体的商品或服务相结合起到区分商品或服务来源的作用，不属于在商标意义上的使用。海棠湾管理委员会提交的证据不能证明其在争议商标申请日前已经在不动产出租、饭店等服务上使用"海棠湾"商标。因此，商标评审委员会认定争议商标申请注册之前"他人"在不动产出租、饭店等服务上使用"海棠湾"商标并已产生一定影响所依据的证据不足，其关于争议商标违反《商标法》第31条的规定认定错误。根据《商标法》第10条第1款第8项的规定，有害于社会主义道德风尚或者有其他不良影响的标志，不得作为商标使用。商标标志具有其他不良影响是指该标志或者其构成要素可能对社会公共利益和公共秩序产生消极、负面影响。第13255号裁定中所称的争议商标的注册会对相关休闲度假区的房地产的开发利用或特定项目的实施产生消极影响和第12545号裁定中所称的争议商标的注册会对相关休闲度假区的住宿、餐饮、会议服务或特定项目的实施产生消极影响的情形并不属于商标具有不良影响的考虑因素。而且，商标评审委员会也未说明争议商标具有何种不良含义。因此，商标评审委员会关于争议商标具有不良影响的认定属于适用法律错误。

根据《商标法》第41条第1款的规定，已经注册的商标是以欺骗手段或者其他不正当手段取得注册的，其他单位或者个人可以请求商标评审委员会裁定撤销该注册商标。判断商标是否属于以其他不正当手段取得注册，要考虑其是否属于欺骗手段以外的扰乱商标注册秩序、损害公共利益、不正当占用公共资源或者以其他方式谋取不正当利益的手段。本案中，海棠湾管理委员会在商标评审阶段提交的证据均系在作为乡镇级行政区划的地名或者风景区的意义上使用"海棠湾"，由于海棠湾不是县级以上行政区划的地名，不属于《商标法》第10条第2款规定的不得作为商标的情形，且根据《商标法实施条例》第49条的规定，海棠湾作为乡镇一级地名，争议商标专用权人无权禁止他人正当使用，因此仅依据争议商标为地名尚难以认定争议商标的注册会损害公共利益、不正当占用公共资源。第 12545 号裁定和第 13255 号裁定认定争议商标的注册客观上会妨碍政府有关建设项目的实施、扰乱了商标注册管理秩序，但并未提交相应的证据予以证明，其认定缺乏事实依据。至于争议商标的注册是否妨碍他人申请此类商标注册，如系损害特定民事权益的情形，应适用《商标法》第 41 条第 2 款、第 3 款及《商标法》的其他相应规定进行审查判断。商标评审委员会也未说明争议商标系以欺骗手段取得注册。因此，商标评审委员会关于争议商标违反《商标法》第 41 条第 1 款的规定的认定错误。

综上，一审法院认为商标评审委员会作出的第 13255 号裁定和第 12545 号裁定的主要证据不足，适用法律错误，判决撤销商标评审委员会上述两裁定，由商标评审委员会重新作出争议裁定。商标评审委员会和海棠湾管理委员会不服一审判决提起上诉。北京市高级人民法院经审理认为，一审判决认定事实不清、适用法律错误，依法撤销了一审判决，维持了国家工商行政管理总局商标评审委员会作出的商评字〔2011〕第 12545 号《关于第 1706970 号"海棠湾"商标争议裁定书》。

案例二：　　商评委首次在商标争议案件中认定地理标志

该案件争议始于 2005 年，湖南省湘潭县湘莲协会（以下称湘莲协会）对福建某公司在莲子等商品上注册的"湘莲及图"商标（以下称争议商标）提出撤销注册申请。湘莲协会主要理由为，"湘莲"特指湖南省所出产的莲子，具有明显的地理标志属性。而福建省某公司所在地为福建建宁，其注册争议商标用于非湖南省所生产的莲子产品包装上，具有假冒"湘莲"品牌、误导公众之嫌。福建省某公司恶意抢注"湘莲"商标，将严重损害湘莲产地种植户及经营户的利益，损害真正的湘莲品牌，造成以次充好、以假充真的恶劣后果。福建省某公司答辩称，"湘莲"从未被认定为地理标志，争议商标是其自行设计、首先使用的。因此不存在"恶意抢注"的行为。

商评委经过审理认为，根据湘莲协会提交的证据及《中国土特产辞典》的记载，"湘莲"广布于湖南，尤其是洞庭湖地区，其产品具有颗粒圆大、色白如凝脂、肉质饱满、汤色清、香气浓、味鲜美等特点，所含蛋白质、脂肪、矿物质等营养成分有别于其他地区所产莲子。上述品质特点主要是由湘莲所在地区气温、雨量、湿度、日照、土壤、水利等自然条件和栽培方式所决定的。"湘莲"称谓自南朝沿用至今，早已形成了与其湖南产地相对应的关系，符合《商标法》第 16 条第 2 款规定的地理标志条件，可以认定为莲子产品的地理标志。

争议商标由"湘莲"对应的拼音及图形组成，文字"湘莲"为该商标的主要认读和呼叫部分，福建省某公司地处福建，其在申请注册争议商标前已与湖南湘潭地区的厂商就湘莲购销有业务往来，明知"湘莲"为莲子商品的地理标志，仍将其注册为集体商标、证明商品以外的商标，易导致相关公众对该商标所标识的产品性质、来源产生误认，已属于《商标法》第 16 条第 1 款所禁止的情形，争议商标在莲子及类似商品上的注册应予撤销。依据《商标法》第 16 条、第 43 条、《商标法实施条例》第 41 条的规定，商评委裁定撤销争议商标在莲子等部分商品上的注册。

[问题与思考]

1. 地理标志构成的要件有哪些？
2. 保护地理标志具有哪些现实意义？
3. 如何正确处理地名、商标与地理标志之间的关系？

[重点提示]

通过拓展案例可以看出，地理标志、商标与地名有密切关联，但其功能、特征、使用方式等都存在较大差异。对地理标志注册人而言，不可因商标中有地名，就将其商标权利无限扩大，禁止所有对地名的正当使用行为；对地名使用者而言，也不可因有正当使用的权利，就肆无忌惮地非法使用地名。对地名、地理标志商标的保护应当遵循合法和适度的原则；对地理标志中地名的使用应当遵循合理和正当的原则。

惩罚性赔偿

知识概要

惩罚性赔偿制度作为一种法律救济的基本制度，被英美法系国家广泛适用。我国是大陆法系国家，不管是违约损害赔偿，还是侵权损害赔偿，过去一直采取的都是"填平式"补偿性赔偿，只在极个别领域引入了惩罚性赔偿。《商标法》第三次修订引入了"惩罚性赔偿制度"。对恶意侵犯商标专用权，情节严重的，可以在按照上述方法确定数额的1倍以上5倍以下确定赔偿数额。赔偿数额应当包括权利人为制止侵权行为所支付的合理开支。

在法律实践中适用惩罚性赔偿条款应当遵循合法、合理、公正性原则，避免商标权利人利用惩罚性赔偿获取不当利益。目前我国法律并未规定"情节严重"的具体含义，也没有明确"恶意"是否指侵权人明知他人享有商标权仍然实施侵权行为，这些都有待相关司法解释进一步明确。

经典案例

北京汇源食品饮料有限公司与菏泽汇源罐头食品有限公司侵害商标权纠纷案[1]

在类似商品上使用他人注册商标且主观恶意明显的，应适用惩罚性赔偿。

［基本案情］

北京汇源食品饮料有限公司（以下简称北京汇源公司）是第 1643301 号商标（如下图）（该商标核定使用商品为第 18 类）及第 4683709 号商标（如下图）（该商标核定使用商品为第 32 类）

---

〔1〕 参见最高人民法院（2015）民三终字第 7 号民事判决书。

（第 1643301 号商标）

（第 4683709 号商标）

第 1643301 号商标及第 4683709 号商标的持有人，本案中北京汇源公司诉称菏泽汇源罐头食品有限公司（以下简称菏泽汇源公司）在生产销售的水果罐头、冰糖山药罐头和八宝粥上侵权使用汇源文字形态及汇源图文组合形态的标识，标注注册标记，写明"汇源由商标持有人授权许可使用"，并在网站宣传中使用上述标识，这些行为侵犯了北京汇源公司的商标权，并构成不正当竞争，主张菏泽汇源公司停止侵权、停用并变更企业名称、登报声明消除影响、赔偿经济损失及合理费用共 1 亿元并承担诉讼费用。

菏泽汇源公司的商标是第 7400527 号商标（如下图）（该商标核定使用商品为第 29 类），

被诉侵权标识：

一审法院经过审理判定菏泽汇源公司生产销售被诉侵权商品的行为侵害了涉案商标权，判决被告赔偿 300 万元。一审判决后，双方均提起上诉，二审法院将侵权赔偿数额改判为 1000 万元。

[法律问题]

1. 相似商标的混淆、误认问题。被诉侵权水果罐头和涉案商标核定使用的果汁饮料是在原材料、销售渠道、消费对象等方面具有关联性的商品，两者构成类似商品，菏泽汇源公司使用的汇源标识与北京汇源公司持有的汇源商标相近似，被诉侵权行为会使相关消费者误认为使用被诉侵权标识的商品来源于北京汇源公司或菏泽汇源公司与北京汇源公司存在特定的联系，从而造成混淆或误认。

2. 惩罚性赔偿的适用问题。根据《商标法》的相关规定，恶意侵犯他人商标专用权的，情节严重的，可适用惩罚性赔偿，该案被告人在类似的罐头上恶意使用近似的商标，为了让侵权人无利可图，可适用惩罚性赔偿。

[参考结论与法理精析]

一审法院认为：被诉侵权水果罐头和涉案商标核定使用的果汁饮料是在原材料、销售渠道、消费对象等方面具有关联性的商品，两者构成类似商品，菏泽汇源公司使用的汇源标识与北京汇源公司持有的汇源商标相近似，被诉侵权行为会使相关消费者误认为使用被诉侵权标识的商品来源于北京汇源公司或菏泽汇源公司与北京汇源公司存在特定的联系，从而造成混淆或误认。所以，菏泽汇源公司生产销售被诉侵权商品的行为侵害了涉案商标权。菏泽汇源公司将与北京汇源公司注册商标中相同的"汇源"文字作为企业名称中的字号使用，足以使相关公众对其商品的来源产生混淆，其行为构成对北京汇源公司的不正当竞争。最后在判定侵权赔偿数额时，一审法院认为北京汇源公司提交的《专项审计报告》无法确切证明汇源公司侵权期间的获利，菏泽汇源公司的年销售额 2 亿元的宣传并非实际收入，因此难以确定菏泽汇源公司因侵权所获得的利益，综合考虑案情及涉案商标的知名度，酌定赔偿数额为 300 万元。

二审法院认为，一审法院酌定赔偿额仅考虑了水果罐头的生产和销售量，而没有考虑冰糖山药罐头和八宝粥等两种侵权产品，同时因为被诉侵权水果罐头和涉案商标核定使用的果汁饮料构成类似商品，足以使相关公众对其商品的来源产生混淆，所以认定"菏泽汇源公司主观恶意明显"，应当"让北京汇源公司利益得到补偿，计被诉侵权人菏泽汇源公司无利可图"，考虑了北京汇源公司提交的关于菏泽汇源公司销售及获利情况的证据，重新确定了 1000 万元的赔偿数额。

拓展案例

案例一：企业名称恶意使用与他人注册商标相同的字号可适用惩罚性赔偿——康成投资（中国）有限公司与大润发投资有限公司侵害商标权纠纷案[1]

明知涉案的大润发商标已由他人注册并使用，被诉侵权人仍然在企业名称中使用与涉案商标相同的字号，可以考虑被诉侵权人的主观恶意，适用惩罚性

〔1〕 参见上海市高级人民法院（2016）沪民终 409 号二审民事判决书。

赔偿。

康成投资（中国）有限公司（以下简称康成公司）是"大润发"（商标注册号5091186号）商标的商标权人。自1998年7月在上海开设第一家大型超市以来，在市场上享有较高的知名度。2016年，"大润发"商标被国家工商行政管理总局商标评审委员会认定为驰名商标。大润发投资有限公司（以下简称大润发公司）成立于2014年10月14日，经营范围包括各类日用百货。康成公司认为大润发公司擅自将自己命名为"大润发投资有限公司"，并在经营中使用上述名称，构成在企业名称中使用康成公司驰名商标的不正当竞争行为；此外，大润发公司在其网站www.drfqy.com上显示被指控侵权标识，实际经营宣传中突出使用康成公司的"大润发"商标以及将"大润发"和"DRF"组合使用，意图混淆消费者，亦侵害康成公司的商标权。因此，请求法院判令大润发公司承担相应的民事责任。另外，鉴于大润发公司侵权行为恶劣，康城公司认为还应当给予其惩罚性赔偿。

一审法院判决大润发公司停止侵权、消除影响并赔偿康成公司经济损失300万元。大润发公司不服一审判决，上诉至上海市高级人民法院。二审法院判决驳回大润发公司的上诉，维持原判。

一审法院认为，在网络宣传和实体经营过程中，大润发公司在店招、购物袋、购物小票等多处突出使用"大润发""大润发企业"等被控侵权标识，使公众产生误认。因此大润发公司在经营中使用"大润发"以及被控侵权标识的行为侵犯了康城公司主张的商标权。综合考虑被控侵权人的主观意图、所涉商标的知名度、相关公众是否可能混淆误认以及被控侵权人是否有正当理由等因素后可以确定大润发公司构成不正当竞争。被告实施的行为满足"恶意侵犯商标权，情节严重"的要求，商标法已经确立损害赔偿制度应当坚持填补损失和惩罚侵权双重目标的情况下，作为计算损害赔偿兜底方式的法定赔偿制度，同样应兼具补偿和惩罚的双重功能。在确定法定赔偿数额时，可以将被告的主观恶意作为考量因素之一，法院在确定法定赔偿时将对原告惩罚性赔偿的诉请酌情予以考虑。据此，一审法院判决大润发公司停止侵权、消除影响并赔偿康成公司经济损失300万元。

二审法院认为，根据康成公司和大润发公司的举证情况均不足以确定康成公司因侵权所受损失、大润发公司因侵权所得利益或者"大润发"商标的许可使用费，因此一审法院综合考虑"大润发"商标的知名度、"大润发"商标对于权利人销售及获利的贡献情况、侵权人具有明显攀附"大润发"商标商誉的主观恶意、侵权行为包括开设大型实体门店和在互联网上的宣传等侵权情节以及侵权行为的规模和范围较大、造成的损害后果较为严重等因素后，再结合权利人为制止侵权所支出的合理费用，根据前述法律规定以及《商标法》第 63 条第 3 款对恶意侵权行为的赔偿规定，酌情确定本案的赔偿金额为 300 万元，并无不当。据此，二审法院判决驳回大润发公司的上诉，维持原判。

行为人在被判决侵犯商标权后，仍扩大侵害，恶意明显，加重惩罚性赔偿。

案例二：　　樱花卫厨（中国）股份有限公司与苏州樱花 科技发展有限公司、中山樱花集成厨卫 有限公司等侵害商标权纠纷案[1]

樱花卫厨（中国）股份有限公司（以下简称樱花卫厨公司）认为苏州樱花科技发展有限公司（以下简称苏州樱花公司）、苏州樱花科技发展有限公司中山分公司（以下简称苏州樱花公司中山分公司）、中山樱花集成厨卫有限公司（以下简称中山樱花集成厨卫公司）、中山樱花卫厨有限公司（以下简称中山樱花卫厨公司）、屠某灵、余某成故意以与樱花卫厨公司商标（如下图）字号完全相同的字号，在相同营业范围内取得企业登记并实际生产、销售与樱花卫厨公司相同或类似的产品，主观上具有"傍名牌"的故意。在其产品和广告宣传上使用与樱花卫厨公司相近似的商业标识，造成相关消费者对产品来源和市场主体的混淆，扰乱了市场秩序，构成商标侵权及不正当竞争。请求苏州樱花公司、苏州樱花中山分公司、中山樱花集成厨卫公司、中山樱花卫厨公司连带赔偿其经济损失 200 万元（含为制止侵权行为所支出的律师费 50 000 元，公证费 6280 元，购买侵权产品费用 1128 元，合计 57 408 元）。

一审法院判定苏州樱花公司赔偿樱花卫厨公司经济损失及合理开支合计 20 万元；中山樱花集成厨卫公司赔偿 30 万元；中山樱花卫厨公司赔偿 50 万元。

二审法院判定苏州樱花公司、苏州樱花公司中山分公司、中山樱花集成厨卫公司、中山樱花卫厨公司及屠某灵、余某成连带赔偿樱花卫厨公司经济损失（包括合理费用）200 万元。

一审法院认为就三个公司应承担的赔偿数额，因樱花卫厨公司未举证证明其因侵权行为所遭受的具体损失，亦未能提供三个公司因侵权所获的利益，故综合考虑樱花卫厨公司涉案系列注册商标的声誉、三个公司侵权行为的性质、手段、结果及樱花卫厨公司为诉讼所必然支出的合理费用等因素予以酌情确定。

---

〔1〕　参见江苏省高级人民法院（2015）苏知民终字第 00179 号二审民事判决书。

就樱花卫厨公司要求三个公司停止使用"樱花"字样作为企业字号的诉讼请求，因三个公司企业字号均系经当地工商行政管理部门依法核准登记，中山樱花集成厨卫公司、中山樱花卫厨公司登记注册地在广东省中山市，与樱花卫厨公司分属不同的行政区域，而苏州樱花公司的主要经营行为地亦在广东省中山市，且三个公司涉案侵权行为均系通过网络及宣传资料实施，在三个公司规范使用其企业名称的情况下，足以避免相互的混淆和误认，故对该诉讼请求不予支持。但鉴于三个公司与樱花卫厨公司的经营范围中在厨卫产品上互有重合，且三个公司涉案侵权行为均主要系通过网络实施，受众面广且不特定，应有必要责令其在相应媒体发表声明以澄清各自与樱花卫厨公司之间的关系。故对樱花卫厨公司要求三个公司在《中国消费者报》公开声明以消除影响的诉讼请求予以支持。

二审法院认为对于樱花卫厨公司主张苏州樱花公司、苏州樱花公司中山分公司、中山樱花集成厨卫公司、中山樱花卫厨公司、屠某灵、余某成连带赔偿其经济损失 200 万元的诉讼请求，其未举证证明因涉案侵权行为所受到的损失或苏州樱花公司、苏州樱花公司中山分公司、中山樱花集成厨卫公司、中山樱花卫厨公司因侵权所获的利润，本院综合考虑上述主体侵权行为的性质、过错程度、持续时间、樱花卫厨公司"樱花"系列注册商标及字号的知名度及其为制止侵权所支付的合理费用等因素酌情确定赔偿数额。特别需要强调的是，在本院作出关于苏州樱花公司侵犯樱花卫厨公司商标权及不正当竞争的（2009）苏民三终字第 0038 号判决后，屠某灵仍继续成立公司，不断扩大侵权规模。这说明屠某灵等侵权恶意明显。本院认为，樱花卫厨公司请求的赔偿数额与屠某灵等的恶意侵权行为相称，具有相当事实基础，应当予以支持。共同侵犯他人商标权后，其中一行为人继续扩大侵害，恶意明显，应当加重惩罚性赔偿。

［问题与思考］

1. 设立惩罚性赔偿的意义何在？
2. 适用惩罚性赔偿的条件是什么？
3. 如何理解惩罚性赔偿与法定赔偿之间的关系？

［重点提示］

惩罚性赔偿制度在英美法系国家广泛适用。我国首次在《商标法》中规定了侵权损害惩罚性赔偿责任，是知识产权立法领域的重大突破。但关于惩罚性赔偿适用的条件、赔偿数额的确定以及主观上的恶意判断等问题仍需要不断总结和研究。

植物新品种权与集成电路布图设计权

知识概要

　　植物新品种是指经过人工培育的或者对发现的野生植物加以开发，具备新颖性、特异性、一致性、稳定性，并有适当的命名的植物新品种。集成电路布图设计是指集成电路中至少有一个是有源元件的两个以上元件和部分或者全部互联线路的三维配置，或者为制造集成电路而准备的上述三维配置。本章主要了解植物新品种权的概念和特征、取得程序、限制、保护期限以及保护方法及集成电路布图设计保护制度发展的历史、集成电路布图设计权内容等。本章重点在于对集成电路布图设计法律保护规定的理解；难点在于对植物新品种权归属的判定；疑点在于正确理解集成电路布图设计的性质。

经典案例

"红肉蜜柚"植物新品种权权属案[1]

[基本案情]

　　上诉人福建省农业科学院果树所（以下简称果树所）、陆某闽因与被上诉人林某山、原审被告卢某坤植物新品种权权属纠纷一案，不服福州市中级人民法院（2009）榕民初字第 1246 号民事判决提起上诉。原审法院查明：林某山在自己的果园里发现一棵琯溪蜜柚果实因裂果露出红色的果肉，因不知其原因，遂将情况逐级上报。时任平和县科技局农艺师的卢某坤得知这一消息后，在林某清陪同下来到现场进行观测，发现果肉变红着色均匀，无异味，形态发育正常，便断定其并非病变或人为因素造成的，而是一种自然变异，有可能是一种很好的育种材料，这给林某山等人大胆进行嫁接提供了依据。根据林某山的陈述，

---

〔1〕　参见福建省高级人民法院（2010）闽民终字第 436 号民事判决书。

他们在 1998 年开始嫁接，即从母树上剪下枝条嫁接在"土柚"树头上，2003 年嫁接成功开始挂果；1999 年开始高接换种，2005 年开始挂果，其果实与母树上的果实一样，果肉呈红色。当年进行嫁接育苗的还有果农林某清，卢某坤指导果农林某清进行嫁接培育，在同一时间开始挂果。根据林某山的陈述："当年一株苗木可卖到 15 元左右，2005 年其进行了大面积的嫁接，当时由于有关媒体报道吃蜜柚对身体不好，会导致高血压、糖尿病，所以当年大量的苗木卖不出去。"2003 年 7 月 18 日果树所落叶果树研究室申请"红肉蜜柚变异新株系选育研究"项目，同年 8 月立项得以审批。果树所等便开始了对红肉蜜柚突变单株进行了子一代、子二代、子三代生物特性以及红肉蜜柚遗传稳定性研究，品质鉴定、产量测定、红肉呈色色素鉴定、核糖体 DNA（RDNA）中的 ITS－PCR 测定、花粉形态观察研究、不同品种花粉授粉试验，对新株系进行新颖性、特异性、一致性、稳定性研究，开展合理整形修剪、科学施肥、不同区域等关键配套栽培技术试验研究。经过研究于 2005 年 9 月向福建省非主要农作物品种认定委员会申请福建省非主要农作物新品种认定，经福建省非主要农作物品种认定委员会组织果树专业组有关专家，对果树所选育的红肉蜜柚新品种进行现场考察鉴定。专业组实地考察了平和县小溪镇厝坵村红肉蜜柚园，并进行了现场测产，听取了申报单位关于该品种选育与生产应用的情况汇报，审阅了相关材料，经讨论形成鉴定意见，并通过了"非主要农作物品种认定"。同时被告果树所、陆某闻、卢某坤也向农业部申报"红肉蜜柚"植物新品种权，经农业部进行实质性审查，于 2007 年 3 月 1 日颁发了《植物新品种权证书》，果树所、陆某闻、卢某坤被授予"红肉蜜柚"植物新品种权权利人，林某山列为培育人之一。2006 年经果树所研究培育，发现红肉蜜柚不但不会导致高血压、糖尿病，而且还会降血压，防止糖尿病，还含有很多对人体有益的元素。消除吃红肉蜜柚会导致糖尿病、高血压等不良影响，为当地果农发展红肉蜜柚提供了科学依据，促进了果农种植红肉蜜柚的积极性。另查明，2003 年 12 月 30 日，被告从开发经费中支付给林某山 1000 元作为"母树"拥有者的补偿费。根据林某山的陈述：被告所开展的一切研究活动和省非主要农作物品种认定、农业部对红肉蜜柚植物新品种权进行实质性审查均在林某清的果园里进行。原审法院认为：根据林某山的诉求和法律规定，植物新品种权权利归属纠纷，属于法院受理范围。林某山发现了可培育"红肉蜜柚"植物新品种的种源，为后续培育新品种作出了重大贡献，同时林某山不仅发现并成功地对该变异品种进行了嫁接、培育，在果树所 2003 年介入研究之前就已经培育出了"红心蜜柚"。其作为育种者所付出的劳动理当得到法律保护。果树所以林某清的果园为实验基地，并根据植物新品种所必须具备的条件，开展了一系列的研究工作，经有关专家的鉴评，通过了省非农作物品种认定，并经申请获得了农业部授权"红肉蜜柚"植物新品种权证书。为了保护农民育种的合法权利和研究人员育种的积极性，林某山享有红肉蜜柚植物新品种权。本案属于"红肉蜜柚"品种权权利归属纠纷，林某山请求撤销被告以"红肉蜜柚"为标的的转让行为，要求责令被告不能进行新的转让行为，责令果树所赔偿林某山经济损失人民币100万元，陆某闻、卢某坤承担连带责任的请求，与本案的权属纠纷是两个法律关系，在本案中不予审理，林某山可另案起诉。据此，依照《植物新品种保护条例》第2条、第7条、第43条的规定、《最高人民法院关于审理植物新品种纠纷案件若干问题的解释》第1条第1款第7项、第3条之规定，经审判委员会研究，判决：①原告林某山享有"红肉蜜柚"植物新品种权；②驳回原告林某山的其他诉讼请求。案件受理费人民币100元，由果树所、陆某闻、卢某坤共同承担。

原审宣判后，果树所、陆某闻不服，提起上诉。果树所上诉称：①一审法院认定林某山系"红肉蜜柚"植物新品种的种源发现者属认定事实不清。首先，根据林某山提供的证据及庭审陈述，林某山对红肉柚变异新株发现人说法不一。尽管红肉柚果出现在林某山的果园，但林某山不知柚果变红原因，更不懂其是变异单株、有何利用价值，不具有知识产权性质的发现。事实是，卢某坤最早对结出红肉柚果的柚树进行考察，应用所学知识，最先确定该树是变异单株，是一种很好的选育种材料，并最先进行繁育子一代、子二代、子三代和多点适应性试验，因此卢某坤才是红肉蜜柚变异单株即"红肉蜜柚"植物新品种种源的真正发现者。其次，发现与品种权的认定没有直接必然的联系。作为选育新品种基础材料的种质资源属于国家所有。生物种质资源是遗传资源，是自然之物，发现变异植株并不代表新品种的产生。任何人都有权对变异植株进行研究开发和利用，因此，即使林某山拥有种质资源的载体也不能垄断国家科研机构对该变异植株的研究开发和利用，更不能以最先发现者为由试图来侵占国家的科研成果。②一审法院以林某山系红肉蜜柚母树的发现者为由判决确认其为红肉蜜柚的品种权人没有任何法律依据。一审法院认定林某山为红肉蜜柚的品种权人的依据是其发现了可培育"红肉蜜柚"植物新品种的种源，为后续培育新品种作出了重大贡献，这显然属于一审法院的主观臆断。植物新品种权是知识产权，其保护的对象是具有创造性的智力成果。植物新品种权法律制度保护的不是某个特定的植株，而是保护利用有关生物遗传资源来培育植物新品种的技术信息或技术方案。红肉蜜柚植物新品种的培育，是一个专业化的科学研究过程，其研究发明程序包括：首先，对所发现的原始育种材料进行专业的初步鉴定；其次，要对新的蜜柚芽变材料进行生物学特性观察、品质鉴定、产量测定、适应性考察、种缘关系的考证、遗传稳定性鉴定等；最后，经行政管理部门组织同行专家鉴定、认定才能成为新品种。林某山既不是《植物新品种保护条例》第7条规定的委托育种的完成者，也不是合作育种协议中约定的品种权的归属者，更不是红肉蜜柚新品种选育研究的项目承担单位。根据《植物新品种保护条例》第8条的规定，植物新品种权采取的是申请优先原则，申请人既可以是实际完成育种的人也可以是没有任何育种行为的委托人或者合同约定的品种权的归属者。本案中，果树所经过多年的精心培育并通过申请取得了"红肉蜜柚"植物新品种权。③自从2003年果树所对"红肉蜜柚变异新株系选育研究"课题进行立项研究以来，果树所始终牵头主持开展了各项有关红肉蜜柚的研究工作。经过多年的研究培育，在有机栽培方式，红肉蜜柚遗传背景，不同区域红肉蜜柚适时采收掌控原则，最佳结果母枝径粗、梢长、叶片数参数以及在树冠中的分布规律、蜜柚果肉色素及营养成分鉴定等方面取得突破性进展和创造性贡献，突显出子代的特异性、一致性和稳定性，为红肉蜜柚芽变材料成为新品种提供了技术支撑，这完全是智力劳动的成果。这些凝聚着科研人员的辛勤汗水的智力成果，为社会作出了巨大贡献，理应得到人们的尊重和法律的保护。林某山仅是红肉蜜柚母树的拥有者，在果树所的整个研究过程中，其未参加子一代至子三代繁育以及任何辅助试验工作，但鉴于其系红肉蜜柚种质资源的载体拥有者，考虑到其对科学研究开发的贡献，果树所已将其列入物红肉蜜柚品种认定主要完成者之一和红肉蜜柚新品种培育人之一。综上，林某山以红肉蜜柚最先发现者和母树拥有者为由要求成为品种权人，试图独占当地红肉蜜柚苗木市场的意图不应得到法律的保护。故请求：①撤销原审判决，改判驳回林某山所有诉讼请求；②本案一、二审诉讼费由林某山承担。

陆某闽补充上诉称：①林某山诉讼的目的是想垄断苗木经营生产。红肉蜜柚通过上诉人多年潜心研究，通过了省级认定，又获得了农业部授予品种权，其科研价值和经济价值得到了社会和同行业的公认。目前新品种在平和、福州、宁德、霞浦推广已达3万多亩，引种遍及广东、广西、贵州、云南等省，新增产值超亿元。林某山虽然对红肉蜜柚新品种的选育没有作任何实质性的贡献，但因为其有一棵母树，已经将其列为课题组成员之一。但林某山并不满足，对外宣扬是"红肉蜜柚第一发现人"，利用上诉人的科研成果资料做宣传广告，通过苗木出售取得可观的经济利益。随着红肉蜜柚名气的扩大，平和县繁育种苗的果农就有几十家，对林某山的种苗经营产生挤压，因此林某山产生了独占品种权的念头，无理诉求要成为品种权人，而且要撤销上诉人合法的品种使用权转让行为，以达到其垄断经营目的。②林某山错误地认为，其拥有母树就理所当然是品种权人，进行了种苗繁育就从事了培育新品种的工作。一个自然产生突变的单株，无论生产上应用面积多大，它都不成其为新品种。要成为新品种就必须弄清其变异单株的遗传背景、遗传稳定性、生物学特征特性、适宜栽培区域、相配套的栽培技术方案。育种人还必须提交一整套试验、观察、鉴定、分析报告上报相关部门审查、确认。林某山自始至终没有参加这些新品种选育过程，也没有这样的专业知识。③林某山是红肉蜜柚成果的得益者，反而要求上诉人赔偿经济损失毫无根据。林某山多年来都在经营销售红肉蜜柚种苗，上诉人从未限制其生产，因此林某山种苗生产经营盈亏与上诉人没有直接关系。相反的，当红肉蜜柚遭遇谣言攻击，林某山所育种苗无人问津时，是上诉人在平和电视台为其排忧解难，用科学的试验结论反驳了谣言，使红肉蜜柚种苗市场恢复了往日的繁荣景象。而当大批果农蜂拥而至育苗，种苗供过于求时，林某山则诉求上诉人予以赔偿，把这种市场自然调节规律归罪于上诉人是毫无道理的。2007 年，由于大批果农盲目育苗，明显的苗木供大于求，产生了大量积压，因此 2008 年几乎没有果农新增育苗，但到了 2009 年因只剩下积压苗，数量减少了，苗木价格又上升，而且供不应求，所有果农苗木均卖光。由此可见，林某山以没有品种权为由，诉求上诉人给予经济赔偿，事实和法律依据不足。综上，林某山以红肉蜜柚最先发现者和母树拥有者为由要求成为品种权人，试图独占当地红肉蜜柚苗木市场的意图不应得到法律的保护。故请求：①撤销原审判决，改判驳回林某山所有诉讼请求；②本案一、二审诉讼费由林某山承担。

　　林某山辩称：①一审判决确认林某山为品种权人是正确的。一审查明，林某山 1998 年在自家果园发现红肉蜜柚母树，极为重视并及时上报县科委直至省科研机构。当年进行嫁接成活 200 余棵苗木，送林某祥、林某清各 70 棵，三人共同培育，这是第一代。后林某山等进行高接换种培育了第二代、第三代，为上诉人申请品种权赢得数年时间。上诉人有关"植物新品种权制度是对培育植物新品种的技术信息或技术方案的保护，而不是植物本身"，以及有关红肉蜜柚新品种的培育、研究发明程序的上诉意见，纯属个人理解，与本案事实无关，且将新品种培育和品种权取得两个不同程序混为一谈。由于陆某闻、卢某坤等自始就企图掠夺林某山、林某清、林某祥等果农的发现、创新成果，要将他们统统排斥于品种权外，虽然林某山发现了红肉蜜柚母树，培育了第一代至第三代，为新品种的诞生作出了巨大贡献，并且上诉人因为申报科研项目的需要而不得不一次次把他列为培育人，但因为林某山等人只不过是上诉人报项目出成果的工具，当然不可能和林某山等人签订委托或合作育种合同。果树所有关林某山"没有签订协议，不是项目承担单位"，不能拥有品种权的上诉意见，事实和法律依据不足。本案属品种权归属纠纷，而不是申请权纠纷。林某山自始就被上诉人列入红肉蜜柚科研课题组，当然不能个人擅自申请，所以本案不适用申请原则更不适用申请优先原则。一审认定林某山有重大贡献还远不足以彰显其功，应当再加上"创造性"三字。上诉人有关一审以重大贡献为由认定林某山是品种权人与法律规定的品种权申请优先原则相冲突的上诉意见，是对法律的曲解。②上诉人以品种权系上诉人职务成果为由，否定林某山应当拥有品种权，与事实和法律不符。上诉人称"自2003年立项，与卢某坤合作，经多年研究培育，取得了突破性进展和创造性贡献"。上诉人的"经过多年研究培育"，实自2003年12月27日母树调查开始，至2005年9月通过省级品种鉴定，仅历时1年9个月。上诉人的"创造性贡献"中，只有果肉色素鉴定有书面证据，全部检验数据仅极少几份在2004年9月底以后，其他均在2005年1月份以后。其他如有机栽培理念、采用不同生态区域栽培方式、提出最佳结果参数等均没有书证证实，不能认定为创造性贡献。上诉人不能举证证明林某山没有参加子代繁育试验工作，上诉人的所有有关红肉蜜柚的培育开发协议都有林某山，或作为课题组成员或作为育种人或作为提供种苗人或作为股东。其80亩面积的试验场地也必然包含林某山的果园，其测验数据来源于林某山果园，其检测的果实采集于林某山果园。林某山受邀参加鉴定会与科学家合影，林某清的70棵子一代是林某山嫁接培育。课题组示范场都是在林某山、林某清、林某祥的果园所做。上诉人有关林某山没有参加子代繁育试验工作的上诉意见，与事实不符。上诉人称"倾注了大量心血、凝聚着科研人员的辛勤汗水与智力成果，理应得到人们的尊重和法律保护"。可是，上诉人却将成果低价转让给他人，当林某山提出品种权要求后，竟决定以不缴年费的方式欲让品种权自动失效。综上所述，上诉人的上诉理由没有证据支持，与事实矛盾，不能成立。一审判决林某山拥有红肉蜜柚新品种权符合事实和法律规定，证据确实充分，请求予以维持。

卢某坤答辩：①其并非申请"红肉蜜柚"植物新品种权的经办人，林某山也从未向其提出过任何有关"红肉蜜柚"植物新品种权申请。其从未阻止林某山任何有关"红肉蜜柚"植物新品种权申请和苗木销售行为，其未参与"红肉蜜柚"植物新品种权的任何转让行为，也无获得任何"红肉蜜柚"植物新品种权的转让收益。因此，林某山的所有诉讼请求与其无关。其不应成为本案被告，不应承担任何诉讼费用。②本案焦点是，林某山诉求其应享有"红肉蜜柚"植物新品种权。因此，林某山应负举证责任。然而，林某山在整个案件审理过程中，提供的证据只是他的陈述及媒体报道，均未能提供有效、有力、真实的事实依据，因此无法证明他有进行过"红肉蜜柚"植物新品种的培育。一审法院竟以林某山的"陈述"作为事实依据来判定其也享有"红肉蜜柚"植物新品种权，这显然是错误的，该判决应予撤销。事实是林某山根本不懂柚子果肉变红的原因及其价值，也未进行过任何选育种试验。③植物新品种权并非资源保护法或物权法的保护对象，而是一种对智力劳动成果的保护，是一种知识产权。是对植物资源进行认真考察、思考和科学试验研究而获取的对以下知识价值的肯定：一是红肉蜜柚的遗传稳定性研究，即子一代、子二代、子三代的繁殖试验；二是红肉蜜柚的适应性研究，即进行红肉蜜柚在不同地区、不同气候条件下的种植试验研究；三是红肉蜜柚的抗病虫害能力及丰产、优质生产技术研究；四是红肉蜜柚果实品质的测定及安全性检测评估；五是品种的命名及申请、组织省级认定。以上科学知识的获取均与林某山无关，因此林某山不应享有"红肉蜜柚"植物新品种权。

［法律问题］

1. 育种活动涉及哪些知识产权问题？

2. 如何依法合理保护种源发现者、实质参与者的合法利益？

［参考结论与法理精析］

（一）法院意见

二审法院经审理查明，原审认定事实基本属实。另查明：为加速"红肉蜜柚"的选育种过程，2003 年 12 月 28 日，果树所落叶果树研究室（甲方）与平和县红柚科技示范场（乙方）签订了《科技合作协议》。该协议对科研经费的分配及使用，选育品种认定后成果归属及开发使用等事项进行约定。其中"育种人员排名"中有陆某闽、卢某坤、林某山、林某青等 8 人。陆某闽和卢某坤分别代表双方在协议上签字。2005 年，果树所在向福建省非主要农作物品种认定委员会提交的《福建省非主要农作物品种认定申请书》的"选育（引进）者"一栏中记载有陆某闽、卢某坤、林某山、林某青等 11 人。福建省非主要农作物品种认定委员会于 2006 年 2 月 27 日颁发的《福建省非主要农作物品种认定证书》（闽认果 2006006）中记载：选育单位为果树所；主要完成者为陆某闽、卢某坤、林某山、林某青等 11 人；作物类型为柑桔；品种名称为红肉蜜柚；品种来源为从琯溪蜜柚的变异株系选育而成。本院认为：林某山在其生产果园发现可用于培育"红肉蜜柚"植物新品种的种源，为此后"红肉蜜柚"品种选育、新品种权申请，以及最终取得"红肉蜜柚"新品种权作出其应有的贡献。果树所申请的"红肉蜜柚变异新株系选育研究"项目得到立项审批后，在其与平和县红柚科技示范场签订的《科技合作协议》中，将林某山列为育种人之一。此后，果树所在其向福建省非主要农作物品种认定委员会提交的《福建省非主要农作物品种认定申请书》中，也将林某山列为选育者之一。福建省非主要农作物品种认定委员会颁发的《福建省非主要农作物品种认定证书》中，林某山亦在主要完成者之列。由此可见，在本案"红肉蜜柚"新品种的育种过程中，果树所始终将林某山视为共同育种人。根据《植物新品种保护条例》第 7 条第 2 款"委托育种或者合作育种，品种权的归属由当事人在合同中约定；没有合同约定的，品种权属于受委托完成或者共同完成育种的单位或者个人"的规定，应认定林某山为植物新品种"红肉蜜柚"的共同育种人。果树所和陆某闽关于林某山没有相关知识，也没有参与"红肉蜜柚"育种等上诉主张，事实依据不足，不予采纳。现没有证据证明，果树所在申请"红肉蜜柚"品种权时，已经充分征求其他共同育种人的意见，果树所以申请优先为理由，否认林某山"红肉蜜柚"品种权人的上诉意见，法律依据不足，不予支持。原审法院有关林某山作为育种者所付出的劳动理当得到法律保护，其享有红肉蜜柚植物新品种权的认定，事实和法律依据充分，应予维持。原审法院对林某山有关撤销红肉蜜柚转让行为及赔偿经济损失的诉讼请求未予支持，林某山未提起上诉，本院二审对此不再审理。综上，果树所和陆某闽的上诉理由，事实和法律依据均不足，其上诉请求均不予支持。原审认定事实基本清楚，适用法律正确。依照《民事诉讼法》第 153 条第 1 款第 1 项之规定，判决如下：驳回上诉，维持原判。

（二）本案的社会影响

植物新品种是指经过人工培育的或者对发现的野生植物加以开发，具备新颖性、特异性、一致性和稳定性并有适当命名的植物品种。植物新品种保护已成为中国知识产权保护的组成部分之一，是农业领域最重要的知识产权。国际植物新品种保护制度始于 1961 年，《UPOV 公约》是保护育种者权益的重要国际协定。截止到现在，UPOV 共有 52 个成员国。我国于 1999 年 4 月 23 日，成为 UPOV 第 39 个成员国。我国于 1997 年 3 月 20 日颁布《植物新品种保护条例》，2014 年第二次修订。按照条例规定，完成育种的单位或者个人对其授权品种，享有排他的独占权。任何单位或者个人未经品种权人许可，不得为商业目的生产或者销售该授权品种的繁殖材料，不得为商业目的将该授权品种的繁殖材料重复使用于生产另一品种的繁殖材料。但是利用授权品种进行育种及其他科研活动，或者农民自繁自用授权品种的繁殖材料除外。自条例实施以来，我国农业植物新品种保护工作在激励农业育种创新，提升我国农业核心竞争力，支撑现代农业发展的功效日益凸显，截止到 2019 年 4 月，我国品种权申请总量已超过 2.6 万件，授权近 1.2 万件。本案涉及植物新品种权属纠纷中较为普遍的问题，社会关注度高。本案判决对于育种活动中，如何依法合理保护种源发现者、实质参与者的合法利益，具有重要意义。

拓展案例

案例一：　　　全国首例集成电路布图设计侵权纠纷案[1]

原告华润矽威科技（上海）有限公司（以下简称矽威公司）诉称，PT4115 大功率 LED 恒流源驱动芯片（以下简称 PT4115 芯片）系原告研发用于 LED 照明的产品，2007 年 8 月 8 日完成布图设计创作，2008 年 1 月 1 日首次投入商业利用，同年 7 月 4 日获得国家知识产权局颁发的《集成电路布图设计登记证书》，登记号为 BS. 08500231.3 号。2009 年上半年，原告发现被告南京源之峰科技有限公司（以下简称源之峰公司）在市场上低价销售 PE6808（又名 CL6808）芯片。经原告委托鉴定，发现被告生产、销售的 PE6808 芯片与原告 PT4115 芯片的布图设计相同，两者属相同产品。被告也宣称 PE6808 产品系依据对 PT4115 芯片产品进行反向工程分析后得出的布图设计进行生产的。原告研发 PT4115 芯片花费了巨大的人力、物力、财力，自投产后，市场前景非常乐观。但是，自从被告生产、销售 PE6808 产品后，原告被迫降价销售，由此遭受了一系列损失。被告的行为侵犯了原告涉案集成电路布图设计（以下简称布图设计）专有权。因之，诉至法院，请求判令：①被告停止侵害原告 PT4115 芯片布图设计专有权，销毁侵权产品；②被告赔偿原告经济损失 3100 000 元；③被告承担本案的诉讼费。原告矽威公司在第一次庭审中变更第 2 项诉讼请求为判令被告赔偿原告经济损失 3 356 545.46 元，在第四次庭审中又放弃变更，被告源之峰公司不持异议，本院予以准许。

被告源之峰公司在庭审中辩称，其没有实施侵犯原告 PT4115 芯片布图设计专有权的行为。原告请求赔偿的损失没有事实和法律依据。原告销售量减少及利润降低，是电子产品正常的更新换代与市场环境造成的。被告销售的涉嫌侵权产品只有 67 000 余片，相对于原告销售市场而言数量很少，不可能对原告产品销售量和价格造成影响，也不会引起其销售量下降和利润降低。原告主张的研发费用与销售费用，系公司经营的合理成本，不能认为是被告侵权造成的损失。原告主张的律师费用没有收费凭证，且明显超过律师收费标准。本案的赔偿数额应当以被告因侵权而获得的利益为依据计算。在最后一次庭审中，被告承认其所复制的布图设计与原告享有专有权的布图设计是相同的。

法院经审理查明：2007 年 8 月 8 日，原告矽威公司完成了 PT4115 芯片的布图设计创作，于 2008 年 1 月 1 日首次投入商业利用，同年 7 月 4 日获得国家知

---

〔1〕　参见江苏省南京市中级人民法院（2009）宁民三初字第 435 号民事判决书。

识产权局颁发的《集成电路布图设计登记证书》，登记号为 BS. 08500231. 3 号。授权文件中的《PT4115 集成电路版图层次说明》记载，该集成电路版图共有 14 层，依次为①NBL；②NWELL；③ACTIVE；④HV；⑤HF；⑥CAP；⑦POLY1；⑧NPLUS；⑨PPLUS；⑩CONT；⑪METAL1；⑫VIA；⑬MATEL2；⑭PAD。授权文件中的《布图设计结构、技术、功能简要说明》记载：PT4115 版图在 Contact 以前采用 SinoMOS1μm 40V PsubNwell 设计规则，从 Contact 以后的步骤采用 0.81μm 的设计规则；PT4115 是一款连续电感电流导通模式的降压恒流源，用于驱动一颗或多颗串联 LED 等。该布图设计专有权目前处于合法有效状态。

2008 年起，原告开始销售 PT4115 芯片，当年国内销售单价为 1.61～2.50 元，2009 年为 1.09～1.92 元。2008 年 8 月以后，该产品香港地区的销售单价为 0.16～0.25 美元，在韩国的销售价格 0.275～0.31 美元。产品的销售价格存在一定的波动。2008 年 4 月，被告源之峰公司（甲方）与华润半导体国际有限公司（乙方，以下简称华半公司）订立 ZXLD1360 集成电路（以下简称 1360）《产品开发协议书》。协议约定：甲方负责产品的设计开发，提供产品的电路和版图；乙方负责产品的制版和工程批流片，以及其后的中测、封装和成测；产品的设计费为 10 万元，制版前甲方交付乙方所有的设计资料（包括电路和版图）；产品验证通过后，其知识产权属于乙方；甲方不得自行生产该产品，或者向任何第三方转让和出售产品；产品量产后，优先供货给甲方，销售价格为：封装片 0.648 元/片（含 17% 增值税）；乙方向任何第三方销售该产品的单价必须高于该价格 10% 以上；双方对芯片的成本预算为裸片价格 0.40 元/只，封装和测试费用为 0.14 元/只；等等。

协议订立后，被告对原告销售的 PT4115 芯片进行了反向剖析，获取其具体电参数、元器件结构、尺寸和内部构造等数据，形成 1360 的电路与版图。庭审中被告自认，该 1360 布图设计与原告 PT4115 布图设计相同。被告将 1360 的设计资料交付给华半公司，获得了设计费 10 万元。华半公司依据该布图设计，委托第三方生产 1360 管芯。华半公司依协议将管芯销售给被告，被告将管芯封装后，编码成 6808、6807 等系列集成电路向市场销售。该芯片可以替代 PT4115 芯片。截至 2009 年 4 月 30 日止，华半公司销售给被告 1360 管芯 67 407 只，价值 36 548.94 元。被告销售 6808 集成电路 33 710 只，价值 54 106 元；销售 6807 集成电路 30 400 只，价值 33 358 元。原告诉前委托上海市科技咨询服务中心，就其生产的 PT4115 芯片是否含有不为公众所知的技术信息、源之峰公司生产的 PE6808A 芯片与 PT4115 芯片是否属于相同产品、PE6808A 芯片的有关技术是否反映了 PT4115 芯片相关技术点等专业技术问题进行鉴定。2009 年 6 月 30 日上海市科技咨询服务中心出具（2009）鉴字第 14 号技术鉴定报告书。鉴定报告认定："两公司芯片产品的整体布图和尺寸及布线结构的设计基本相同；相应抽检部分局部区域除个别部位存在细节上的差异外，两芯片的布图、布线及图形结构的设计无明显差别；相关关键单元结构除在个别部位存在细节差异外，两公司芯片产品的布图、布线结构的设计和关键图形尺寸无明显差别。"结论是："①矽威公司生产的PT4115芯片含有高压模块隔离环的设计等6项不为公众所知悉的技术信息；②源之峰公司生产的PE6808A芯片与矽威公司生产的PT4115芯片的整体布图设计及关键技术内容基本相同，反映了矽威公司不为公众所知悉的6点技术信息，上述两芯片产品属相同的产品。"矽威公司为此支付了5.5万元技术鉴定费。

2010年4月12日，被告向江苏省南京市钟山公证处申请公证，同日，该公证处出具（2010）宁钟证经内字第2363号公证书。该公证书表明，在"Baidu百度"栏以"替代PT4115"为关键词进行搜索，找到相关网页约5470篇，其中，深圳某公司网页上宣称"特价PAM2862替代PT4115，单价为人民币1.3元"、无锡某公司的网页宣称"AX2015……完全替代PT4115，单价为1.5元"。依原告申请，本院还向国家知识产权局调取了PT4115集成电路样品芯片1只。依双方当事人申请，本院从宁波比亚迪半导体有限公司调取了生产1360管芯的光刻掩模版15块。另查明，原告为查询工商登记资料等支付网络信息查询费用620元。

综上，被告未经许可，复制并商业利用原告享有专有权的布图设计，侵犯了原告的布图设计专有权。原告要求被告停止侵权、赔偿损失的诉讼请求有事实和法律依据，法院予以支持，对销毁侵权产品的诉讼请求不予支持。被告关于赔偿损失计算方式的意见有事实与法律依据，法院予以采信。据此，依照《集成电路布图设计保护条例》第2条、第7条、第30条之规定，判决：①被告源之峰公司立即停止侵犯原告矽威公司BS.08500231.3号PT4115集成电路布图设计专有权的行为；②被告源之峰公司于本判决生效之日起10日内赔偿原告矽威公司经济损失150 915.06元及为制止侵权行为所支付的合理费用85 620元，共计236 535.06元；③驳回原告矽威公司的其他诉讼请求。

案例二：四川中正科技有限公司与广西壮族自治区博白县农业科学研究所、王某金、刘某卓、四川中升科技种业有限公司侵害植物新品种权纠纷案[1]

博Ⅲ优273获植物新品种权，品种权共有人为广西壮族自治区博白县农业

---

〔1〕　参见广西壮族自治区高级人民法院（2017）桂民终95号民事判决书。

科学研究所（以下简称博白农科所）、王某金、刘某卓。博Ⅲ A 亦获植物新品种权，系博Ⅲ优 9678、博Ⅲ优 273 的亲本，博Ⅲ A 植物新品种的品种权人为博白农科所。2003 年 11 月 2 日，博白农科所与四川中升科技种业有限公司（以下简称中升公司）签订《品种使用权转让协议书》（即 2003 年协议），博白农科所将"博Ⅱ优 815""博Ⅲ优 273"的使用权转让给中升公司独家使用开发。2007 年 11 月 16 日，中升公司与博白农科所签订《协议》（即 2007 年协议）约定，博白农科所将博Ⅲ优 9678、博Ⅱ优 815 的品种使用权转让给中升公司独占使用开发（博Ⅱ优 815 仅限于广东区域），中升公司继续享有博Ⅲ优 273 的使用开发权，博白农科所不得将博Ⅲ优 9678、博Ⅱ优 815（只限广东区域）的品种权转让或授权给第三方，否则应赔偿中升公司相关损失。本协议签订生效后，2003 年协议终止执行。2008 年 1 月 7 日，博白农科所授权中升公司生产经营博Ⅲ优 9678、博Ⅲ优 273。博Ⅲ A 仅用于配组博Ⅲ优 9678、博Ⅲ优 273，不得作其他商业用途使用。授权起止时间从 2008 年 1 月 7 日至 2012 年 12 月 31 日止。四川中正科技有限公司（以下简称中正公司）根据中升公司的授权和"2007 年协议"的约定，经营博Ⅲ优 9678、博Ⅱ优 815 及博Ⅲ优 273 等品种。2011 年 11 月 2 日，中升公司分别致函中正公司、博白农科所，决定从 2011 年 11 月 2 日起终止对中正公司生产、经营博Ⅲ优 9678、博Ⅲ优 273 及博Ⅱ优 815（已退出市场）的授权，有关品种的生产、经营权为中升公司独占所有。中升公司享有博Ⅲ优 273 的开发权，博白农科所不得再向中正公司提供博Ⅲ优 9678、博Ⅲ优 273 及博Ⅱ优 815 的不育系、恢复系。博白农科所、王某金、刘某卓、中升公司主张中正公司在 2011 年 11 月 2 日之后仍委托他人生产博Ⅲ优 9678、博Ⅲ优 273 种子的行为构成侵权，遂向法院提起诉讼。一审法院认为，中正公司的行为侵害了涉案植物新品种权，故判决中正公司停止侵权行为、消除影响并赔偿经济损失 180 万元。二审法院认为，博Ⅲ A、博Ⅲ优 273 两个植物新品种因未按规定交纳年费于 2013 年 11 月 1 日公告终止，于 2014 年 12 月 4 日恢复权利；于 2015 年 11 月 1 日因未按规定交纳年费又公告终止。一审判决认定博Ⅲ A、博Ⅲ优 273 这两个植物新品种权仍然有效与本案事实不符，中正公司的相关上诉理由成立。对赔偿数额的确定，应综合考虑如下因素：当事人均认可的亩产量、销售价格以及中正公司认可的生产面积；因中升公司突然中止授权而使中正公司不可避免遭受的损失；侵权持续期间；涉案植物新品种实施许可费的数额以及实施许可的种类、时间、范围等具体情节。据此，二审法院酌定中正公司赔偿博白农科所、王某金、刘某卓、中升公司经济损失人民币 40 万元。

本案是涉及植物新品种权保护的典型案例。侵害植物新品种权的行为司法实践中可分为两种类型：一是未经品种权人许可，为商业目的生产或销售授权品种的繁殖材料；二是未经品种权人许可，为商业目的将授权品种的繁殖材料重复使用于生产另一品种的繁殖材料。本案同时涉及以上两种侵权行为的判定，在法律适用方面具有典型性。此外，植物新品种权在保护期限内有可能间歇性地处于终止状态，这是其他类型的知识产权侵权诉讼所不具备的特殊性。

[问题与思考]

1. 如何确定集成电路布图设计权利保护的范围？

2. 如何选取集成电路布图设计侵权判定的方法？

3. 侵害集成电路布图设计如何承担法律责任？

4. 如何确定植物新品种权的法律效力？

[重点提示]

布图设计是根据微电子技术电路及其制造工艺的要求进行的掩模设计。布图设计一般包含布局和布线两个相互关联的设计步骤。拓展案例一中的布图设计是否受法律保护以及行为人使用行为是否构成侵权，均应根据我国现行法律规定进行判断。拓展案例二主要涉及植物新品种的保护范围问题，并应了解和掌握我国目前对植物品种权的保护还仅限于植物品种的繁殖材料。对植物育种人权利的保护对象不是植物品种本身，而是植物育种者应当享有的权利。

第三十二章

商号权与域名权

知识概要

商号权是指商业主体对其注册取得的商业名称依法享有的专有使用权。域名权则是域名所有者针对域名享有的使用、收益并排除他人干涉的权利。本章主要了解商号与域名的基本含义，掌握商号权和域名权的基本特征，掌握商号权和域名权的产生、变动及法律保护的异同。本章重点在于对商号权与域名权法律保护规定的理解；难点在于掌握商号与商标、商号与域名的主要区别；疑点在于对商号、域名及商标相互之间发生冲突时的处理。

经典案例

华联超市股份有限公司诉金湖世纪华联超市连锁有限公司上海松江第一分公司等擅自使用他人企业名称及其他不正当竞争纠纷案[1]

[基本案情]

原告华联超市股份有限公司诉被告金湖世纪华联超市连锁有限公司上海松江第一分公司（以下简称金湖世纪华联松江分公司）、金湖世纪华联超市管理有限公司上海第一分公司（以下简称金湖世纪华联上海分公司）、金湖世纪华联超市连锁有限公司（以下简称金湖世纪华联公司）擅自使用他人企业名称及其他不正当竞争纠纷案。原告诉称，其为中国第一家上市的连锁超市公司。目前，原告已形成了以标准超市、大卖场为主营业态，以特许加盟为经营特色，以现代物流和信息化管理为核心技术的经营格局。至 2007 年 6 月底，原告在全国范围内已拥有门店 1947 家，网点遍布上海、北京、江苏、浙江、安徽等地，华联

---

〔1〕 参见上海市第一中级人民法院（2007）沪一中民五（知）初字第 403 号民事判决书。

超市已成为广大消费者的理想购物场所之一。华联超市作为一个品牌，无论在商业零售领域内还是在特许经营业内都具有全国性的声誉和知名度，而基于原告是这样一家在全国有一定知名度的国有大型企业，国家工商总局依据《企业名称登记管理实施办法》核准原告可以使用不含行政区划的企业名称。2005年下半年起，原告发现在江、浙两省及上海周边地区陆续出现了以"世纪华联"作为店招的连锁型超市，这些超市的共同特征是：①有较为固定的门店标识及店招，从其门店对"世纪华联"字号的使用情况来看，基本统一，在其店招的显著位置均突出使用"世纪华联"或"世纪华联超市"字样；②店招样式绝大多数采用了与原告超市相近的绿底黄字或者绿底白字；③在这些超市门店内基本都使用"世纪华联"字样的吊旗、标价签与购物袋；④店内营业员所穿的工衣也采用与原告相近的绿底带黄字的样式。经查，这些连锁超市均属于被告金湖世纪华联公司的自营或特许加盟店。金湖世纪华联公司成立于2005年6月15日，由原告的离职人员张某雨与另一自然人发起设立，该公司的经营范围包括商业零售连锁、特许经营等，其经营方式除了通过收取低廉的加盟金授权他人使用"世纪华联"的商号以经营连锁加盟超市外，并不为其加盟商提供经营指导、技能培训和商品配送等，而这样的经营模式直接导致的后果就是其门店的服务质量无法保证。原告认为，"华联"之所以今天能够成为超市行业中一个全国性的知名品牌、知名字号，是原告几十年不断努力经营的结果。三被告明知与原告存在同业竞争关系，其不通过规范、提高自身的服务质量或其他条件去争取交易机会，而是采用违反诚实信用的商业道德，通过使用引人误认的企业名称、店招来强搭原告便车。作为被告的直接发起人张某雨更是曾经在原告杭州公司就职，其借原告的品牌知名度提高自身影响谋取商业利益的主观恶意显而易见。三被告的行为已经损害了原告的商业信誉、商业利益，强取了原告的交易机会，同时也欺骗了消费者。据此，原告请求本院判令三被告立即停止在其企业名称、门店店招、门店内部装饰及商品标识中使用"华联"的字样，共同赔偿原告经济损失人民币50万元。

被告金湖世纪华联松江分公司、金湖世纪华联公司共同辩称：①"华联"字号在全国连锁业内为不同主体广泛使用，不具有显著性，原告对"华联"字号不具有独占使用权，无权垄断；②被告使用的是经过合法批准的企业名称，不存在擅自使用他人企业名称或突出使用的情况；③原告未证明其在全国范围内具有知名度，原告的业绩持续衰退，知名度大幅下降；④被告系合法经营，其与原告在企业名称、门店外观等方面均有显著区别，不会与原告混淆，不构成对原告的不正当竞争；⑤原告的诉讼请求无事实和法律依据。据此，两被告请求本院依法驳回原告的诉讼请求。

被告金湖世纪华联上海分公司辩称：①其使用的企业名称和店招源自与被告金湖世纪华联公司的加盟合同，且经工商部门认可，不存在违法行为；②其从未使用原告的名称和店招，也没有突出使用"华联"；③其已经停止使用争议的企业名称与店招；④原告要求其赔偿经济损失缺乏依据。

[法律问题]

1. 侵害字号权的条件有哪些？

2. 商品装潢与字号的关系是什么？

3. 侵害字号权应承担哪些法律后果？

[参考结论与法理精析]

（一）法院意见

法院查明：原告于1992年11月11日成立，注册资本现为3亿元，经营范围包括服装鞋帽、服饰系列配套商品、日用百货、超市管理等。截至2007年6月底，原告在全国范围内共拥有超市门店1947家，其中直营店185家，加盟店1762家，门店主要分布于上海、北京、江苏、浙江、安徽等地。原告自成立以来主要获得了以下荣誉：①2002年6月，中国质量检验协会认定原告为打假扶优重点保护企业；②2000年1月，上海市质量技术监督局认定原告为质量放心市场工作先进单位；③2002年12月，上海市工商行政管理局认定原告为2002年~2003年免检企业；④2003年1月，国家工商行政管理总局认定原告为全国守合同重信用企业；⑤上海市工商行政管理局认定原告为2002年~2005年守合同重信用企业；⑥中国连锁经营协会认定原告的"华联超市"为2001年、2003年度中国优秀特许品牌；⑦2005年3月，原告的"华联超市"获中国连锁经营协会颁发的中国特许奖；⑧上海连锁经营协会认定"华联超市"为2005年~2007年最具影响力特许品牌；⑨长三角优秀品牌建设推进委员会认定原告为2007年度长三角地区优秀品牌企业。

被告金湖世纪华联公司原名金湖世纪华联公司，于2005年6月15日经江苏省淮安市金湖工商行政管理局核准成立。2006年1月11日，该公司的企业名称变更为金湖世纪华联公司（即现名）。公司的经营范围包括商业管理咨询、商业策划、商业零售业连锁、特许经营与投资管理、日用百货、服装鞋帽等。注册资本为50万元，由公司的法定代表人张某雨出资45万元，另一股东张某宽出资5万元。张某雨曾于2004年12月10日与上海华联超市杭州有限公司签订劳动合同，担任管理岗位工作。2005年6月1日，其以因家庭不在杭州，工作及生活有诸多不便为由向上海华联超市杭州有限公司提出辞职报告，双方因此解除劳动关系。另查明，原告曾为上海华联超市杭州有限公司的股东，2004年11月，上海华联超市杭州有限公司的股东之一由原告变更为原告投资成立的华联超市（浙江）有限公司，张某雨经办了该次变更登记手续。被告金湖世纪华联松江分公司为被告金湖世纪华联公司的直营店，于 2005 年 11 月 30 日成立，经营范围包括销售预包装食品、日用百货、五金、家电、文化办公用品等。被告金湖世纪华联上海分公司为被告金湖世纪华联公司的加盟店，于 2005 年 12 月 6 日成立，经营范围包括日用百货、五金、家电、通信器材、文具用品等。在 2005 年 11 月 16 日金湖世纪华联公司（甲方）与金湖世纪华联上海分公司的负责人金某光（乙方）签订的《特许加盟连锁经营合同》中，双方约定：乙方坐落于上海市闵行区浦江镇谈家港谈中路 87 号的门店以"世纪华联"或"世纪华联超市"悬挂招牌，并将以甲方提供的指导和经营技术经营该加盟连锁店；该门店号为 938 号，门店实际经营的面积为 380 平方米；合同有效期自 2005 年 11 月 18 日至 2010 年 11 月 17 日止；合同签订时乙方应一次性支付甲方加盟费 6000 元。加盟合同还对直营店与加盟店作出了解释，所谓直营店，是指由被告金湖世纪华联公司设立并经营的、非独立核算的连锁门店；加盟店是指具有合法经营资格的企业、个体工商户或自然人开设的，经金湖世纪华联公司同意、授予特许经营权、加入连锁经营体系、使用金湖世纪华联公司的注册商标、店铺字号、服务标识、经营技术等知识产权和管理模式的店铺。

2006 年 5 月 15 日，上海市公证处对原告委托代理人杨某澄分别在上海市沪闵路 2400 号、谈中路 97 弄旁（即被告金湖世纪华联上海分公司）、沪杭公路 949 号、九亭镇龙高路 1280 号（即被告金湖世纪华联松江分公司）的"世纪华联"超市的购物及拍照过程进行了保全证据公证。

对三被告在企业名称中使用"华联"文字是否侵犯了原告的企业名称权问题。法院认为，原告对"华联"文字使用在先。原告成立于 1992 年，其企业名称以"华联"为字号，原告对"华联"文字的使用自成立之日起已有十几年的历史。三被告成立于 2005 年，其对"华联"文字的使用晚于原告。原告的"华联"字号具有一定知名度。原告经过十几年的发展已具有一定的经营规模，截至 2007 年 6 月底，其在上海、北京、江苏、浙江、安徽等地拥有 1947 家直营或加盟超市门店，在超市行业拥有一定的市场占有率。在被告企业名称登记之前，原告及其"华联"品牌就已经获得了较多的荣誉，如原告于 2003 年被国家工商行政管理总局认定为全国守合同重信用企业；2002 年～2005 年被上海市工商行政管理局认定为守合同重信用企业；原告的"华联超市"品牌被中国连锁经营协会认定为 2001 年、2003 年度中国优秀特许品牌；2005 年获中国特许奖等。被告对企业名称的登记具有主观恶意。一是被告的企业字号与原告的企业字号构成近似；二是被告在成立时应该知晓原告及其"华联"字号；三是被告在企业名称中使用"华联"文字无合法依据；四是被告企业名称的使用已经造成了相关公众的混淆或误认。根据《最高人民法院关于审理不正当竞争民事案件应用法律若干问题的解释》第6条的规定，具有一定市场知名度、为相关公众所知悉的企业名称中的字号，可以认定为《反不正当竞争法》第5条第3项规定的"企业名称"。被告未经许可，擅自使用与原告"华联"字号相近似的"世纪华联"企业字号，已经造成了相关公众的混淆或误认，被告的行为违反了公平竞争和诚实信用原则，侵犯了原告的企业名称权，对原告构成了不正当竞争。

就被告超市门店装潢及对外销售原告定牌产品的行为性质问题。法院认为，关于被告超市门店的装潢。原告指控被告超市门店的店招及营业员工衣等采用与原告相近似的文字和色彩，构成对原告的不正当竞争。法院认为，店招装饰及营业人员的服饰等是服务企业的装潢，我国反不正当竞争法明文规定对知名商品（服务）特有的名称、包装、装潢予以保护。而在本案中，原告并未主张并举证证明其店招装饰及营业员的服饰等属于其知名商品（服务）特有的装潢。而且，原告各超市门店店招的色彩搭配亦不尽相同，脱离文字部分，单从色彩而言不足以使消费者对原、被告提供的商业零售服务产生混淆。造成相关公众混淆或误认的主要原因在于被告在店招、营业员工衣等处使用的"世纪华联"文字，而对文字部分是否构成对原告的不正当竞争本院业已作出认定，故原告有关被告超市门店店招色彩、营业员工衣颜色等与原告近似，构成对原告不正当竞争的主张缺乏事实和法律依据，法院不予支持。关于被告对外销售原告定牌产品的行为。被告辩称，其所销售的原告定牌产品，凡是有资质的企业都可以通过批发或零售取得，被告是通过正规渠道从原告处合法获得的。对此法院认为，首先，被告提供的证据尚不能证明其所销售的原告定牌产品是通过合法途径获得。退一步而言，即便被告能够证明这些产品来源合法，但被告将原告定牌产品置于其自己的超市门店内销售的主观意图较为明显，其目的就是想使进店消费者进一步确信其就是原告的"华联超市"。因为针对超市这一特殊行业来说，定牌产品只有在自己企业的超市门店销售，这几乎是一种行业惯例。因此，被告这种搭乘原告便车、故意误导消费者消费的行为同样违反了公平竞争和诚实信用的原则，构成对原告的不正当竞争。

法院判决如下：①被告金湖世纪华联松江分公司、金湖世纪华联上海分公司、金湖世纪华联公司立即停止在其企业名称、门店店招、门店内部装饰及商品标识中使用"华联"文字；②被告金湖世纪华联松江分公司赔偿原告华联超市股份有限公司经济损失人民币50 000元，被告金湖世纪华联公司承担连带责任，于本判决生效之日起10日内履行完毕；③被告金湖世纪华联公司上海分公司赔偿原告华联超市股份有限公司经济损失人民币50 000元，被告金湖世纪华联公司承担连带责任，于本判决生效之日起10日内履行完毕；④被告金湖世纪华联公司赔偿原告华联公司经济损失人民币40万元，于本判决生效之日起10日内履行完毕。

金湖世纪华联公司不服一审判决，以其企业名称系通过行政审批合法取得等为由，向上海市高级人民法院提起上诉。二审法院审理后认为，从形式上看，"金湖世纪华联"的企业名称系通过行政审批合法取得，但该公司对企业名称的登记及使用具有明显的主观恶意。"金湖世纪华联"将"华联"作为企业字号的一部分注册，系以合法形式掩盖其非法目的，不仅损害了"华联超市"的合法权益，而且损害了消费者的合法权益，扰乱了社会经济秩序，构成不正当竞争，遂判决"驳回上诉，维持原判"。

（二）本案的社会影响

商号是企业名称或厂商名称的一部分，是企业或商主体为表明不同于其他企业或商主体而使用的特殊名称，该名称只能由文字组成，又称字号。如我国的企业名称由四部分组成，即行政区划、商号、行业或经营特点、组织形式。而商号权则是指商业主体对其注册取得的商业名称依法享有的专有使用权。商号不同于商标。商标用于区别不同商品或服务，商号则是用于区别商品生产经营者或服务者自身的；一个企业可以拥有多个商标，但企业名称只有一个，即商号只有一个；商标的构成要素可以是文字、图形、颜色组合、三维标志等，商号只能用文字来表示；在我国注册商标受《商标法》保护，商号则受《企业名称登记管理规定》以及《民法总则》有关规定来保护。司法实践中如何判断商号权被侵害往往比较复杂。从本案可以看出，自2005年下半年起，"华联超市"发现在上海市郊陆续出现了多家以"世纪华联"为店招的连锁型超市门店，这些超市多以绿底白字的灯箱为店招，员工着绿底黄字的工衣，并出售"华联超市"定牌商品，很多消费者认为其是"华联超市"的分店或加盟店。其实，这些"世纪华联"超市系"金湖世纪华联"开设的直营及加盟店，该公司成立于2005年6月，公司注册在江苏省金湖县内。据不完全统计，截至2007年10月，上海全市已有悬挂"世纪华联"店招的门店592家，其中"金湖世纪华联"152家，其余的则是由十几家公司在金湖世纪华联公司的"启发"下以相同经营模式发展而来的。而且，由于管控不到位，"世纪华联"下属门店因商品质量问题屡遭行政部门查处及媒体曝光，这不仅损害了消费者的利益，也直接影响到"华联超市"的形象。可见，商号作为一种经营性的标记，对企业的商誉会产生直接影响。如果一个企业提供的商品和服务均是高质量的，那么这种良好的形象日积月累会形成很高的商誉而附载到商号上，并为企业带来丰厚的物质收益。

拓展案例

案例一：　　　　　岳某宇与周立波侵权纠纷上诉案[1]

上诉人岳某宇因网络域名权属、侵权纠纷一案，不服上海市第二中级人民法院（2011）沪二中民五（知）初字第 171 号民事判决提起上诉。

原审法院经审理查明：2007 年 10 月 7 日，"HongYiShen"通过域名注册商 GoDaddy. com，Inc.（以下简称涉案域名注册商）注册了 zhoulibo. com 域名（以下简称涉案域名）。注册信息显示，"HongYiShen"的联系电话为 1339175×××
×，电子邮箱为 h×××@ hotmail. com。2011 年 4 月 19 日，原告岳某宇向涉案域名注册商支付 24.68 美元。2011 年 5 月 2 日，涉案域名注册商向原告岳某宇出具收据称，其收到的 24.68 美元中包括了涉案域名的相关费用。2011 年 5 月 10 日，涉案网站显示要约出售涉案域名的信息，其中有："我们认为海派清口表演者周立波先生与其他愿意购买及使用此域名的人士相比，可能具有更高的知名度，并且我们也很喜欢他的表演，我们很乐意这个域名可以由周先生来购买和使用""如果询价者确实有意购买此域名，请您先慎重考虑您的预算是否达到以人民币 10 万元为单位，以免无谓浪费您的宝贵时间""周立波 zhoulibo. com 本域名诚意转让出售中，期待有识者联系"等表述。上述信息中并附有易介网（EJEE. com）的相关链接，所链接的网页显示"一口价：zhoulibo. com""卖方定价为人民币 10 万元"等信息。上海市静安公证处就上述事实出具（2011）沪静证经字第 1899 号公证书（以下简称涉案公证书）。

2011 年 9 月 29 日，被告周立波以其对拼音"zhoulibo"享有合法民事权益，涉案域名的核心部分"zhoulibo"与被告周立波姓名的拼音形式完全相同，且"HongYiShen"对涉案域名既不享有合法权益，又高价转让涉案域名，其注册、使用涉案域名具有明显恶意等为由，向亚洲域名争议解决中心（以下简称亚洲域名中心）提出投诉，要求将涉案域名转移给被告周立波所有。2011 年 11 月 14 日，"HongYiShen"向亚洲域名中心出具答辩状，以其注册、使用涉案域名系为建立作家周立波的文学爱好者网站，被告周立波对涉案域名不享有合法权益为由，请求亚洲域名中心驳回被告周立波的上述投诉。上述"HongYiShen"答辩状上的签名为"洪义深"。2011 年 11 月 14 日，北京易介华通科技有限公司

---

[1]　参见上海市第二中级人民法院（2011）沪二中民五（知）初字第 171 号民事判决书；上海市高级人民法院（2012）沪高民三（知）终字第 55 号民事判决书。

（以下简称易介公司）出具《关于 zhoulibo. com 域名在 EJEE. com 出售事宜的说明》，该说明称：其于近日接到涉案域名所有人投诉，声称网站被篡改，涉案域名被人恶意提交至易介公司网站（EJEE. com）进行出售。经核实，提交该域名出售账号的信息、注册邮箱及相关联系信息并非涉案域名所有人相关信息。易介公司在核对相关信息后已经删除了上述出售链接。2011 年 12 月 7 日，亚洲域名中心以涉案域名的主要部分"zhoulibo"与被告周立波姓名的拼音完全一致，足以造成相关消费者混淆，"HongYiShen"对涉案域名不享有合法权益，且"HongYiShen"注册、使用涉案域名具有明显恶意为由，作出行政专家组裁决（案件编号：CN－1100503），裁决将涉案域名转移给被告周立波。2011 年 12 月 16 日，原告岳某宇向原审法院提起本案诉讼。2012 年 2 月 13 日，原告岳某宇为其所有的号码为 1339175 xxxx 的手机，办理了乐享 3G 套餐 1012 版的资费变更手续，并支付了相应的资费。本案一审审理中，原审法院登陆涉案网站，该网站网页显示："缅怀周立波（1908～1979）"。该网页中还有作家周立波的生平及《暴风骤雨》《山乡巨变》等小说的链接。

本案审理中，被告周立波提交的证据显示如下事实：被告周立波，海派清口创始人。1981 年考入上海曲艺剧团（原上海滑稽剧团），师从滑稽泰斗周柏春。1984 年毕业后正式成为上海滑稽剧团的一名演员，人称"小滑稽""上海活宝"。在上海滑稽剧团期间，先后出演滑稽戏《不是冤家不聚头》《摩登面具》《第二次投胎》《浪荡鬼》《梦的衣裳》《今夜星辰》《笑看明天》《美景佳缘》《步步高》等，并分别参演电影《王先生之欲火焚身》和电视剧《家里比较烦》等。2006 年 12 月至 2007 年 1 月期间，周立波推出《海派清口》专场。2008 年 12 月后，周立波分别推出《笑侃三十年》《笑侃大上海》《我为财狂》《民生大盘点》等海派清口专场，担任《唐伯虎点秋香2》主演、《壹周立波秀》主持人、《中国达人秀》评委等。此外，《第一财经周刊》《亚洲周刊》《时尚》等杂志均对周立波有过专访报道。周立波还曾参加《杨澜访谈录》《鲁豫有约》等电视节目。本案审理中，原告岳某宇确认其仅对涉案网站的文件进行了两次更新。

原审法院认为，本案中，各方当事人主要的争议焦点是：①原告岳某宇是否为涉案域名的注册人；②涉案域名应由原告岳某宇注册、使用，还是应转移给被告周立波。

关于第一个争议焦点。

原告岳某宇称其以"HongYiShen"的名义注册了涉案域名，其系涉案域名的注册人。原告岳某宇提供了其系涉案域名登记信息上显示的手机号码所有人以及其支付涉案域名相关费用的证据。被告周立波则认为亚洲域名中心答辩状上的签名为"洪义深"而涉案域名的注册人为"HongYiShen",故原告岳某宇尚未在本案中证明其系涉案域名的注册人。

原审法院认为,因域名注册并未要求实名注册,故确实存在登记的域名注册人名称与实际的域名注册人名称不一致的情况。本案中,首先,虽然登记的涉案域名注册人名称为"HongYiShen",但涉案域名登记信息上显示的手机号码为原告岳某宇所有;其次,涉案域名的相关费用系原告岳某宇向涉案域名注册商支付;最后,原告岳某宇在本案中确认涉案域名系其以"HongYiShen"名称登记注册,亚洲域名中心关于涉案域名的争议系其以"洪义深"名称应诉,而本案诉讼亦由原告岳某宇提起。故原审法院认为,上述事实互相印证,可以证明原告岳某宇系涉案域名的注册人。原审法院对于被告周立波关于原告岳某宇并非涉案域名注册人的辩称意见,不予采信。

关于第二个争议焦点。

原告岳某宇认为,被告周立波对涉案域名不享有在先权利,原告岳某宇注册、使用涉案域名的时间早于被告周立波成名的时间,且原告岳某宇注册、使用涉案域名是为宣传、介绍中国当代作家周立波的有关内容,不仅没有恶意也不会导致相关公众的混淆。故涉案域名应由原告岳某宇注册、使用。被告周立波则认为,被告周立波对其姓名及其拼音"zhoulibo"享有合法的民事权益。原告岳某宇注册、使用涉案域名不仅没有合法理由,且原告岳某宇将涉案域名和被告周立波相关联,使相关公众产生涉案域名与被告周立波相关联的误认,原告岳某宇并以要约高价出售的方式转让涉案域名,故原告岳某宇注册、使用涉案域名具有恶意。涉案域名应当转移给被告周立波。原审法院认为,《最高人民法院关于审理涉及计算机网络域名民事纠纷案件适用法律若干问题的解释》(以下简称《域名司法解释》)第4条规定,人民法院审理域名纠纷案件,对符合以下各项条件的,应当认定被告注册、使用域名等行为构成侵权或者不正当竞争:①原告请求保护的民事权益合法有效;②被告域名或其主要部分构成对原告驰名商标的复制、模仿、翻译或音译;或者与原告的注册商标、域名等相同或近似,足以造成相关公众的误认;③被告对该域名或其主要部分不享有权益,也无注册、使用该域名的正当理由;④被告对该域名的注册、使用具有恶意。故本案中如需确认涉案域名应由原告岳某宇注册、使用,还是应转移给被告周立波,尚需对原告岳某宇对涉案域名或其主要部分是否享有权益,有无注册、使用涉案域名的正当理由;被告周立波对其姓名及其拼音"zhoulibo"是否享有民事权益;涉案域名或其主要部分是否与被告周立波在本案中主张的姓名及其拼音"zhoulibo"相同或近似,是否足以造成相关公众的误认以及原告岳某宇对涉案域名的注册、使用是否具有恶意等,进行分析和认定。

1. 原告岳某宇对涉案域名或其主要部分是否享有权益，有无注册、使用涉案域名的正当理由。原审法院认为，其一，原告岳某宇就涉案域名的注册行为本身并不能产生权利或民事权益，原告岳某宇在本案中亦未举证证明其与涉案域名或其主要部分有关联，并享有合法的民事权益；其二，庭审中原告岳某宇的陈述表明，其在获得涉案域名的4年期间内仅对涉案网站进行了两次文件更新，且原告岳某宇在本案中提供的证据尚不足以证明在亚洲域名中心审理涉案域名争议之前，其已在涉案网站上宣传、介绍作家周立波。故原审法院对于原告岳某宇关于其系作家周立波的文学爱好者，其注册、使用涉案域名具有宣传、介绍作家周立波的正当理由的诉称意见，难以采信。综上，原审法院认为，原告岳某宇对涉案域名或其主要部分既不享有合法权益，又无注册、使用涉案域名的正当理由。

2. 被告周立波对其姓名及其拼音"zhoulibo"是否享有民事权益。原审法院认为，《反不正当竞争法》第5条第3项规定，擅自使用他人的企业名称或者姓名，引人误认为是他人的商品，属于以不正当手段从事市场交易、损害竞争对手的不正当竞争行为。《最高人民法院关于审理不正当竞争民事案件应用法律若干问题的解释》第6条第2款规定，在商品经营中使用的自然人的姓名，应当认定为《反不正当竞争法》第5条第3项规定的"姓名"。具有一定的市场知名度、为相关公众所知悉的自然人的笔名、艺名等，可以认定为《反不正当竞争法》第5条第3项规定的"姓名"。上述法律规定表明，权利人对在商品经营中使用具有一定市场知名度，为相关公众所知悉的自然人的姓名、笔名、艺名等享有禁止他人擅自使用或禁止他人以不正当手段从事市场交易等经营活动的合法权益。本案中，自1984年起，被告周立波一直使用其姓名"周立波"参加各类商业性演出，主演了《浪荡鬼》《今夜星辰》《笑看明天》《美景佳缘》等多部脍炙人口的滑稽戏，参演了《王先生之欲火焚身》和《家里比较烦》等影视剧，特别是在2006年12月推出《海派清口》专场。可见，在2007年10月7日，原告岳某宇注册涉案域名之前，被告周立波的姓名"周立波"已经因其商业表演，在相关公众中具有一定的知名度，为相关公众所知悉。在2007年10月后，被告周立波作为表演者推出了《笑侃三十年》《笑侃大上海》等海派清口专场，参与了《壹周立波秀》《中国达人秀》等节目，接受了多家媒体的专访，被誉为海派清口创始人。以上事实足以证明被告周立波在其海派清口等商业性演出中使用了其姓名"周立波"，被告周立波的姓名已因其商业性演出具有较高的知名度，而"zhoulibo"是被告周立波姓名拼音的表现形式，两者具有一一对应关系，故被告周立波的姓名及其拼音"zhoulibo"已为相关公众所知悉。综上，原审法院认为，被告周立波对其姓名"周立波"及其拼音"zhoulibo"享有禁止他人擅自使用或禁止他人以不正当手段从事市场交易等经营活动的合法权益。

3. 涉案域名或其主要部分是否与被告周立波在本案中主张的姓名及其拼音"zhoulibo"相同或近似，是否足以造成相关公众的误认。原审法院认为，首先，涉案域名的主要部分"zhoulibo"与被告周立波姓名的拼音完全相同；其次，被告周立波已因其商业性演出使其姓名"周立波"具有较高的知名度，被告周立波的姓名"周立波"及其拼音"zhoulibo"亦为相关公众所知悉。而根据相关公众所处的语言环境和一般语言习惯，相关公众一般会以汉语拼音的方式识别涉案域名的主要部分"zhoulibo"，此亦足以使相关公众产生涉案域名与被告周立波相关联的误认；最后，涉案公证书中涉案网站上关于"我们认为海派清口表演者周立波先生与其他愿意购买及使用此域名的人士相比，可能具有更高的知名度，并且我们也很喜欢他的表演，我们很乐意这个域名可以由周先生来购买和使用""周立波 zhoulibo. com 本域名诚意转让出售中，期待有识者联系"等表述，亦足以使相关公众将被告周立波与涉案域名相关联。综上，原审法院认为，涉案域名的主要部分"zhoulibo"与被告周立波的姓名"周立波"相近似，与被告周立波姓名的拼音"zhoulibo"相同，足以造成相关公众产生涉案域名与被告周立波相关联的误认。

4. 原告岳某宇对涉案域名的注册、使用是否具有恶意。原审法院认为，其一，涉案公证书中涉案网站上存在以人民币10万元要约高价出售涉案域名的信息。原告岳某宇虽称上述要约出售涉案域名的信息系他人篡改网页所致，但其提供的易介公司证明尚无法证明上述要约出售涉案域名的信息确系他人篡改网页并非原告岳某宇自行发布。故原审法院认为，系原告岳某宇自行发布了上述要约出售涉案域名的信息。其二，《最高人民法院关于审理涉及计算机网络域名民事纠纷案件适用法律若干问题的解释》（以下简称《域名司法解释》）第5条第1款第3项规定，曾要约高价出售、出租或者以其他方式转让该域名获取不正当利益的，应当认定被告对该域名的注册、使用具有恶意。本案中，涉案公证书显示原告岳彤宇在涉案网站发布的要约出售涉案域名的信息中有"我们认为海派清口表演者周立波先生与其他愿意购买及使用此域名的人士相比，可能具有更高的知名度，并且我们也很喜欢他的表演，我们很乐意这个域名可以由周先生来购买和使用""如果询价者确实有意购买此域名，请您先慎重考虑您的预算是否达到以人民币10万元为单位，以免无谓浪费您的宝贵时间""周立波 zhoulibo. com 本域名诚意转让出售中，期待有识者联系"等表述。可见，原告岳某宇将涉案域名与被告周立波相关联，并以人民币10万元要约高价出售的方式转让涉案域名，以期获得不正当利益。综上，原审法院认为，原告对涉案域名的注册、使用具有恶意。

综上，原审法院认为，被告周立波对其姓名"周立波"及其拼音"zhouli-bo"享有禁止他人擅自使用或禁止他人以不正当手段从事市场交易等经营活动的合法权益。原告岳某宇对涉案域名或其主要部分既不享有合法权益，又无注册、使用涉案域名的正当理由。且原告岳某宇在明知涉案域名的主要部分"zhoulibo"与被告周立波的姓名"周立波"相近似，与被告周立波姓名的拼音"zhoulibo"相同，已足以使相关公众产生涉案域名与被告周立波相关联的误认的情况下，擅自将涉案域名与被告周立波相关联，并以人民币 10 万元要约高价出售的方式转让涉案域名，以期获得不正当利益。故原告岳某宇注册、使用涉案域名具有明显恶意，其注册、使用涉案域名的行为属于擅自使用他人姓名，足以造成相关公众误认的不正当竞争行为。《域名司法解释》第 8 条规定，人民法院认定域名注册、使用等行为构成侵权或者不正当竞争的，可以判令被告停止侵权、注销域名，或者依原告的请求判令由原告注册使用该域名。故涉案域名应由被告周立波注册、使用。原告岳某宇关于其注册、使用涉案域名的行为不具有恶意，不侵犯被告周立波的合法权益，涉案域名不应转移给被告周立波，应由原告岳某宇注册、使用的诉讼请求，于法无据，原审法院不予支持。据此，依照《反不正当竞争法》第 5 条第 3 项，《最高人民法院关于审理不正当竞争民事案件应用法律若干问题的解释》第 6 条第 2 款，《域名司法解释》第 4 条、第 5 条第 1 款第 3 项、第 8 条之规定，判决：驳回原告岳某宇的诉讼请求。本案一审案件受理费人民币 1000 元，由原告岳某宇负担。

判决后，岳某宇不服一审判决，向本院提起上诉，请求依法撤销一审判决，改判支持上诉人在一审程序中提出的全部诉讼请求，由被上诉人周立波承担一、二审诉讼费。其主要上诉理由为：①被上诉人周立波请求保护的在先合法权益不存在。其一，在涉案域名注册之前，被上诉人对其姓名及拼音的使用没有产生较高的美誉度及广泛的知名度，被上诉人不享有法律规定的在先民事权益。其二，被上诉人的演出活动未能将"周立波"与"zhoulibo"建立特定的对应关系，涉案域名的主体识别部分"zhoulibo"与被上诉人主张保护的姓名"周立波"不存在一一对应关系。②原审法院关于"原告岳某宇对涉案域名或其主要部分既不享有合法权益，又无注册、使用涉案域名的正当理由"的认定是错误的。其一，注册域名并不要求注册人对拟注册的域名本身享有民事权益或存在关联性。上诉人岳某宇于 2007 年 10 月 7 日注册了涉案域名，并于 2010 年使用涉案域名建设了网站，故在域名争议之前上诉人已经通过持续使用对涉案域名享有了合法权益。其二，涉案域名注册后上诉人作为文学爱好者在涉案网站上对我国已故著名作家周立波的作品进行宣传、介绍，并不违反我国法律的禁止性规定。亚洲域名中心裁决书已认定，在裁决争议之前，上诉人已在涉案网站上宣传介绍作家周立波,在无相反证据的情况下,原审法院不应推翻该节事实。原审法院关于上诉人"注册、使用涉案域名具有宣传、介绍作家周立波的正当理由的诉称意见,难以采信"的认定错误。③原审法院仅以涉案域名的构成要素与被上诉人周立波姓名拼音形式相同为由,认定上诉人注册涉案域名足以造成相关公众误认,不符合客观实际情况。其一,涉案域名指向的网站与被上诉人从事的商业活动不存在任何竞争关系,不会导致相关公众产生误认。其二,被上诉人亦无证据证明社会公众对涉案域名产生了误认。因此,涉案域名的主要部分"zhoulibo"与被上诉人姓名"周立波"不相同,也不存在混淆性近似。④原审法院关于"原告岳某宇对涉案域名的注册、使用具有恶意"的认定是错误的。其一,被上诉人的成名时间晚于涉案域名的注册时间,且上诉人是在不知晓被上诉人的情况下注册涉案域名的。其二,上诉人不存在要约高价出售涉案域名谋取不正当利益的意图。上诉人已提供证据证明涉案网站上的要约出售涉案域名的广告不是上诉人发布的,且网页内容亦不能证明上诉人存在"恶意"。网页内容以及被上诉人在一审庭审中的陈述可以相互印证,本案中系被上诉人主动向上诉人发出购买要约以后,上诉人被动接受要约并发出了反要约,在此情况下,上诉人的行为不应被认定为"恶意"。⑤《域名司法解释》明确规定涉及不正当竞争的案件应当引用《反不正当竞争法》第2条,原审法院没有引用该法第2条而直接引用第5条,是错误的。

被上诉人周立波答辩称:①被上诉人周立波对于其姓名及姓名的拼音形式享有姓名权,且其姓名经长期商业使用具备了商标的法律特征,应受法律保护。被上诉人一直使用自己的姓名"周立波"进行演艺活动及相关的宣传活动,特别是在2006年创立了"海派清口"这一独特的表演艺术形式,"zhoulibo"是被上诉人姓名的唯一对应拼音形式,且在非汉语环境中广泛使用。被上诉人在一审中提供的证据充分证明,被上诉人在2007年10月即上诉人注册涉案域名前,已经在各类商业演出和宣传活动中广泛使用姓名"周立波zhoulibo",并已获得相当的知名度。②上诉人岳某宇对涉案域名的主要部分不享有权益,也无使用、注册该域名的正当理由。涉案域名从注册至今4年多的时间,上诉人岳某宇仅有两次建设网站的行为,且第二次还是在收到域名争议的投诉书之后。上诉人岳某宇既不能证明在注册域名之前系作家周立波的文学爱好者或有任何其他与"zhoulibo"相关的民事权益,也没有证据证明其有正当使用涉案域名的行为,且注册域名及使用的行为本身并不产生相应的权利。③上诉人岳某宇注册、持有涉案域名足以导致相关公众的混淆。首先,涉案域名的主要部分"zhoulibo"与被上诉人姓名的拼音形式完全相同。其次,被上诉人提供的证据可以证明在搜索引擎中搜索"zhoulibo"字样,搜索结果绝大部分指向被上诉人周立波。最后，上诉人已将涉案域名与被上诉人周立波等同，欲借被上诉人的知名度，转让涉案域名获得高额收入。④上诉人岳某宇对于涉案域名的注册、使用具有恶意。上诉人注册、持有涉案域名，并欲以人民币 10 万元以上的高价出售的行为，构成注册、持有涉案域名的恶意。本案中，上诉人出售涉案域名是其原本的想法，并非被动要约，被上诉人是在看到上诉人网站的出售信息后，才与上诉人联系的，故上诉人的行为不属于"被动接受询价"。⑤原审法院适用法律正确、合理。综上，原审判决认定事实清楚，适用法律正确，应予维持。

二审中，上诉人岳某宇向本院提交以下新的证据材料：①岳某宇的个人简历，欲证明上诉人长期在北京生活、工作，从事的职业与被上诉人无关，上诉人注册涉案域名时不知道被上诉人的相关情况，不具有注册域名的恶意；②视频《案件聚焦——周立波域名争议权属之争》，欲证明被上诉人于仲裁裁决前主动向上诉人寻求购买涉案域名，具有引诱上诉人出售涉案域名的恶意，上诉人不具有出售涉案域名的恶意。针对上诉人岳彤宇提交的上述证据材料，被上诉人周立波质证认为：①证据材料 1 是上诉人自行打印的，对其真实性不予认可，且与本案无关联性，不能证明本案事实；②对证据材料 2 的真实性予以认可，对其关联性不予认可，被上诉人是在看到涉案网站上的出售信息后联系域名持有人的，且涉案网站有关出售涉案域名的相关内容亦显示上诉人并非被动接受询价。

根据上诉人岳某宇提交的证据材料以及被上诉人周立波的质证意见，本院认为：上诉人提交的证据材料 1 是岳某宇的个人简历，与本案缺乏关联性；证据材料 2 中上诉人所主张的相关内容是被上诉人代理人接受媒体采访时所作的陈述，该陈述并不构成法律意义上的当事人自认，而且相关表述也仅能表明被上诉人曾经向上诉人就涉案域名进行过询价，并不足以证明上诉人关于被上诉人主动询价引诱上诉人出售涉案域名的主张。因此，对于上诉人提交的上述证据材料，本院均不予采纳。

被上诉人周立波未向本院提交新的证据材料。

经审理查明，原审法院认定的事实属实，本院予以确认。

另查明，周立波参演的电视剧《家里比较烦》曾于 2000 年 10 月在中央电视台第八套节目的晚上 8∶25 进行两集连播。2011 年 5 月 10 日，涉案网站显示的要约出售涉案域名的信息中存在"自购得本域名并放置出售页面之后，接到许多询价，但我们从未接到过表明是海派清口表演者周立波先生（以下或称周先生）本人或亲人的人士的电话或邮件咨询此域名的价格"的表述。一审庭审中，上诉人岳某宇确认其仅对涉案网站的文件进行了两次更新，时间分别为 2010 年 10 月 9 日与 2011 年 11 月 2 日。亚洲域名中心作出的行政专家组裁决

（第 CN－1100503）中记载："专家组注意到，争议域名网站的文件更新时间仅为 2010 年 10 月 9 日与 2011 年 11 月 2 日，且被投诉人没有提交其他证据显示争议域名网站上的具体内容，亦未提供证据证明其对争议域名网站进行了实质性的建设和使用。因此，根据现有证据，专家组无法得出被投诉人已善意地实际使用争议域名网站的结论。"

二审法院认为，上诉人岳某宇注册、使用涉案域名"zhoulibo.com"构成对被上诉人周立波的不正当竞争，理由是：①被上诉人周立波通过其商业表演已使其姓名"周立波"具有一定的市场知名度且为相关公众所知悉，故被上诉人对其姓名"周立波"及其拼音"zhoulibo"享有禁止他人擅自使用或者禁止他人以不正当手段从事市场交易等经营活动的合法权益；②上诉人岳某宇注册、使用的涉案域名"zhoulibo.com"中的主要部分"zhoulibo"与被上诉人姓名"周立波"的读音相同且与其姓名的拼音形式完全相同，因此涉案域名"zhoulibo.com"中的主要部分"zhoulibo"与被上诉人姓名"周立波"相近似，与被上诉人姓名的拼音"zhoulibo"相同，足以使相关公众对涉案域名与被上诉人周立波具有关联性产生误认；③上诉人未能举证证明其对于涉案域名"zhoulibo.com"或其主要部分享有合法权益，也未能提出注册、使用该域名的正当理由；④在被上诉人的姓名"周立波"已经具有一定市场知名度且为相关公众所知悉的情况下，上诉人明知涉案域名的主要部分"zhoulibo"与被上诉人的姓名"周立波"相近似、与被上诉人姓名的拼音"zhoulibo"相同，足以造成相关公众误认，仍然注册涉案域名并以人民币 10 万元要约高价出售该域名以期获得不正当利益，故上诉人注册、使用涉案域名具有恶意。综上所述，由于上诉人岳某宇注册、使用涉案域名构成对被上诉人周立波的不正当竞争，因此上诉人关于涉案域名应由上诉人注册、使用等主张不能成立。上诉人上诉称，被上诉人周立波请求保护的在先合法权益不存在。对此，本院认为，根据《反不正当竞争法》第 5 条第 3 项及《最高人民法院关于审理不正当竞争民事案件应用法律若干问题的解释》第 6 条第 2 款的规定，在商品经营中使用的具有一定市场知名度、为相关公众所知悉的自然人的姓名、笔名、艺名等受到我国反不正当竞争法的保护，有权禁止他人擅自使用或禁止他人以不正当手段从事市场交易等经营活动。本案中，被上诉人周立波自 1984 年起一直使用其姓名"周立波"参加各种商业性演出，如主演了《今夜星辰》《笑看明天》等多部脍炙人口的滑稽戏，参演了电影《王先生之欲火焚身》以及电视剧《家里比较烦》（该剧曾于 2000 年 10 月在中央电视台第八套节目播放）等，并于 2006 年 12 月推出了《海派清口》专场。综合被上诉人使用其姓名"周立波"参加商业性演出的持续时间、演出范围、媒体宣传等情况，可以认定在 2007 年 10 月上诉人岳某宇注册涉案域名时，被上诉人的姓名"周立波"已经通过其商业表演具有了一定的市场知名度，为相关公众所知悉，且其知名度并不仅仅局限于上海地区。在2007年10月之后，被上诉人周立波又推出了《笑侃三十年》《笑侃大上海》等海派清口专场，参与了《壹周立波秀》《中国达人秀》《鲁豫有约》等节目，接受了《亚洲周刊》《时尚》等众多媒体的专访，被上诉人通过商业性演出已使其姓名"周立波"获得了较高的市场知名度，而"zhoulibo"是与被上诉人姓名"周立波"相对应且唯一的拼音表现形式，故被上诉人的姓名"周立波"及其拼音"zhoulibo"已为相关公众所知悉。据此，原审法院认定被上诉人对其姓名"周立波"及其拼音"zhoulibo"享有禁止他人擅自使用或禁止他人以不正当手段从事市场交易等经营活动的合法权益，并无不当。上诉人的这一上诉理由不能成立，本院不予支持。

上诉人上诉称，原审法院关于"原告岳某宇对涉案域名或其主要部分既不享有合法权益，又无注册、使用涉案域名的正当理由"的认定是错误的。对此，二审法院认为：①虽然注册域名并不要求注册人对拟注册的域名本身享有民事权益或存在关联性，但是注册人申请注册的域名亦不应侵害他人依法享有的民事权益。根据《域名司法解释》第4条的规定，在判断上诉人岳某宇注册、使用涉案域名的行为是否侵犯被上诉人周立波的合法权益时，上诉人对涉案域名或其主要部分是否享有合法权益或者是否具有注册、使用涉案域名的正当理由是人民法院应当审查的因素之一。②上诉人未能举证证明其对涉案域名或其主要部分享有合法权益。在注册涉案域名以后至涉案域名产生争议的4年期间，上诉人仅对涉案网站进行了两次文件更新，其中第二次更新时间"2011年11月2日"系在被上诉人向亚洲域名中心提出投诉之后，而被上诉人提交的涉案公证书显示2011年5月10日涉案网站显示的是出售涉案域名的信息，因此上诉人在本案中提供的证据不足以证明在亚洲域名中心审理涉案域名争议之前，上诉人已在涉案网站上宣传、介绍作家周立波，上诉人关于其已通过持续使用对涉案域名享有合法权益的主张缺乏事实依据。③经查，亚洲域名中心所作的行政专家组裁决并未认定在涉案域名产生争议前上诉人已经在涉案网站上介绍、宣传作家周立波。本案中，上诉人虽主张其作为作家周立波的文学爱好者注册、使用涉案域名宣传、介绍作家周立波具有正当理由，但是上诉人既未能提供任何证据证明其是作家周立波的文学爱好者，也未能提供充分的证据证明其在被上诉人向亚洲域名中心就涉案域名提出投诉之前已经在涉案网站宣传、介绍作家周立波，因此上诉人关于其注册、使用涉案域名具有正当理由的主张缺乏事实依据。综上所述，本案中，上诉人岳某宇对涉案域名或其主要部分既不享有合法权益，也无注册、使用涉案域名的正当理由，原审法院的认定并无不当。上诉人的这一上诉理由缺乏事实依据，本院不予支持。

上诉人上诉称，原审法院仅以涉案域名的构成要素与被上诉人周立波姓名的拼音形式相同为由，认定上诉人注册涉案域名足以造成相关公众误认，不符合客观实际情况。对此，二审法院认为：①被上诉人周立波通过其商业性演出已使其姓名"周立波"具有较高的知名度，被上诉人的姓名"周立波"及其拼音"zhoulibo"已为相关公众所知悉；②上诉人注册的涉案域名的主要部分"zhoulibo"与被上诉人姓名"周立波"的拼音完全相同；③考虑到语言环境和语言习惯，相关公众一般会以汉语拼音的方式识别涉案域名的主要部分"zhoulibo"；因此，涉案域名足以造成相关公众对涉案域名与被上诉人周立波存在关联性产生误认。更何况，在涉案网站上曾经出现"我们认为海派清口表演者周立波先生与其他愿意购买及使用此域名的人士相比，可能具有更高的知名度，并且我们也很喜欢他的表演，我们很乐意这个域名可以由周先生来购买和使用""周立波 zhoulibo.com 本域名诚意转让出售中，期待有识者联系"等表述，表明上诉人亦认为涉案域名与被上诉人周立波具有关联性。因此，原审法院认定涉案域名足以造成相关公众产生涉案域名与被上诉人周立波相关联的误认，并无不当。上诉人的这一上诉理由不能成立，本院不予支持。

上诉人上诉称，原审法院关于"原告岳某宇对涉案域名的注册、使用具有恶意"的认定是错误的。对此，二审法院认为：①综合被上诉人使用其姓名"周立波"参加商业性演出的持续时间、演出范围、媒体宣传等情况，可以认定在上诉人岳某宇注册涉案域名前，被上诉人的姓名"周立波"已经通过其商业表演具有了一定的市场知名度，为相关公众所知悉，对此本院已在上文详细阐述，不再赘述。②被上诉人提交的涉案公证书显示涉案网站上存在以人民币10万元要约高价出售涉案域名的信息。上诉人主张上述要约出售信息系他人篡改网页后发布，并提供了易介公司出具的《关于 zhoulibo.com 域名在 EJEE.com 出售事宜的说明》欲证明该主张。但是，易介公司的该份说明属于证人证言，在证人未出庭作证且无其他证据印证的情况下，仅凭该份证据材料不足以证明上诉人的上述主张，更何况域名出售的收益只有域名持有人能够获得，因此在上诉人未进一步举证的情况下，原审法院认定上述涉案域名要约出售信息由上诉人自行发布，并无不当。③二审中上诉人提交的视频《案件聚焦——周立波域名争议权属之争》并不足以证明上诉人关于"本案中系被上诉人主动向上诉人发出购买要约以后，上诉人被动接受要约并发出了反要约"的事实主张。而且，涉案网站发布的要约出售涉案域名的信息中"自购得本域名并放置出售页面之后，接到许多询价，但我们从未接到过表明是海派清口表演者周立波先生本人或亲人的人士的电话或邮件咨询此域名的价格"的表述亦表明，系上诉人先行发布了出售涉案域名的信息，然后才接到了相关询价。涉案网站发布的要约出售涉案域名信息中的相关表述亦显示，上诉人岳某宇将涉案域名与被上诉人周立波相关联，并以人民币 10 万元要约高价出售涉案域名，以期获得不正当利益。综上，原审法院根据《域名司法解释》第 5 条第 1 款第 3 项的规定，认定上诉人对涉案域名的注册、使用具有恶意，并无不当。上诉人的这一上诉理由不能成立，本院不予支持。

上诉人上诉称，《域名司法解释》明确规定涉及不正当竞争的案件应当引用《反不正当竞争法》第 2 条，原审法院没有引用该法第 2 条而直接引用第 5 条，是错误的。对此，本院认为，本案中，上诉人岳某宇注册、使用涉案域名的行为属于擅自使用他人姓名，足以造成相关公众误认的不正当竞争行为，符合《反不正当竞争法》第 5 条第 3 项规定的情形，原审法院适用法律正确。上诉人的这一上诉理由不能成立，二审法院不予支持。

综上，上诉人岳某宇的上诉请求与理由没有事实和法律依据，应予驳回。但是，原审法院对一审案件受理费的计算有误，本院对此予以纠正。依照《民事诉讼法》第 153 条第 1 款第 1 项之规定，判决如下：驳回上诉，维持原判。

案例二：申请再审人广东伟雄集团有限公司、佛山市高明区正野电器实业有限公司、广东正野电器有限公司与被申请人佛山市顺德区正野电器有限公司、佛山市顺德区光大企业集团有限公司不正当竞争纠纷案[1]

佛山市顺德区正野电器有限公司（以下简称顺德正野公司）于 1994 年 9 月成立，且于 1995 年 1 月获得广东伟雄集团有限公司（以下简称伟雄集团公司）的授权，使用"正野 GENUIN"商标。该商标于 1994 年由伟雄集团公司申请，并于 1996 年获准注册，核定使用商品第 11 类，即管道式排风扇、空气调节器、换气扇、消毒器。佛山高明区正野电器实业有限公司（以下简称高明正野公司）成立于 1996 年 5 月。1998 年 4 月 30 日，顺德正野公司因场地不能满足扩大生产的需要于 1998 年 5 月 14 日被批准注销，该公司所有的人员、设备转到高明正野公司，未了结的债权债务全部由高明正野公司承担。顺德正野公司、高明正野公司被许可使用上述商标后，对正野商标进行长期持续性的宣传。2000 年 12 月，"正野 GENUIN"商标被评为广东省著名商标，"正野"产品行销全国。佛山市顺德区光大企业集团有限公司（以下简称顺德光大集团公司）于 1998 年核

---

〔1〕　参见最高人民法院（2008）民提字第 36 号民事判决书。

准注册"正野 ZHENGYE"商标，核定使用商品为第 9 类电器插头、插座及其他接触器等。顺德正野公司于 1998 年 10 月登记使用"正野"字号。1999 年 2 月顺德光大集团公司将"正野 ZHENGYE"注册商标无偿许可顺德正野公司使用。从 1999 年 10 月，顺德正野公司在其开关插座的宣传资料、经销场所、价目表、包装盒等的显著位置上使用"正野 ZHENGYE"字样。伟雄集团公司、高明正野公司等于 2001 年提起诉讼称，顺德正野公司明知"正野"是原告创立的知名商标和商号，在原告属下顺德正野公司于 1998 年 5 月 14 日从顺德市搬迁到高明市时，成立了与原告原顺德正野公司完全相同的公司。顺德光大集团公司申请注册"正野 ZHENGYE"商标，并许可顺德正野公司使用，引起相关公众的误认，请求法院判令：①顺德光大集团公司与顺德正野公司停止使用"正野"二字的不正当竞争行为；②赔偿经济损失；③赔礼道歉、消除影响；④顺德正野公司变更企业名称。

广东省佛山市中级人民法院一审认为，顺德光大集团公司与顺德正野公司有明显的搭他人便车的故意，其行为构成不正当竞争，判决：①顺德光大集团公司、顺德正野公司停止使用"正野"两字；②顺德正野公司停止在其企业名称中使用"正野"字号，并申请变更企业字号；③顺德光大集团公司、顺德正野公司赔偿原告经济损失、赔礼道歉、消除影响等。顺德光大集团公司、顺德正野公司不服一审判决，提起上诉。

广东省高级人民法院二审认为，基于顺德光大集团公司的商标使用许可，顺德正野公司在自己的企业名称中使用"正野"字号，具有合法的权利基础和正当的理由。没有证据表明两者会产生混淆。顺德光大集团公司注册"正野"商标，顺德正野公司在其企业名称中使用"正野"二字并没有违反反不正当竞争法的规定。此外，原顺德正野公司注销后已经消亡，高明正野公司仅仅是在自己的企业名称中使用了"正野"二字作为字号，这种相同字号的使用，并非企业名称的继承和延续。遂判决撤销一审判决。伟雄集团公司、高明正野公司、广东正野公司向最高人民法院申请再审。

最高人民法院提审本案后于 2010 年 1 月 6 日作出再审判决，撤销二审判决，判决：①顺德光大集团公司、顺德正野公司停止使用侵犯高明正野公司"正野"字号权益的"正野 ZHENGYE"商标；②顺德正野公司停止在其企业名称中使用"正野"字号；③顺德光大集团公司、顺德正野公司向原告赔礼道歉、消除影响；④顺德正野公司赔偿损失。

最高人民法院再审认为：受反不正当竞争法保护的企业名称，特别是字号，不同于一般意义上的人身权，是区别不同市场主体的商业标识，本质上属于一种财产权益。原顺德正野公司注销后，其债权债务均由高明正野公司承继，字号所产生的相关权益也可由高明正野公司承继。通过原顺德正野公司和高明正野公司的广告宣传和相关商品的销售，"正野"字号及相关产品已具有一定的市场知名度，为相关公众所知悉。顺德光大集团公司、顺德正野公司使用"正野ZHENGYE"商标的行为，足以使相关公众对商品的来源产生误认，侵犯高明正野公司在先"正野"字号权益，构成不正当竞争。

[问题与思考]

1. 如何确认和保护域名持有者的合法权利？

2. 如何理解字号的合法权益？

3. 企业名称与商标是什么关系？

4. 字号对消费者有什么功能？

[重点提示]

域名作为域名持有者在网上的标志符号，其在全球范围具有唯一性，只有权利人，即域名持有者可以在网络中使用该域名，除此之外，任何人均不得使用，也无法使用。域名作为一种识别性标记，一方面能够体现持有者的创造性劳动，另一方面也能够制止其他不正当竞争行为。故域名常与域名持有者的商业声誉和其他名誉、荣誉等紧密相连。企业进行名称登记，不仅仅是为了使用，也是为了防止他人使用其名称进行不正当竞争，影响其商业信誉，侵害其商业利益。企业名称经核准登记后，该企业即享有使用权，并产生排他效力和救济效力。

参考书目

1. 郑成思：《知识产权论》，法律出版社 2007 年版。

2. 黄勤南主编：《知识产权法学》，中国政法大学出版社 2003 年版。

3. 刘春田主编：《知识产权法》，中国人民大学出版社 2014 年版。

4. 吴汉东：《知识产权法》，法律出版社 2014 年版。

5. 吴汉东等：《知识产权法基本问题研究》（总论、分论），中国人民大学出版社 2009 年版。

6. 张玉敏主编：《知识产权法学》，法律出版社 2017 年版。

7. 郭禾主编：《知识产权法》，中国人民大学出版社 2014 年版。

8. 张平：《知识产权法》，北京大学出版社 2015 年版。

9. 李永军：《民法总则》，中国法制出版社 2018 年版。

10. 费安玲等：《知识产权法学》，中国政法大学出版社 2007 年版。

11. 吴汉东主编：《知识产权制度基础理论研究》，知识产权出版社 2009 年版。

12. 吴汉东等：《知识产权制度变革与发展研究》，经济科学出版社 2013 年版。

13. 来小鹏：《知识产权法学》，中国政法大学出版社 2019 年版。

14. 李玉香：《知识产权法学基础理论导论》，中国政法大学 2018 年版。

15. 来小鹏主编：《知识产权法学案例研究指导》，中国政法大学出版社 2019 年版。

16. 陶鑫良、袁真富：《知识产权法总论》，知识产权出版社 2005 年版。

17. 何敏：《知识产权基本理论》，法律出版社 2011 年版。

18. 冯晓青主编：《知识产权法》，中国政法大学出版社 2015 年版。

19. 王迁：《知识产权法教程》，中国人民大学出版社 2019 年版。

20. 来小鹏主编：《企业对外贸易中的知识产权理论与实务研究——前沿·实例·对策》，法律出版社 2007 年版。

21. ［美］阿瑟·R. 米勒、迈克·H. 戴维斯：《美国法精要·影印本——知识产权法：专利、商标和著作权》，法律出版社 2004 年版。

22. ［美］哈尔喜彭等：《美国知识产权法原理》，宋慧献译，商务印书馆 2013 年版。

23. 孔祥俊：《知识产权法律适用的基本问题——司法哲学、司法政策与裁判方法》，中国法制出版社 2013 年版。

24. 李明德等：《欧盟知识产权法》，法律出版社 2010 年版。

25. ［英］哈特、［英］法赞尼：《知识产权法》（英文版），法律出版社 2003 年版。

26. ［澳］彼得·德霍斯：《知识财产法哲学》，周林译，商务印书馆 2008 年版。

27. 汤宗舜：《著作权法原理》，知识产权出版社 2005 年版。

28. 来小鹏：《版权交易制度研究》，中国政法大学出版社 2009 年版。

29. ［德］M. 雷炳德：《著作权法》，张恩民译，法律出版社 2005 年版。

30. 郑成思：《版权公约、版权保护与版权贸易》，中国人民大学出版社 1992 年版。

31. ［澳］马克·戴维森：《数据库的法律保护》，朱理译，北京大学出版社 2007 年版。

32. ［美］莫里斯·E. 斯图克、［美］艾伦·P. 格鲁内斯：《大数据与竞争政策》，兰磊译，法律出版社 2019 年版。

33. 汤宗舜：《专利法教程》，法律出版社 2003 年版。

34. 尹新天：《专利权的保护》，知识产权出版社 2005 年版。

35. 来小鹏主编：《专利合同理论与实务研究——前沿·实例·对策》，法律出版社 2007 年版。

36. 国家知识产权局条法司组织翻译：《外国专利法选译》（全三册），知识产权出版社 2015 年版。

37. 王连峰：《商标法通论》，郑州大学出版社 2003 年版。

38. 曾陈明汝：《商标法原理》，中国人民大学出版社 2003 年版。

39. 孔祥俊：《商标法适用的基本问题》，中国法制出版社 2012 年版。

40. 程永顺主编：《知识产权疑难问题专家论证（2016～2017）》，知识产权出版社 2019 年版。

41. 董炳和：《地理标志知识产权制度研究——构建以利益分享为基础的权利体系》，中国政法大学出版社 2005 年版。

42. ［美］罗伯特·P. 墨杰斯等：《新技术时代的知识产权法》，齐筠等译，中国政法大学出版社 2003 年版。

43. 吴汉东等：《走向知识经济时代的知识产权法》，法律出版社 2002 年版。

44. 李明德：《美国知识产权法》，法律出版社 2014 年版。

45. 孔祥俊：《商标与不正当竞争法：原理和判例》，法律出版社 2009 年版。

46. 张玉瑞：《商业秘密法学》，中国法制出版社 1999 年版。

47. 蒋志培主编：《著作权新型疑难案件审判实务》，法律出版社 2007 年版。

48. 蒋志培主编：《专利商标新型疑难案件审判实务》，法律出版社 2007 年版。

49. 蒋志培主编：《不正当竞争新型疑难案件审判实务》，法律出版社 2007 年版。

50. 崔国斌：《专利法原理与案例》，北京大学出版社2016年版。

51. 蒋志培主编、最高人民法院民事审判第三庭编著：《最高人民法院知识产权判例评解》，知识产权出版社2001年版。

52. 王振涛主编、北京市高级人民法院知识产权庭编：《北京知识产权审判案例研究》，法律出版社2000年版。

53. 北京市高级人民法院民三庭编：《知识产权诉讼研究》，知识产权出版社2003年版。

54. 张平、郭凯天主编：《互联网法律法规汇编》，北京大学出版社2012年版。

55. ［美］弗雷德里克·M.阿伯特、［瑞士］托马斯·科蒂尔、［澳］弗朗西斯·高锐：《世界经济一体化进程中的国际知识产权法》（上、下），王清译，商务印书馆2014年版。

56. ［德］莱石斯基编著：《原住民遗产与知识产权：遗传资源、传统知识和民间文学艺术》，廖冰冰、刘硕、卢璐译，中国民主法制出版社2011年版。

57. ［澳］布拉德·谢尔曼、［英］莱昂内尔·本特利：《现代知识产权法的演进：英国的历程（1760~1911）》，金海军译，北京大学出版社2006年版。

58. ［英］Ian LIoyd, *Information Technology Law*, Oxford University Press, 2011。